汉译世界学术名著丛书

语言的逻辑句法

〔德〕卡尔纳普 著

夏年喜 梅剑华 译

叶峰 校

Rudolf Carnap
LOGISCHE SYNTAX DER SPRACHE
本书参考 2000 年版英译本 *The Logical Syntax of Language* 译出

汉译世界学术名著丛书
出 版 说 明

我馆历来重视移译世界各国学术名著。从20世纪50年代起,更致力于翻译出版马克思主义诞生以前的古典学术著作,同时适当介绍当代具有定评的各派代表作品。我们确信只有用人类创造的全部知识财富来丰富自己的头脑,才能够建成现代化的社会主义社会。这些书籍所蕴藏的思想财富和学术价值,为学人所熟悉,毋需赘述。这些译本过去以单行本印行,难见系统,汇编为丛书,才能相得益彰,蔚为大观,既便于研读查考,又利于文化积累。为此,我们从1981年着手分辑刊行,至2023年已先后分二十一辑印行名著950种。现继续编印第二十二辑,到2024年出版至1000种。今后在积累单本著作的基础上仍将陆续以名著版印行。希望海内外读书界、著译界给我们批评、建议,帮助我们把这套丛书出得更好。

商务印书馆编辑部
2023年11月

中文版前言

鲁道夫·卡尔纳普(Rudolf Carnap,1891—1970)出生于德国,在耶拿大学学习物理学与哲学并获得博士学位,博士论文是研究几何学及时空理论的逻辑与哲学问题。在耶拿大学期间,卡尔纳普曾跟随弗雷格学习数理逻辑,并系统研究了怀特海与罗素的《数学原理》。1926—1931年卡尔纳普任教于维也纳大学,成为维也纳小组的核心成员之一。1931—1935年卡尔纳普任教于布拉格德语大学(the German University in Prague),《语言的逻辑句法》成书于其间。1936年卡尔纳普移居美国,先在芝加哥大学任教(1936—1952),1954年起在加州大学洛杉矶分校任教至1961年退休。《语言的逻辑句法》的德文版出版于1934年,英文版出版于1937年,英文版对德文版有所补充。此中译本是依据英文版翻译的。《语言的逻辑句法》是卡尔纳普最重要的哲学著作,它首次系统地阐述了卡尔纳普成熟期的基本哲学思想。其后,卡尔纳普在意义理论、模态性、概率与归纳的哲学等领域继续他的哲学研究,但一直到1963年为施尔普(P. A. Schilpp)所编辑的《鲁道夫·卡尔纳普的哲学》(*The Philosophy of Rudolf Carnap*)写学术自传时,他还是坚持《语言的逻辑句法》中的观点。所以,虽然《语言的逻辑句法》成书较早,但它反映了卡尔纳普一生中最成熟的哲学思想。

《语言的逻辑句法》要解决的问题来源于哲学与数学基础研究两个方面。首先,在哲学方面,部分的由于维特根斯坦的《逻辑哲学论》的影响,早期逻辑经验主义者,包括维也纳小组的成员们,都倾向于将逻辑与数学真理看成没有事实内容的真理,如此,我们所认识的真理就可以简洁地分成没有事实内容的、分析的逻辑与数学真理,和有事实内容的、综合的经验科学真理,因此可以放弃所谓先天综合真理这一范畴。但是,维特根斯坦的《逻辑哲学论》所考虑的、没有事实内容的真理,仅仅相当于现代数理逻辑的命题逻辑中的重言式,这远远不足以涵盖现代数学。特别是,现代数学接受的一些数学公理,比如集合论中的无穷公理、选择公理,似乎是直接地、无条件地断定某些事物即某些集合存在。因此,至少从表面上看,它们不是对世界无所断定的、没有事实内容的判断。所以,如果逻辑经验主义者还要坚持说逻辑与数学真理是没有事实内容的,那么他们就必须突破《逻辑哲学论》的框架,对逻辑与数学真理究竟在什么意义上是没有事实内容的,或对逻辑与数学真理究竟如何有别于其他经验科学真理这一点,做出更好的解说。为此,卡尔纳普在《语言的逻辑句法》中,一方面提出了"语言框架"这一概念,作为对数学与科学实践的分析、描述,另一方面提出了"宽容原则",作为指导数学与科学实践的方法论原则。"语言框架"这一概念是要说明,我们需要选择一个语言框架来表达我们的科学知识,而逻辑与数学是我们所选择的语言框架中的约定部分,包括无穷公理、选择公理等存在性判断也是依约定而被接受的,因此它们有别于其他的经验科学假说,因为后者不是约定的,它们需要接受观察的检验。正是在这个意义上逻辑与数学是没有事实内容的。"宽容原则"则是提醒人们，有事实内容与没有事实内容之间的划分，是相对于一个所选择的语言框架的，因此是约定的，不是传统哲学所追求的那种绝对的划分，因为我们可以相当任意地选择不同的语言框架，而不同语言框架之间的差别仅仅是实用上便利或不便利之间的差别，不是传统哲学所理解的那种绝对的正确与错误之间的区别。

《语言的逻辑句法》以同样的方式回应了当时有关数学基础问题的争议。在《语言的逻辑句法》的写作时期，数学基础研究的三个主要流派都各自面临一些难题。逻辑主义不能成功地将现代数学化归为逻辑，因为无穷公理、选择公理等存在性公理似乎明显地不是逻辑真理。形式主义受到哥德尔不完全性定理的打击；不完全性定理似乎表明，数学真理要超出任何我们可以设计的（即可递归公理化的）形式系统。直觉主义数学则显然由于不够简洁实用而没有被数学家们采纳。现实工作中的数学家们似乎都采取了实用主义的态度，即他们接受已经排除了已知悖论的公理化集合论作为数学基础，不再关心有关数学基础的本体论与认识论问题。自然科学家们也是很自然地应用以公理化集合论为基础的经典数学，不担心那些数学基础问题。卡尔纳普的《语言的逻辑句法》正是恰当地反映了工作中的数学家与科学家们的这种实践与态度。一方面，《语言的逻辑句法》刻画、区分了语言框架中没有事实内容的所谓分析语句与有事实内容的所谓描述语句，这反映了数学家们与其他自然科学家们不同的工作方式，即：数学家们接受一些数学公理然后推导数学定理，不关心能否在科学应用中检验那些数学公理和定理,而科学家们选择适当的数学理论作为表达科学假说的语言,他们用科学实验检验那些科学假说,但不会考虑用实验去检验某个数学公理或定理。比如,没有人设想用科学实验去检验无穷公理和选择公理,像检验广义相对论与量子力学的基本假说那样。另一方面,宽容原则反映了数学家与科学家们的实用主义态度,即:有关数学基础的本体论与认识论争论是没有意义的,最终问题只是哪个数学基础在实用上更加便利这个问题,因此,数学家与科学家们完全可以把无穷公理与选择公理纳入到他们的语言框架中,作为语言框架的约定的一部分,只要这是便利的,不需要有什么哲学上的证明来保证这两个公理的超越语言框架的真理性。针对哥德尔的不完全性定理,卡尔纳普的回应则是:我们可以用另一个语言框架作为元语言来描述前一个语言框架即对象语言框架;在后一个元语言框架中,我们可以约定前一个对象语言框架中的每个纯数学命题非真即假,并由此得出,在那个对象语言框架中总有真但不可证明的纯数学命题,这就是哥德尔第一不完全性定理;但这本身又只是这个元语言框架内部的约定的推论而已,这种约定是便利的,但这不意味着有超出所有语言框架的纯数学真理。

卡尔纳普在《语言的逻辑句法》中对这些哲学与数学基础问题的回答也许不能让一些人满意,但阅读《语言的逻辑句法》时我们应该仔细区分,你是不能接受卡尔纳普的根本哲学出发点,比如他的实用主义态度,还是看出了卡尔纳普没有意识到某些明显的问题,因此他的哲学体系有明显的甚至是肤浅的错误。二十世纪八十年代以来一些学者提出,由于种种原因,卡尔纳普在分析哲学界被不恰当地忽视和轻视了。① 一个重要原因可能是,卡尔纳普的主要哲学著作《语言的逻辑句法》中充满了逻辑符号和逻辑技术性的内容(卡尔纳普后来关于语义学、模态性、概率与归纳的著作也一样),因此吓阻了许多读者,使得许多人不是通过阅读卡尔纳普的著作,而是通过其他渠道,尤其是通过卡尔纳普的批评者去了解卡尔纳普,因此很大程度地误解和轻视了他的哲学思想,甚至认为他的哲学体系有肤浅的错误。

比如,一些人是通过艾耶尔的《语言、真理与逻辑》了解早期逻辑经验主义,然后天然地认为那就是卡尔纳普成熟期的哲学思想。但《语言的逻辑句法》正是要解决早期逻辑经验主义(也就是艾耶尔的《语言、真理与逻辑》)所面临的一些问题,包括上面提到的两个问题,以及意义的可检验性标准所面临的问题。这是那些人误把卡尔纳普的哲学等同于早期逻辑经验主义的原因。

又比如,很多人可能是通过蒯因的非常著名的论文"经验主义的两个教条"了解卡尔纳普,②因此得到的印象是,卡尔纳普的主要观点已经被蒯因完全驳倒了,已经不值得再仔细研究了。但事实是,蒯因的论文明显地夸大了他与卡尔纳普之间的立场上的差异,③而在他们之间真正的差异点上,卡尔纳普的立场其实更接近蒯因以后的一些不满意、批评蒯因的学者的立场,因此可以认为,

---

① 见 M. Friedman: "Introduction: Carnap's revolution in philosophy", in M. Friedman and R. Creath (eds.), *The Cambridge Companion to Carnap*, Cambridge University Press, 2008.

② 见 Quine, W. V. (1951): "Two Dogmas of Empiricism", reprinted in Quine: *From a Logical Point of View*, 2nd ed., Harvard University Press, Cambridge, MA. 1980.

③ 见 M. Friedman, ibid.

在他们之间真正的差异点上,卡尔纳普有可能也是更站得住脚的。更具体地说,由于卡尔纳普所说的分析命题与综合命题的区分是相对于一个人为地设计的语言框架的,而卡尔纳普又特别强调宽容原则,因此,蒯因的那篇论文中绝大部分对区分分析命题与综合命题的批评,其实与卡尔纳普无关,因为那些批评只是针对传统哲学中(而且是在日常语言中)尝试绝对地区分分析与综合的努力。而且,如弗里德曼已经指出的,[①]在《语言的逻辑句法》的§82,卡尔纳普已经明确接受了类似于后来蒯因在"经验主义的两个教条"中所表达的那种整体主义的观点,即:对一个科学理论的检验是整体的,不是对一个个假说的独立的检验,而且,当从一个语言框架中得出的可观察的预测与经验不符时,我们也有可能去修改语言框架中的分析语句,即其中的逻辑与数学,而不是去修改其中的经验科学假说,即所谓描述语句。这比蒯因表达整体主义观点早了十五年。

蒯因对卡尔纳普的真正有意义的质疑仅仅是如下这一点:既然分析与综合的区分是相对于语言框架的,而对于语言框架之间卡尔纳普又接受了宽容原则,因此这个区分不是绝对的,那么在一个语言框架内部区分分析与综合还有什么哲学上的意义?蒯因自己的立场是更极端的整体主义,即:逻辑与数学公理跟经验科学假说一样都接受经验的检验,只不过逻辑与数学公理显得更明显,而且它们处于我们的信念之网的核心,它们被修改的话会导致我们的信念之网的更大范围的震动,因此我们尽量避免修改逻辑与数

[①] 见 M. Friedman, ibid., p. 10.

学公理。但正是在这一点上,卡尔纳普的观点可能更准确地反映了数学家与科学家们的实际工作方式与态度。这是因为,(1)普通数学家与科学家们实际上并不认为数学与自然科学理论是同样地受科学实验的检验;(2)无穷公理与选择公理事实上并不比"我有一双手"这种经验判断更明显;(3)放弃无穷公理与选择公理,只用有穷主义的数学,我们还是可以表达在物理上与现有的物理理论完全一样的物理理论,只不过要更繁琐一些,但这至少表明,修改数学公理并非一定会带来所谓的大范围的震动。这里的根本点是,卡尔纳普与蒯因有不同的对于数学在科学中的作用的看法。卡尔纳普是将数学看成仅仅是一种语言,一种表达工具、手段。这接近逻辑经验主义的传统看法。而且,一种工具、手段当然是为了实用的目的可修改的,所以这也与整体主义相容。蒯因则是把数学定理与科学论断一样看成是对世界的、有内容的描述。但普通科学家们的看法似乎是更接近于卡尔纳普的而不是蒯因的看法,即物理学家们普遍地把数学看成一种语言、一种表达手段,与具有物理上的事实内容的物理假说有实质性的区别。也就是说,卡尔纳普的描述可能更准确地反映了数学家与科学家们的实际工作方式,即他们在实际工作中还是区别对待数学与其他科学分支,虽然卡尔纳普也不是将逻辑与数学当作传统的、绝对意义上的先天、必然的真理。因此,蒯因以后,一些学者不满意蒯因的这种不区分数学与科学的整体主义,而是回到更接近卡尔纳普的观点。[①]

[①] 见 Burgess, J. P. (2004a): "Mathematics and Bleak House", *Philosophia Mathematica* (3) 12, 18–36 及 Maddy, P. (2007): *Second Philosophy: A Naturalistic Method*. Oxford: Oxford University Press.

所以，卡尔纳普与蒯因在本质上都是实用主义者，都否认逻辑与数学是传统意义上绝对的先天、必然真理。但在他们之间的真正差异点上，很有可能卡尔纳普的观点才更贴近真实的数学与科学实践。至少我们不能天然地认定蒯因的批评是对的。仅仅通过蒯因的"经验主义的两个教条"了解卡尔纳普的人难免误解、轻视了卡尔纳普。

对卡尔纳普的《语言的逻辑句法》的另一个著名的批评是哥德尔的批评。[①] 有的人也可能是通过哥德尔的批评了解卡尔纳普的，而这也很难避免产生对卡尔纳普的误解或不适当的轻视，因为，哥德尔对卡尔纳普的批评是有他自己的预设的。哥德尔提出，要使用一个语言框架需要先保证该语言框架是一致的。但依不完全性定理，一个语言框架的一致性不能在该语言框架内部得到证明。然后，哥德尔预设了，我们是靠某种数学直觉认识语言框架的一致性。因此哥德尔得出，语言框架不足以涵盖数学直觉，数学不能归结为语言框架的约定。但是，卡尔纳普曾明确表示，接受一个语言框架无需预先保证该语言框架的一致性，不一致的语言框架只是带来不方便而已。而且，卡尔纳普可以否认有那种数学直觉。比如，他可以说，那种所谓数学直觉，其实只是在我们长期尝试并很熟悉了一种数学语言框架，而且使用这个数学语言框架得到了很好的结果以后，发展出的某种心理感受。事实上，至今我们也没有百分之百的把握，经典数学的语言框架一定是一致的。

---

① 见 Gödel, K.: "Is mathematics syntax of language?" in Gödel, *Collected Works*, vol. III. S. Feferman, J. Dawson, W. Goldfarb, C. Parsons, and R. Solovay (eds.). Oxford University Press, 1995.

中文版前言

而反过来,既然经典数学在科学应用中已经得出了这么多、这么好的可检验的预测及技术上的实际结果,假设明天有人在公理集合论中又发现了悖论,似乎我们只需要对经典数学的语言框架的某个地方再做一点点修改,以回避悖论,而无需放弃这么多的已经成功的数学应用。这也说明,一个不一致的语言框架也是可以很有用的。卡尔纳普甚至不需要承认一个一致性论断本身具有超出所有语言框架的真理性。关于一个语言框架的一致性的论断,不过是另一个语言框架(即作为前者的元语言的语言框架)中的论断。

卡尔纳普在《语言的逻辑句法》中完整重述了哥德尔不完全性定理的证明,包括哥德尔编码等等,所以他完全了解不完全性定理。《语言的逻辑句法》的目的之一正是对不完全性定理提出一种适当的回应,一种不必陷入二元论、柏拉图主义等神秘主义泥潭的回应。卡尔纳普的根本气质是科学的、自然主义的、甚至物理主义的。对任何可能导致二元论、柏拉图主义这种结论的前提,卡尔纳普都只会反其道而行之,将结论视为对前提的归谬。所以,卡尔纳普会很自然地否认有所谓对一致性的、真实的数学直觉。卡尔纳普的实用主义观念是彻底的。卡尔纳普对不完全性定理的回应当然不会使得哥德尔满意,但考虑到对人类心智和认知过程的自然主义解释已经得到了多数科学家们的认可,能够回避二元论与柏拉图主义这种结论,应该被理解为卡尔纳普哲学的一个优点而不是错误。至少,如果你是通过哥德尔的批评了解卡尔纳普,那么你应该意识到,卡尔纳普从自己的立场出发对哥德尔的那些批评是有很自然的回应的。卡尔纳普并非因为不了解不完全性定理而犯了什么肤浅的错误。

所以，总体来说，从今天的角度看，卡尔纳普的《语言的逻辑句法》绝不仅仅是只作为历史上的一个经典著作而有意义，更不是一个已经被蒯因、哥德尔等人驳倒的，只有历史价值的，甚至含有肤浅错误的哲学体系。正相反，从今天的角度看，特别是从蒯因之后的那些对蒯因的批评的角度看，卡尔纳普的《语言的逻辑句法》中所表达的哲学思想还是有非常重要的价值。希望这本著作的翻译将有助于国内学者通过阅读卡尔纳普本人的著作更深入、准确地了解他本人的思想，而不是仅仅从一些流行的对卡尔纳普的批评去了解卡尔纳普。

卡尔纳普的哲学研究与写作的风格，是用大量技术性的研究与阐述来支持他的一个哲学观点，而在直接用日常语言论述他的哲学观点时则非常简洁明了，不做过多的铺垫，不翻来覆去地重复，也很少系统地反驳对立的哲学观点。他是以做科学的方式做哲学。比如，《语言的逻辑句法》这本著作中大部分的内容是数理逻辑上的技术性内容，而对哲学上非常重要的宽容原则的论述只在个别地方出现（如§17），而且非常简短。这种哲学研究与写作方式使得他的哲学有很坚实的技术支撑，但也给不熟悉那些技术性内容的读者带来阅读理解上的困难。就《语言的逻辑句法》这本著作来说，如果读者了解哥德尔不完全性定理的证明尤其是哥德尔编码方法，还了解原始递归算术及简单类型论这些逻辑系统，将会对理解这本著作中的技术性细节非常有帮助。这本著作中构造的语言Ⅰ相当于今天的一些数理逻辑教科书特别是证明论教科书中定义的，无量词的原始递归算术，而这本著作中构造的语言Ⅱ则相当于简单类型论。这里读者要注意，《语言的逻辑句法》成书于1934年,是在现代证明论与模型论发展出来之前,所以,对熟悉今天的数理逻辑教科书的读者来说,它的一些技术性定义、论述可能会显得比较陌生。总体上,《语言的逻辑句法》的技术细节是非常严谨的,没有错误或任何含混不清之处,虽然与今天经过几代人提炼的教科书相比,它的符号体系与它的叙述方式可能时时会显得不必要的繁琐。所以,一个可能有意义的建议是,读者可以先通过现代数理逻辑教科书来学习不完全性定理、原始递归算术及简单类型论,然后才细读这本著作的技术细节,而在此之前,读者可以先略过那些技术细节。

就哲学方面来说,阅读这本著作的补充读物可以包括卡尔纳普自己的学术自传,他的一篇重要论文"经验主义、语义学与本体论",以及收集在论文集《剑桥卡尔纳普伴读》中的其他学者的相关论文。[1]

叶峰

---

[1] Carnap, R.: "Intelectual Autobiography", in Schilpp, P. A. (ed.), *The Philosophy of Rudolf Carnap*, Cambridge University Press, 1963; Carnap, R.: "Empiricism, semantic, and ontology", reprinted in Benacerraf, P. and H. Putnam (eds.), *Philosophy of mathematics: Selected readings*, Cambridge: Cambridge University Press, 1983; M. Friedman and R. Creath (eds.), *The Cambridge Companion to Carnap*, Cambridge University Press, 2008.

目　　录

英文版前言 ………………………………………………… 1
序言 ………………………………………………………… 3
导论 ………………………………………………………… 9
 §1. 什么是逻辑句法 ……………………………………… 9
 §2. 作为演算的语言 …………………………………… 12
第一部分　确定的语言 I ………………………………… 19
 A. 语言 I 的形成规则 …………………………………… 19
  §3. 谓词与函子 …………………………………… 19
  §4. 句法的哥特符号 ……………………………… 23
  §5. 联结符号 ……………………………………… 27
  §6. 全称句和存在句 ……………………………… 30
  §7. K-算子 ………………………………………… 33
  §8. 定义 …………………………………………… 33
  §9. 句子与数字表达式 …………………………… 37
 B. 语言 I 的变形规则 …………………………………… 38
  §10. 对变形规则的一般评论 ……………………… 38
  §11. 语言 I 的初始句 ……………………………… 41
  §12. 语言 I 的推理规则 …………………………… 44

§13. 语言 I 中的推导和证明 ………………………………… 45

§14. 语言 I 的后承规则 ……………………………………… 50

C. 论语言的确定形式 ……………………………………………… 59

§15. 确定的与不确定的 ……………………………………… 59

§16. 论直觉主义 ……………………………………………… 61

§16a. 同一性 …………………………………………………… 64

§17. 句法中的宽容原则 ……………………………………… 67

第二部分 语言 I 句法的形式构造 ……………………………… 69

§18. 语言 I 的句法能够在语言 I 中得到系统的表述 ……… 69

§19. 句法的算术化 …………………………………………… 71

§20. 一般术语 ………………………………………………… 75

§21. 形成规则：(1)数字表达式和句子 …………………… 79

§22. 形成规则：(2)定义 …………………………………… 86

§23. 变形规则 ………………………………………………… 95

§24. 描述性句法 ……………………………………………… 99

§25. 算术的、公理的和物理的句法 ………………………… 101

第三部分 不确定的语言 II …………………………………… 107

A. 语言 II 的形成规则 …………………………………………… 107

§26. 语言 II 的符号装置 …………………………………… 107

§27. 类型的分类 ……………………………………………… 109

§28. 数字表达式和句子的形成规则 ………………………… 112

§29. 定义的形成规则 ………………………………………… 114

B. 语言 II 的变形规则 …………………………………………… 116

§30. 语言 II 的初始句 ……………………………………… 116

§31. 语言Ⅱ的推理规则 ………………………… 121

§32. 语言Ⅱ中的推导和证明 ……………………… 122

§33. 语言Ⅱ的初始句和规则与其他系统的比较……… 124

C. 语言Ⅱ的后承规则 …………………………… 127

§34a. 有效性的不完全标准和完全标准 …………… 127

§34b. 归约 ……………………………………… 131

§34c. 估值 ……………………………………… 136

§34d. 语言Ⅱ中"分析的"和"矛盾的"的定义 ……… 142

§34e. 论语言Ⅱ中的分析句和矛盾句 ……………… 146

§34f. 语言Ⅱ中的后承 ………………………… 149

§34g. 逻辑内容 ………………………………… 153

§34h. 归纳原理和选择原理是分析的 …………… 154

§34i. 语言Ⅱ是不矛盾的 ………………………… 158

§35. 指涉自身的句法句子 ……………………… 164

§36. 不可解的句子 ……………………………… 166

D. 语言Ⅱ的进一步发展 ………………………… 170

§37. 作为类符号的谓词 ………………………… 170

§38. 类的消除 …………………………………… 173

§38a. 关于逻辑中的存在假设 …………………… 177

§38b. 基数 ……………………………………… 180

§38c. 摹状词 …………………………………… 183

§39. 实数 ……………………………………… 186

§40. 物理语言 ………………………………… 189

第四部分 一般句法 ……………………………… 193

A. 对象语言和句法语言 ········· 193
§41. 句法名称 ········· 193
§42. 区分表达式和其名称的必要性 ········· 197
§43. 不确定项的可接受性 ········· 203
§44. 非直谓项的可接受性 ········· 205
§45. 句法中的不确定项 ········· 208

B. 任意语言的句法 ········· 211
(a) 一般考虑 ········· 211
§46. 形成规则 ········· 211
§47. 变形规则；d-术语 ········· 215
§48. c-术语 ········· 217
§49. 内容 ········· 221
§50. 逻辑表达式和描述表达式；子语言 ········· 224
§51. 逻辑规则和物理规则 ········· 227
§52. L-术语；"分析的"和"矛盾的" ········· 230

(b) 变项 ········· 235
§53. 层级系统；谓词与函子 ········· 235
§54. 代入；变项和常项 ········· 239
§55. 全称算子和存在算子 ········· 248
§56. 值域 ········· 252
§57. 句子联结 ········· 254

(c) 算术；不矛盾性；悖论 ········· 259
§58. 算术 ········· 259

§59. 语言的不矛盾性与完全性 ·············· 262

§60a. 悖论 ·············· 267

§60b. 概念"真的"与"假的" ·············· 271

§60c. 句法悖论 ·············· 275

§60d. 算术都是有缺陷的 ·············· 279

(d) 翻译与解释 ·············· 281

§61. 将一种语言翻译成另一种语言 ·············· 281

§62. 语言的解释 ·············· 288

(e) 外延性 ·············· 295

§63. 准句法句 ·············· 295

§64. 准句法句的两种解释 ·············· 300

§65. 关于部分句的外延性 ·············· 304

§66. 关于部分表达式的外延性 ·············· 308

§67. 外延性的论点 ·············· 310

§68. 自名说话模式的内涵句 ·············· 313

§69. 模态逻辑的内涵句 ·············· 317

§70. 模态逻辑中的准句法方法和句法方法 ·············· 324

§71. 内涵逻辑必要吗？ ·············· 326

(f) 关系理论及公理 ·············· 328

§71a. 关系理论 ·············· 328

§71b. 关系理论的句法术语 ·············· 331

§71c. 同构 ·············· 334

§71d. 不可数基数 ·············· 337

§71e. 公理方法 341

第五部分　哲学与句法 347

　A. 属于科学逻辑的句子形式 347

　　§72. 科学逻辑代替哲学 347

　　§73. 科学逻辑就是科学语言的句法 351

　　§74. 伪对象语句 355

　　§75. 有关意义的语句 359

　　§76. 通用词 365

　　§77. 实质说话模式中的通用词 371

　　§78. 实质说话模式引发的哲学困惑 373

　　§79. 采用实质说话模式的哲学语句与采用形式说话模式的哲学语句 377

　　§80. 实质说话模式的危险 385

　　§81. 实质说话模式的可接受性 390

　B. 科学的逻辑之为句法 394

　　§82. 物理语言 394

　　§83. 科学的基础 403

　　§84. 数学基础的问题 405

　　§85. 具体科学文献中的句法语句 408

　　§86. 科学的逻辑即为句法 412

参考文献和人名索引 415
索引 430
译后记 442

英文版前言

这个英文版包含了一些原始德文版中没有的章节：§§16a，34a-i，38a-c，60a-d，71a-e。1933年12月准备出版时，书稿包含这22节，因版面所限只好删除了。§34a-i 以前以稍微不同的样子在德国发表过：*Ein Gültigskriterium für die Sätze der klassischen Mathematik*。§60a-d 和 71a-d 的内容发表在：*Die Antinomien und die Unvollständigkeit der Mathematik*。英文版省略了原来的§60部分，因为它只是§60a-d 的一个缩写。

参考文献目录删除了不太重要的文献，补充了最近几年的文献。

我还对有些地方做了补充和更正。其中比较重要的是：§8，递归定义；§12，RI 2（见脚注）；§14，增加了对定理3和7的证明；§21，D29；§22，在D64（见脚注）和D83插入了两段；§29，脚注；§30，PSII 4（见§12脚注）；PSII 19，增加了条件；§48（见脚注）；§51，"L后承"的定义；§56（见脚注），删除了定理8和9。§57，修正了定理2和3，增加了最后一段；§62，对"$\mathfrak{Q}_2[\mathfrak{S}_2]$"的解释；§§65和66中，对外延的定义限制到了闭部分表达式，增加了定理65.8a；§67，补充了第二段的末尾。这些进一步的更正和修改主要是来自塔尔斯基博士，也包括麦肯锡、蒯因。我非常受惠于他们的批评。

德语术语的翻译当然是最困难的。有时候，在英语中找不到与德文术语精确对应的词语;有时候,因为一些术语与其他系统具有特殊的联系,显然不能将其作为对等术语来翻译。因此有必要借用一些并没有技术含义的词语来达到我们的目的,有时候甚至要完全造一个新词。如果一眼看去发现有些词语不太正常或者显得奇怪,我只能请求读者记住这个特殊的困难。我保证没有一个词不是经过仔细考虑才被选定,而且有信心这些词在使用中将被证明为合理的。

为了讨论和参考的方便,我在本书所有严格形式化的章节保留德文的一些符号缩写。只有在非形式化的段落中,我才使用英文代替。这仅仅是对那些不适合符号化术语出于方便才进行的缩写(例如"TN"表示"term-number"而不是德文"GZ"),或者仅仅是为了阐释引入的一些附属符号(例如"fa"表示"father"而不是德文中的"Va")。只要第一次使用的德文简写,我在随后的括号里会附上完整的德文;对于在形式定义中引入的符号,从一开始就会在相应的章节中的脚注给出符号的完整线索。

我首先要特别感谢冯·齐柏林伯爵夫人,她完成了翻译本书的困难任务。我还要感谢蒴因博士对一些术语有价值的建议,以及葛瑞汉博士、赫尔墨博士和内格尔博士在检查校样时给予的帮助。

卡尔纳普

1936 年 5 月于马萨诸塞州剑桥

序　　言

　　将近一个世纪，数学家和逻辑学家一直致力于使逻辑成为一门精确的科学。在一定程度上，他们的努力颇具成效，比如逻辑学教导人们如何精确地运用符号和公式——这些符号和公式在本质上和数学中运用的符号公式是类似的。但除了公式之外，一本逻辑书还必须包含一个说明的语境(expository context)，它借助日常语言中的语词来解释公式和它们之间的关系，而这种语境常常在清晰和精确性方面尚有许多可改进之处。最近几年中，代表了很不相同的思想倾向的逻辑学家们都逐渐持有如下这种观点：逻辑的本质部分包含在这个语境之中。重要的是发展一种精确的方法来构造这些关于句子的句子。本书主旨就是要对这种方法给一种系统的说明，也即"逻辑句法"的方法。(进一步的细节见导论第1页和第2页[①]。)

　　我们的"维也纳小组"以及一些旨趣相近的团体(在波兰、法国、英国、美国，甚至在德国)产生并逐渐形成了如下信念：形而上学不会产生任何具有科学特征的断言。哲学家的工作中本性上可说是科学的那部分——不包括通过经验科学得到解决的经验问

[①] 此类页码指原书页码，即本书的页边码，下同。——中译者

题——是由逻辑分析构成的。逻辑句法的目标是提供一个概念系统（语言），这种系统可以精确表述逻辑分析的结果。通过对科学陈述和概念的逻辑分析，科学的逻辑取代了哲学，科学的逻辑就是科学语言的逻辑句法。这就是我们在本书末章达至的结论。

本书试图提供一种以精确的句法方法为形式，解决科学逻辑诸多问题的必要工具。我们将首先给出两种特别重要类型的语言的句法表达："语言 I"和"语言 II"。语言 I 在形式上是简单的，包含较少的概念。语言 II 在表达方式上更为丰富一些，可以表达所有经典物理学和经典数学中的句子。对这两种语言的研究将不仅仅局限于语言的数理逻辑部分，如逻辑学中通常所做的，而且也实质性地涉及综合的、经验的语句。后者就是所谓的"真实"句子，它们组成了科学的核心。数理逻辑句子是分析的，没有实际的内容，仅仅在形式上具有辅助作用。

在本书第二部分，我们以语言 I 作为范例，来说明一个语言的句法如何能在该语言自身中获得表达。通常担心这必然产生诸如"认识论的"或者"语言学的"悖论之类的矛盾，但是并没有理由相信这一点。

在处理语言 I 和语言 II 之后，我们将概述一种可适用于任何语言的一般句法（第四部分）；尽管这远未达至预期目标，却也相当重要。可能的语言形式以及各种可能的逻辑系统的范围要比早期受到限制的逻辑研究广泛得多。到目前为止，我们只对罗素的经典语言形式系统做了些微的调整（偏离）。例如有一些逻辑学家消除了某些句子形式（比如不受限的存在语句）和推导规则（比如排中律）。另一方面做了一些扩充，引入了与二值句子相类似的多值句子演算,并因此纳入了概率逻辑;也引入了内涵语句,并因此发展了模态逻辑。没有人冒险尝试过更大程度地偏离经典形式,这也许是因为如下这样一个被普遍接受的观点:任何这样的偏离都必须得到辩护,也就是说,新的语言形式必须被证明是"正确的"并且是对"真正的逻辑"的忠实表述。

　　本书的主要目的之一是要消除上述观点以及与之伴随的虚假问题和因此产生的繁琐争论。在本书中我们将持如下观点:关于语言的形式的选择,我们在每一个方面都是完全自由的,也就是说,既在句子构造形式方面,也在变形规则上(指"公设"和"推导规则"),我们都可以进行任意的选择。直到现在,建构一种语言的程序通常如此:首先给基本逻辑符号指派意义,然后考虑哪种句子和推导依此意义是逻辑上正确的。由于意义的指派是用语词来表达的,因此是不精确的,那么这种做法所得到的结果就不可避免地是不精确的和有歧义的。只有采取相反的路径之时,才会让这种联系变得清楚:任意选择公设和推导规则,不管是哪种选择都会确定基本逻辑符号的意义指派。通过这种方法就消解了关于数学基础的种种观点分歧。因为,数学语言的形式可以根据任意一种偏好的观点来构造,因而不会产生任何辩护问题,只会有不同的选择所导致的句法后果的问题(包括无矛盾性这一问题)。

　　我们所坚持的原则,我称之为宽容原则(见第51页),不仅与数学相关也与所有的逻辑问题相关。根据这种观点,一般性句法的构造——即可应用于任意语言的句法概念之定义——非常重要。在一般句法范围内,有可能对整体的科学语言以及科学的任一分支的语言选择一种形式,并精确陈述这种语言形式和其他可能的语言形式之间的典型区别。

从历史角度考虑,最初的一些尝试(从经典形式的陆地释放逻辑之船)相当勇敢。但是这些尝试被追求"正确"的努力所阻扰。不过,现在障碍已经被克服,我们面对的是无限可能性的无边大海。

本书中的一些地方参考了这个领域中最为重要的文献,然而并没有尝试给出一个完整的参考书目。在那些著作中可以容易地找到进一步的文献。最重要的文献在以下几页:第96页以下涉及语言 II 和其他语言之间的比较;第136页以下涉及关于类的符号系统;第158页以下涉及句法名称(syntactical designation);第253-254页讲模态逻辑;第280-281页和第320-321页讲科学逻辑。

本书的写作受惠于诸多关于逻辑问题的著作、通信和交谈。这里应该提一些最为重要的人物。首先,我受惠于弗雷格的著作和讲座。通过他,我开始关注逻辑学的标准著作,即怀特海和罗素的《数学原理》。希尔伯特在他的《元数学》中第一次发展了语言的形式理论(用我们的术语说是"句法"),波兰逻辑学家莱斯尼斯基、卢卡西维茨以及塔尔斯基增加了元逻辑内容。哥德尔为这种理论增加了颇为丰富的"算术化"方法。关于句法理论的方法和观点,我从与塔尔斯基和哥德尔的交谈中受益匪浅。我还要感谢维特根斯坦在我反思句法和科学逻辑之间的关系时所起的作用,我们之间的观点分歧见第282页。(顺便说一句,在§17和§67我有一些与维特根斯坦不同的看法,石里克教授告诉我维特根斯坦未出版的手稿认同可以任意选择语言的规则。)再次,我也从那些我并不完全同意的著作中学到很多东西。他们是外尔、布劳威尔、刘易斯。最后我要感谢贝曼教授和哥德尔博士,他们阅读了本书的初稿(1932年),并给予了极为有价值的建议,促成了本书的修改。

卡尔纳普
1934年5月于布拉格

导　　论

§1. 什么是逻辑句法

语言的**逻辑句法**指的是关于一种语言之语言形式的形式化理论——约束语言的形式化规则以及根据规则所获得的后承的系统表述。

当一种理论、一条规则、一个定义诸如此类既不涉及符号（如语词）的意义，也不涉及表达式（如语句）的意义，而仅仅涉及构成表达式的符号之种类和次序时，我们把它们叫作**形式的**。

当前流行的观点认为，不管句法和逻辑有什么联系，它们是两种根本不同的类型。句法是建构从语言的基本单元（如词或词的组成部分）到语言的结构（如句子）之间的规则。逻辑的首要任务是要表述判断之间的推理规则，换句话说就是表述从前提到结论之间的推理规则。

但是过去十年逻辑的发展清楚地表明，逻辑的研究要达到任何程度的精确都必须奠基于语言表达而非判断（思想或思想的内容）。这样，句子就成最重要的了，因为只有通过句子才能严格地形成规则。实际上，在实际操作中，自亚里士多德以来的逻辑学家都是在句子层面建立规则的。不过，即使那些同意我们的观点认为逻辑关乎句子的现代逻辑学家也都相信逻辑同样也关乎句子意义之间的关系。他们认为,与句法规则相对,逻辑规则是非形式的。与此不同,我们认为逻辑也关注句子的**形式化**处理。这种观点将得到阐明和发挥。我们将看到句子的逻辑特征(例如一个句子是否是分析的、综合的或者矛盾的;是否是一个存在句;诸如此类)和句子之间的逻辑关系(两个句子之间是矛盾还是相容;一个句子是否可以从另外一个句子中推导出来等等)仅仅依赖于句子的句法结构。如此,只要对句法做足够宽泛的理解及精确的表述,逻辑将变成句法的一个部分。在更窄的意义上的句法规则与逻辑演绎规则的区分仅仅在于**形成规则**和**转换规则**的区分,两者都完全可以用句法词汇来表述。这样我们就有根据把包含形成规则和转换规则的系统称作"逻辑句法"。

自然的词语言(word-language)(如德语和拉丁语)既不系统,在逻辑上也不完整,因此这些语言的形成规则和转换规则非常复杂,在实际中很难有什么作用。某些人工语言(如世界语)也面临同样的困难,虽然它们回避了自然的词语言的逻辑不完整性,但从逻辑的观点看仍然是很复杂的,因为这种作为交流语言的语言最终依赖于自然语言。

我们暂时不考虑这种词语言的形式缺陷问题,让我们用例子来说明,形成规则和转换规则在本质上相似,二者都可以从形式上得到把握。例如,给出一个适当的规则,可以证明语词序列"Pirots karulize elatically"是一个句子,如果"Pirots"是一个主语(复数形式),"karulize"是第三人称复数动词,"elastically"是一个副词的话。在一个很好地构造出的语言中,比如在世界语中,所有这些都可以仅仅从词的形式得出。语词的意义对于我们的目的来说无关紧要,不需要知道。进一步给出一个合适的规则,"A karulizes elatically"就可以从原来的句子和句子"A is a Priot"推导出来,倘若每个词所属的类型是已知的话。这里还是不需要知道词的意思和句子的意义。

由于这种词语言的缺陷,我们将不研发它们的逻辑句法。相反,我们将考察两种人工语言的句法(这种语言用形式的符号代替语词)。事实上,现代逻辑广泛使用这种方法,只有在符号化的语言中才可能获得精确的表述和严格的证明。而且,只有对这样构造出的符号语言,才可能给出一组既简单又严格的规则,使我们可以清楚地展示逻辑句法的特征和适用范围。

一个语言的语句、定义和句法规则是关于这个语言的形式。但是,如何正确地表述这些语句、定义和规则?为此目的需要一个超级语言吗?然后,还需要第三个语言来解释这个超级语言的句法,以致无穷?抑或有可能在一个语言中表达这个语言自身的语法?一个明显的担忧在于,由于某些自指称的定义,有可能会出现与康托尔的超穷集合论、罗素之前的逻辑中出现的矛盾相似的矛盾。但稍后会看到,我们有可能在一个语言之中表达该语言的逻辑句法而并不导致悖论,这依赖于这个语言的表达方式的丰富程度。

尽管上述论题很重要,但我们并不首先来考虑它。相反,我们将构造与我们选择的语言相关的句法概念,至于是否能在该语言中表达基于这些句法概念的规则和句子,这要延迟考虑。在理论的第一阶段,这样的朴素的进路总是富有成效的。例如算术、几何以及微积分出现之后(甚至几百年之后),才有关于这些理论的认识论的和逻辑的讨论。因此我们首先构造句法,然后才将其概念形式化,最终确定它的逻辑特征。

我们将遵照这个程序考虑两种语言:第一种语言是我们研究的对象——我们把它叫作**对象语言**,第二种语言是我们用它来谈论对象语言的句法形式的语言——我们把它叫作**句法语言**。如前所述,我们的对象语言是某个符号语言;作为我们的句法语言,我们将先使用英语并辅之以一些哥特体符号。

§2. 作为演算的语言

演算是指这样的一个约定或规则系统:这些规则是关于一些基本元素,即所谓**符号**的,而对于这些符号的本性及关系,我们只假设了它们是分布在某几个符号类中。符号的有限序列叫作该演算中的**表达式**。

演算的规则首先决定了一种表达式属于某一种表达式范畴的条件;其次,决定了在什么条件下可以执行一个或多个表达式的转换。只有对语言系统给出如上所考虑的形式化结构,才称得上演算。这两种规则就是前面我们称为形成规则和转换规则的两种。前者是较窄的意义上的句法规则(例如,"当语言的一个表达式由如此种类的符号、以如此方式、以如此的顺序组成时,它被称为一个语句"),后者被称为演绎规则(例如,"如果一个句子是由符号以如此的方式结合在一起,如果另外一个句子是由符号以另外一种方式结合在一起,那么第二个句子可以从第一个句子推导出来")。而且,每一个被完善确定的数学分支都在这个意义上是演算。国际象棋的规则系统也是演算。棋子是符号(这与词语言相反,它们没有意义)。形成规则决定了棋子的位置(尤其是游戏中的初始位置),转换规则决定了可以被允许的每一步棋——从一个位置移动到下一个位置可允许的转化。

在宽泛的意义上,逻辑句法就是对一个演算的构造和操作;仅仅因为语言是最重要的演算的例子,所以通常只有语言得到了句法上的研究。大部分演算中的元素是书面字符,甚至包括那些不是通常意义上的语言的演算。在这里,"符号"和"书面字符"具有相同的意义。我们并没有假设这样的符号拥有意义或者指称任何东西。

当我们坚持认为逻辑句法把语言当作演算时,我们并不是说语言仅仅是演算。我们仅仅是指出,句法关乎具有演算性质的语言部分,也就是仅仅限于语言的形式层面。任何语言都有与形式层面无关的部分,它们可以通过其他方式来研究。比如说它的语词具有意义,这是语义学研究的对象。语言的语词、表达式和行动、感知相关,这方面可以成为心理学研究的对象。在一个特定的人群中,语言成为了历史地给定的交流方法及互相影响的方法,这可以成为社会学的研究对象。在宽泛的意义上,语言科学可以从所有这些不同的角度研究语言,从句法(在我们的意义上是形式的)到语义学,从心理学到社会学都可以研究。

我们已经说过句法只关注表达式的形式性质。现在我们将此表述得更明确一些。假设有两种语言:S_1 和 S_2,它们使用不同的符号,但是在二者之间可以建立一一对应的关系,使得如果我们把 S_1 的句法规则与 S_2 的符号而不是与 S_1 的符号联系起来的话,就可以使关于 S_1 的句法规则成为关于 S_2 的句法规则,反之亦然。尽管两种语言并不相同，但它们具有相同的**形式结构**（我们称它们为同构的语言），在这个意义上句法只与语言的结构相关。从句法的观点看，只要形成规则和转换规则是类似的，那么一种语言使用"&"，另一种语言使用"·"（或在词语言中，一种使用"and"，另一种使用"und"）是不相关的事情。例如，某个句子是否是分析的，一个句子是否可以从另外一个句子推导出来，这都只依赖于语言和所涉及的句子的形式结构。因此个体符号的形状（视觉形式）就无关紧要了。在精确的句法定义中不会提及这个形状。从句法角度看同样不重要的是，比如，符号"and"必须特别地是由印刷墨迹构成的一个事物。如果我们约定不是用那个特别的符号而总是将一根火柴放在纸上，语言的形式结构并没有发生变化。

所以如下一点应该是很清楚的，任何事物的序列都可以在一个演算中（或更具体地，在一个语言中）用作词项或者表达式。只需要将这些事物分配到一些特定的类中，然后我们就可以根据形成规则构造这些事物的具有一些形式的序列作为表达式。在日常语言中，符号序列要么是声音的时间上的连续段，要么是纸上物质对象的空间连续段。使用移动事物的语言例子是卡片机系统；卡片用于记录图书馆每一本书的名字，作为谓词的附文指称例如出借、在库等性质；带有附文的卡片就构成了一个句子。

语言以及其他演算的**句法**主要关注**基本元素可能序列的结构**。我们将区分纯粹的和描述的句法。**纯粹句法**只考虑一些可能的排列，而不考虑组成基本元素的事物的本性或哪一种可能的排列被实际实现出来了，这也就是说我们只考虑句子的可能形式，而不考虑组成句子的词语的形状或者是否句子在世界上某个地方在纸上被书写出来了。在纯粹句法中,只研究定义和定义的后承。纯粹句法完全是分析的,即仅仅是组合分析,换句话说,也就是一种有限的、离散的、某种特定系列结构的几何学。描述句法与纯粹句法的关系相当于物理几何学与纯粹数学几何之间的关系;描述句法考虑经验地给定的表达式的句法性质和关系(例如某一本特定的书中的句子)。为此目的,就如几何学之应用一样,有必要引入关联定义,据此可以确定不同种类的对象对应于不同种类的句法元素(例如,"具有'V'这个形状的印刷墨迹就作为析取符号")。描述句法中的句子可以表达某一本著作中的第四个句子和第七个句子互相矛盾;或者可以表达在一部著作中第二个句子不是句法上正确的句子。

当我们说纯粹句法仅仅关注句子的形式,"关注"仅仅是一种比喻。一个分析句并不和经验句子一样实际"关注"任何东西,因为分析句没有内容。这个比喻的说法也适用于说算术只关注数,或者纯粹几何学只关注几何构造。

每当我们从逻辑的观点研究或者判定一个具体的科学理论时,逻辑分析的结果最终会形成句法句子:或者是纯粹句法的句子或者是描述句法的句子。**科学的逻辑**(逻辑方法论)也就是科学语言的句法。在本书结论部分会很清楚地看到这一点。对于维也纳学派反对形而上学的立场,句法问题具有相当的重要性。在这种观点看来,形而上学句子就是伪句子,根据逻辑分析它要么是空语句,要么是违反了句法规则的语句。据此而来,有意义的哲学问题都是科学逻辑的问题。这种观点要求用逻辑句法代替哲学。然而,上述的反形而上学立场不会成为本书的前提或者一个主题。

本书下面的研究在本性上是形式的,不依赖于任何通常所谓的哲学教条。

本书下面所发展的句法方法,不仅在科学理论的逻辑分析中起作用,而且对词语言的逻辑分析也很有帮助。尽管如前所述,我们仅仅处理符号语言,但句法概念和句法规则也可以应用于处理复杂的词语言,虽然不是在细节上,而是依其一般特性。对词语言的直接分析(这已经很普遍了),不可避免地会遭到失败。这就如物理学家如果把物理定律应用到如树、石头等自然事物会遭受挫折。首先物理学家将自己的定律与最简单的构造形式联系在一起,如垂直的杠杆、钟摆、质点,等等。借助物理定律与这些基本形式的联系,就能把实际物体的复杂行为分析成基本的构造,进而掌控它们。与此类似的是关于山脉、河流、边境这些复杂的构造可以用地图来进行表达和探究,换句话说,通过构造一些并非自然世界本身所具有的线条。同样的,对于某种具体的词语言如英语的句法性质,或对于某一类词语言或某个词语言的子语言的句法性质,最好的表达和研究方式是通过与一个构造出的语言相比较,后者就如同一个参考系统。但这样的任务超出了本书的范围。

关于术语的说明

选择"(逻辑)句法"这一术语的理由在导言中已经说明了。我们可以去掉形容词"逻辑的"而不会与语言句法(它在方法上并非纯粹,也没有建立一个精确的规则系统)混淆,比如在本书的上下文中以及一般的逻辑著作中都可以。

如这个词本身所明示的,上述意义上的最早的演算出现在数学中。希尔伯特是第一个在严格的意义上把数学当作演算的——

建构一个以数学公式为对象的规则系统。他把这种理论叫作元数学,他的原初目标是要获得经典数学的无矛盾性的证明。元数学——当在一个宽泛的意义上而不仅仅限于上述观点来理解——就是数学语言的句法。与希尔伯特的符号类似,华沙逻辑学家(卢卡西维茨以及其他人)谈论"元命题演算",即元逻辑。也许,术语"元逻辑"对于处理更窄意义上的逻辑句子(即排除了数学语句)这个句法研究的子领域来说,是一个合适的称呼。

语义学(Semantics)这个术语是奇维斯特克(Chwistek)用来指称一种和我们的句法具有相同的对象但是采用不同方法的理论(对此我们将会进一步讨论)。但是,由于在语言科学中这个词与意义理论(Semasiology)同义,因此可能不该将它转用于句法,即一种对意义没有任何说明的理论。

符号学(Sematology 来自布赫尔)这个名号可以保留用于在宽泛意义上使用符号的经验(心理学、社会学)理论。语言的经验科学就是符号学的子集。但是这必须与研究现有语言表达意义的 Semasiology(作为语言科学的一部分)区别开来。

第一部分 确定的语言 I

A. 语言 I 的形成规则

§3. 谓词与函子

这里将结合两种作为对象语言的特殊的符号语言来展开对句法方法的论述。第一种我们称之为语言 I，或简称为 I，在数学方面它在有限的程度上包括自然数的初等算术，大致对应于被称为构造主义、有穷主义或直觉主义的那些理论。有限主要在于这样一个事实：出现的只是确定的数性质，也就是说，是那些依照一种固定的方法在有穷步骤内可以确定任意数字是否拥有的性质。由于这种有限性，我们称 I 为确定的语言，尽管它不是狭义上的确定的语言，因为狭义的确定的语言只含确定的句子，也就是说只含可解的（即要么可证，要么可驳倒）句子。之后我们将处理语言 II，它包含语言 I 作为自己的子语言。此外，语言 II 还含有不确定的概念，既包含实数算术以及在经典数学中所发展的那种程度的数学分析，还包含集合论。然而，语言 I 和语言 II 并不仅仅包括数学；首先，它提供了构建关于任何对象域的经验句子的可能性。例如在语言 II 中，经典物理学和相对论都可以得到系统表述。对现代逻辑中通常被忽略的综合（非纯粹逻辑-数学的）句子的句法我们也给予了特别重要的处理。从语言的整体观来看，数学句子对经验句子即非数学句子的运算只是辅助而已。

第一部分将系统给出语言 I 的句法，这里，英语加上少许哥特符号将用作句法语言。第二部分对语言 I 进行形式化，即用一种演算语言的形式来表述语言 I，这将在语言 I 自身内完成。第三部分展开对语言 II 这一更为丰富的语言的句法的论述，不过只是通过一种较简单的词语言方法来进行的。在第四部分，我们将抛开对象语言 I 和 II，创建一种对任何语言都适用的普遍句法。

掌握一点儿基本的逻辑（符号逻辑）知识，对于理解后续章节不无益处，尽管并不是绝对必要的。这里给出的只是简洁说明，更详尽的内容可以在关于句子演算和所谓函数演算的系统阐述中找到。见：希尔伯特（《理论逻辑的基础》）；卡尔纳普（《数理逻辑的基础》）；刘易斯（《符号逻辑》）。

一种涉及任一论域中诸多对象的语言，可以通过**专名**或者系统的位置**坐标**来指称这些对象，亦即用那些显示对象在该系统中所处位置，因而显示相互位置关系的符号来指称这些对象。位置符号，如房间号，对应于早期惯常用的个体名（比如"红色狮子"）；奥斯特瓦尔用字母和图表来指称颜色，与用颜色名（"绿色"等）来区分颜色截然不同；用经纬度来指称地理位置，而不用专名（"维也纳"、"好望角"）来指称；以及物理学中用四维坐标（空间和时间坐标——4个实数)指称的通常的时空点。专名指称法是初级的,位置指称法则对应着科学更为发达的阶段,相对于前者具有方法论的优势。假如一种语言用位置名称来指称属于该语言所涉论域的对象,我们称这种语言(或子语言)为**坐标语言**(coordinate-language),与**名字语言**(name-language)相对应。

截至目前符号逻辑通常使用的是名字语言,主要用"a"、"b"等名字(对应于词语言中的"月亮"、"维也纳"、"拿破仑"等称呼)来指称对象物。这里我们把坐标语言当作我们的对象语言,尤其是在语言Ⅰ中,我们将用自然数作为坐标。我们把具有确定方向的一维序列视为位置域,如果"a"指称这个序列中的一个位置,那么下一个位置就用"a'"来标示。如果初始位置用"0"来标示,那么很显然后续的位置就用"0'"、"0''"等来标示。我们称这样的表达式为重读表达式。不过,这种表达方式不便于表示更高的位置,出于简便考虑,我们通过定义引入通常的数字符号。因此:"1"表示"0'","2"表示"0''",以此类推。如果我们希望标示二维、三维或n维域中的位置,我们就使用有序二元、三元或n元数字符号。

为了表达一个对象或一个位置的性质,或者表达几个对象之间或几个位置之间的关系,需要使用**谓词**。例如:(1)令"蓝色(3)"的意思是"位置3是蓝色的";在一种名字语言中:"蓝色(a)"的意思是"对象a是蓝色的。"(2)令"Wr(3,5)"表示:"位置3比位置5暖和";在一种名字语言中"Wr(a,b)"表示:"物体a比物体b暖和";"Fa(a, b)"表示:"a这个人是b这个人的父亲"。(3)令"T(0,8,4,3)"表示:"位置0的温度比位置8的温度高的程度等于位置 4 的温度比位置 3 的温度高的程度"。在上述例子中,"蓝色"是一元谓词,"Wr"是二元谓词,"T"是四元谓词。在"Wr(3,5)"中,"3"是"Wr"的第一个主目,"5"是第二个主目。我们要区分两类谓词:上述例子中的谓词(像我们通常所说的那样)表达的是经验性质或者关系,我们称之为描述谓词,并将之与逻辑谓词区别开。逻辑谓词(如我们通常所说的那样)是那些表达逻辑-数学性质或关系的谓词。下面是逻辑谓词的例子:"Prim(5)"意指"5 是一个素数";"Gr(7,5)"意指"7 比 5 大",或"位置 7 比位置 5 高"。稍后会给出"描述的"和"逻辑的"这两个句法概念的精确定义,那将不会提及意义,与目前这个不精确解释不同。["谓词"这一名称以前只用于涉及一个项的情况,这里将遵循希尔伯特的做法,将之也用于涉及多个项的情形;把之作为涵盖这两种情形的一个普通语词,这一用法已被证明更具实效。]

因此,可以说谓词是为位置性质而设的专名。我们用系统的序列符号,即数字符号指称了位置,我们也可以按照同样的方式用数字符号来指称它们的性质。可以用颜色数字(或这样的数字三元组)取代颜色名;可以用温度数字取代"温暖"、"凉爽"、"寒冷"等不精确的说法。这样并不仅仅是可以提供更精确的信息,更深层的优势是只有借助这种"算术化"才可能确立普遍定律(例如:温度和膨胀之间关系的定律,或者温度和压力之间关系的定律),对科学而言这是至关重要的。为了用数字来表达位置的性质或位置间的关系,我们将使用**函子**。例如:令"te"为温度函子,"te(3)=5"的意思就是"在位置 3 的温度是 5";如果我们用函子"tdiff"表示温度差异,"tdiff(3,4)=2"的意思就是"位置 3 和 4 间的温差为 2"。

第一部分 确定的语言 I

除了这些描述的函子外,我们也使用逻辑函子。例如:"sum(3,4)"的意思是"3+4";"fak(3)"的意思是"3 的阶乘"。"sum"是二元逻辑函子,"fak"(Fakultät)是一元逻辑函子。在表达式"sum(3,4)"中,"3"和"4"被称为**主目**;在"te(3)=5"中,"3"被称为"te"的主目,"5"则是主目为"3"时"te"的值。

无论一个表达式以何种方式指称一个数字(确定的或不确定的),我们都称之为**数字表达式**(精确的定义见第 26 页),如"0"、"0″"、"3"、"te(3)"、"sum(3,4)"。一个表达式若对应于词语言中的一个命题句,我们就称之为句子(第 26 页的定义),如"Blue(3)"、"Prim(4)"。当一个表达式中出现描述谓词或者描述函子时,我们就称之为描述的(第 25 页的定义),否则就称之为逻辑的(第 25 页的定义)。

§4. 句法的哥特符号

两个符号"a"和"a"在本页的不同位置出现,它们因此是不同的符号(而不是同一个符号);但它们是等同的(而不是不等同)。语言的句法规则不仅要决定什么样的东西被用作符号,还要决定在什么样的情况下这些符号在句法上是等同的。两个外形上看起来不同的符号在句法上经常是等同的,比如日常语言中的"z"和"ʒ"。[申明两个符号等同并不必然意味着两个符号可以无差别地使用,可能有一些与非句法因素相关的用法上的差异,例如通常并不在同一语境使用"z"和"ʒ":我们几乎总是要么写"zebra",要么写"ʒebra"而不写"ʒebra"。]当在本书中使用时,"z"和"ʒ"在句法上是不等同的。另一方面,我们将把"(( ))"、"[[ ]]"①中的左括号当作等同的符号,相应的右括号也如此。所以,在我们的对象语言中,表达式里括号的大小差异以及方圆差异在句法上是无关紧要的,引入这种区分只是为了方便读者而已。再者,在我们的系统中(与罗素的系统大不相同)符号"≡"和"="是等同的。我们可以一直使用"=",但考虑到方便读者,当"="出现在两个句子之间(而不是出现在两个数字表达式间)时,我们总是写作"≡"。

当两个表达式对应的符号是等同的时,我们称这两个表达式为等同的表达式。如果两个符号或两个表达式是等同的(在句法上),我们就说它们有同样的句法型式。但这并不妨碍它们有不同的外形,如"("和"[",或"="和"≡";或者不妨碍它们有颜色的差异,或有其他任何与句法无关的特征上的差异。

本书中几乎所有的研究都是关于纯句法(而不是描述性句法)的,因此与表达式空间上的差异无关,只与它们在句法上等同与否有关,并因此与其句法型式有关。关于任一表达式所陈述的一切同时也适用于每个与之等同的表达式,相应地也可以说是对该表达型式的谓述。为简便起见,我们将经常只是简单地提"表达式"或"符号",而不提"表达型式"或"符号型式"。[例如,不说"在表达式'Q(3,5)'中(并因此在每个等同的表达式中)出现了一个像符号'3'这样的符号",我们说得简洁得多:"在型式'Q(3,5)'的每个表达式中,出现了一个型式'3'的符号";甚至可以更简洁:"在表达

---

① 原文中此处出现的是一大一小的左圆括号和左方括号,因为不成对出现难以使之有大小上的差距,故而稍做调整。——中译者

式'Q(3,5)'中,出现了符号'3'。"]在纯句法领域,这种简化形式并不会导致含混。

语言Ⅰ中出现的五种符号列举如下。(稍后进行解释。)

1. 11个**具体符号**(符号型式):

"(",")",",","|","~","∨","·","=","⊃","∃","K"。

下面四种类别的符号每一类别都可以有无限多的符号。

2. **变项**(数字的)(§§20-24的定义中的"u"、"v"…"z",还有"k"、"l"…"t")。

3. **常数**(如"0"、"1"、"2"等);属于第2组和第3组的符号都称为数字。

4. **谓词**(以大写字母开头的单词,如"Prim",还有"P"、"Q"、"R")。

5. **函子**(以小写字母开头的单词,如"sum")。

不是变项的符号叫**常项**。Ⅰ中的**表达式**是由Ⅰ中的符号组成的有序序列,序列中的符号数量是有限的(但也可以是0或是1,也就是说,一个表达式可以是空的,或者只由一个符号构成)。

我们将句法**形式**(或简称形式)理解为任何一种或任何一类句法地被决定的表达式(也就是说,只考虑符号的序列和符号的句法类别,而不考虑位置、颜色等非句法因素)。一个表达式的形式可以得到或多或少精确的说明:最精确的是给出表达式的型式;最不精确的是只说它是一个表达式。

我们将引入简化方法来书写对形式的陈述。例如在词语言中,我们可以将表达式"Prim(x)"的形式陈述如下:"这个表达式包含一个谓词、一个左括号、一个变元和一个右括号,并按这一顺序写出来。"我们也可以说得更简洁:"这个表达式具有形式 pr($\mathfrak{z}$)。"这种使用哥特符号的方法在于引入句法名来表达符号类别;因而形式的句法描述只受这些句法名排序的影响。我们将用"$\mathfrak{a}$"表示符号(所有型式的);用"$\mathfrak{z}$"(Zahlvariable,即数变量)表示变项(数字的);用"nu"(null)表示"0"这一符号(符号型式);用"$\mathfrak{zz}$"(Zahlzeichen)表示一般的数字;用"pr"表示谓词(并分别用"pr^1"、"pr^2"、"pr^n"表示一元、二元和 n 元谓词);用"fu"(并特别用"fu^1"等)表示函子。至于那 11 个具体符号我们就将符号自身当作它们的句法名称,此外将"$\mathfrak{verfn}$"当作二元联结符号(Verknüp-fung-szeichen)——"v"、"·"、"⊃"、"="的名称。因此,在"Prim(x)"中,"("是对象语言的符号,而在"pr($\mathfrak{z}$)"中,"("是句法语言的符号,是对象语言中那一符号的句法名,相应地只是英语单词"左括号"的简写而已。当一个符号以这种方式用作它自身的名字时(或者说得更确切些,用作它自身的符号型式的名字),我们称之为自名符号(见§42)。对"("等符号的重叠使用并不会引起歧义,因为这些符号只是在哥特字母关联时自名地出现。当我们想要通过句法名称来区分同一种类的不同符号时,我们可以使用加标的方式。例如:"P(x,y,x)"具有形式 pr($\mathfrak{z},\mathfrak{z},\mathfrak{z}$),或者更具体一点说,具有形式 pr^3($\mathfrak{z}_1,\mathfrak{z}_2,\mathfrak{z}_1$)。对于最重要的表达式,我们也将使用句法符号(含大写字母)。我们用"$\mathfrak{A}$"(Ausdruck)表示(任意形式的)表达式,用"$\mathfrak{Z}$"(Zahlausdruck)表示数字表达式,用"$\mathfrak{S}$"(Satz)表示句子。其他的名称稍后引入。这里我们依然用加标的方式来标明表达式之间的等同关系。在形式为($\mathfrak{S}\lor\mathfrak{S}$)⊃$\mathfrak{S}$ 的句子中,三个句子可以是等同的,也可以是不等同的;而在形式为($\mathfrak{S}_1\lor\mathfrak{S}_2$)⊃$\mathfrak{S}_1$

的句子中,第一个句子和第三个句子是等同的。

通过"ð","ι"这样的加标可以标示出一个符号是**描述的**还是**逻辑的**。例如:"fu₁"表示逻辑函子,"ʒᵇ"表示描述的数字表达式。我们会经常将"一个形式为⋯的符号"简写为"一个⋯";如:将"一个二项逻辑函子"简写为"一个fu₁²";类似地,"一个ʒᵇ"、"一个𝔄ᵇ"等等。

下面我们将结合英语文字来使用哥特符号,在稍后的语言 I 的句法构造中,并不出现这些符号。语言 I 的句法不是通过词语言给出的,而是借助另外的符号来完成的。

使用哥特符号方法的首要目的是让我们免受错误表达模式之困,即混淆符号和被符号化的对象,这种错误在逻辑著作和数学著作中经常出现。例如"在这儿或那儿,出现 x＝y",其正确的表达形式应该是"⋯出现'x＝y'",或"⋯出现ʒ₁＝ʒ₂"。如果要讨论的是对象语言的表达式,那么这个表达式必须写在引号内,或者必须使用它的句法名称(如果不用引号的话)。但是,如果这一句法名字正是我们所讨论的,那就必须将之放在引号内。稍后我们会看到,如果忽视这一点,不区分符号和符号所称谓的对象,很容易导致错误和晦涩(§§41-42)。

§5. 联结符号

一元联结符号与二元联结符号分别用于由一个句子构造一个新的句子和由两个句子构造一个新的句子。在严格形式化地构造的系统中,这些符号的意义源于变形规则,稍后我们会对此进行详细讨论。为了便于理解它们,我们暂时用不那么精确的方法来解释它们的意义(以及类似的其他符号的意义)。首先使用的方法是将之大致翻译成英语中的语词;然后稍微精确点,使用所谓的真值表。

~($\mathfrak{S}_1$)叫作($\mathfrak{S}_1$)的否定;($\mathfrak{S}_1 \vee \mathfrak{S}_2$)、($\mathfrak{S}_1 \cdot \mathfrak{S}_2$)、($\mathfrak{S}_1 \supset \mathfrak{S}_2$)、($\mathfrak{S}_1 = \mathfrak{S}_2$)分别叫作$\mathfrak{S}_1$和$\mathfrak{S}_2$的析取、合取、蕴涵以及等值,其中$\mathfrak{S}_1$、$\mathfrak{S}_2$叫作项。

这些符号的翻译如下:"并非";"或"(相容意义上的);"且";"并非……或……"(有时也翻译为"如果…那么…");"要么…且…,要么并非……且并非……"。当符号"="出现在两个句子间(而不是两个数字表达式间)时,我们通常将之写为"≡";因此,"="和"≡"可看作相同的符号,即同一句法型式的符号。

在已被认可的大多数系统中,除同一或等值符号"="外,还使用一种特殊的等值符号。(例如罗素用"≡",希尔伯特用"~"。)另一方面,我们在语言Ⅰ和语言Ⅱ中仅使用一种符号型式(但是为了便于读者理解,我们使用两种图形)。我们将看到(第244页之后),这种方法对于语言Ⅰ和语言Ⅱ这样的外延语言不仅可行也非常实用。

在接下来的内容中,在书写对象语言或句法语言中的符号表达式时为简便起见,我们将(如惯常所做的那样)略去下列情形中局部表达式$\mathfrak{A}_1$(可以是句子,也可以是句子的句法名称)外的括号:

1. 当$\mathfrak{A}_1$只含一个字母时。

2. 在~($\mathfrak{A}_1$),或 verfn($\mathfrak{A}_1$),或($\mathfrak{A}_1$)verfn 中,当$\mathfrak{A}_1$以"~"开

头,或以 pr 开头,或以一个算子开头时(见下面)。

3. 当$\mathfrak{A}_1$是一个析取项,并且自身是析取时。

4. 当$\mathfrak{A}_1$是一个合取项,并且自身是合取时。

5. 当$\mathfrak{A}_1$是一个运算域(operand),并且它自身以一个算子开头时(稍后详解)。

我们将"(∼($\mathfrak{S}_1$))∨($\mathfrak{S}_2$)"[而不是"∼(($\mathfrak{S}_1$)∨($\mathfrak{S}_2$))"]简写为"∼$\mathfrak{S}_1$∨$\mathfrak{S}_2$";类似的简写还有"$\mathfrak{S}_1$∨$\mathfrak{S}_2$∨$\mathfrak{S}_3$"、"$\mathfrak{S}_1$·$\mathfrak{S}_2$·$\mathfrak{S}_3$"。

然而,这种简化只是为了书写的简便,句法定义和句法规则的系统表述将借助不省略括号的表达式给出。

显然,两个句子$\mathfrak{S}_1$和$\mathfrak{S}_2$的真值情况有四种可能,在下面给出的真值表中用四行来表示。该表表明,在这四种情况中哪些情况下联结句是真的,哪些情况下联结句是假的;例如,析取只在第四种情况下是假的,在其他情况下它都是真的。

	$\mathfrak{S}_1$	$\mathfrak{S}_2$	$\mathfrak{S}_1$∨$\mathfrak{S}_2$	$\mathfrak{S}_1$·$\mathfrak{S}_2$	$\mathfrak{S}_1$⊃$\mathfrak{S}_2$	$\mathfrak{S}_1$=$\mathfrak{S}_2$
(1)	T	T	T	T	T	T
(2)	T	F	T	F	F	F
(3)	F	T	T	F	T	F
(4)	F	F	F	F	T	T

下面是否定的真值表:

	$\mathfrak{S}_1$	∼$\mathfrak{S}_1$
(1)	T	F
(2)	F	T

借助上面的真值表,很容易就能确定一个多重复合句在不同情况下的真值,只需先确定作为组成部分的句子的值,然后一步一步就可以求出整个句子的值。因此,能够确定~$\mathfrak{S}_1 \vee \mathfrak{S}_2$与蕴涵的真值分配是一样的,都是 T,F,T,T;正因为如此,我们才把"并非…或…"作为蕴涵的翻译。而且,还能确定$\mathfrak{S}_1 \supset (\mathfrak{S}_1 \vee \mathfrak{S}_2)$的真值分配为 T,T,T,T,因此该表达式是无条件真的,不论$\mathfrak{S}_1$和$\mathfrak{S}_2$是真的还是假的。我们将称这样的句子为分析句。

§6. 全称句和存在句

这里我们还是采用先给出翻译再给出真值条件陈述的方法来确定表达式的意义。例如:令"Red"是一个$\mathfrak{pr}_b$;那"Red(3)"就表示:"位置 3 是红色的。"令"(x)(Red(x))"表示"每个位置都是红色的","(∃x)(Red(x))"表示:"至少一个位置是红色的",因此也表示"至少存在一个位置,这个位置是红色的。"除通常的这些句子形式外,我们还将引入下列句子形式:"(x)3(Red(x))"表达的意思与"Red(0)·Red(1)·Red(2)·Red(3)"表达的是一样的,即"截止到 3 的每个位置都是红色的";"(∃x)3(Red(x))"表达的意思与"Red(0)∨Red(1)∨Red(2)∨Red(3)"表达的是一样的,即"截止到 3 有一个位置是红色的"。

出现在上面的句子之首的表达式,即"(x)"、"(∃x)"、"(x)3"、"(∃x)3"分别叫作非受限**全称算子**、非受限**存在算子**、受限全称算子和受限存在算子。在两个受限算子中,"3"是该算子的限定表达式,出现在四个算子中的"x"叫作算子变元。"Red(x)"叫作

运算域(属于该算子的)。在语言 I 中,只出现受限算子;直到语言 II 中我们才使用非受限算子。

如果 $\mathfrak{A}_1$ 和 $\mathfrak{A}_2$ 是算子,我们将 $\mathfrak{A}_1(\mathfrak{A}_2(\mathfrak{S}))$ 简写为 $\mathfrak{A}_1\mathfrak{A}_2(\mathfrak{S})$。(比较第 19 页的条件 5。)

处在 $\mathfrak{A}_1$ 的某个位置的变元(或变元的符号型式)$\mathfrak{z}_1$(不管 $\mathfrak{z}_1$ 这一符号是否在这一位置上出现)被称为**约束的**——当 $\mathfrak{A}_1$ 有一个子句(真子句或非真子句)包含这个位置,并且具有形式 $\mathfrak{A}_2(\mathfrak{S})$,其中 $\mathfrak{A}_2$ 是一个含有算子变元 $\mathfrak{z}_1$ 的算子时。

处在 $\mathfrak{A}_1$ 的某个位置出现的变元 $\mathfrak{z}_2$ 被称为在 $\mathfrak{A}_1$ 的这一位置是**自由的**——当 $\mathfrak{z}_2$ 在 $\mathfrak{A}_1$ 的这一位置不是约束的时。例如:令 $\mathfrak{S}_1$ 的形式为 $\mathfrak{S}_2 \vee \mathfrak{S}_3 \vee \mathfrak{S}_4$,具体的型式为"$P_1(x) \vee (x)5(P_2(x,y)) \vee P_3(x)$"。在 $\mathfrak{S}_3$ 的所有位置,"x"在 $\mathfrak{S}_3$ 中是约束的,所以 $\mathfrak{S}_3$ 所有位置的"x"在 $\mathfrak{S}_1$ 中也是约束的;在 $\mathfrak{S}_1$ 中,第一个"x"和第四个"x"以及"y"是自由的。如果一个在 $\mathfrak{A}_1$ 中自由的变元在 $\mathfrak{A}_1$ 中出现,那么 $\mathfrak{A}_1$ 是**开语句**,否则就是**闭语句**。

为了表达非受限的全称,在语言 I 中将使用自由变元。例如,令 $\mathfrak{S}_5$ 为"$\text{sum}(x,y)=\text{sum}(y,x)$",其意思是:"对于任意两个数,第一个数与第二个数之和总是等于第二个数与第一个数之和。"如果 $\mathfrak{S}_5$ 是真的,那么用任意数字表达式替换"x"和"y"所得到的句子也都是真的。如"$\text{sum}(3,7)=\text{sum}(7,3)$"($\mathfrak{S}_6$)。[因此,在我们的系统里,所谓的句子函数也和句子被分在同一级。我们对闭语句和开语句的区分对应于通常对句子和句子函数的区分。]

在使用自由变元来表示非受限全称时,我们的语言和罗素的语言是一致的。但是,罗素在《数学原理》第Ⅰ卷中说,一个自由的(真正的)变元是模棱两可的,没有确定的意义,他的这一解释我们并不认同。"Red(x)"是一个完全没有歧义的适当的句子,它在意义上恰好等同于"(x)(Red(x))"这一句子(既出现在我们的语言Ⅱ中,也出现在罗素的语言中)。

给定一个表达式 $\mathfrak{A}_1$,用 $\mathfrak{Z}_1$ **代入** $\mathfrak{z}_1$ 所得到的那个表达式在句法上用 $\mathfrak{A}_1 \begin{pmatrix} \mathfrak{z}_1 \\ \mathfrak{Z}_1 \end{pmatrix}$ 表示。这可以精确定义如下:$\mathfrak{A}_1$ 中 $\mathfrak{z}_1$ 自由出现的位置叫作 $\mathfrak{A}_1$ 中 $\mathfrak{z}_1$ 的**代入位置**;$\mathfrak{A}_1 \begin{pmatrix} \mathfrak{z}_1 \\ \mathfrak{Z}_1 \end{pmatrix}$ 就是用 $\mathfrak{Z}_1$ 替换 $\mathfrak{A}_1$ 中 $\mathfrak{z}_1$ 的所有代入位置所得到的表达式;这里 $\mathfrak{Z}_1$ 必须满足这样的条件:在 $\mathfrak{A}_1$ 中 $\mathfrak{z}_1$ 的任一代入位置约束出现的变项不能在 $\mathfrak{Z}_1$ 作为自由变项出现。如果在 $\mathfrak{A}_1$ 中 $\mathfrak{z}_1$ 未作为自由变项出现,那么 $\mathfrak{A}_1 \begin{pmatrix} \mathfrak{z}_1 \\ \mathfrak{Z}_1 \end{pmatrix}$ 指的就是表达式 $\mathfrak{A}_1$。

例:令 $\mathfrak{S}_1$、$\mathfrak{S}_5$、$\mathfrak{S}_6$ 表示前面提及的句子,令 $\mathfrak{z}_1$ 是变元"x",$\mathfrak{z}_2$ 是变元"y",那么 $\mathfrak{S}_1 \begin{pmatrix} \mathfrak{z}_1 \\ nu \end{pmatrix} \begin{pmatrix} \mathfrak{z}_1 \\ nu' \end{pmatrix}$ 表示句子:"$P_1(0) \vee (x) 5 (P_2(x, 0')) \vee P_3(0)$"。$\mathfrak{S}_5 \begin{pmatrix} \mathfrak{z}_1 \\ 3, \end{pmatrix} \begin{pmatrix} \mathfrak{z}_2 \\ 7, \end{pmatrix}$ 是 $\mathfrak{S}_6$。"$(\exists x)(x = y')$"表示:"对于每一个数 y,都存在一个紧邻的比它更大的数。"这里就不能用"x"在其中自由出现的 $\mathfrak{Z}$,如"x'",来代入"y";"$(x)(x = x'')$"显然是不成立的。

§7. K-算子

含全称算子或存在算子的表达式是句子,但形如(K𝖟)𝔍(𝔖)的表达式与之不同,它不是句子,只是一个数字表达式。K-算子,(K𝖟)𝔍,不是句子算子而是描述算子,更确切地说是数算子。(K𝖟$_1$)𝔍$_1$(𝔖$_1$)表示"使𝔖$_1$为真的至𝔍$_1$(且含𝔍$_1$在内)的最小的数,当这样的数不存在时,这个数就为 0"。例:令'Gr(a,b)'表示"a 比 b 大";"(Kx)9(Gr(x,7))"在意义上等同于"8";"(Kx)9(Gr(x,7)·Prim(x))"在意义上等同于"0"。

一般说来,形式(1)和形式(2)的两个句子所表达的意义是一样的:

$$\mathfrak{p}\,\mathfrak{r}_1[(\mathrm{K}\mathfrak{z}_1)\mathfrak{Z}_1(\mathfrak{p}\,\mathfrak{r}_2(\mathfrak{z}_1))] \tag{1}$$

$$[\sim(\exists\mathfrak{z}_1)\mathfrak{Z}_1(\mathfrak{p}\,\mathfrak{r}_2(\mathfrak{z}_1))\cdot\mathfrak{p}\,\mathfrak{r}_1(0)]\vee(\exists\mathfrak{z}_1)\mathfrak{Z}_1$$
$$[(\mathfrak{p}\,\mathfrak{r}_2(\mathfrak{z}_1)\cdot(\mathfrak{z}_2)\mathfrak{z}_1(\sim(\mathfrak{z}_2=\mathfrak{z}_1)\supset\sim\mathfrak{p}\,\mathfrak{r}_2(\mathfrak{z}_2))\cdot$$
$$\mathfrak{p}\,\mathfrak{r}_1(\mathfrak{z}_1)] \tag{2}$$

前面我们已经提及过的"算子变元"、"限定表达式"、"运算域"、"约束"变元、"自由"变元这些名称也可用于含 K-算子的表达式。[与通常的描述(罗素式的)相反,借助于 K-算子的描述永远不会要么为空,要么模棱两可;它总是意义明确的。因此,在我们的系统中并不需要有使用 K-算子的预防规则。]

§8. 定义

没有定义来框定的符号叫作**未定义**符号或**初始**符号。语言 I 的逻辑初始符号包括已经提到过的 11 个具体符号(见第 16 页),

还包括 nu 和所有的 $\mathfrak{z}$。任一 pr_d 或 fu_d 都可以确立为描述的初始符号。要想使用其他符号,$\mathfrak{z}\mathfrak{z}$,pr 以及 fu 都必须通过**定义**引入。$\mathfrak{z}\mathfrak{z}$ 或 pr 总是以直陈方式定义的;fu 或者以直陈方式定义,或者以递归方式定义。①

直陈定义是由一个句子构成的;递归定义则是由两个句子构成的。这些句子中的每个句子都具有形式 $\mathfrak{Z}_1 = \mathfrak{Z}_2$ 或 $\mathfrak{S}_1 \equiv \mathfrak{S}_2$。表达式 $\mathfrak{Z}_1$(或 $\mathfrak{S}_1$)叫作被定义项,含有被定义的那个符号。$\mathfrak{Z}_2$(或 $\mathfrak{S}_2$)叫作定义项。

在一个直陈的定义中,被定义的那个符号只能出现在被定义项中;在一个递归的定义中,被定义的那个符号还出现在第二个句子的定义项中。至于其余的,定义项只可以包括初始符号或已经被定义的符号。因此,定义的建构顺序是不可以任意改动的。每一个被定义的符号都有一个定义链,定义链指的是包含该符号的定义以及链中出现的所有被定义符号的定义在内的句子的最短序列。一个符号的定义链总是有限的,且是唯一确定的(除先后顺序外)。

狭义的**直陈定义**,即被定义项只包括新符号(如语言Ⅰ中 $\mathfrak{z}\mathfrak{z}$ 的定义)的那些定义,以及所谓的通常定义,即被定义项除包括新符

---

① 英文版中相关的表述是"be regressively defined"或"a regressive definition",译者最初译成"以后退方式定义"、"后退定义"。叶峰在校对过程中查阅了德文版,注意到德文原文是 rekursive,译成英文时当译作 recursive 而不是 regressive,故校对成"递归定义"。——中译者

第一部分 确定的语言 I 35

号外还包括其他符号的那些定义(如语言 I 中 pr 的定义与 fu 的定义),都属于广义的直陈定义。这里是在广义上使用该概念的。

数 $ʒʒ_1$ 的定义形式为:$ʒʒ_1 = ʒ$。

谓词 pr_1^n 的定义形式为:$pr_1^n(ʒ_1, ʒ_2, \cdots ʒ_n) \equiv \mathfrak{S}$。

函子 fu_1^n 的直陈定义形式为:$fu_1^n(ʒ_1, ʒ_2, \cdots ʒ_n) = ʒ$。[例如:"$nf(x) = x'$",第 59 页定义 1。]

fu_1^n 的递归定义形式为:(a) $fu_1^n(nu, ʒ_2, \cdots ʒ_n) = ʒ_1$;(b) $fu_1^n(ʒ_1', ʒ_2, \cdots ʒ_n) = ʒ_2$。在 $ʒ_2$ 中,fu_1^n 后面总是跟着主目表达式 $ʒ_1, ʒ_2, \cdots ʒ_n$,其中的变项都不是约束的。[例:第 59 页定义 3 对"prod"的定义,第一个等式是 $fu_1(nu, ʒ)$ 的变形;第二个等式让 $fu_1(ʒ_3', ʒ_4)$ 回到 $fu_1(ʒ_3, ʒ_4)$,以便如在"$prod(6, y)$"中,通过对第二个等式的六次使用和对第一个等式的一次使用,可以消除"prod"。]此外,每个定义句都必须满足下面两个条件:(1)定义项中不可以出现被定义项中没有出现过的自由变项;(2)被定义项中不可以出现两个相等的变项。

如果不满足条件(1)的话,通过所建构的定义可能会推出**矛盾**,下面的例子(莱斯尼斯基在句子演算[《新系统》,第 79 页及其以下]中给出过一个类似的例子)可以说明这点。我们来定义 pr "P":

(1) 　　　　　$P(x) \equiv (Gr(x, y) \cdot Gr(y, 5))$　　　(1)
　　　　　　　$(Gr(7, 6) \cdot Gr(6, 5)) \supset P(7)$　　　(2)
　　　　　　　$Gr(7, 6) \cdot Gr(6, 5)$　　　　　　　　(3)

(2)(3)	P(7)	(4)
(1)	P(7)⊃(Gr(7,4)·Gr(4,5))	(5)
(5)	P(7)⊃Gr(4,5)	(6)
(6)	~Gr(4,5)⊃~P(7)	(7)
	~Gr(4,5)	(8)
(7)(8)	~P(7)	(9)

(4)和(9)是相互矛盾的。

另一方面,不需要满足**相反的条件**;定义项中未出现的变项可以出现在被定义项中。(比较第59页的定义3.1)

设立条件(2)并不是为了避免矛盾,而是为了确保可再译性,例如:如果定义"P(x,x)≡Q(x)",那么"P(0,1)"中的"P"就无法消去。

如果我们有形如 $\mathfrak{Z}_1 = \mathfrak{Z}_2$ 或 $\mathfrak{S}_1 \equiv \mathfrak{S}_2$ 的句子,那么如同我们随后将看到的那样,在别的每个句子中(第36页),$\mathfrak{Z}_1$ 可以用 $\mathfrak{Z}_2$ 替代,或 $\mathfrak{S}_1$ 用 $\mathfrak{S}_2$ 替代,反之亦然。这意味着每个直陈定义过的符号,无论它出现在何处,都可以借助它的定义**被消去**。但是,在递归定义符号的情况下,这种消去却并非总是可能的。[例:如果"prod(x,y)"出现在一个句子中且"x"在其中是自由的(如"prod(x,y)=prod(y,x)"),那"prod"就不能被消去。]

到目前为止,我们对"描述的"与"逻辑的"这两个术语都只给出了粗略的解释,现在可以更精确地定义它们了。

如果符号 a_1 是未定义的,那么当 a_1 是 $\mathfrak{pr}$ 或 $\mathfrak{fu}$ 时,就称 a_1 为描述的($\mathfrak{a}_b$)。如果 a_1 是被定义的,那么当一个未定义的 $\mathfrak{a}_b$ 出现在

a_1 的定义链中时，就称 a_1 是 a_b。当 a_b 出现在表达式 $\mathfrak{A}_1$ 中时，$\mathfrak{A}_1$ 是描述的（$\mathfrak{A}_b$）。当 a_1 不是 a_b 时，称 a_1 是逻辑的（a_l）。当 $\mathfrak{A}_1$ 不是 $\mathfrak{A}_b$ 时，就称 $\mathfrak{A}_1$ 是逻辑的（$\mathfrak{A}_l$）。

§9. 句子与数字表达式

现在我们来命名几种表达式。最重要的表达式是句子（$\mathfrak{S}$）和数字表达式（$\mathfrak{Z}$），截至目前我们只是借助意义给出了这两个术语的不精确的解释，现在必须正式地、精确地定义它们。我们已经讲述了构造语言 I 中的句子和数字表达式的所有可能方式，因此我们只需要列举出各种形式的句子和数字表达式即可。

一个 $\mathfrak{S}$ 可以包含其他的 $\mathfrak{S}$ 和 $\mathfrak{Z}$ 作为它的部分；与此类似，一个 $\mathfrak{Z}$ 可以包含其他的 $\mathfrak{Z}$，也可以包含 $\mathfrak{S}$（借助 K-算子）。因此，我们将要给出的关于句子和数字表达式这两个术语的定义是相互依赖的，在定义中我们还将添加辅助术语"主目表达式"。不过我们在确定所给出的特定表达式 $\mathfrak{A}_1$ 是否是 $\mathfrak{S}$ 或 $\mathfrak{Z}$ 时，只依赖于 $\mathfrak{A}_1$ 的**真（特有的）**局部表达式是否是 $\mathfrak{S}$ 或 $\mathfrak{Z}$。因此，在有限的步骤后这种相互依赖会终结；这样的定义是没有歧义的，也不包含恶性循环。[随后我们会在符号化系统表述的句法框架中给出具有严格精确形式的定义。]

我们称语言 I 中的一个符号为**数字**（$\mathfrak{Z}\mathfrak{Z}$），如果这个符号是 nu，或是一个已定义的数字，或是一个 $\mathfrak{Z}$。我们称 I 中具有下列形式之一的表达式为**重读表达式**（$\mathfrak{S}$t(Strichausdruck)）：(1) nu；(2) $\mathfrak{S}$t′。[因此，$\mathfrak{S}$t 要么是"0"（非真重读表达式），要么是带有一个或多个重音符号"'"的"0"。]

I 中具有下列形式之一的表达式被称为数字表达式($\mathfrak{Z}$):(1) $\mathfrak{z}\mathfrak{z}$;(2)$\mathfrak{Z}^!$;(3)$\mathfrak{fu}^n(\mathfrak{Arg}^n)$;(4)$(K\mathfrak{z}_1)\mathfrak{Z}_1(\mathfrak{S})$,其中 $\mathfrak{z}_1$ 不在 $\mathfrak{Z}_1$ 中作为自由变项出现。I 中"n 项**主目表达式**"($\mathfrak{Arg}^n$)的递归定义为:$\mathfrak{Arg}^1$ 是 $\mathfrak{Z}$;$\mathfrak{Arg}^{n+1}$ 的形式为 $\mathfrak{Arg}^n,\mathfrak{Z}$。

I 中具有下列形式之一的表达式被称为**句子**($\mathfrak{S}$):(1)$\mathfrak{Z}=\mathfrak{Z}$("等式");(2)$\mathrm{pr}^n(\mathfrak{Arg}^n)$;(3)$\sim(\mathfrak{S})$;(4)$(\mathfrak{S})\mathfrak{verfn}(\mathfrak{S})$;(5)$\mathfrak{A}_1(\mathfrak{S})$,其中 $\mathfrak{A}_1$ 的形式为 $(\mathfrak{z}_1)\mathfrak{Z}_1$ 或 $(\exists\mathfrak{z}_1)\mathfrak{Z}_1$,且 $\mathfrak{z}_1$ 不在 $\mathfrak{Z}_1$ 中作为自由变项出现。[不必要求该算子变项在该运算域中作为自由变项出现;如果不是作为自由变项出现的话,$\mathfrak{A}_1(\mathfrak{S}_1)$ 在意义上等同于 $\mathfrak{S}_1$。]

表达式最重要的分类是分为句子与非句子。把不是句子的表达式分为具有"独立意义的表达式"(广义的"专名"),余下的为另一类("不完备的"、"未完成的"、"不完全的"(synsemantic)表达式),这种常见的分类从心理学的角度看比从逻辑的角度看更有意义。

B. 语言 I 的变形规则

§10. 对变形规则的一般评论

就构造演算而言,对变形规则和形成规则的陈述,如语言 I 中所给出的那样,都是必不可少的。借助于前者,我们能确定在什么条件下一个句子是另外一个或一些句子(前提)的后承。但$\mathfrak{S}_2$是$\mathfrak{S}_1$的后承这一事实并不意味着$\mathfrak{S}_2$的思想将与$\mathfrak{S}_1$的思想相伴,这不是句子间的心理关系问题,而是句子间的逻辑关系问题。在对$\mathfrak{S}_1$的陈述中客观上已经包含了对$\mathfrak{S}_2$的陈述,我们会看到这里以实质方式所讲的这种关系可以纯形式地构造出来。[例如:令$\mathfrak{S}_1$表示"(x)5(Red(x))"、$\mathfrak{S}_2$表示"Red(3)";假定截止到5的所有位置都是红色的,那么无疑位置3也是红色的。在这种情况下,也许$\mathfrak{S}_2$是和$\mathfrak{S}_1$同时被"想到"的;但在其他情况下,当转换更为复杂时,该后承并不必然和前提同时被想到。]

借助简单的方法是不可能构造出"后承"这一术语的充分的定义的,这样的定义在现代逻辑中(自然在古老的逻辑中)还没有出现,我们稍后会再回来讨论这个问题。现在我们要为语言Ⅰ确定一个比"后承"稍微窄的术语:"可推导的"。[在构造逻辑系统时,习惯上只用后面这一较窄的概念,可推导性这一概念并不是通常的后承概念,人们对这点理解得并不透彻。]为此目的我们将定义"可直接推导的"这一术语,或者如通常所做的那样先确立**推理规则**。[当$\mathfrak{S}_3$可以借助推理规则从$\mathfrak{S}_1$,或者从$\mathfrak{S}_1$与$\mathfrak{S}_2$获得时,我们就称$\mathfrak{S}_3$是从$\mathfrak{S}_1$,或者从$\mathfrak{S}_1$与$\mathfrak{S}_2$可直接推导的。]

一个含有前提$\mathfrak{S}_1,\mathfrak{S}_2,\cdots\mathfrak{S}_m$(其中的数字总是有限的,并且可以是0)的推导指的是一有限长的句子序列,这个序列中的每个句子或者是前提之一,或者是一个定义句,或者是由序列中在它之前的一个或多个句子(在我们的对象语言Ⅰ和Ⅱ中,至多只能两个)可直接推导的。如果含有前提$\mathfrak{S}_1,\mathfrak{S}_2,\cdots\mathfrak{S}_m$的推导的最后一个句子是$\mathfrak{S}_n$, 就称$\mathfrak{S}_n$是从$\mathfrak{S}_1, \mathfrak{S}_2, \cdots \mathfrak{S}_m$ **可推导的**。

如果一个句子在实质上进行解释时是逻辑普遍为真(且因此无论这个句子是什么,其后承也是逻辑普遍为真),我们就称它是分析句或重言句。[例:"Red(3)∨～Red(3)";这一句子在什么情况下都是真的,与位置3的性质无关。]但这是另外一个不可用简单方法来进行形式分析的概念,这个在后面讨论。我们先要给出的是稍微窄点的术语"可证的"的定义。[这是通常的进路;哥德尔第一个证明了不是所有的分析句都是可证的。]当$\mathfrak{S}_1$可从空前提序列推导出来,因而可以从任意句子推导出来时,就称$\mathfrak{S}_1$是**可证的**。

如果一个句子在实质上进行解释时是逻辑无效的,我们就称它为**矛盾句**。[例:"Red(3)·～Red(3)";这个句子在所有情况下都是假的,与位置3的性质无关。]我们稍后再来考虑此概念。此刻我们考虑稍微窄点的术语:"可驳倒的"(refutable)。当至少有一个句子～$\mathfrak{S}_2$是可证的,这里$\mathfrak{S}_2$是用任意重读表达式代入$\mathfrak{S}_1$中所有作为自由变项出现的$\mathfrak{z}$的结果时,就称$\mathfrak{S}_1$是可驳倒的。[例:"Prim(x)"是可驳倒的,因为"～Prim(0'''')"是可证的。]一个闭语句$\mathfrak{S}_1$是可驳倒的,当且仅当～$\mathfrak{S}_1$是可证的。

当一个句子既不是分析的也不是矛盾的时,我们就称它为综合的。当一个句子既不是可证的也不是可驳倒的时,我们就称它为**不可解的**。这最后一个术语比"综合的"更广泛。我们随后将看到,每个逻辑句子要么是分析的,要么是矛盾的;因此,综合句只能在描述句中找到。另一方面,在语言Ⅰ中和在所有足够丰富的语言中一样,有不可解的逻辑句子。(比较§36。)

为技术简化的缘由,通常并不阐明整个推理规则系统,而只是给出其中的一部分,其余的则是以建造某些可证的(在整个规则系统的基础上)句子即所谓的**初始句**来替代。规则及初始句的选择在很大程度上是任意的,甚至在预先假定了演算的某种确切的实质解释时也是如此。一个系统通常是能够通过略去一个初始语句并将其换成一条推理规则来改变的(不改变其内容),反过来也可以。

我们也将为我们的对象语言确立推理规则(也就是说,"可直接推导的"的定义),并建造对象语言的初始句。依此方法,一个含有某些前提的**推导**被定义为句子序列,其中的每个句子或者是前提,或者是初始句,或者是定义句,或者可由序列中在前的句子直接推导出来。一个不含前提的推导叫作**证明**。因此,证明是一个句子序列,其中的每个句子或者是初始句,或者是定义句,或者是由序列中在前的句子可直接推导出来的。一个证明的最后一个句子被称之为**可证的**句子。

§11. 语言 I 的初始句

这里我们将给出的不是一个个的初始句,而是一系列初始句图式,每个图式都确定一种句子,有无数属于这种句子的句子。例如:通过图式 PSI 1 能确定每个形如 $\mathfrak{S}_1 \supset (\sim \mathfrak{S}_1 \supset \mathfrak{S}_2)$ 的句子都是第一种初始句,其中 $\mathfrak{S}_1$ 和 $\mathfrak{S}_2$ 可以是以任何方式构建的句子。〔通常的做法是建造初始句,而不是给出句子图式,在语言 II 中我们也将采用这样的方法。但要达到这样的目的,代表 $\mathfrak{S}$, pr, fu 的变项是必不可少的。例如:初始句 PSII 1(第 91 页)对应图式 PSI 1。但由于在语言 I 中没有我们必需的这些变项,我们构建不了这些初始句自身,而只能构建图式。这里被称之为属于第一种初始句的句子,在语言 II 中是间接可证的,可以从 PSII 1 通过代入得到。]

语言 I 的初始句图式

(a) 所谓的句子演算的初始句。

  PSI 1. $\mathfrak{S}_1 \supset (\sim \mathfrak{S}_1 \supset \mathfrak{S}_2)$

  PSI 2. $(\sim \mathfrak{S}_1 \supset \mathfrak{S}_1) \supset \mathfrak{S}_1$

  PSI 3. $(\mathfrak{S}_1 \supset \mathfrak{S}_2)[(\mathfrak{S}_2 \supset \mathfrak{S}_3) \supset (\mathfrak{S}_1 \supset \mathfrak{S}_3)]$

(b) 语句算子(受限的)的初始句。

  PSI 4. $(\mathfrak{z}_1)\mathrm{nu}(\mathfrak{S}_1) \equiv \mathfrak{S}_1 \begin{pmatrix} \mathfrak{z}_1 \\ \mathrm{nu} \end{pmatrix}$

  PSI 5. $(\mathfrak{z}_1)\mathfrak{z}_2{}'(\mathfrak{S}_1) \equiv \left[(\mathfrak{z}_1)\mathfrak{z}_2(\mathfrak{S}_1) \cdot \mathfrak{S}_1 \begin{pmatrix} \mathfrak{z}_1 \\ \mathfrak{z}_2{}' \end{pmatrix}\right]$

  PSI 6. $(\exists \mathfrak{z}_1)\mathfrak{z}_2(\mathfrak{S}_1) \equiv \sim (\mathfrak{z}_1)\mathfrak{z}_2(\mathfrak{S}_1)$

(c) 等式的初始句。

  PSI 7. $\mathfrak{z}_1 = \mathfrak{z}_1$

  PSI 8. $(\mathfrak{z}_1 = \mathfrak{z}_2) \supset \left[\mathfrak{S}_1 \supset \mathfrak{S}_1 \begin{pmatrix} \mathfrak{z}_1 \\ \mathfrak{z}_2 \end{pmatrix}\right]$

(d) 算术的初始语句。

  PSI 9. $\sim (\mathrm{nu} = \mathfrak{z}_1{}')$

  PSI 10. $(\mathfrak{z}_1{}' = \mathfrak{z}_2{}') \supset (\mathfrak{z}_1 = \mathfrak{z}_2)$

(e) K-算子的初始语句。

第一部分 确定的语言 I

PSI 11. $\mathfrak{S}_2\left(\substack{\mathfrak{z}_1 \\ (K_{\mathfrak{z}_1})_{\mathfrak{z}_2}(\mathfrak{S}_1)}\right) \equiv$

$\left(\left[\sim(\exists \mathfrak{z}_1)_{\mathfrak{z}_2}(\mathfrak{S}_1) \cdot \mathfrak{S}_2\binom{\mathfrak{z}_1}{nu}\right] \vee\right.$

$\left.(\exists \mathfrak{z}_1)_{\mathfrak{z}_2}\left[\left(\mathfrak{S}_1 \cdot (\mathfrak{z}_3)_{\mathfrak{z}_1}\left[\sim(\mathfrak{z}_3 = \mathfrak{z}_1) \supset \sim \mathfrak{S}_1\binom{\mathfrak{z}_1}{\mathfrak{z}_3}\right]\right) \cdot \mathfrak{S}_2\right]\right)$

我们将看到，所有的初始句作有实质内容的解释时都为真，且（在 PSI 5–11 的情况下）通过用任何 $\mathfrak{z}\mathfrak{z}$ 代入自由的 $\mathfrak{z}$ 所得到的也都是真句子。

PSI 1–3 用真值表是很容易证明的（见第 20 页）。至于 PSI 4，依据已给出的受限全称算子的意义，等式两边在意义上是等同的，因而或者都为真，或者都为假。至于 PSI 5，当某个东西就截止到 n+1 的每个数而言都为真时，那就每个截止到 n 的数和 n+1 这个数而言也为真，反过来也成立。至于 PSI 6，"在截止到 n 的序列中存在一个具有如此这般性质的数字"，在意义上等于句子"并非截止到 n 的每个数都不具有所论及的这一性质"。可以说 PSI 4 和 5 表示受限全称算子的递归定义，PSI 6 表示受限存在算子的直陈定义。直陈定义的符号总是能消去的，而递归定义的符号并非总能消去（比较第 25 页）。类似地，当限定表达式含有自由变项时（如 PSI 5 中那样），不能消去受限全称算子。受限全称算子以及被递归定义的 fu 不单单是缩写，如果抛弃它们的话，这种语言的表达能力就会大大降低。另一方面，若是抛弃受限存在算子、K-算子、合取符号、蕴涵符号以及所有被直陈定义的 $\mathfrak{z}\mathfrak{z}$、pr 和 fu，则只会使得该语言更为笨拙，丝毫不会缩小可表达的范围。

$\mathfrak{z}_1 = \mathfrak{z}_2$ 为真，当且仅当 $\mathfrak{z}_1$ 和 $\mathfrak{z}_2$ 指称同一个数字，这里 $\mathfrak{z}$ 之间

的同一或等同符号"="是在这一意义上使用的（如在算术中一样）。由此可得，PSI 7 和 8 都是有效的。PSI 9 的意思是说 0 不是其他任何数的后继，因此是序列的起始项。PSI 9 和 10 分别对应于皮亚诺的算术公理系统中的公理四和公理三。PSI 11 的实质有效性可以从前面给出的 K-算子的意义得出（§7）。

§12. 语言 I 的推理规则

当条件 RI 1-4 之一被满足时，就称在语言 I 中 $\mathfrak{S}_3$ 是**可从** $\mathfrak{S}_1$（RI 1,2），或从 $\mathfrak{S}_1$ 与 $\mathfrak{S}_2$（RI 3,4）**直接推导的**。

RI 1. （代入。）$\mathfrak{S}_3$ 的形式为 $\mathfrak{S}_1 \begin{pmatrix} \mathfrak{z} \\ \mathfrak{z} \end{pmatrix}$。

RI 2. （联结。）(a) $\mathfrak{S}_3$ 是把 $\mathfrak{S}_1$ 中形式为 $\mathfrak{S}_4 \vee \mathfrak{S}_5$ 的部分句（真的或非真的部分句）用 $\sim \mathfrak{S}_4 \supset \mathfrak{S}_5$ 替换后得到的，或者反过来；[①] (b) 同样的情形也适用于 $\mathfrak{S}_4 \cdot \mathfrak{S}_5$ 和 $\sim(\sim \mathfrak{S}_4 \vee \sim \mathfrak{S}_5)$；(c) 适用于 $\mathfrak{S}_4 \equiv \mathfrak{S}_5$ 和 $(\mathfrak{S}_4 \supset \mathfrak{S}_5) \cdot (\mathfrak{S}_5 \supset \mathfrak{S}_4)$。

RI 3. （蕴涵。）$\mathfrak{S}_2$ 的形式为 $\mathfrak{S}_1 \supset \mathfrak{S}_3$。

RI 4. （完全归纳。）$\mathfrak{S}_1$ 的形式为 $\mathfrak{S}_3 \begin{pmatrix} \mathfrak{z}_1 \\ \mathrm{nu} \end{pmatrix}$，$\mathfrak{S}_2$ 的形式为 $\mathfrak{S}_3 \supset \mathfrak{S}_3 \begin{pmatrix} \mathfrak{z}_1 \\ \mathfrak{z}_1 ' \end{pmatrix}$。

[①] （注释，1935）在德文原版中，RI 2(a) 是关于 $\mathfrak{S}_4 \supset \mathfrak{S}_5$ 和 $\sim \mathfrak{S}_4 \vee \mathfrak{S}_5$ 的，且替换了该蕴涵符号的一个定义。塔尔斯基博士引起了我对这样一个事实的关注：必须采用上面代表析取符号定义的 RI 2(a) 的形式来代替这个，因为在 PSI 1-3 中用到的是蕴涵符号而不是析取符号。同样的原因，对 PSII 4 也进行了改动（见§30）。

这里我们以"可直接推导的"的定义形式所给出的内容通常是以推理规则的形式来呈现的,因此,上述这些条件对应于下面的四条推理规则:

1. **代入**规则。每一种代入都是允许的。

2. **联结**规则。(a)部分句$\mathfrak{S}_4 \vee \mathfrak{S}_5$总是可以用$\sim \mathfrak{S}_4 \supset \mathfrak{S}_5$置换的,反过来也成立。这同样适用于(b)和(c)。

3. **蕴涵**规则。$\mathfrak{S}_3$可以从$\mathfrak{S}_1$和$\mathfrak{S}_1 \supset \mathfrak{S}_3$演绎出来。

4. **完全归纳**规则。例:$pr_1(\mathfrak{z}_1)$可以从$pr_1(nu)$和$p\ r_1(\mathfrak{z}_1) \supset p\ r_1(\mathfrak{z}_1{}')$演绎出来。

这些规则是这样来表述的:当对这些句子进行实质解释时,它们总可以从真句子导向更多的真句子。在 RI 1 的情况下,可以由本书前面已给出的自由变项的解释得出,在 RI 2 和 3 的情况下,可以由真值表得出(第 20 页)。可以说 RI 2 相当于合取、析取、等值这几个符号的直陈定义,这些符号只是缩写。RI 4 对应普通算术的完全归纳原理:如果一个性质属于数 0,且如果这一性质是世代相传的(也就是说,如果它属于数 n,那它也属于 n+1),那它也属于每一个数(皮亚诺的公理五)。

§13. 语言 I 中的推导和证明

某个句子是可证的,或者是可从其他句子推导的,将通过给出一个证明或推导来显示。我们会发现更富成效的方法是证明全称句法语句的方法,这意味着具有如此这般形式的所有句子都是可证的,或是可从其他某种形式的句子推导的。有时这种全称句法语句的证明可以通过构造证明图式或推导图式得到,这种图式陈述在特定情况下证明或推导是如何进行的。另一种富有成效的方法,在很多情况下它排除特殊图式的结构,基于的是这样一个事实:关于可证性或可推导性的全称句法语句是可以从同一种类的其他语句推断出来的,即如果 $\mathfrak{S}_3$ 可从 $\mathfrak{S}_2$ 推导,且 $\mathfrak{S}_2$ 可从 $\mathfrak{S}_1$ 推导,那么 $\mathfrak{S}_3$ 也可从 $\mathfrak{S}_1$ 推导;因为这一推导可通过把前两个推导一个接一个地排列而获得。如果 $\mathfrak{S}_1$ 是可证的,且 $\mathfrak{S}_2$ 可从 $\mathfrak{S}_1$ 推导,那 $\mathfrak{S}_2$ 也是可证的。此外,如果 $\mathfrak{S}_1 \supset \mathfrak{S}_2$ 是可证的,那 $\mathfrak{S}_2$ 可从 $\mathfrak{S}_1$ 推导(依据 RI_3)。其逆命题并不总为真,只有下面这个能成立:如果 $\mathfrak{S}_1$ 是闭语句,且 $\mathfrak{S}_2$ 可从 $\mathfrak{S}_1$ 推导,$\mathfrak{S}_1 \supset \mathfrak{S}_2$ 便是可证的。[开语句 $\mathfrak{S}_1$ 的反例如下:令 $\mathfrak{S}_1$ 为"x=2",$\mathfrak{S}_2$ 为"(x)3(x=2)";$\mathfrak{S}_2$ 可从 $\mathfrak{S}_1$ 推导($\mathfrak{S}_2$ 和 $\mathfrak{S}_1$ 都为假);但在这种情况下 $\mathfrak{S}_1 \supset \mathfrak{S}_2$ 不是可证的,甚至是假的,因为 $\mathfrak{S}_2$ 是在这个句子中用 2 替代 x 并运用 RI 3 的结果。]

我们将给出一个证明图示和一个推导图示的简单例子,以及一些关于可证性或可推导性的全称句法语句。[本页左边提到的初始句和规则只是便于理解而已,它们并不属于这个图式。而用文字所陈述的关于某个特定表达式所需满足的特殊条件(如下面推导图式中的 $\mathfrak{S}_3$),则是图式所不可缺少的。]

证明图式示例

PSI 1 $\mathfrak{S}_1 \supset (\sim \mathfrak{S}_1 \supset \mathfrak{S}_1)$ (1)

PSI 2 $(\sim \mathfrak{S}_1 \supset \mathfrak{S}_1) \supset \mathfrak{S}_1$ (2)

PSI 3,其中句子 $\sim \mathfrak{S}_1 \supset \mathfrak{S}_1$ 将被视为 $\mathfrak{S}_2$,$\mathfrak{S}_1$ 被视为 $\mathfrak{S}_3$:

第一部分　确定的语言 I

$$(\mathfrak{S}_1 \supset (\sim\mathfrak{S}_1 \supset \mathfrak{S}_1)) \supset$$
$$([(\sim\mathfrak{S}_1 \supset \mathfrak{S}_1) \supset \mathfrak{S}_1] \supset [\mathfrak{S}_1 \supset \mathfrak{S}_1]) \qquad (3)$$

(1)(3)RI 3 　　$((\sim\mathfrak{S}_1 \supset \mathfrak{S}_1) \supset \mathfrak{S}_1) \supset (\mathfrak{S}_1 \supset \mathfrak{S}_1)$ 　　(4)

(2)(4)RI 3 　　$\mathfrak{S}_1 \supset \mathfrak{S}_1$ 　　(5)

定理 13.1. $\mathfrak{S}_1 \supset \mathfrak{S}_1$ 总是(即对任意句子型式而言)可证的。

"定理 m.n"表示 §m 的第 n 条句法定理。句法定理 13.1-4 涉及语言 I 中与所谓的句子演算对应的那个部分,这个部分包含 PSI 1-3 和 RI 1-3。

定理 13.2. $\mathfrak{S}_1 \vee \sim\mathfrak{S}_1$ 总是可证的,这就是所谓的排中律。

定理 13.3. $\mathfrak{S}_1$ 和 $\sim\sim\mathfrak{S}_1$ 是可以相互推导的。

定理 13.4. 如果 $\mathfrak{S}_1$ 是可驳倒的,那么每个句子 $\mathfrak{S}_2$ 都可从 $\mathfrak{S}_1$ 推导。——因为 $\mathfrak{S}_1$ 是可驳倒的,便存在一个可证句 $\sim\mathfrak{S}_3$,使得 $\mathfrak{S}_3$ 是通过代入从 $\mathfrak{S}_1$ 得到的。因此,除了 $\mathfrak{S}_1$ 外,我们还能把 $\sim\mathfrak{S}_3$ 用作该推导图式的前提:

　　　　　　　　$\mathfrak{S}_1$ 　　(1)

　　　　　　　　$\sim\mathfrak{S}_3$ 　　(2)

(1)RI 1 　　　$\mathfrak{S}_3$ 　　(3)

PSI 1 　　　$\mathfrak{S}_3 \supset (\sim\mathfrak{S}_3 \supset \mathfrak{S}_2)$ 　　(4)

(3)(4)RI 3 　　$\sim\mathfrak{S}_3 \supset \mathfrak{S}_2$ 　　(5)

(2)(5)RI 3 　　$\mathfrak{S}_2$ 　　(6)

下面的句法定理涉及的是语言 I 中超出句子演算的那个部分,即**谓词演算**部分。[这就是通常所说的**函数演算**。到目前为止,大多数情况下"谓词"这一术语只用于一元的 pr。]在这一范围内语言 I 从形式语言的通常形式(罗素和希尔伯特)偏离更多。因为语言 I 是一种坐标语言,在证明和推导中将经常运用完全归纳法(RI 4)。

A. 关于全称句的句法定理

定理 13.5. 每一个具有下列形式的句子都是可证的:

(a) $(\mathfrak{z}_1)\mathfrak{Z}_1(\mathfrak{S}_1) \supset \begin{pmatrix} \mathfrak{z}_1 \\ \mathrm{nu} \end{pmatrix}$;

(b) $(\mathfrak{z}_1)\mathfrak{Z}_1(\mathfrak{S}_1) \supset \begin{pmatrix} \mathfrak{z}_1 \\ \mathfrak{Z}_1 \end{pmatrix}$;

(c) $(\mathfrak{z}_1)\mathfrak{Z}_1(\mathfrak{S}_1) \equiv \mathfrak{S}_1$,假定 $\mathfrak{z}_1$ 在 $\mathfrak{S}_1$ 中并不作为自由变项出现。

定理 13.6.

(a) $(\mathfrak{S}_1)\begin{pmatrix} \mathfrak{z}_1 \\ \mathfrak{Z}_1 \end{pmatrix}$ 总是可从 $(\mathfrak{z}_1)\mathfrak{Z}_1(\mathfrak{S}_1)$ 推导的;

(b) $(\mathfrak{z})\mathfrak{Z}(\mathfrak{S}_1)$ 总是可从 $\mathfrak{S}_1$ 推导的;

(c) $\mathfrak{S}_1$ 总是可从 $(\mathfrak{z}_1)\mathfrak{Z}_1(\mathfrak{S}_1)$ 推导的,假定 $\mathfrak{z}_1$ 在 $\mathfrak{S}_1$ 中并不作为自由变项出现;

(d) $(\mathfrak{z}_1)\mathfrak{Z}_1(\mathfrak{S}_1) \supset (\mathfrak{z}_1)\mathfrak{Z}_1(\mathfrak{S}_2)$ 总是可从 $(\mathfrak{z}_1)\mathfrak{Z}_1(\mathfrak{S}_1 \supset \mathfrak{S}_2)$ 推导的;

(e) $(\mathfrak{z}_1)\mathfrak{Z}_1(\mathfrak{S}_1) \equiv (\mathfrak{z}_1)\mathfrak{Z}_1(\mathfrak{S}_2)$ 总是可从 $\mathfrak{S}_1 \equiv \mathfrak{S}_2$ 推导的(由定理 6b,d 得)。

B. 关于存在句的句法定理

定理 13.7. 下面的句子总是可证的:

(a) $(\exists \mathfrak{z}_1)\mathrm{nu}(\mathfrak{S}_1) \equiv \mathfrak{S}_1\begin{pmatrix} \mathfrak{z}_1 \\ \mathrm{nu} \end{pmatrix}$;

第一部分 确定的语言 I

(b) $(\exists \mathfrak{z}_1)\mathfrak{Z}_1'(\mathfrak{S}_1) \equiv \left[(\exists \mathfrak{z}_1)\mathfrak{Z}_1(\mathfrak{S}_1) \vee \mathfrak{S}_1\begin{pmatrix}\mathfrak{z}_1\\\mathfrak{Z}_1'\end{pmatrix}\right];$

(c) $\mathfrak{S}_1\begin{pmatrix}\mathfrak{z}_1\\\mathfrak{Z}_1\end{pmatrix} \supset (\exists \mathfrak{z}_1)\mathfrak{Z}_1(\mathfrak{S}_1)。$

定理 13.8. $(\exists \mathfrak{z}_1)\mathfrak{Z}_1(\mathfrak{S}_1)$ 可从 $\mathfrak{S}_1$ 推导,且如果 $\mathfrak{z}_1$ 在 $\mathfrak{S}_1$ 中不作为自由变项出现,那么逆命题也是真的。而且可以陈述类似于定理 6 的推导关系。

C. 关于等式的句法定理

定理 13.9. 下面的句子总是可证的:

(a) $(\mathfrak{Z}_1 = \mathfrak{Z}_2) \supset \left[\mathfrak{Z}_3\begin{pmatrix}\mathfrak{z}_1\\\mathfrak{Z}_1\end{pmatrix} = \mathfrak{Z}_3\begin{pmatrix}\mathfrak{z}_1\\\mathfrak{Z}_2\end{pmatrix}\right];$

(b) $(\mathfrak{Z}_1 = \mathfrak{Z}_2) \supset (\mathfrak{Z}_2 = \mathfrak{Z}_1);$

(c) $[(\mathfrak{Z}_1 = \mathfrak{Z}_2) \cdot (\mathfrak{Z}_2 = \mathfrak{Z}_3)] \supset (\mathfrak{Z}_1 = \mathfrak{Z}_3)。$

定理 13.10. 下面的句子是可从 $\mathfrak{Z}_1 = \mathfrak{Z}_2$ 推导的:

(a) $\mathfrak{S}_1\begin{pmatrix}\mathfrak{z}_1\\\mathfrak{Z}_1\end{pmatrix} \equiv \mathfrak{S}_1\begin{pmatrix}\mathfrak{z}_1\\\mathfrak{Z}_2\end{pmatrix}$

(b) $\mathfrak{Z}_3\begin{pmatrix}\mathfrak{z}_1\\\mathfrak{Z}_1\end{pmatrix} \equiv \mathfrak{Z}_1\begin{pmatrix}\mathfrak{z}_1\\\mathfrak{Z}_2\end{pmatrix}$

D. 关于置换的句法定理

定理 13.11. $\mathfrak{A}_1 \mathfrak{Z}_2 \mathfrak{A}_2$ 是可从 $\mathfrak{Z}_1 = \mathfrak{Z}_2$ 和 $\mathfrak{A}_1 \mathfrak{Z}_1 \mathfrak{A}_2$ 推导的,假定后者是一个句子。换句话说,如果假定了一个等式,那么在任何句子中等式左边的项都可以用等式右边的项来置换(且右边的项也都可以用左边的项来置换)。

定理 13.12. $\mathfrak{A}_1 \mathfrak{S}_2 \mathfrak{A}_2$ 是可从 $\mathfrak{S}_1 \equiv \mathfrak{S}_2$ 和 $\mathfrak{A}_1 \mathfrak{S}_1 \mathfrak{A}_2$ 推导的,假定后者是一个句子。换句话说,如果假定了一个等值式,那么在任何出现了第二个等值项(或第一个)的句子中,它都可以用第一个

等值项(或第二个)置换。通过分析一个句子在另一句子中出现的不同形式可以获得其证明(比较定理 6e)。[也比较希尔伯特的《理论逻辑的基础》,第 61 页;$\mathfrak{S}_1$ 和 $\mathfrak{S}_2$ 中必须出现同样的自由变项,这一条件在我们的语言形式中不是必需的。]

置换和代入间的差别:在代入的情况下,在该句子中出现的所有这种表达式(即自由变项)都必须同时被转换;而在置换的情况下,并不需要关注句子的余下部分。

能否用等式的形式呈现定义,这取决于定理 11 和定理 12(比较§8)。基于明确的定义,在每种情况下被定义项都可以用定义项置换,反之亦然。

§14. 语言 I 的后承规则

如下这种情况是可能的:就一个特殊的 $\mathfrak{pr}_i$ 而言,比如说 $\mathfrak{pr}_1$,每个形式为 $\mathfrak{pr}_1(\mathfrak{S}t)$ 的句子都是可证的,但形式为 $\mathfrak{pr}_1(\mathfrak{z}_1)$ 的全称句却不是可证的。稍后(§36)我们会遇到一个这样的 $\mathfrak{pr}$。尽管每一单个情况下是可推导的,但却没有推出句子 $\mathfrak{pr}_1(\mathfrak{z}_1)$ 的可能性。为了创造这种可能性,我们将引入"后承"这一术语,它比"可推导的"这一术语更宽泛,类似地,"分析的"这一术语比"可证的"更宽泛,"矛盾的"比"可驳倒的"更宽泛。定义将这样构筑:使得所讨论的全称句 $\mathfrak{pr}_1(\mathfrak{z}_1)$,尽管不是可证的,却是分析的。

为达到这一目的,必须处理句子的类。迄今我们只论及了句子或其他表达式的有穷序列。但是一个类可能具有某种性质使它不能通过有穷序列来穷尽。(可以将之称为无限类;就我们的目的而言不需要对这一术语给出更精确的定义。)表达式的类是通过对这些表达式的形式的句法规定(要么确定,要么不确定)给出的。例如,借助初始句的每个图式可以明确规定句子的一个无穷类。谈表达式的类只是一种更便利的谈表达式的句法形式的方式而已。[稍后我们将看到"类"和"性质"这两个词说的是同一事情。]

我们将把下面的名称(句法语言的)用于表达式(大部分情况下是句子)的类。"$\mathfrak{K}$"(Klasse)是一般术语。"$\{\mathfrak{A}_1\}$"表示一个类,这个类的唯一元素是$\mathfrak{A}_1$;"$\{\mathfrak{A}_1,\cdots\mathfrak{A}_n\}$"表示由元素$\mathfrak{A}_1,\mathfrak{A}_2,\cdots\mathfrak{A}_n$组成的类;"$\mathfrak{K}_1+\mathfrak{K}_2$"表示$\mathfrak{K}_1$和$\mathfrak{K}_2$这两个类的和。一个表达式的类被称为**描述的**,当其中至少有一个表达式是描述的;否则就称之为逻辑的。(在此节中,"$\mathfrak{K}_1$"等总是指句子的类。)

当下列条件(DC1,DC2)之一被满足时,我们称$\mathfrak{S}_1$是$\mathfrak{K}_1$的**直接后承**(在 I 中):

DC1. $\mathfrak{K}_1$是有穷的,且存在一个推导,在这一推导中没有使用 RI 4(完全归纳),推导的前提都是$\mathfrak{K}_1$的句子,最后一个句子是$\mathfrak{S}_1$;

DC2. 存在一个$\mathfrak{z}_1$,使得$\mathfrak{K}_1$是形式为$\mathfrak{S}_1\begin{pmatrix}\mathfrak{z}_1\\\mathfrak{S}t\end{pmatrix}$的所有句子的类,即类:

$$\left\{\mathfrak{S}_1\begin{pmatrix}\mathfrak{z}_1\\nu\end{pmatrix},\mathfrak{S}_1\begin{pmatrix}\mathfrak{z}_1\\nu'\end{pmatrix},\mathfrak{S}_1\begin{pmatrix}\mathfrak{z}_1\\nu''\end{pmatrix}\cdots\right\}.$$

当$\mathfrak{K}_2$的每一个句子都是$\mathfrak{K}_1$的子类的直接后承时,我们称$\mathfrak{K}_2$是$\mathfrak{K}_1$的直接后承类(在 I 中)。(不必然是有穷的)句子类的一个有穷序列,其中每一个类(除第一个外)都是序列中先于它的那个类的直接后承,我们就称此序列为后承序列(在 I 中)。当存在一个后承序列,其中 $\Re_1$ 是第一个类,$\{\mathfrak{S}_1\}$ 是最后一个类时,我们称 $\mathfrak{S}_1$ 是 $\Re_1$ 的一个**后承**(在 I 中)。当 $\mathfrak{S}_n$ 是 $\{\mathfrak{S}_1\}$ 的后承,或是 $\{\mathfrak{S}_1,\mathfrak{S}_2,\cdots\mathfrak{S}_m\}$ 的后承时,我们称 $\mathfrak{S}_n$ 是 $\mathfrak{S}_1$ 的后承,或是 $\mathfrak{S}_1,\mathfrak{S}_2,\cdots\mathfrak{S}_m$ 的一个后承。

在规则 DC1 中我们没有义务排除规则 RI4(完全归纳)。但它的额外的运用是多余的,因为在所给定义的基础上,可以证明 $\mathfrak{S}_3$ 总是 $\left\{\mathfrak{S}_1\begin{pmatrix}\mathfrak{z}_1\\ \mathrm{nu}\end{pmatrix},\mathfrak{S}_3\supset\mathfrak{S}_3\begin{pmatrix}\mathfrak{z}_1\\ \mathfrak{z}_1'\end{pmatrix}\right\}$ 的后承。令这个类是 $\Re_1$,那么很容易看到,每个形式为 $\mathfrak{S}_3\begin{pmatrix}\mathfrak{z}_1\\ \mathfrak{S}t\end{pmatrix}$ 的句子都是可从 $\Re_1$ 推导的,依据 DC1,它也是 $\Re_1$ 的直接后承;所以那些句子的类 $\Re_2$ 是 $\Re_1$ 的直接后承类;依据 DC2,$\mathfrak{S}_3$ 是 $\Re_2$ 的直接后承类,它因而也是 $\Re_1$ 的后承。

定理 14.1. 如果一个句子是可从其他句子推导的,那它也是它们的后承。

后承关系比可推导关系的范围要宽泛得多。如上面所显示的那样,规则 DC2 能部分地用 RI 4 来替换,但 DC2 的完全等值物是不可能通过 RI4 或前面的其他推理规则获得的,也就是说,不可能通过任何涉及"可直接推导的"这一概念的规则获得。因为推导必须由有限数量的句子构成,这些规则总是涉及有穷数量的前提,但 DC2 通常涉及无穷类的句子。[比较本节开始时所给的例子。$\mathfrak{p}\,\mathrm{r}_1(\mathfrak{z}_1)$ 不是所有句子 $\mathfrak{p}\,\mathrm{r}_1(\mathfrak{S}t)$ 的类的任一真子类的后承,更不是任一有穷子类的后承。]

因此我们现在有**两种不同的推演方法**:较受限的**推导**方法和较宽泛的**后承序列**方法。一个推导是一个有穷的句子序列;一个后承序列是不必然有穷类的有穷序列。在推导的情况下,每一步

(即"直接可推导的"关系)都是确定的,但"可推导的"这一关系不是确定的,它要通过整个推导链来定义。在后承序列的情况下,单个步骤(即"直接后承"关系)已经是不确定的了,因此"后承"关系更加不确定。"可推导的"这一术语比"后承"窄,后者才是唯一准确符合当我们说下面的话时所要表达的意思的一个术语:"这个句子是从那个句子(逻辑地)得出的",或"如果这个句子为真,(基于逻辑理由)那个句子也为真。"在通常的符号逻辑系统中,不用"后承"这一概念,而是通过制定某些推理规则,用的是更窄但更简单的一个概念:"可推导的"。事实上,推导方法总是基本的方法,运用任何术语的论证最终都是建立在推导基础上的。甚至对存在后承关系的论证,也就是说,对象语言中后承序列的建构,只能通过句法语言中的一个推导(一个证明)来完成。

当句子 $\mathfrak{S}_1$ 是空句子类的后承(因而是每个句子的后承)时,就称 $\mathfrak{S}_1$ 是**分析的**(在 I 中);当每个句子都是 $\mathfrak{S}_1$ 的后承时,就称 $\mathfrak{S}_1$ 是**矛盾的**;当它要么是分析的,要么是矛盾的时,就称它为 L-确定的;当它既不是分析的也不是矛盾的时,称它为**综合的**。

当句子类 $\mathfrak{K}_1$ 的每个句子都是分析句时,称 $\mathfrak{K}_1$ 为分析的;当每个句子都是 $\mathfrak{K}_1$ 的后承时,称 $\mathfrak{K}_1$ 为矛盾的;当 $\mathfrak{K}_1$ 既不是分析的,也不是矛盾的时,称 $\mathfrak{K}_1$ 为综合的。

当包含两个或多个句子的类是矛盾的时,就称这两个或多个句子是**不相容的**(相互);否则称它们是**相容的**。

定理 14.2. 每个可证句都是分析的;每个可驳倒句都是矛盾的。然而,反过来并不普遍都是真的。

定理 14.3. 每个 $\mathfrak{S}_1$(和 $\mathfrak{K}_1$)要么是分析的,要么是矛盾的。只

有$\mathfrak{S}_b$(或$\mathfrak{K}_b$)可以是综合的。

证明:(1)令$\mathfrak{S}_l$是一闭$\mathfrak{S}_l$。运用稍后给出的(§34a)归约规则,在有限步骤内,要么得出"nu=nu",要么得出它的否定。这里归约的每一步都符合DC1,所以,$\mathfrak{S}_l$是被L-确定的。

(2)假定每个含有 n 个不同自由变元的$\mathfrak{S}_l$都是 L-确定的;我们将看到,在这种情况下,每个含 n+1 个变元的$\mathfrak{S}_l$也是 L-确定的。令$\mathfrak{S}_l$是含有 n+1 个变元$\mathfrak{z}_1,\mathfrak{z}_2,\cdots\mathfrak{z}_n,\mathfrak{z}_{n+1}$的一个$\mathfrak{S}_l$,我们来考虑形式为$\mathfrak{S}_l\begin{pmatrix}\mathfrak{z}_{n+1}\\\mathfrak{S}_t\end{pmatrix}$的句子的类$\mathfrak{K}_1$。这些句子中的每个句子都包含 n 个自由变元,因此依据我们的假设,它们是 L-确定的。依据 DC2,$\mathfrak{S}_l$是$\mathfrak{K}_1$的直接后承。这样的话,要么$\mathfrak{K}_1$的所有句子都是分析的,要么它们中至少有一个是矛盾的,如$\mathfrak{S}_2$。在第一种情况下,$\mathfrak{S}_l$是分析的;在第二种情况下,$\mathfrak{S}_l$是矛盾的,因为$\mathfrak{S}_2$是$\mathfrak{S}_l$的直接后承。所以,$\mathfrak{S}_l$是 L-确定的,且因此每个含 n+1 个自由变元的$\mathfrak{S}_l$都是 L-确定的。

(3)借助于归纳原理,由(1)和(2)可得:每个$\mathfrak{S}_l$都是 L-确定的。

例:费马定理:

"(Gr(x,0)・Gr(y,0)・Gr(z,0)・Gr(u,0''))⊃~(sum[pot(x,u),pot(y,u)]=pot(z,u))"("Gr"、"sum"、"pot"的定义将在§20 中给出)是一个逻辑语句,因此,依据定理 14.3,它必定要么是分析的,要么是矛盾的。到目前为止还不知道它是哪一种情况。

定理 14.4 一个$\mathfrak{K}_l$是矛盾的,当且仅当至少有一个属于它的句子是矛盾的。但是,一个$\mathfrak{K}_b$却可以在属于它的句子都不是矛盾的时候是矛盾的。(由于这一原因,不单句子应被分为分析的、矛盾的、综合的,句子的类也应如此,这点很重要。)

例:令 pr_1 是一个未定义的 pr_0,那么句子 $pr_1(nu)$ 和 $\sim pr_1(nu)$ 是综合的;但这两个句子组成的类(像它们的合取一样)是矛盾的。

借助于"分析"这一概念,就可以准确理解"逻辑有效"和"基于逻辑理由为真"通常指的是什么了。迄今大多数时候逻辑有效都是用"可证的"这一术语来表示的,也就是说是用一个推导过程来表示的。尽管很多时候"可证的"这一术语与"逻辑有效"相当近似,但它还是没有穷尽逻辑有效这一概念。同样的事情也发生在"可证的"-"分析的"和"可驳倒的"-"矛盾的"这两对术语上,如同发生在"可推导的"-"后承"这对术语上一样。

在实质解释中,不论经验事实怎样,分析句是绝对真的。因此,分析句说的不是与事实相关的东西。另一方面,矛盾句则说的太多了,以致不可能是真的,因为从一个矛盾句可以演绎出每一事实及其反面。综合句有时为真——即当某些事实存在的时候,有时为假,因此它论及的是关于事实存在方面的问题。综合句是**对实在性的真正陈述**。

如果我们希望在不离开句子 $\mathfrak{S}_1$ 的形式解释的范围,在不进入该句子的实质解释的范围的情况下,确定句子 $\mathfrak{S}_1$(以实质的言说模式)是什么意思,我们必须找出哪些句子是 $\mathfrak{S}_1$ 的后承。在这些句子中我们可以忽略哪些是每个句子的后承的句子,也就是说,可以忽略分析句。$\mathfrak{S}_1$ 的非分析后承组成那些从 $\mathfrak{S}_1$ 得到的句子的全域。因此我们定义如下：我们将（在 I 中）$\mathfrak{S}_1$ 或 $\mathfrak{R}_1$ 的逻辑**内容**理解为那些（在 I 中）是 $\mathfrak{S}_1$ 或 $\mathfrak{R}_1$ 的后承的非分析句（I 的）的集合。句子的"内容"或"涵义"经常被论及，但它们到底指什么却还不确定。被定义的术语"内容"对我们而言似乎就是"涵义"或"意义"所指的意思——只要它指的不是心理的或非逻辑的东西。

我们称有同样内容的句子或句子类是**对等的**（equipollent）。两个句子明显是对等的，当且仅当其中的任意一个都是另一个的后承。

在讨论某些句子是否具有相同的涵义（或意义）时，经常有人向逻辑学家提出下面的反对意见："这个句子和那个句子不可能有相同的涵义（或意义），因为它们是与完全不同的思想、意象等联系在一起的。"对这一异议可以回应说意义的逻辑一致问题与概念等的一致性无关，后者是个具有心理学性质的问题，因而必须通过经验的、心理学的考察来解决，它与逻辑毫不相干。（而且什么样的思想与特定的语句联系在一起，这个问题是模糊的、有歧义的；答案将因实验者和实验者所处的特定环境不同而不同。）两个句子是否有相同的逻辑涵义只与两个句子在它们全部的后承关系中的一致性相关。"逻辑上有相同的涵义"这一概念因而完全可以用前面定义的句法术语"对等的"来表示。两个术语有相同的意义这一概念的情况与之类似，将借助句法术语"同义的"来理解。

定理 14.5. 两个可相互推导的句子是对等的。反过来并不总为真。

当任何含有$\mathfrak{A}_1$的句子$\mathfrak{S}_1$与句子$\mathfrak{S}_2$是对等的(不仅仅是真值上的等同),其中$\mathfrak{S}_2$是通过把$\mathfrak{S}_1$中的$\mathfrak{A}_1$替换为$\mathfrak{A}_2$所得到的句子时,我们称表达式$\mathfrak{A}_1$和$\mathfrak{A}_2$是**同义的**。借"同义的"这一概念,可以从形式上理解像"有同样的意义"这样以实质言说模式所指称的那种关系。

例:"2","0'''","1'''","sum(1,1)"是同义的。令"te"是一个未定义的$\mathfrak{fu}_b$,即便"te(3)=5"是经验上为真的句子,"te(3)"与"5"也不同义,而且更一般地说,不与任何$\mathfrak{z}\mathfrak{z}$或$\mathfrak{S}t$同义。[但是相对于"te(3)=5","te(3)"与"5"同义;关于这点参见§60。]在英语中,"奥德修斯"和"忒勒马科斯的父亲"不是同义的,尽管它们指称同一个人。

定理 14.6. 如果$\mathfrak{Z}_1 = \mathfrak{Z}_2$是分析的,则$\mathfrak{Z}_1$和$\mathfrak{Z}_2$是同义的,反过来也成立。

定理 14.7. (a)如果$\mathfrak{S}_1 \supset \mathfrak{S}_2$是分析的,则$\mathfrak{S}_2$是$\mathfrak{S}_1$的后承。(b)如果$\mathfrak{S}_2$是$\mathfrak{S}_1$的后承,且$\mathfrak{S}_1$是闭的,则$\mathfrak{S}_1 \supset \mathfrak{S}_2$是分析的。

7b 的证明。(7a 很容易从 DC1 和 RI 3 得出来。)令$\mathfrak{S}_1$是闭的。我们将陈述一般情况下的证明;因为就$\mathfrak{S}_1$是逻辑的这种特殊情况而言,证明是相当简单的。如果$\mathfrak{S}_1 \supset \mathfrak{S}_2$是分析的,我们称$\mathfrak{S}_2$是$\mathfrak{S}_1$的一个分析含意。

(A)I 的每个初始句都是$\mathfrak{S}_1$的一个分析含意。

(B)如果$\mathfrak{S}_3$和$\mathfrak{S}_4$都是$\mathfrak{S}_1$的分析含意,且如果$\mathfrak{S}_5$是从$\mathfrak{S}_3$和$\mathfrak{S}_4$可直接推导的,那么$\mathfrak{S}_5$也是$\mathfrak{S}_1$的分析含意。

(C)由 A 和 B 可得:如果$\mathfrak{S}_3$是$\mathfrak{S}_1$的分析含意,且$\mathfrak{S}_4$是不运

用完全归纳从$\mathfrak{S}_3$可推导的,则$\mathfrak{S}_4$也是$\mathfrak{S}_1$的分析含意。所以:如果$\mathfrak{S}_3$是$\mathfrak{S}_1$的分析含意,且如果$\mathfrak{S}_4$是$\mathfrak{S}_3$的直接后承,则依据DC1,$\mathfrak{S}_4$也是$\mathfrak{S}_1$的分析含意。

(D)依据DC2,如果$\mathfrak{S}_4$是$\mathfrak{K}_1$的直接后承,且如果$\mathfrak{K}_1$的每个句子都是$\mathfrak{S}_1$的分析含意,则$\mathfrak{S}_4$也是$\mathfrak{S}_1$的分析含意。

(E)由C和D可得:如果$\mathfrak{K}_2$的每个句子都是$\mathfrak{S}_1$的分析含意,且如果$\mathfrak{S}_4$是$\mathfrak{K}_2$的后承,则$\mathfrak{S}_4$也是$\mathfrak{S}_1$的分析含意。

(F)由于$\mathfrak{S}_1$是它自身的分析含意,所以下面的话成立:如果$\mathfrak{S}_2$是$\mathfrak{S}_1$的后承,则$\mathfrak{S}_2$是$\mathfrak{S}_1$的分析含意。

定理14.8. 两个句子是同义的,当且仅当它们是对等的。[对语言I和II而言这是有效的,对某些其他语言来说也如此。比较定理65.4b。]

定理14.9. 如果$\mathfrak{S}_1\equiv\mathfrak{S}_2$是分析的,则$\mathfrak{S}_1$和$\mathfrak{S}_2$是对等的,反过来也成立。

由定理6、8和9可得:定义句的定义项和被定义项是同义的。

关于术语。维特根斯坦[《逻辑哲学论》]不用"分析的"这一表达式,而是用"重言的"或"重言式"(然而这只是为命题演算定义的),截止到现在,维也纳学派的文献也随维特根斯坦使用后者。另一方面,通常把"重言的"这一术语应用于句子的变形——即运用于那些并不扩大内容的东西。例如:我们说"逻辑推理是重言的"。然而,"重言的"一词的这两种不同含义的用法,尤其是第一种用法并不符合通常的言说模式,易于导致误解和混乱,这是经验事实。因此,只在第二种情形中("重言的结论")保留这一表达式,而将"分析的"运用于第一种情形("分析句"),似乎更有实效。"分析的"这一词,最早是康德使用的,弗雷格已经给出了明确的定义([*Grundlagen*]第 4 页)。当只有"普遍的逻辑规律"连同定义对其证明是必不可少时,他称一个句子是分析的。杜比斯拉夫[*Analytische*]已经指出,该概念是一个相对概念,它总是参照特定的假定和推理方法系统的(初始句和推理规则),用我们的术语来说,就是参照特定的语言。

"矛盾的"(或矛盾式)也是维特根斯坦引入的(在命题演算中)。除"分析的"和"综合的"外,康德并没有使用第三个表达式来表示分析句的否定。"分析的"是否应当被视为通用术语,并在"分析的"和"矛盾的"的地方使用"分析地真"和"分析地假",或"肯定分析的"和"否定分析的",这是值得思索的(依照杜比斯拉夫的建议[*Analytische*],与通常的用法截然不同)。

C. 论语言的确定形式

§15. 确定的与不确定的

现代逻辑中最常用的语言形式是怀特海和罗素(《数学原理》)在弗雷格、皮亚诺、施罗德和其他人的工作所奠定的基础上建立的。希尔伯特(《理论逻辑的基础》)用的是不同的符号体系,不过他的语言形式在所有要素上仍然是同样的。在为对象语言 I 和 II 选择符号时,我们采用的是罗素的符号体系,因为这是最被人们所熟知的。在语言的形式上我们遵循的是罗素和希尔伯特体系的大纲,但在某些基本点上我们与之是有偏离的,尤其是在语言 I 中。最重要的偏离如下:使用位置符号替代了对象的名字(坐标语言);使用受限算子(确定的语言);使用两种不同的全称。

我们已经论及过(§3)**坐标语言**(以位置符号作为主目)的性质。在这种语言形式中表示位置的方位词项与陈述位置性质的其他限定词间有着本质的句法差异。我们称后者为定性词项。最简单情形中的方位关系将借助分析句(或矛盾句)(如"位置 7 和 6 相邻")来表达。另一方面,最简单情形中的性质关系将借助综合描述句(如"位置 7 和 6 具有相同的颜色")来表达。前一个句子通过一个逻辑运算,即一个证明来确定;而后者只能基于经验观察来确定,也就是说,通过观察句导出。在这一事实中有着一种本质的差异,当这种语言是以迄今被人们所接受的方法建构的,使得方位的确定和性质关系是以句法上等同的方式来表达的时,这种差异就消失了。

我们称语言 I 和 II 中的一个符号是**确定的**,当它是一未定义的常项,或是未出现非受限算子的定义链中的一个被定义的常项时;否则是**不确定的**。

当一个**表达式**中出现的所有常项都是确定的,且所有的变项都是有界地约束的时候,我们便称该表达式是确定的,否则我们称它为**不确定的**。

所有确定的表达式都是闭的。就语言 I 中的表达式而言,"确定的"和"闭的"这两个概念是完全相同的;类似地,"不确定的"和"开的"也是相同的。我们称 I 为确定的语言,因为在 I 中所有的常项和所有闭表达式都是确定的。[严格意义上说,只有当一种语言中的所有表达式都是确定的时,这种语言才可被称为确定的。][比较§§43-45,论不确定概念的可接受性。]

"算"一个数字表达式,如$\mathfrak{Z}_1$,意味着将之转化为$\mathfrak{St}$;或者更确切地说,证明形式为$\mathfrak{Z}_1 = \mathfrak{St}$的一个句子。"解"一个句子,如$\mathfrak{S}_1$,意味着要么证明它,要么驳倒它。现在可以证明,每个确定的$\mathfrak{Z}_1$都是可算的;每个确定的$\mathfrak{S}_1$都是可解的。而且,有一种确定的方法来分别完成这种算和解。这就是所谓的归约,我们稍后将对之进行解释。如果$\mathfrak{pr}_1$是一确定的$\mathfrak{pr}_1^n$,且$\mathfrak{fu}_1$是一确定的$\mathfrak{fu}_1^n$,那么$\mathfrak{pr}_1(\mathfrak{St}_1, \cdots \mathfrak{St}_n)$总是可解的,$\mathfrak{fu}_1(\mathfrak{St}_1, \cdots \mathfrak{St}_n)$总是可算的。

§16. 论直觉主义

在我们的确定的语言 I 中,某些通常被称为"有穷论者"或"构造主义者"的倾向可以在某种意义上得到实现。"在某种意义上",这是我们要注意的;因为迄今这些趋向通常只有模糊的表述,对其做精确的陈述是不可能的。它们主要被描述为直觉主义(庞加莱;在当代思想中,首推布劳威尔;还有外尔、海丁、贝克尔)及类似的观点(考夫曼和维特根斯坦)。我们将准确陈述其联系点,但我们自己的观点本质上是不同于所讨论的这些倾向的。我们认为直觉主义所处理的问题只可以通过构造一种演算才能得到精准的表示,并且所有非形式的讨论都只能被视为此构造的或多或少粗略的准备工作。然而,大多数的直觉主义者认为演算是不必要的,仅仅是增补的附录。只有海丁从直觉主义的角度做了一种形式化的有趣尝试——我们稍后会对他的方法给出评论。

直觉主义者讨论的所有利弊是关于演算的形式的,一旦认识到这一事实,问题就不再是以"这或那是什么样的?"形式被提出,我们问的将是:"我们希望怎样在所构造的这种语言中安排这或那?"或者从理论的视角问:"如果我们以这种或那种方式构造一种语言会产生什么样的后果?"

依照这一观点,导致非常多无效讨论的教条态度就消失了。语言 I 是一种确定的语言,因而满足直觉主义确立的某些条件,当我们构造语言 I 时,我们并没有因此而认为它是唯一可能或正当的语言形式。相反,我们将把这种确定的语言 I 视为更丰富的语言 II 的子语言,并且将这两种语言形式都视为一种约定。

在语言 I 中,所有的 pr_l 和 fu_l 都是确定的;一个确定的 pr_l 是否能为一个确定的数所具有,就一个确定的数而言,一个确定的 fu_l 是否有一个确定的值,这样的问题总是可解的。这一事实符合直觉主义者的要求:不接纳那些没有给出解决方法的概念。而且,在语言 I 中不应用非受限算子有这样一个结果:非受限全称是不能被否定的,尽管能够得到确实的表述(即借助自由变项)。我们只可以说"P(x)"的意思是:"所有的数都有性质 P";或者说"~P(x)"的意思是:"所有的数都有性质非 P","没有数具有性质 P"。另一方面,"并非所有的数都具有性质 P"在 I 中是不可表述的;在 II 中被表述为"~(x)(P(x))"。这个句子在 II 中(像在希尔伯特和罗素的语言中一样)被处理为在意义上与"($\exists x$)(~P(x))"等值,其意思为:"至少存在一个具有性质非 P 的数。"在 I 中,没有这种非受限的存在句,这一事实也符合直觉主义确立的一个条件,即只有能够生出一个具体的例子,或者至少给定一种方法,通过此方法能够在有穷步骤里构造出一个例子来,存在句才可以得到表述。对直觉主义者来说,**没有构造规则的存在**是"不被允许的"或"没有涵义的"("无意义的")。然而,依照他们的观点,并不十分清楚存在句,甚至否定全称句是否(且在何种范围内)都应当借助句法的形成规则被排除,或者是否只有某些变形的可能性应当被排除。所涉及的事情首先是通过驳倒一个全称句所做的间接证明的问题。

让我们来看一个例子:(令"P"是一$\mathfrak{pr}_1$):

$(x)(P(x))(\mathfrak{S}_1), \sim(x)(P(x))(\mathfrak{S}_2), (\exists x)(\sim P(x))(\mathfrak{S}_3)$

在经典数学中(因而也在罗素和希尔伯特的逻辑中,以及在我们的语言 II 中),当对 $\mathfrak{S}_1$ 进行归谬时,先推出 $\mathfrak{S}_2$,然后由之推出存在句 $\mathfrak{S}_3$。为排除这一引发无限的、非结构性的存在句的推理,布劳威尔抛弃了**排中律**。然而,语言形式 I 表明,其他方式即排除无限算子的方式,也可以达到同样的结果。在 I 中, $\mathfrak{S}_1$ 可以翻译为"P(x)",但 $\mathfrak{S}_2$ 和 $\mathfrak{S}_3$ 不能翻译到 I 中。排中律在 I 中仍然是有效的(定理 13.2)。众所周知,若在 I 中排除这一规律会使情况变得非常复杂。因此,语言 I 以一种比布劳威尔所提议的方式(部分是由海丁实施的)更为简单的方式满足了直觉主义的这一根本条件。

在 I 中,全称是用两种不同的方式来表达的:一种是借助自由变项,一种是借助全称算子。因为后者在 I 中总是受限的,这两种表达方式并不等值。我们可以用这两种表达式来表达两种不同的全称。

我们来考虑几个例子:(1)"这张桌子上所有的铁片都是圆

的。"(2a)"所有的铁片都是金属片。"(2b)"所有的铁片都是可磁化的。"句子(1)依赖于一系列个别事例的验证,这种句子只在有限范围内是确定的。因此,最适宜于用受限的全称算子来表示它。(2a)和(2b)中出现的是非受限全称。这些句子的有效性是不可能通过个别事例的验证来确定的。句子(2a)是分析的,可以由"铁"的定义得到。句子(2b)(和所有自然规律一样)具有假设的特征。这样的句子依赖于一个约定,而这一约定又依赖于个别事例的部分验证。自由变项的使用适宜于(2a)和(2b)这样的非受限全称的表示。

考夫曼一直强调这两种全称间的差异(他称它们为个体的全称(1)和特殊的全称(2a),在这点上他与胡塞尔是一致的)。〔他基于这种差异对当代逻辑所进行的批判,尤其是对罗素的逻辑和集合理论进行的批判,是否完全合理,此处不予考虑。〕也许语言形式 I 部分地再现了考夫曼的观念,但不可能把这一点表示得更精确。因为考夫曼与布劳威尔一样,没有奠定形式系统的建构基础。对语言形式 I 的偏离在于这一事实:考夫曼与维特根斯坦一样,认为(2b)那种类型的句子是不可接受的,因为它们既不是分析的,也不是受限的,因而完全不可能以任何方式得到确证。与这种观点相对,语言形式 I 也承认综合的非受限的全称语句。

§16a. 同一性

下面的解释是关于符号"="的,"="被视为狭义上的(即用于 $\mathfrak{Z}$ 或对象名称之间的)等号(the system of identity),而不是等值

(即用于 $\mathfrak{S}$ 之间的)符号。等号在语言 I 和 II 中是作为未被定义符号出现的(在弗雷格、贝曼、希尔伯特的语言中也如此)。罗素按照莱布尼茨的做法,将"x＝y"定义为:"x 和 y 在所有(基本的)性质上是一致的。"维特根斯坦完全拒绝这一符号,提出了一种新的使用变项的方法,通过这种方法可以避开这一符号。

关于这些方法的合理性的哲学讨论在我们看来似乎都是错误的。整个事情其实只是建立公约的问题,公约的技术效率是可以讨论的。为什么在语言 I 和语言 II 中不用第二种或第三种方式取代第一种方式,并没有什么根本性的理由。事实是,莱布尼茨-罗素方法只能用于语言 II 中;那里定义采用的形式是:$(\mathfrak{z}_1＝\mathfrak{z}_2)\equiv(p_1)(p_1(\mathfrak{z}_1)\supset p_1(\mathfrak{z}_2))$。对这一定义是有反对之声的(例如在维特根斯坦、拉姆塞、贝曼的部分论著中),至少可以设想两个不同的对象会有完全相同的属性。但一旦将"所有性质"理解为含位置的性质的话,这种异议也就被消解了。当 $\mathfrak{z}_1$ 具有的每一性质 $\mathfrak{z}_2$ 都具有时,$\mathfrak{z}_1$ 和 $\mathfrak{z}_2$ 指称的是同一位置,这点对名字语言来说已经为真了,对坐标语言更确定无疑为真。在定义中用"位置的所有性质"来替代"所有性质"无论如何是足够的(对前者,例如,可以用一种局限为 pr_1 的变项如 p_1 替代 p)。

维特根斯坦的批判走得更远:他不仅拒绝罗素的定义,而且完全拒绝使用等号。但在我们看来,他关于这一符号的评论似乎就是认为形式为 $\mathfrak{U}＝\mathfrak{V}$ 的句子不是综合的(至少在最简单的情况下)而是分析的,可这似乎得不出这种句子是完全不可接受的结论。为避免使用这种等号,维特根斯坦提议使用一条代入规则,不过他的代入规则不同于数学和逻辑中通常所使用的代入规则。他的规则是说必须用不同的常项代入不同的变项。维特根斯坦语言中的"$P(x,y)$"这一较短的形式对应于通常的句子形式"$\sim(x=y)\supset P(x,y)$"。另一方面,"$P(x,y)\vee P(x,x)$"对应于句子"$P(x,y)$"。由于维特根斯坦并没有阐明任何新的代入规则,只是给出了一些实例,所以并不十分清楚他是如何实施他的方法的。他的这种方法会使问题弄得很复杂,因而对我们来说保留等号的通常使用方法和通常的代入规则,似乎是更好的选择。

依照维特根斯坦的观点,"$P(0,0)$"是不可能从"$P(x,y)$"推导出来的。但是,如果通过一个推导步骤从"$P(x,y)$"得到"$P(0,y)$",则不可能看出为什么在这一推导句中不可以用"0"来代入"y"。因此,为了防止在随后的推导阶段出现这样的代入,必须引入一种特殊的应急办法,把这种东西写作"$^{0,y}P(0,y)$";为达到这一目的还必须建立适当的新规则。

51　　罗素使用等号,通过列举类的元素来定义有穷类,他的这一方法同样被维特根斯坦所抵制。然而,在我们看来,没有必要抵制这些类,只需要考察存在于这些类与那些借助于狭义的性质来定义的类之间的差异(这种差异肯定是很重要的)。这可以借助于适当的句法区分来做到;本质的差异是 $\mathfrak{pr}_l$(尤其是有穷的、确定的 $\mathfrak{pr}_l$)和 $\mathfrak{pr}_b$ 间的差异。

§17. 句法中的宽容原则

前面我们已经讨论了否定的要求(尤其是布劳威尔、考夫曼和维特根斯坦的),按照这些要求某些通常的语言形式——表达方法和推理方法——会被排除掉。我们对这些要求的态度是**宽容原则**的一般表述:**建立禁律不是我们的事,我们要做的是达成约定**。

迄今为止所提出的有些禁律,在用来强调重要的差异并使之引起普遍关注上,一直是有用的。但这样的禁律可以用明确的区分来替代。在很多情况下,这些差异是由同时研究(类似于同时研究欧氏几何和非欧几何)不同种类的语言形式所导致的,如确定的语言和不确定的语言,或认可排中律的语言和不认可排中律的语言。偶尔也可以通过考虑在一种特殊语言形式内所要做的一种区分来替代一条禁律,这种区分是借助于对表达式的适宜的分类和对不同种类表达式的研究来进行的。因此,在Ⅰ中一直是区分描述谓词和逻辑谓词的,而维特根斯坦和考夫曼既拒斥逻辑性质也拒斥算术性质。在Ⅱ中将区分确定的谓词和不确定的谓词,以及它们所决定的不同的性质。在Ⅱ中我们还将进一步区分受限全称句、分析的非受限全称句和综合的非受限全称句,而维特根斯坦、考夫曼和石里克将第三种(自然规律)句子全都从语言中排除出去,因为它们不能被完全验证。

在逻辑中没有道德一说。每个人都可以自由地建构他自己的逻辑,即他自己的语言形式,只要他乐意。对他的要求只是,如果他乐意讨论它的话,他必须清晰地陈述他的方法,给出句法规则而不是哲学论据。

这里所提到的宽容态度,就特殊的数学演算而言,是大多数数学家心照不宣所共有的一种态度。在关于数学的逻辑基础的冲突中,门格尔(《直觉主义》,第 324 页及以下)特别阐明了这一态度。他指出,被直觉主义绝对化了的构造性概念既可以有更为狭义的解释,也可以有更为宽泛的解释。澄清将宽容态度运用于整个语言形式这一伪哲学问题,其重要性随后将变得清晰(见§78)。

第二部分　语言 I 句法的形式构造

§18. 语言 I 的句法能够在语言 I 中得到系统的表述

截至目前,我们已经区分了对象语言和句法语言,对象语言的句法是在句法语言中得到系统表述的。它们必然是两种不同的语言吗?如果对这一问题予以肯定回答(像埃尔布朗在元数学中对它的回答),句法语言的句法的系统表述就必须要有第三种语言,如此下去以至无穷。依照另一种观点(维特根斯坦的观点),只存在一种语言,而且我们称之为句法的东西是根本无法被表达出来的——它只能"被显现"。与这些观点相反,我们拟证明只用一种语言实际上是可能的;不过,不是通过抛弃句法,而是通过论证这种语言的句法可以在这种语言自身内得到系统表述而不出现任何矛盾。在每一语言 S 中,任何语言的句法,无论是一种完全不同的语言,还是子语言,甚至是 S 本身,都可以在一定程度上得到系统表述,其程度只受语言 S 的表达工具的丰富性所限制。因此,借助于确定的语言 I 的表达工具,任何语言,无论是罗素的语言,还是语言 II,或者甚至是语言 I 自身,其句法的确定部分都可以得到系统的表述。在下面的几页中,将实施后者,也就是说我们将在 I 自身中系统表述 I 的句法,只要 I 的句法是确定的。在这一过程中,可能发生 I 中的句子 $\mathfrak{S}_1$，当被实质地解释为句法句时，论及的是 $\mathfrak{S}_1$ 自身，而不引起任何矛盾。

我们区分了描述的句法和纯粹的句法（见第 6 页起）。语言的描述性句法中的一个句子可以陈述，例如，如此这般的一个表达式出现在某一连串位置。［一个符号占据一个位置，一个表达式占据一连串位置］例如："本书第 33 页第 32 行出现了形式为 '$\mathfrak{z}=\mathfrak{z}\,\mathfrak{z}_\mathfrak{l}$' 的表达式（即 'x＝2'）。"因为语言 I 有足够的表达手段，足以描述离散位置域的这一性质，这种描述性句法的语句可以在 I 中得到表述，无论描述的是另一种语言的表达式，还是 I 自身的表达式。例如，可以在语言 I 中引入未定义的 p $\mathfrak{r}_\flat$，来表示所要描述的不同种类的表达式的符号（稍后我们将设置一个未定义的 $\mathfrak{fu}_\flat$，即 "zei" ［Zeichen］）；例如，用 "Var" 这一 p $\mathfrak{r}_\flat$ 表示变项，用 "LogZz" 这一 p $\mathfrak{r}_\flat$ 表示逻辑数字，用 "Id" 这一 p $\mathfrak{r}_\flat$ 表示等号，等等。现在我们用 "a" 来表示第 33 页 "x＝2" 的那一位置，前面提到的那个描述的句法语句就可以通过如下的方式来表示：

"Var(a) · Id(a$^|$) · LogZz(a$^{||}$)".

这是一个综合的描述语句。然后我们可以进一步定义 "LogSatz" 这一 p $\mathfrak{r}_\flat$，使 "LogSatz(x,u)" 表示："在从 x 到 x＋u 的位置序列中，出现了一个 $\mathfrak{S}_\mathfrak{l}$。"然后，"每个形式为 $\mathfrak{z}=\mathfrak{z}\,\mathfrak{z}_\mathfrak{l}$ 的表达式都是一个 $\mathfrak{S}_\mathfrak{l}$"这一句子在 I 中将表示为：

"(Var(x) · Id($x^|$) · LogZz($x^{||}$))⊃LogSatz(x,2)"；

这是一个分析句，是从 "LogSatz" 的定义得出的。

§19. 句法的算术化

如我们已经提到的,用一个 fu_b 替换任何 pr_b 总是可能的。如果几个不同的 pr_b 中最多有一个可适用于所有位置,可以称它们是同质的。从而用一个 fu_b 替换一类同质的 pr_b 总是可能的,通过把这一 fu_b 的一个值,要么系统地要么任意地,与每一个 pr_b 关联起来。[例如:令所要表达的颜色类是有穷的,我们可以用一个 pr_b 表示每一种颜色,如"蓝"、"红",等等。这样这些 pr_b 就是同质的,因而我们可以用一个单独的 fu_b,如"col",以某种方式来给颜色编号,并规定"col(a)=b"表示:"位置 a 有 b 号颜色。"]类似地,在 I 中系统地表述 I 的句法时,我们不用不同的 pr_b 来指称不同种类的符号(如在§18 中所给的用"Id"表示的那个例子那样),只是用一个 fu_b,即"zei"来表示。我们将把"zei"的值与不同的符号(符号-型式)部分任意地,部分遵循某些规则地关联起来。我们称这些值为这些符号的项数(term-numbers)。例如,我们将把项数 15 与等号联结起来。这意味着当我们想表达等号出现在位置 a 这一事实时,我们写作"zei(a)=15"(而不写作"Id(a)")。初始句法概念的经济性以及随后要讨论的其他理由,都证明句法的算术化方法的选择是合理的。(在这种算术化中,我们所使用的方法是哥德尔["不可判定性"]曾经非常成功地运用于元数学或数学句法的方法。)

一般来说,为不同的符号设立项数是可以任意进行的。必须考虑的是这样一个事实:就变项而言其数是没有限制的,必须有无限多的项数可用,对 ʒʒ、pr 和 fu 也是如此。现在我们将以下面的方式详细说明表示这几种符号的项数数目的无穷类。令 p 是大于 2 的质数。我们规定:ʒ 的**项数**为 p(即大于 2 的质数);已定义的 ʒʒ 的项数为 p^2(即某个大于 2 的质数的 2 次幂);未定义的 pr 的项数是 p^3;已定义的 pr 的项数是 p^4;未定义的 fu 的项数是 p^5(特别地,"zei"的项数将是 3^5,是 243);已定义的 fu 的项数是 p^6。但不是所有以这种方法确定的类的数字都将作为项数来使用,其选择稍后给出。对余下的符号,即**未定义的逻辑常项**,我们指定其他的数字,即:

符号: 0 ( ) , ' = ∃ K ~ ∨ · ⊃ ζ π φ
项数: 4 6 10 12 14 15 18 20 21 22 24 26 30 33 34.

[最后三个符号是辅助符号,并不出现在该语言自身的表达式中;见第 68 页相关内容。]

当在 I 中系统表述任何一种经验理论时,需要在语言 I 的逻辑初始符号中添加这一理论的描述性初始符号。表述描述的句法时也是如此;这里只有"zei"是唯一附加的初始符号。然而,在接下来句法定义体系的构造中,最初并不用到"zei"。因为在这一阶段,我们考虑的不是描述的句法,而是纯粹句法,其中**没有附加的初始符号**,因为纯粹句法只是算术。像项数对应于符号一样,项数序列对应于表达式。例如:3,15,4 这一数字序列对应于表达式"x=0"。纯粹句法的概念和句子关涉的不是符号序列,而是所对应的项数序列。因此,它们是算术概念或算术语句。

如果我们把这种与数字的关联方法再推进一步,句法的表述

第二部分 语言Ⅰ句法的形式构造

在技术上将变得更为简单。我们将确立一条规则,依据该规则,每一个项数序列都将与一个数字唯一地产生关联,我们称这个数字为该序列的**序列-数**。用这一方法我们不必再处理数字序列,只需处理单个数字。这一规则可以表述如下:由 n 个项数 $k_1, k_2, \cdots, k_n$ 组成的序列的序列-数是 $p_1^{k_1} \cdot p_2^{k_2} \cdot \cdots \cdot p_n^{k_n}$,其中 p_i($i = 1$ 至 n)是从小到大数的第 i 个质数。[例如:序列 3,15,4,及它对应的表达式"x=0",具有的序列-数是 $2^3 \cdot 3^{15} \cdot 5^4$。]因为一个数的素因子分解是独一无二的,按原初顺序排列的项数序列可以由序列-数恢复,与这一序列-数相关联的语言表达式因此也可以恢复。[此外先前所说的关于项数的规则是如此设定的(不过并不必然要如此设定):没有一个项数同时是任何序列的序列-数。]

建构序列-数的方法可以反复运用。例如,对于一个作为句子序列的证明总有一个序列-数序列与之相对应。依照所描述的这种方法我们能够把一个**序列-序列-数**和序列-数序列关联起来。

借助于这些关于项数和序列-数的规定,纯粹句法的所有定义全部变为算术定义,即数字的性质或数字间关系的定义。例如,"句子"的文字定义将不再是:"当一个表达式是由以如此这般的方式连接的符号组成的时,我们称之为句子";而是:"当一个表达式的序列-数满足如此这般条件时,我们就称之为句子";或者更确切些:"当一个数满足如此这般条件时,我们称这个数为一个句子的序列-数。"这些条件只涉及这一表达式的符号种类和符号顺序,也就是说,只涉及序列-数的素因子的幂的种类和顺序。因而我们能够纯粹以算术的方式表达它们。纯粹句法的所有句子都可以从这些算术定义得到,因而都是初等数学的分析句。以这种方式算术化的句法定义和句子与算术中的其他定义和句子并无本质上的区别,只是我们赋予了它们在一种特殊系统内的一种特殊解释(即句法解释)。

如果不运用这种算术化方法,要精准地表述这种句法会出现某些困难。例如,句法句"$\mathfrak{S}_1$ 是不可证的",意思是"没有一个以 $\mathfrak{S}_1$ 为最后一个句子的句子序列是一个证明"。如果这种句法不算术化,而是像我们先前所提到的那样,借助 pr_b("Var"等)来建构,我们可以将之解释为一种关于物理对象序列的理论,即关于所写的符号序列的理论。在那样一种句法中,肯定能够表达"不存在一个实际写出来的对 $\mathfrak{S}_1$ 的证明",但论及 $\mathfrak{S}_1$ 的不可证性的那个句子所意味的要多得多,即"没有一个对 $\mathfrak{S}_1$ 的证明是**可能的**"。为了能在非算术化的句法(无论对之是否作物理解释)中表达这一关于可能性的句子,这种句法将不得不增补一种关于任意元素的可能排列的理论(不是经验的,而是分析的),即增补一种纯组合分析。然而,使用已经包含了整个组合分析(无论是有穷元素还是无穷元素)的自然数的算术,而不是建构这种非算术形式的新的组合分析,要简单得多。这是**句法算术化的最重要的理由**。在算术化的句法中,所讨论的那个句子将以下列形式出现:"不存在这样一个数,它是一个证明的序列-序列-数,而这一证明的最后一个句子是 $\mathfrak{S}_1$。"我们将看到,可以为一个数的这样一种性质构造一个算术定义,这种性质在于这个数字是一个证明的序列-序列-数,这个证明有一个给定的序列-数作为最后的数字。我们的句子将具有这样的形式:"不存在一个有这样一种算术性质的数字。"这是一个纯算术句。通过算术化,不使用新的复杂的辅助方法,我们甚至能够表

第二部分 语言Ⅰ句法的形式构造 75

达那些关于确定的**可能性**的句法概念(如可推导性和可证性)。

§20. 一般术语[①]

现在我们来给出Ⅰ的句法构造,其句法构造在Ⅰ中是作为算术定义体系呈现出来的。在这些定义上要添加一些注释(以仿宋体印刷),这些注释给出的是作为句法词项的那些词项的解释。为简便起见,这些说明通常表述得并不精准,并不完全正确。**句法的精准表示仅由以符号表述的定义组成**。这些定义中使用的所有符号要么是Ⅰ中的逻辑初始符号(比较第24页),要么是下几页中所定义的符号。这些被定义的符号是某些 $\mathfrak{z}$ $\mathfrak{z}_i$、$\mathfrak{p}$ $\mathfrak{r}_i$ 和 $\mathfrak{f}u_i$。在下面的定义中,我们将把字母"k","l"…"z"用作 $\mathfrak{z}$(稍后在语言Ⅱ中,"p"…"t"将被用作句子变项,语言Ⅰ中没有出现句子变项)。

第一部分定义(D1-23)是具有一般性质的定义,适用于任何一种语言的句法。

---

① 本节中所定义的关键符号:
nf:后继(Nachfolger)
sum:和(Summe)
fak:阶乘(Fakultät)
Grgl:大于等于(grösser oder gleich)
Gr:大于(grosser)
TIb:可整除的(teilbar)
Prim, pr, prim:质数(Primzahl)
gl:项数(Gliedzahl)
lng:长度(Länge)
letze:最后(letzte)
prod:积(Produkt)
po, pot:幂(Potenz)
zus:组成(zusammengesetzt)
ers:置换(ersetzt)
InA:在表达式中(im Ausdruck)
InAR:在表达式序列中(in der Ausdrucksreihe)
AInA:表达式中的表达式(Ausdruck im Ausdruck)
AInAR:表达式序列中的表达式(Ausdruck in der Ausdrucksreihe)
reihe:序列(Reihe)

D1.　$nf(x)=x'$

D2.　1. $sum(0,y)=y$

　　　2. $sum(x',y)=nf(sum(x,y))$

D3.　1. $prod(0,y)=0$

　　　2. $prod(x',y)=sum(prod(x,y),y)$

D4.　1. $po(0,y)=0'$

　　　2. $po(k',y)=prod(po(k,y),y)$

D5.　$pot(x,k)=po(k,x)$

D6.　1. $fak(0)=0'$

　　　2. $fak(x')=prod(fak(x),x')$

D1-6 的注释：这里给出的直陈定义(D1,5)或递归定义(D2,3,4,6)定义了六个具有如下意义的 $\mathfrak{fu}_1$：(x 的)后继；(x 和 y 的)和；积；幂（"$pot(x,y)$"：通常的符号表示是"x^y"）；阶乘（比较第 14 页）。"po"仅仅是"pot"唯一的辅助概念；这个辅助概念是不可或缺的，因为我们规定第一个主目位置是递归定义中的递归位置。

借助于所陈述的"sum"和"prod"的递归定义，算术的通常的基本规律（交换律、结合律和分配律）以及所有已知的初等算术的定理都能够借助 RI 4（完全归纳）来证明。

D7.　1. $1=0'$; 2. $2=1'$; …10. $10=9'$; …34. $34=33'$.

注释：需要多少被定义的 $\mathfrak{z}\mathfrak{z}$，就有多少。这里，一个多位的十进制数被看作是一个不可分的 $\mathfrak{z}\mathfrak{z}$。

D8.　$Grgl(x,y)\equiv(\exists u)x(x=sum(y,u))$

D9.　$Gr(x,y)\equiv(Grgl(x,y)\cdot\sim(x=y))$

D10.　$Tlb(x,y)\equiv(\exists u)x(x=prod(y,u))$

第二部分 语言Ⅰ句法的形式构造

D11. $\mathrm{Prim}(x) \equiv (\sim(x=0) \cdot \sim(x=1) \cdot (u)x((u=1) \vee (u=x) \vee \sim \mathrm{Tlb}(x,u)))$

D8—11 的注释：有四个具有如下意义的 $\mathfrak{pr}_\mathfrak{l}: x \geq y; x > y; x$ 能被 y 整除；x 是质数（比较第 13 页）。

D12. 1. $\mathrm{pr}(0,x)=0$
2. $\mathrm{pr}(n^{\mathfrak{l}},x)=(Ky)x(\mathrm{Prim}(y) \cdot \mathrm{Tlb}(x,y) \cdot \mathrm{Gr}(y,\mathrm{pr}(n,x)))$

注释：$\mathrm{pr}(n,x)$ 是 x 中所包含的作为因子的第 n 个质数。

D13. 1. $\mathrm{prim}(0)=0$
2. $\mathrm{prim}(n^{\mathfrak{l}})=(Km)\mathrm{nf}[\mathrm{fak}(\mathrm{prim}(n))][\mathrm{prim}(m) \cdot \mathrm{Gr}(m,\mathrm{prim}(n))]$

注释：$\mathrm{prim}(n)$ 是第 n 个质数（依照量值）。

D14. $\mathrm{gl}(n,x)=(Ky)x[\sim \mathrm{Tlb}(x,\mathrm{pot}[(n,x),y^{\mathfrak{l}}])]$

注释：$\mathrm{gl}(n,x)$ 是序列-数为 x 的那一序列的第 n 个项数。

D15. $\mathrm{lng}(x)=(Kn)x(\mathrm{pr}(n^{\mathfrak{l}},x)=0)$

注释：$\mathrm{lng}(x)$ 是序列-数为 x 的那一序列的长度（即词项的数目）。

D16. $\mathrm{letzt}(x)=\mathrm{gl}(\mathrm{lng}(x),x)$

注释：$\mathrm{letzt}(x)$ 是序列-数为 x 的那一序列的最后一个项数。

D17. 1. $\mathrm{reihe}(s)=\mathrm{pot}(2,s)$
2. $\mathrm{reihe2}(s,t)=\mathrm{prod}(\mathrm{reihe}(s),\mathrm{pot}(3,t))$
3. $\mathrm{reihe3}(s,t,u)=\mathrm{prod}(\mathrm{reihe2}(s,t),\mathrm{pot}(5,u))$

注释：$\mathrm{reihe}(s)$ 是以 s 为唯一项数的那一序列的序列-数 (2^s)；reihe2 (s,t) 是项数为 s 和 t 的那一序列的序列-数 ($2^s \cdot 3^t$)；等等。（在 reihe2 中，2 不是一个 $\mathfrak{z}\mathfrak{z}$，而是"reihe2"这一不可分割的符号的一个组成部分。）

下面我们引入对这些注释的缩写。将"……的项数"写作"^TN…"(如"^TN 否定符号",是 21);将"……的序列-数"写作"^SN…"(如"^SN $\mathfrak{A}_1$","^SN 算子"等等);将"……的序列-序列-数"写作"^SSN…"(如"^SSN 证明")。如果我们忽略其上标来读定义的文字转述,得到的就是该定义的句法解释。(如在定义 D18 的注释中:"zus(x,y)是由局部序列 x 和 y 组成的序列。")另一方面,如果我们不忽略其上标来读的话,得到的将是该定义的算术解释(通常其形式并不完全准确)。(如在 D18 的情形中:"zus(x,y)是由两个局部序列组成的序列的序列-数,这两个局部序列具有序列-数 x 和 y。")在接下来的内容中,我们先一律写成带有上标的形式,随后我们将只在必要的时候为明晰起见才这样做。

D18. 1. zus(x,y) = (Kz)pot[prim(sum[lng(x),lng(y)]),sum(x,y)]

[(n)lng(x)(gl(n,z) = gl(n,x)) • (n)lng(y)($\sim$$(n=0)$[gl(sum[lng$(x)$,$n$],$z$) = gl$(n,y)$])]

2. zus3(x,y,z) = zus(zus(x,y),z)

3. zus4(x,y,z,u) = zus(zus3(x,y,z),u)

等等。

注释:zus(x,y)是由两个 ^SN 子序列 x 和 y 组成的 ^SN 序列(不是 ^TN 词项组成的;与"reihe2(s,t)"不同)。相应地,"zus3"等由三个或更多个 ^SN 子序列组成。

D19. ers(x,n,y) = (Kz)pot[prim(sum[lng(x),lng(y)]),sum(x,y)]((∃u)x(∃v)x[(x = zus3$(u$,reihe[gl(n,x)],v)) • (z = zus3(u,y,v)) • (n = nf[lng(u)])])

注释：ers(x,n,y) 是一 ^{SN} 表达式，是用 ^{SN} 表达式 y 替换 ^{SN} 表达式 x 中的第 n 个词项所得到的一个 ^{SN} 表达式。

D20. InA$(t,x)\equiv(\exists n)$lng$(x)(\sim(n=0)\cdot[$gl$(n,x)=t])$

D21. InAR$(t,r)\equiv(\exists k)$lng$(r)(\sim(k=0)\cdot$InA$[t,$gl$(k,r)])$

D22. AInA$(x,y)\equiv(\exists u)y(\exists v)y(y=$zus3$(u,x,v))$

D23. AInAR$(x,r)\equiv(\exists k)$lng$(r)(\sim(k=0)\cdot$AInA$[x,$gl$(k,r)])$

注释：D20：^{TN} 符号 t 出现在 ^{SN} 表达式 x 中。D21：t 出现在 ^{SSN} 表达式序列 r 的一个 ^{SN} 表达式中。D22：表达式 x（或者作为一个真部分或者作为一个非真部分）出现在表达式 y 中。D23：表达式 x 出现在表达式序列 r 的一个表达式中。

§21. 形成规则：(1)数字表达式和句子[①]

D24. einkl$(x)=$zus3$($reihe$(6),x,$reihe$(10))$

---

① 关键符号：
Enkl：加括号（Einklammerung）　　Var：变项（Variable）
DeftZz, DeftPräd, DeftFu：被定义的数字、谓词、函子（definiertesZahlzeichen, Prädikat, Funktor）
UndPräd, UndFu：未被定义的…（undefiniertes…）
Zz：数字（Zahlzeichen）　　Präd：谓词（Prädikat）
AOp, EOp, KOp, Sop：全称算子、存在算子、描述算子、语句算子（ALL-, Existenz-, K-, Satz-Operator）
Op：算子（Operator）　　ZA：数字表达式（Zahlausdruck）
Neg：否定（Negation）　　dis：析取（Disjunktion）
Kon：合取（Konjunktion）　　imp：蕴涵（Implikation）
äq：等值（Äquivalenz）　　Verkn：联结（Verknüpfung）
glg：等式（Gleichung）　　Satz：句子
VR：变项序列（Variablenreihe）　　UKstr：直接被构造的（unmittelbar konstruiert）
Konstr：构造（Konstruktion）　　KonstrA：被构造的表达式（konstruierter Ausdruck）
Geb：约束（gebunden）　　Frei, Fr：自由
Offen：开的　　Geschl：闭的（geschlossen）

注释：如果 x 是^{SN} $\mathfrak{A}_1$，那么 einkl(x)是^{SN} 加括号的 x，即表达式($\mathfrak{A}_1$)。

D25.　Var(s)≡(Prim(s)・Gr(s,2))

注释："Var(s)"的意思是 s 是一个比 2 大的质数（因此，作为项数它是一个^{TN} 变项）。

D26.　DeftZz1(s)≡($\exists m$)s(Var(m)・[s=pot(m,2)])

D27.　DeftPräd1(s)，D28.　DeftFu1(s)，可以进行类似的表述。

注释：D26-28：当 s 是比 2 大的一个质数的 2 次幂（或 4 次幂、6 次幂）时，s 是一个被定义的^{TN} $\mathfrak{z}\mathfrak{z}_1$（或 pr1、fu1）。（关于附加的"1"见后面。）

对于被定义符号的项数的评论

我们已经把大于 2 的质数的 2 次、4 次、6 次幂这三类数指派给了不同种类的被定义符号作为它们的项数。然而，随后我们将建立一种定义符号的方法，依此方法并不是所提到的三类数字全都被用作被定义符号的项数，只有那些满足某些条件的数字才这么使用。我们称一个^{TN} 符号是有根基的，当它要么满足这些条件，要么是一个初始符号时。这些条件将以这样一种方式建立，所有满足它们的符号都将借助其定义链回指初始符号。当^{SN} 表达式的每一个^{TN} 词项都是有根基的词项时，我们称这一^{SN} 表达式是有根基的。

接下来要定义的那些词项以及它们的名称（即该形式系统中的语词名称、哥特式符号及谓词）包含附加的"1"或"2"（从 D26"被

第二部分　语言Ⅰ句法的形式构造

定义的 $\mathfrak{z}\mathfrak{z}_1$"到 D78"被构造的-2"①），也包括没有根基的符号和表达式。这些只是随后要给出的定义的辅助项。

D29.　$\mathrm{UndPräd}(s,n) \equiv (\exists k) s [\mathrm{Var}(k) \cdot (s = \mathrm{pot}(\mathrm{prim}[\mathrm{pot}(k,n)],3))]$

D30.　$\mathrm{UndFu}(s,n)$ 类似。

注释：当存在一个大于 2 的质数 k，使得 s 是第 k^n 个质数的 3 次（或 5 次）幂时，称 s 是一个未定义的 $\mathfrak{pr}^n$（或 $\mathfrak{fu}^n$）。（建立这一规则，以便位置数字 n 可以单一地从 $\mathfrak{pr}^n$ 或 $\mathfrak{fu}^n$ 的项数得出，位置数字 n 对句法规则而言是必不可少的。）

D31.　$\mathrm{Zz1}(s) \equiv (\mathrm{DeftZz1}(s) \vee \mathrm{Var}(s) \vee (s=4))$

注释：当 s 是一个已定义的 $^{\mathrm{TN}}\mathfrak{z}\mathfrak{z}_1$，或者是 $\mathfrak{z}$ 或 nu（见第 26 页）时，s 是 $^{\mathrm{TN}}\mathfrak{z}\mathfrak{z}_1$。

D32.　$\mathrm{Präd1}(s) \equiv [\mathrm{DeftPräd1}(s) \vee (\exists n) s (\mathrm{UndPräd}(s,n))]$

注释：当 s 是一个已定义的 $\mathfrak{pr1}$ 或未定义的 $\mathfrak{pr}$ 时，s 是 $^{\mathrm{TN}}\mathfrak{pr1}$。

D33.　$\mathrm{Fu1}(s)$ 类似。

（即 $\mathfrak{fu1}$。）

D34.　$\mathrm{AOp1}(z,s,v) \equiv [\mathrm{Var}(s) \cdot (z = \mathrm{zus}(\mathrm{einkl}[\mathrm{reihe}(s)], v)) \cdot \sim \mathrm{InA}(s,v)]$

D35.　$\mathrm{EOp1}(z,s,v)$ 类似；D36.　$\mathrm{KOp1}(z,s,v)$ 类似。

D37.　$\mathrm{SOp1}(z,s,v) \equiv (\mathrm{AOp1}(z,s,v) \vee \mathrm{EOp1}(z,s,v))$

---

① "constructed2"中的"2"与单词是一个整体，为了表明这一点，翻译成中文时，在译文与数字间加"-"来表示。类似的还有，"operator1"、"construction1"、"definition1"、"defined2"，等等。——中译者

D38.　$\mathrm{Op1}(z,s,v) \equiv (\mathrm{SOp1}(z,s,v) \lor \mathrm{KOp1}(z,s,v))$

注释：D34：z 是带有^{TN}算子变项 s 和^{SN}界限 v 的一个^{SN}**全称算子-1**(^{SN}universaloperator1)；也就是说，z 的形式为 $(\mathfrak{z}_1)\mathfrak{A}_1$，其中 $\mathfrak{z}_1$ 不出现在 $\mathfrak{A}_1$ 中。D35-38：存在算子-1，K-算子-1，语句算子-1（即全称或存在算子-1），算子-1（即语句或 K-算子-1）。

D39.　$\mathrm{ZA1}(z) \equiv (\exists s)z(\exists v)z(\exists w)z(\exists y)z$
　　　　$([\mathrm{Zz1}(s) \cdot [z = \mathrm{reihe}(s)]] \lor [z = \mathrm{zus}[v, \mathrm{reihe}(14)]]$
　　　　$\lor [\mathrm{Fu1}(s) \cdot (z = \mathrm{zus}[\mathrm{reihe}(s), \mathrm{einkl}(w)])] \lor [\mathrm{KOp1}$
　　　　$(y,s,v) \cdot (z = \mathrm{zus}[y, \mathrm{einkl}(w)])])$

注释：当 z 具有下列形式之一时 z 是一个^{SN} $\mathfrak{Z}1$：$\mathfrak{z}\mathfrak{z}1$，$\mathfrak{A}_1'$，$\mathfrak{fu}1(\mathfrak{A}_2)$，$(\mathrm{K}_\mathfrak{z})\mathfrak{A}_1(\mathfrak{A}_3)$（见第 26 页）。这里 $\mathfrak{A}_1$，$\mathfrak{A}_2$ 和 $\mathfrak{A}_3$ 是任意表达式；此外，在 $\mathfrak{Z}2$ 的情形中(D53)，$\mathfrak{A}_1$ 是一个 $\mathfrak{Z}2$，$\mathfrak{A}_2$ 是由几个 $\mathfrak{Z}2$ 和逗号组成的序列，$\mathfrak{A}_3$ 是一个 $\mathfrak{S}2$。与 $\mathfrak{Z}2$ 相反，$\mathfrak{Z}$("ZA"，D87)是有根基的。$\mathfrak{S}1$(D47)、$\mathfrak{S}2$(D54)和 $\mathfrak{S}$("Satz"，D88)的情形与此类似。

D40.　$\mathrm{neg}(x) = \mathrm{zus}(\mathrm{reihe}(21), \mathrm{einkl}(x))$

D41.　$\mathrm{dis}(x,y) = \mathrm{zus}\mathfrak{z}(\mathrm{einkl}(x), \mathrm{reihe}(22), \mathrm{einkl}(y))$

D42.　$\mathrm{kon}(x,y)$；D43.　$\mathrm{imp}(x,y)$；D44.　$\mathrm{äq}(x,y)$类似。

注释：如果 x 和 y 是^{SN}表达式 $\mathfrak{A}_1$，$\mathfrak{A}_2$，那么 $\mathrm{neg}(x)$ 是^{SN} **否定** $\sim(\mathfrak{A}_1)$，$\mathrm{dis}(x,y)$ 是**析取**$(\mathfrak{A}_1) \lor (\mathfrak{A}_2)$；**合取**(kon)、**蕴涵**(imp)和**等值**(äq)都是类似的。

D45.　$\mathrm{Verkn}(x,y,z) \equiv [(x = \mathrm{dis}(y,z)) \lor (x = \mathrm{kon}(y,z))$
　　　　$\lor (x = \mathrm{imp}(y,z)) \lor (x = \mathrm{äq}(y,z))]$

注释：x 是^{SN} y 和 z 的**联结**，也就是说，x 的形式为 $(\mathfrak{A}_1)\mathfrak{verfn}(\mathfrak{A}_2)$，其中 y 是 $\mathfrak{A}_1$，z 是 $\mathfrak{A}_2$。

第二部分　语言Ⅰ句法的形式构造

D46.　$\mathrm{glg}(x,y) = \mathrm{zus3}(x, \mathrm{reihe}(15), y)$

注释：如果 x 和 y 是表达式 $\mathfrak{A}_1$、$\mathfrak{A}_2$，那么 $\mathrm{glg}(x,y)$ 是^{SN} **等式** $\mathfrak{A}_1 = \mathfrak{A}_2$。

D47.　$\mathrm{Satz1}(z) \equiv (\exists s)z(\exists v)z(\exists w)z(\exists y)z([z = \mathrm{glg}(v,w)] \vee [\mathrm{Präd1}(s) \cdot (z = \mathrm{zus}[\mathrm{reihe}(s), \mathrm{einkl}(v)])] \vee [z = \mathrm{neg}(v)] \vee \mathrm{Verkn}(z,v,w) \vee [\mathrm{SOp1}(y,s,v) \cdot (z = \mathrm{zus}[y, \mathrm{einkl}(w)])])$

注释：当 z 具有下列形式之一时 z 是一 $\mathfrak{S}1$：$\mathfrak{A}_1 = \mathfrak{A}_2$，$\mathrm{prl}(\mathfrak{A}_3)$，$\sim(\mathfrak{A}_4)$，$(\mathfrak{A}_4)\mathfrak{derfn}(\mathfrak{A}_5)$，$(\mathfrak{z})\mathfrak{A}_1(\mathfrak{A}_4)$ 或 $(\exists\mathfrak{z})\mathfrak{A}_1(\mathfrak{A}_4)$（见第26页）。$\mathfrak{S}1$、$\mathfrak{S}2$ 与 $\mathfrak{S}$ 间的差异类似于 $\mathfrak{z}_1$、$\mathfrak{z}_2$ 与 $\mathfrak{z}$ 的差异。

D48.　$\mathrm{VR}(x,n) \equiv ([\mathrm{lng}(x)' = \mathrm{prod}(2,n)] \cdot (k)\mathrm{lng}(x)(\exists m)k[(k=0) \vee ([k = \mathrm{prod}(2,m)'] \cdot \mathrm{Var}[\mathrm{gl}(k,x)]) \vee ([k = \mathrm{prod}(2,m)] \cdot [\mathrm{gl}(k,x) = 12])])$

注释：当 x 是由 n 个变项和插入其中的逗号构成的一个表达式时，称 x 是 n 项**变项序列**。

D49.　$\mathrm{UKstr1}(z,w) \equiv ([\mathrm{ZA1}(w) \cdot (z = \mathrm{zus}[w, \mathrm{reihe}(14)])] \vee [\mathrm{Satz1}(w) \cdot (z = \mathrm{neg}(w))] \vee (\exists n)\mathrm{lng}(w)(\exists s)z[(\mathrm{VR}(w,n) \cdot (\mathrm{Fu1}(s) \vee \mathrm{Präd}(s)) \cdot (z = \mathrm{zus}[\mathrm{reihe}(s), \mathrm{einkl}(w)]))(\mathrm{VR}(w,n) \cdot \mathrm{Var}(s) \cdot (z = \mathrm{zus}[w, \mathrm{reihe2}(12,s)]))])$

注释：当一个表达式 z 具有下列形式之一时，称 z 是由表达式 w，比如说由 $\mathfrak{A}_1$ **直接被构造的**：(1) $\mathfrak{A}_1'$，其中 $\mathfrak{A}_1$ 是 $\mathfrak{z}_1$；(2) $\sim(\mathfrak{A}_1)$，其中 $\mathfrak{A}_1$ 是 $\mathfrak{S}1$；(3) $\mathfrak{fu1}(\mathfrak{A}_1)$ 或 $\mathrm{pr1}(\mathfrak{A}_1)$，其中 $\mathfrak{A}_1$ 是变项序列；(4) $\mathfrak{A}_1, \mathfrak{z}$，其中 $\mathfrak{A}_1$ 是变项序列。

D50. $\text{UKstr2}(z,v,w) \equiv [(\exists s)z(\exists y)z(\text{ZA1}(v) \cdot \text{Satz1}(w) \cdot \text{Op1}(y,s,v) \cdot (z = \text{zus}[y,\text{einkl}(w)])) \vee (\text{ZA1}(v) \cdot \text{ZA1}(w) \cdot [z = \text{glg}(v,w)]) \vee (\text{Satz1}(v) \cdot \text{Satz1}(w) \cdot \text{Verkn}(z,v,w)) \vee (\exists n)\text{lng}(v)(\text{Var}[\text{gl}(n,v)] \cdot \text{ZA1}(w) \cdot [z = \text{ers}(v,n,w)])]$

注释:当一个表达式 z 具有下列形式之一时,称 z 是由另外两个表达式 v,w,如 $\mathfrak{A}_1,\mathfrak{A}_2$ **直接构造的**:(1) $(\mathfrak{z})\mathfrak{A}_1(\mathfrak{A}_2)$ 或 $(\exists \mathfrak{z})\mathfrak{A}_1(\mathfrak{A}_2)$ 或 $(K\mathfrak{z})\mathfrak{A}_1(\mathfrak{A}_2)$,其中 $\mathfrak{A}_1$ 是 $\mathfrak{Z}1$,$\mathfrak{A}_2$ 是 $\mathfrak{S}1$;(2) $\mathfrak{A}_1 = \mathfrak{A}_2$,其中 $\mathfrak{A}_1$ 和 $\mathfrak{A}_2$ 是 $\mathfrak{Z}1$;(3) $(\mathfrak{A}_1)\mathfrak{derfn}(\mathfrak{A}_2)$,其中 $\mathfrak{A}_1$ 和 $\mathfrak{A}_2$ 是 $\mathfrak{S}1$;(4) z 是在 $\mathfrak{A}_1$ 中用 $\mathfrak{A}_2$ 替代 $\mathfrak{z}$ 的结果,其中 $\mathfrak{A}_2$ 是 $\mathfrak{Z}1$。

D51. $\text{Konstr1}(r) \equiv (n)\text{lng}(r)[\sim(n=0) \supset ((\exists s)r[\text{Zz1}(s) \cdot (\text{gl}(n,r) = \text{reihe}(s))] \vee (\exists k)n(\exists l)n[\sim(k=0) \cdot \sim(l=0) \cdot (\text{UKstr1}[\text{gl}(n,r),\text{gl}(k,r)] \vee \text{Ukstr2}[\text{gl}(n,r),\text{gl}(k,r),\text{gl}(l,r)])])]$

注释:当 r 是 ^{SN} 表达式的 ^{SSN} 序列时,其中 ^{SN} 表达式或是一个 $\mathfrak{z}\mathfrak{z}1$,或是由序列中在前的一个或两个表达式直接构造的,就说 r 是一 ^{SSN} **构造**-1(^{SSN} construction1)。(这种序列是由 $\mathfrak{Z}1$ 和 $\mathfrak{S}1$ 组成的,或者更确切地说,依据下列定义,是由 $\mathfrak{Z}2$ 和 $\mathfrak{S}2$ 组成的。)

D52. $\text{KonstrA1}(x) \equiv (\exists r)\text{pot}(\text{prim}[\text{lng}(x)],\text{prod}[x,\text{lng}(x)])[\text{Konstr1}(r) \cdot (\text{letzt}(r) = x)]$

注释:当 ^{SN} 表达式 x 是一 ^{SSN} 构造-1 的最后一个表达式时,称之为**被构造的**-1。[对 r 的这一限制基于如下的考虑。令 r 是最短的 ^{SSN} 构造-1,其最后的 ^{SN} 句子是 x。则 $\text{lng}(r) \leq \text{lng}(x)$,$r$ 的每个质数因子都 $\leq \text{prim}(\text{lng}(x))$,这些因子的数量 $\leq \text{lng}(x)$,它

第二部分　语言Ⅰ句法的形式构造

们的幂 $\leq x$；所以 $r \leq \text{prim}(\lng(x))^{x \cdot \lng(x)}$。]

D53. $\text{ZA2}(x) \equiv (\text{KonstrA1}(x) \cdot \text{ZA1}(x))$

D54. $\text{Satz2}(x) \equiv (\text{KonstrA1}(x) \cdot \text{Satz1}(x))$

注释：当表达式 x 既是被构造的-1，又是 $\mathfrak{Z}1$（或 $\mathfrak{S}1$）时，x 是 $\mathfrak{Z}2$（或 $\mathfrak{S}2$）；见 D39 的注释。

D55. $\text{Geb}(s,x,n) \equiv (\exists t)x(\exists z)x(\exists u)x(\exists y)z(\exists v)y$
$(\exists w)z[(x = \text{zus3}(t,z,u)) \cdot (z = \text{zus}[y, \text{einkl}(w)]) \cdot \text{Op1}(y,s,v) \cdot \text{ZA2}(v) \cdot \text{Satz2}(w) \cdot \text{Gr}(n,$
$\lng(t)) \cdot \text{Grgl}(\text{sum}[\lng(t), \lng(z)], n)]$

注释：如果满足下面的条件就称 ^{TN} 变项 s 在 ^{SN} 表达式 x 的第 n 个位置（该变项不需在此位置出现）是约束的：一个形式为 $\mathfrak{A}_1$($\mathfrak{A}_2$)的表达式 z 出现在 x 中，其中 $\mathfrak{A}_1$ 是以 $\mathfrak{Z}2$ 为界限、以 s 为算子变项的算子-1；$\mathfrak{A}_2$ 是 $\mathfrak{S}2$；x 的第 n 个位置属于 z（见第 21 页）。

D56. $\text{Frei}(s,x,n) \equiv [\text{Var}(s) \cdot (\gl(n,x) = s) \cdot \sim \text{Geb}(s,x,n)]$

注释：**自由变项** s 出现在 x 的第 n 个位置上。

D57. $\text{Fr}(s,x) \equiv (\exists n)\lng(x)(\text{Frei}(s,x,n))$

注释：s 在 x 中作为自由变项出现。

D58. $\text{Offen}(x) \equiv (\exists s)x(\text{Fr}(s,x))$

D59. $\text{Geschl}(x) \equiv \sim \text{Offen}(x)$

注释：x 是**开的**；x 是**闭的**（见第 21 页）。

§22. 形成规则:(2)定义[①]

如果一个演算要包含定义,那么在某些情况下对该演算的系统阐述会有难题产生,这种难题很少有人关注。如果对这种演算中被认可的定义的全部要求就是满足某种形成规则,该演算一般来说是个矛盾的演算。

例:例如 D1(第 59 页)满足 I 中定义的形成规则(§8)。借助 D1,句子"nf(0)=0¹"是可证的,但句子"nf(x)=xⁿ"同样是被认可的定义形式,借助它句子"∼(nf(0)=0¹)"是可证的。因此,在 I 中相互矛盾的句子是可证的。

为了避免这一矛盾,我们通常还要求"被定义的符号必须在已构建的定义中没有出现过"。但这一要求偏离了演算和形式方法的范围。在严格的形式步骤中,对所给语句是否是一特殊演算中被认可的定义的确定,只依赖于该句子的形式规则和演算的形成

---

① 关键符号:
VRDef:定义项的变项序列
DefexpFu, DeftexpFu:函子的直陈定义
Def, Df:定义句(Definitionssatz)
Z:符号(Zeichen)
Undeft:未定义的符号
Bas:有根基的(basiert)
Log:逻辑的(logisch)
DefZz, DefPräd:数的定义,谓词的定义

DefrekFu, DeftrekFu:函子的递归(rekursiv)定义
Deft:已定义的(definiert)
UndDeskr:未定义的描述(deskriptiv)符号
DefKette, DeftKette:定义链(Definitionenkette)
Deskr:描述的

第二部分 语言 I 句法的形式构造

规则。但是凭借上面所提到的非形式要求，这样的确定将依赖于对某些句子是否先前已经被表述过的历史陈述。关于所给句子（如我们的例子所显示的那样）的可证性的确定同样如此。怎么才能克服这种难题呢？

1. 首先，如果在所讨论的语言 S 的形成中采用下列步骤之一，很显然这一难题就会消失：

（a）在 S 中根本不认可任何定义。

（b）在 S 中只认可有限数量的特殊定义，并且这些被认可的定义只限于 S 的初始句。

（c）当定义的形成规则给定后，在 S 中可以构建任意数量的定义。但这些定义在证明中并不被认可；它们只被认可为推导的前提。［因此，在上面的例子中"nf(0)＝0'"是不可证的，只是可从"nf(0)＝x^1"推导的。］如果句子$\mathfrak{S}_1$含有定义的符号（即基于某些定义的符号），那么尽管它自身不是可证的，由消除$\mathfrak{S}_1$中已定义的符号而得到句子却是可证的。

以递归方式被定义的符号并不总是可消除的。在确定的语言中，初等算术的句子（如"prod(2,3)＝6"）都是可证的，在确定的语言中不限量的递归定义是不可或缺的，在这些证明中必定要用到它们。因此，就这种语言而言，如就语言 I 而言，上面所提到的克服困难的方法是没有用的。我们必须找寻其他解决方法。

2. 在语言 I 中我们允许有不限数量的定义，包括递归定义；但是借助适宜的规则，我们会注意到从每个已定义的符号中可以识别它是如何被定义的。在算术化的句法中这是可能的。我们前面已经为三种被定义符号 $\mathfrak{z}\mathfrak{z}$、pr 和 fu 的项数确立了一类数字，但是到目前为止我们对这类数字的选择是敞开的。不过,所要建立的规则将以这样一种方式决定这一选择,即从已定义的符号的项数不仅可以单一地得出它的定义,还可以间接地得出它的整个定义链。以这样一种方式,任意句子的逻辑性质,如它的可证性,都将变成一种句法性质或形式性质;它只依赖于该句子的形式结构,即依赖于构成该句子的项数的算术性质。

语言 I 中被定义符号 a_1 的项数的选择规则:在 a_1 的定义中,用一个不变的辅助符号对 a_1 进行如下置换:ƶƶ 用项数为 30 的 "ζ" 置换,pr 用项数为 33 的 "π" 置换,fu 用项数为 34 的 "φ" 置换。作为这一过程结果的定义图式将只含老符号;因而其序列-数 r 是能被确定的,或者在递归定义图式的情况下,因为它是由两个句子构成的,它的序列-序列-数 r 是能被确定的。当 a_1 是 ƶƶ(或是 pr,或是 fu)时,我们把第 r 个质数的 2 次幂(或 4 次幂,或 6 次幂)当作 a_1 的项数。运用这一规则可以单一地确定 a_1 的项数;反过来,r,因而 a_1 的定义图式,并且最终 a_1 的定义都可以由这一项数单一地确定。

借助这一规则,现在我们能够确立有根基的 ^{TN} 符号和无根基的 ^{TN} 符号间的差异。例如,质数 p(比 2 大)的 4 次幂是有根基的(见第 63 页),当 p 是通过所描述的这种方式从带有辅助符号 "π" 的一个定义图式获得的时——假定对出现在这一定义图式中的每个已定义的 ^{TN} 符号而言,类似的条件都成立。为了用公式表示这一条件,我们随后将对定义链这一概念(D81)下定义。不过在这之前有必要定义一个辅助项表。

D60. $\mathrm{VRDef}(x,y,n) \equiv [\mathrm{VR}(x,n) \cdot (k)\lng(x)(l)\lng(x)$

第二部分 语言 I 句法的形式构造

$$([\text{Var}(\text{gl}(k,x)) \cdot (\text{gl}(k,x) = \text{gl}(l,x))] \supset (k = l)) \cdot (s)y(\text{Fr}(s,y) \supset \text{InA}(s,x))]$$

注释:当下列情形为真时,x(作为该被定义项的主目表达式)是适宜于^{SN}定义项y的一个n项^{SN}变项序列:x是一个n项变项序列;x中不出现两个相等的变项;每个在y中作为自由变项出现的变项在x中也作为自由变项出现。("VRDef"是为了缩写而引入的一个辅助项。)

D61. $\text{DefZz1}(x) \equiv (\exists z)x[(x = \text{glg}[\text{reihe}(30),z]) \cdot \text{Gesch1}(z)]$

注释:当x的形式为$\zeta = \mathfrak{A}_1$,其中$\mathfrak{A}_1$是闭的时,称x为$^{\text{TN}}\mathfrak{Z}$的一个^{SN}定义-1(也就是说,一个类似于$\mathfrak{Z}$的定义图式的表达式)。

D62. $\text{DefPräd1}(x,n) \equiv (\exists w)x(\exists v)w(\exists z)x[(w = \text{zus}[\text{reihe}(33),\text{einkl}(v)]) \cdot (x = \text{äq}(w,z)) \cdot \text{VRDef}(v,z,n)]$

D63. $\text{DefexpFu1}(x,n)$ 类似。

注释:当x的形式为$(\mathfrak{A}_1) \equiv \mathfrak{A}_2$(或者$(\mathfrak{A}_1) = \mathfrak{A}_2$),其中$\mathfrak{A}_1$是适宜于$\mathfrak{A}_2$的$n$项变项序列时,称$x$为$\text{pr}^n$的定义-1(或者$\text{fu}^n$的直陈定义)。

D64. $\text{DefrekFu1}(r,n) \equiv (\exists x_1)r(\exists x_2)r(\exists u_1)x_1(\exists v_1)x_1(\exists u_2)x_2(\exists v_2)x_2(\exists s)u_2(\exists z)u_2(\exists m)n[(r = \text{reihe2}(x_1,x_2)) \cdot (x_1 = \text{glg}(u_1,v_1)) \cdot (x_2 = \text{glg}(u_2,v_2)) \cdot \text{Var}(s) \cdot (t)v_2(\text{Fr}(t,v_2) \supset \text{InA}(t,u_2)) \cdot (k)\text{lng}(v_2)([\text{gl}(k,v_2) = 34] \supset (l)\text{lng}(z)(\sim(l = 0) \supset [[\text{gl}[\text{sum}(k,l),v_2] = \text{gl}(l,z)] \cdot \sim \text{Geb}[\text{gl}[\text{sum}(k,l),$

v_2],v_2,sum(k,l)]])) • (n=m') • ([(m=0) • (u_1 = reihe4(34,6,4,10)) • (u_2 = reihe5(34,6,s,14,10)) • (z=reihe3(6,s,10))]∨(∃w)u_1[∼(m=0) • (u_1 = zus[reihe(34),einkl(zus[reihe2(4,12),w])]) • (u_2=zus[reihe(34),einkl(zus[reihe3(s,14,12),w])]) • (z=einkl(zus[reihe2(s,12),w])) • VRDef(w,v_1,m) • ∼InA(s,w)])]

注释：当 r 是如下种类的两个表达式 x_1、x_2 所构成的序列时，称 r 为 $\mathfrak{fu}^n$ 的 ^{SSN} 递归定义-1。x_1 的形式为 $\mathfrak{A}_1 = \mathfrak{A}_2$，$x_2$ 的形式为 $\mathfrak{A}_4 = \mathfrak{A}_5$；在 $\mathfrak{A}_5$ 中作为自由变项出现的每个变项在 $\mathfrak{A}_4$ 中也作为自由变项出现；当 $\mathfrak{A}_6$ 中的每个变项在 $\mathfrak{A}_5$ 中都不是约束出现的，$\mathfrak{A}_6$ 直接出现在每个项"ϕ"后，而这个项"ϕ"出现在 $\mathfrak{A}_5$ 中。n 大于 0；我们记为 $n=m+1$。现在存在两种不同的情形，第一种：$m=0$；那么 $\mathfrak{A}_1$ 的形式为 $ϕ(\text{nu})$，$\mathfrak{A}_4$ 的形式为 $ϕ(\mathfrak{z}_1')$，且 $\mathfrak{A}_6$ 的形式为 $(\mathfrak{z}_1)$。第二种：$m>0$；那么 $\mathfrak{A}_1$ 的形式为 $ϕ(\text{nu},\mathfrak{A}_3)$，$\mathfrak{A}_4$ 的形式为 $(\mathfrak{z}_1', \mathfrak{A}_3)$，且 $\mathfrak{A}_6$ 的形式为 $(\mathfrak{z}_1, \mathfrak{A}_3)$；这里 $\mathfrak{A}_3$ 是适宜于 $\mathfrak{A}_2$ 的 m 项变项序列，且 $\mathfrak{z}_1$ 不出现在 $\mathfrak{A}_3$ 中。[它是 $u_1:^{\text{RZ}} \mathfrak{A}_1; v_1:\mathfrak{A}_2; u_2:\mathfrak{A}_4; v_2:\mathfrak{A}_5; s:^{\text{GZ}} \mathfrak{z}_1; z:\mathfrak{A}_6; w:\mathfrak{A}_3.$]①

D65. DeftZz2$(t,y) \equiv$ [DefZz1(y) • $(t=\text{pot}[\text{prim}(y),2])$]

D66. DeftPräd2(t,n,y)；**D67.** DeftexpFu2(t,n,y)类似。

D68. DeftrekFu2(t,n,r)

---

① （注释，1935）$\mathfrak{A}_6$ 的变项是自由的，且 D64"∼Geb[gl[sum(k,l),v_2],v_2,sum(k,l)]"中相应的项也是自由的，这一约定明显是必不可少的，但在德文原著中（也见 §8）是被省略了的。我对所忽略的这一部分的关注是由塔尔斯基引起的。

第二部分 语言Ⅰ句法的形式构造

注释：t 是 $\mathfrak{zz}$（或分别是 $\mathfrak{pr}^n$ 或 $\mathfrak{fu}^n$），是借定义-1y（或者直陈定义-1y，或者递归的定义-1r）"被定义的-2"。

D69. $\text{DefZz2}(x,t) \equiv (\exists y)x[\text{DeftZz2}(t,y) \cdot (x = \text{ers}[y, 1, \text{reihe}(t)])]$

D70. $\text{DefPräd2}(x,n,t)$；D71. $\text{DefexpFu2}(x,n,t)$ 类似。

注释：D65-68：当 t 是借 y 定义的-2，且 x 是通过将 y 中的第一个（或者分别将第二个或第一个）^{TN} 词项即 "ζ"（或者 "π"，或者 "ϕ"）用 ^{TN} 符号 t 置换的结果时，称 x 为一个作为 $\mathfrak{zz}$ 的 t 的定义-2（或分别是一个作为 $\mathfrak{pr}^n$ 的 t 的定义-2，或一个作为 $\mathfrak{fu}^n$ 的 t 的直陈定义-2）。

D72. $1\text{DefrekFu2}(x,n,t) \equiv (\exists r)x(\exists y)r[\text{DeftrekFu2}(t, n, r) \cdot (\text{gl}(1,r) = y) \cdot (x = \text{ers}[y, 1, \text{reihe}(t)])]$

D73. 类似：$2\text{DefrekFu2}(x,n,t)$。

注释：当下列条件被满足时称 x 为 $\mathfrak{pr}^n t$ 的 ^{SSN} 递归定义-2 的第一（或第二）^{SN} 部分：t 是借助（递归定义-1）r 以递归方式来定义的-2；y 是 r 的第一（或第二）部分，且 x 是通过将 y 中第一处（或它出现的所有地方）的 "ϕ" 用 ^{TN} 符号 t 置换的结果。

D74. $\text{Def2}(x,t) \equiv [\text{DefZz2}(x,t) \vee (\exists n)\text{lng}(x)(\text{DefPräd2}(x,n,t) \vee \text{DefexpFu2}(x,n,t) \vee 1\text{DefrekFu2}(x,n,t) \vee 2\text{DefrekFu2}(x,n,t))]$

注释：当 x 或者是一个属于 $\mathfrak{zz}$ 的 t 的定义-2，或者是一个属于 $\mathfrak{pr}$ 的 t 的定义-2，或者是一个属于 $\mathfrak{fu}$ 的 t 的直陈定义-2，或者是一个属于 $\mathfrak{fu}$ 的 t 的递归定义-2 的第一或第二部分时，称 x 是 t 的**定义语句**-2。

D75. Deft2$(t,n) \equiv (\exists y) t$(DeftPräd2$(t,n,y)$ ∨ Deftexp-Fu2(t,n,y) ∨ Deftrek(t,n,y))

注释：t 是被定义的 -2 n 项符号（$\mathfrak{pr}^n$ 或 $\mathfrak{fu}^n$）。

D76. Z2$(t,n) \equiv$ [UndPräd(t,n) ∨ UndFu(t,n) ∨ Deft2(t,n)]

注释：当 t 或者是 $\mathfrak{pr}^n$ 或者是 $\mathfrak{fu}^n$，或者未被定义或者是已定义的 -2 时，称 t 是 n 项符号 -2。

D77. Konstr2$(r) \equiv$ (Konstr1(r) · $(x)r(t)x(y)x(m)t(n)$ lng(y) [(AInAR(x,r) · $(x = $ zus[reihe(t), einkl(y)]) · Z2(t,m) · VR(y,n)) ⊃ $(m = n)$])

D78. KonstrA2(x)，类似于 D52。

注释：D77：^{SSN} 构造 -2 r 是满足下列条件的**构造** -1。在 r 中出现的每个表达式 $\mathfrak{a}_1(\mathfrak{A}_1)$ 中，m 等于 n，其中 $\mathfrak{a}_1$ 是 m 项符号 -2 且 $\mathfrak{A}_1$ 是 n 目变项序列。因此，在构造 -2 中，每个 $\mathfrak{pr}$ 和每个 $\mathfrak{fu}$ 都有正确数量的主目。D78：构造 -2 的最后一个表达式称之为被构造的 -2。

D79. UndDeskr$(t) \equiv (\exists n) t$(UndPräd(t,n) ∨ UndFu(t,n))

注释：t 是一个未被定义的描述符号（即 $\mathfrak{pr}$ 或 $\mathfrak{fu}$）。

D80. Undeft$(t) \equiv$ [$(t=4)$ ∨ $(t=6)$ ∨ $(t=10)$ ∨ $(t=12)$ ∨ $(t=14)$ ∨ $(t=15)$ ∨ $(t=18)$ ∨ $(t=20)$ ∨ $(t=21)$ ∨ $(t=22)$ ∨ $(t=24)$ ∨ $(t=26)$ ∨ Var(t) ∨ UndDeskr(t)]

注释：当 t 是 12 个未被定义的逻辑常项之一（见第 55 页），或者是变项，或者是**未被定义的**描述符号时，t 是一个未被定义的^{TN}符号。

D81. DesKette$(r) \equiv (n)$ lng$(r)(x)$ gl$(n,r)(t)x$ [(~$(n=$

第二部分 语言Ⅰ句法的形式构造

$0) \cdot [\text{gl}(n,r) = x] \cdot \text{InA}(t,x)) \supset (\text{KonstrA2}(x) \cdot (\exists s)x(\text{Def2}(x,s)) \cdot [\text{Undeft}(t) \vee (\exists m)n(\text{Def2}[\text{gl}(m,r),t])] \cdot (l)\text{lng}(x)[(1\text{DefrekFu2}(x,l,t) \supset 2\text{DefrekFu2}[\text{gl}(n',r),l,t]) \cdot (2\text{DefrekFu2}(x,l,t) \supset (\exists m)n([n=m'] \cdot 1\text{DefrekFu2}[\text{gl}(m,r),l,t]))])$

注释:当下列情形为真时,称 r 是 ^{SSN} 定义链。作为链条 r 的一员出现的每个 ^{SN} 表达式都是被构造的-2,且是定义句-2。如果 t 是表达式 $\mathfrak{A}_1$ 中的一个 ^{TN} 符号,其中 $\mathfrak{A}_1$ 是 r 的一员,那么或者 t 是未被定义的,或者 $\mathfrak{A}_1$ 或者 r 的某一在前的表达式是 t 的定义句-2。如果 r 的一个表达式是一个递归定义-2 的第一部分,那么紧随其后的表达式是这一定义的第二部分;如果一个表达式是一个递归定义-2 的第二部分,那么紧挨在它前面的那个表达式是这一定义的第一部分。

D82. $\text{DeftKette}(t,r) \equiv (\exists x)r[\text{DefKette}(r) \cdot \text{letzt}(r) = x] \cdot \text{Def2}(x,t)]$

D83. $\text{Deft}(t) \equiv (\exists r)\text{pot}(2,\text{pot}[2,\text{pot}(2,\text{pot}[2\text{pot}(2,t)])])[\text{DeftKette}(t,r)]$

注释,D82:t 是借助定义链 r 来定义的。D83:当存在一个定义链 r 且 t 是借助 r 来定义的时,称符号 t 是已定义的。

D84. $\text{Bas}(t) \equiv (\text{Undeft}(t) \vee \text{Deft}(t))$

注释:当一个符号 t 是未被定义的或是已被定义的时(借助定义链),称 t 是有根基的。

D85. $\text{Konstr}(r) \equiv [\text{Konstr2}(r) \cdot (t)r(\text{InAR}(t,r) \supset \text{Bas}(t))]$

D86. KonstrA(x)类似于 D52。

注释：D85：表达式的构造是一个构造-2，其中所有的符号都是有根基的符号。D86：当一个表达式是一个构造的最后一个表达式时，称它为是被构造的。

D87. ZA(x)≡(ZA1(x)·KonstrA(x))

D88. Satz(x)≡(Satz1(x)·KonstrA(x))

注释：当 x 既是 $\mathfrak{Z}1$（或 $\mathfrak{S}1$）又是被构造的时，称 x 是 $\mathfrak{Z}$（或 $\mathfrak{S}$）。这样就**得到了形成规则的最重要的概念**；与先前定义的辅助项（$\mathfrak{Z}1$、$\mathfrak{Z}2$、$\mathfrak{S}1$、$\mathfrak{S}2$）不同，"ZA"、"Satz"只指称有根基的表达式，因而指称恰当意义上的 $\mathfrak{Z}$（或 $\mathfrak{S}$）。

D89. Def(x,t)≡(Def2(x,t)·KonstrA(x))

D90. Df(x)≡($\exists t$)x(Def(x,t))

注释：D89：x 是 t 的定义句。（这一定义类似于 D87 和 D88。）。D90：x 是定义句。

D91. DeskrZ(t)≡(UndDeskr(t)∨[Deft(t)·(r)−(Deft-Kette(t,r)⊃($\exists s$)r[InAR(s,r)·UndDeskr(s)])])

D92. DeskrA(x)≡($\exists t$)x(InA(t,x)·DeskrZ(t))

注释：D91：当 t 是未被定义的 $\mathfrak{a}_b$，或已被定义且 t 的每个定义链都包含一个未被定义的 $\mathfrak{a}_b$ 时，称 t 是**描述符号**$\mathfrak{a}_b$（与 D83 的限定一样）。D92：当 x 包含 $\mathfrak{a}_b$ 时，称 x 是描述表达式 $\mathfrak{A}_b$。

D93. LogZ(t)≡(Bas(t)·∼DeskrZ(t))

D94. LogA(x)≡(t)x(InA(t,x)⊃LogZ(t))

注释：D93：逻辑符号 $\mathfrak{a}_l$ 是有根基的且非描述的。D94：当 x 的所有符号都是逻辑符号时，称 x 是逻辑表达式 $\mathfrak{A}_l$。

第二部分 语言 I 句法的形式构造

D95. $\text{DeftZz}(s) \equiv (\text{DeftZz1}(s) \cdot \text{Bas}(s))$

D96. $\text{Zz}(s)$; D97. $\text{Präd}(s)$; D98. $\text{Fu}(s)$ 是类似的。

注释：D95-98：被定义的 ʒʒ;ʒʒ;pr;fu。与前面定义的辅助项截然不同,这里定义的词项只指称有根基的 ^{TN} 符号。

§23. 变形规则[①]

下面的定义是对前面所陈述的语言 I 的变形规则(§11 和 §12)的公式化。为此目的必须先定义代入(D102);D99-101 为该定义引入辅助项。

D99. 1. $\text{stfrei}(0, s, x) \equiv (Kn) \text{lng}(x) [\text{Frei}(s, x, n) \cdot \sim (\exists m) \text{lng}(x)(\text{Gr}(m, n) \cdot \text{Frei}(s, x, m))]$

2. $\text{stfrei}(k', s, x) \equiv (Kn) \text{stfrei}(k, s, x) [\sim (n = \text{stfrei}(k, s, x)) \cdot \text{Frei}(s, x, n) \cdot \sim (\exists m) \text{stfrei}(k, s, x)$
$(\sim [m = \text{stfrei}(k, s, x)] \cdot \text{Gr}(m, n) \cdot \text{Frei}(s, x, m))]$

D100. $\text{anzfrei}(s, x) = (Kn) \text{lng}(x) (\text{stfrei}(n, s, x) = 0)$

D101. 1. $\text{sb}(0, x, s, y) = x$

2. $\text{sb}(k', x, s, y) = \text{ers}(\text{sb}(k, x, s, y), \text{stfrei}(k, s, x), y)$

---

① 关键符号：
stfrei:自由 ʒ 的位置数(Stellennummer des freienʒ)   anzfrei:自由 ʒ 的数(Anzahlfreierʒ)
sb, subst：代入(Substitution)   GrS:初始句(Grundsatz)
AErs:表达式置换(Ausdrucksersetzung)   KV:无自由变项(keinefreie Variable)
UAblb:直接可推导的(unmittelbarableitbar)   Abl：推导(Ableitung)
Ablb:可推导的(ableitbar)   Bew：证明(Beseis)
Bewb:可证的(beweisbar)

注释：D99-101：令 s 是 ^{TN} $\mathfrak{z}_1$。stfrei(k,s,x) 是 x 中自由出现的第 $(k+1)$ 个（从 x 的表达式的末尾数起）$\mathfrak{z}_1$ 的位置数（当 x 中没有 $k+1$ 个 $\mathfrak{z}_1$ 时，位置数为 0）。anzfrei(s,x) 是 x 中自由出现的 $\mathfrak{z}_1$ 的数。sb(k,x,s,y) 是通过相继地用 y 替换 x 中倒数的 k 个自由的 $\mathfrak{z}_1$ 得到的表达式。

D102． subst(x,s,y) = sb(anzfrei$(s,x),x,s,y$)

注释：如果 x 是 ^{SN} 表达式 $\mathfrak{A}_1$，y 是 $\mathfrak{A}_2$，s 是 $\mathfrak{z}_1$；则 subst(x,s,y) 是 ^{TN} 表达式 $\mathfrak{A}_1(\dfrac{\mathfrak{z}_1}{\mathfrak{A}_2})$。（关于代入见第 22 页。）

D103． GrS1$(x) \equiv (\exists y)x(\exists z)x[$Satz$(x) \cdot (x = imp(y,$ imp$[$neg$(y),z]))]$

相应地 D104-113：GrS2(x) 到 GrS11(x)；再给一个例子：

D106． GrS4$(x) \equiv (\exists s)x(\exists y)x[$Satz$(x) \cdot (x = $äq(zus[reihe4(6,s,10,4),einkl$(y)],$subst$[y,s,$reihe(4)]))]$

D114． GrS$(x) \equiv ($GrS1$(x) \lor $GrS2$(x) \lor \cdots \lor $GrS11$(x))$

注释：D103-113：x 是第一种初始句，第二种初始句，……第十一种初始句（PSI 1-11）。D114：x 是初始句。

D115． AErs$(x_1,x_2,w_1,w_2) \equiv (\exists u)x_1(\exists v)x_1[(x_1 = $zus3$(u,w_1,v)) \cdot (x_2 = $zus3$(u,w_2,v))]$

注释：表达式置换：x_2 是通过用 w_2 置换 x_1 中的局部表达式 w_1 所得到的表达式。（在词项"ers"的情况下，被置换的是一个符号，这里是一个表达式。）

第二部分　语言Ⅰ句法的形式构造　　97

D116.　KV$(y,x,s) \equiv \sim (\exists n) \mathrm{lng}(x)(\exists t) y (\mathrm{Fr}(t,y) \cdot \mathrm{Geb}(t, x,n) \cdot \mathrm{Frei}(s,x,n))$

注释:"KV(y,x,s)"意指 x 中位于 s 的一个代入位置被约束的变项不在 y 中作为自由变项出现(见第 22 页)。

D117.　UAblb1$(z,x) \equiv (\exists y) z (\exists s) x [\mathrm{ZA}(y) \cdot (z = \mathrm{subst}(x,s,y)) \cdot \mathrm{KV}(y,x,s)]$

D118.　UAblb2$(z,x) \equiv (\exists w_1) \mathrm{sum}(x,z)(\exists w_2) \mathrm{sum}(x, z)(\exists u) w_1 (\exists v) w_1 ([([w_1 = \mathrm{imp}(u,v)] \cdot (w_2 = \mathrm{dis}[\mathrm{neg}(u),v])) \vee ([w_1 = \mathrm{kon}(u,v)] \cdot [w_2 = \mathrm{neg}(\mathrm{dis}[\mathrm{neg}(u),\mathrm{neg}(v)])]) \vee ([w_1 = \mathrm{äq}(u,v)] \cdot (w_2 = \mathrm{kon}[\mathrm{imp}(u,v),\mathrm{imp}(v,u)]))] \cdot [\mathrm{AErs}(x,z,w_1,w_2) \vee \mathrm{AErs}(x,z,w_2,w_1)])$

D119.　UAblb3$(z,x,y) \equiv (x = \mathrm{imp}(y,z))$

D120.　UAblb4$(z,x,y) \equiv (\exists s) z [(x = \mathrm{subst}[z,s,\mathrm{reihe}(4)]) \cdot (y = \mathrm{imp}(z,\mathrm{subst}[z,s,\mathrm{reihe2}(s,14)]))]$

D121.　UAblb$(z,x,y) \equiv (\mathrm{UAblb1}(z,x) \vee \mathrm{UAblb2}(z,x) \vee \mathrm{UAblb3}(z,x,y) \vee \mathrm{UAblb4}(z,x,y))$

注释:D117:当 x 是 $\mathfrak{A}_1$，z 的形式为 $\mathfrak{A}_1 \begin{pmatrix} \mathfrak{z} \\ \mathfrak{z} \end{pmatrix}$ 时，称 z 是从 x 直接可推导的-1(依据 RI 1，见 §12)。D118-120:"直接可推导的-2"(直接可推导的-3、直接可推导的-4)依据 RI 2, RI 3, RI 4。D121:z 是从 x 或 x 与 y 直接可推导的。

D122.　Abl$(r,p) \equiv (\exists q) r(n) \mathrm{lng}(r)(x) r ([r = \mathrm{zus}(p, q)] \cdot \sim [\mathrm{lng}(r) = 0] \cdot [(\sim (n = 0) \cdot [\mathrm{gl}(n,r) = x])$

$$\supset (\text{Satz}(x) \cdot [\text{Gr}[n, \text{lng}(p)] \supset (\text{GrS}(x) \vee \text{Df}(x) \vee$$
$$(\exists k)n(\exists l)n[\sim(k=n) \cdot \sim(l=n) \cdot \text{UAblb}[x, \text{gl}$$
$$(k, r), \text{gl}(l, r)]])])])$$

注释：如果满足下面的条件，r 就是一个有 ^{SSN} 序列前提 p 的 ^{SSN} 推导：r 是由 p 和 q 组成的；作为 r 成员的每个表达式都是句子；作为 q 成员的每个表达式要么是初始句，要么是定义句，要么是由 r 中在前的一个或两个句子直接推导出来的(见第 29 页)。

D123. $\text{AblSatz}(r, x, p) \equiv (\text{Abl}(r, p) \cdot [\text{letzt}(r) = x])$

注释：r 是从前提 p 序列到句子 x 的一个推导。

D124. $\text{Bew}(r) \equiv \text{Abl}(r, 0)$

D125. $\text{BewSatz}(r, x) \equiv (\text{Bew}(r) \cdot [\text{letzt}(r) = x])$

注释，D124：当 r 是无前提的推导时，称 r 是**证明**。D125：r 是句子 x 的证明。

令"$\text{Ablb}(x, p)$"的意思是：x 是**可从前提** p **序列推导的**；"$\text{Bewb}(x)$"的意思是：x 是**可证的**。这些涉及语言 I 的句法概念不能在 I 中定义。其定义如下：

$$\text{Ablb}(x, p) \equiv (\exists r)(\text{AblSatz}(r, x, p))$$
$$\text{Bewb}(x) \equiv (\exists r)(\text{BewSatz}(r, x))$$

为表述这些定义，我们需要一些在语言 I 中未出现的非受限算子。"可推导的"和"可证的"两个概念是不确定的。在语言 I 中只有确定的可推导性和可证性概念才能被定义；比如，涉及推导本身或证明本身(见 D123, D125)，或涉及像"通过至多由 n 个符号组成的一个推导从 p 可推导的"或"通过至多由 n 个符号组成的一个证明而可证的"这样的概念。如果不确定的句法概念也要被

第二部分　语言 I 句法的形式构造

定义的话，那么必须以一种不确定的语言，如我们的语言 II，作为句法语言。

　　就某些不确定概念而言，尽管在语言 I 中不能定义它们，陈述它们对每一情况来说都是可被断定的全称句在 I 中却是能够用公式表示的。不确定语言中的"不可证的"和"不可推导的"的概念的定义中，会出现被否定的非受限的存在算子，这一算子可以用全称算子替换；且非受限全称算子在语言 I 中可以借自由变项来表达。"∼BewSatz(r,a)"的意思是："每个 r 都不是 a 的一个证明"，换句话说："a 是不可证的"；"∼AblSatz[r,b,reihe(a)]"的意思是："每个 r 都不是 b 从 a 的推导"，换句话说："b 不是从 a 可推导的"。

§24. 描述性句法

　　我们已经展示完了语言 I 的纯粹句法；这使得纯粹句法仅仅是算术的一部分这一点变得很清晰。另一方面，描述性句法还使用描述符号，并因此突破了算术的界限。例如，描述性句法的语句可以陈述在某一特殊地方出现的如此这样一种形式的语言表达式。前面已经指出过（第 54 页），一种可能的方法是引入一系列未定义的 pr₀ 作为附加的初始符号（例如："Var"、"Id"、"Präd"，等等）。但是，如我们已经声明的那样（第 54 页），我们将依不同的路径前行。我们将视未定义的 fu₀ "zei"为唯一附加的初始符号。（当轮到对出现这一符号的句子进行句法处理时，我们将配之以项数 $243(=3^5)$。）描述性句法的构造采取的形式与其他任何描述性的

公理系统 A 是完全一样的。首先，A 是要用语言 S 来进行系统表述的，必须建构 S 的句法。依这种方式来确定表述句子以及从 A 推导出它们的方法。就某些 A 而言（如几何和句法），S 必然要包含算术。

现在在 S 中来确立 A 的如下的基础部分：(1) A 的**描述性初始符号**，它们被附加在 S 的初始符号上；依据 S 的句法规则，由这些可以定义出更多的符号；(2) S 的附加初始句的公理；借助 S 的变形规则，后承可以由这些推导出来（所谓 A 的定理）；(3) 附加的**推理规则**；不过，在大多数情况下，是不引入这些推理规则的。如果我们把未定义的 pr_0 用作描述性句法的初始符号，那需要大量的公理；借助这些公理，例如可以陈述在同一个位置不可出现不一样的符号等等。此外，为了能够得到关于可推导性和可证性的简单语句，需要大量不受限制的存在句形式的公理。另一方面，如果我们把属于 fu_0 的"zei"视为初始符号，则没有任何公理是必不可少的。在其他情况下通过否定的公理来排除的东西在这里是凭借关于算子的句法规则（一个特定的 fu 在一个特定的地方只能有一个值）来排除的；那些不可或缺的存在语句是由算术得出的。

借助**初始符号**"zei"，我们将只给出另外一个属于描述性句法的符号的定义，这一符号就是属于 fu_0^2 的"ausdr"（Ausdruck）——描述性句法的最重要的术语。此定义是一个后退定义。

D126. 1. $ausdr(0,x) = pot[2, zer(x)]$

2. $ausdr(k', x) = prod[ausdr(k, x), pot(prim(k''),$
$zei[sum(x, k')])]$

注释：$ausdr(k, x)$ 是出现在位置 x 至 $x+k$ 的 ^{SN} 表达式（含 k

+1个符号)。因为在位置 y 的 ^{TN} 符号是 zei(y),所以 ausdr(k,x)
= $2^{\text{zei}(x)} \cdot 3^{\text{zei}(x^I)} \cdot 5^{\text{zei}(x^{II})} \ldots \cdot \text{prim}(k')^{\text{zei}(x+k)}$(见第 56 页)。

借助函子"zei"和"ausdr",以及先前定义的纯粹句法符号(D1-125),现在我们可以在 I 自身中来系统表述 I 的描述性句法的语句。

A. 关于具体符号的句例(借助"zei"):

1. "一否定符号出现在位置 a 处":"zei(a)=21"。

2. "相同的符号出现在位置 a 和 b 处":"zei(a)=zei(b)"。

B. 关于表达式的句例(借助"ausdr"):

1. "一个 ∃ 出现在 a 至 a+b 的位置序列中":"ZA(ausdr(b, a))"。

2. "……没有出现可证语句":"∼BewSatz(r,ausdr(b,a))"(含自由变项"r",见第 76 页)。

§25. 算术的、公理的和物理的句法

在描述性句法范围内我们能够区分两种不同的理论:我们刚刚讨论的公理句法(带公理或不带公理的)及物理句法。后者相对于前者好比物理几何相对于公理几何。物理几何是通过建立所谓的关联定义从公理几何得到的(比较莱辛巴赫:《相对论时空理论的公理体系》,《时空哲学》)。这些定义确定公理的初始符号与哪些物理概念(或者是物理的或者是日常语言的)在意义上是等同的。只有通过这些定义公理系统才能运用于经验语句。

下面的图表旨在通过与三种几何学的类比来更清楚地揭示这

三种句法的特性。此外,还要呈现普遍存在于算术系统、公理系统以及公理系统的经验运用间的关系。

三种几何	三种句法
I. 算术几何 算术论域的一部分,涉及(以通常的算术化方法,即凭借坐标)实数的有序三元组、出现在实数间的线性方程,等等。	**I. 算术句法(或纯句法)** 算术论域的一部分,涉及(以前面解释的算术化方法)质数的某些幂的积、这种积间的关系,等等。
这一部分的论域是通过某些纯粹的算术定义选出来的。构建这些特别的定义的实际理由是出于一个模型,即一组物理结构,而这些定义适宜于处理这组物理结构。	
这是一个物理空间关系的系统,物理空间关系是物理几何的主题,II B。	这是一个物理语言结构系统——如出现在一张纸上的句子——物理语言结构是物理句法的主题,II B。
II. 描述性几何 (该名称并不是通常意义上的,而是作为句法术语的"描述的"。)	**II. 描述性句法**

	II A. 公理句法 两种表示形式:	
IIA. 公理几何	(a)适当的公理化(比较§18)("公理化的描述性句法")。	(b)算术化(比较§19、§24)("算术化的描述性句法")。

公理系统的前提是一种确立了逻辑初始符号、初始语句及推导规则的语言。
公理系统的基础:
    1. 公理的初始符号(描述的初始符号是附加在该语言的初始符号上的);

续表

三种几何		三种句法
"点"、"直线"、"之间",等等。	"Var"、"Nu"、"präd"、"GI"(带有相同符号的位置),等等。	"zei"是唯一的初始符号。

2. **公理**(附加在该语言的初始语句上的描述的初始语句):

例如,希尔伯特的公理。	许多公理,如:"ʒ 不是 pr","GI$(x,y) \supset$ GI(y,x)",等等。	没有公理

公理系统的有效的描述句:

1. **分析句**。证明分析句时可以使用公理系统的定义,但不能使用公理本身。

例:"每个点都是点";"如果三条直线中的每一条都与另两条在不同的点相交,那么这些点之间的线段形成一个三角形"(这是从"三角形"的定义得出的)	例:"Var$(x) \supset$ Var(x)";"Nu$(x) \supset$ Zz(x)"	例:"zei(x) = zei(x)";"[zei(x) = 4] $\supset$ Zz[zei(x)]"
	(也就是说,"nu 是 ʒʒ";这是从"Zz"的定义得出的);	
	"[Nu(x) · Str(x^1)] $\supset$ ZA$(x,1)$"	"([zei(x) = 4] · [zei(x^1) = 14]) $\supset$ ZA[ausdr$(1,x)$]"
	也就是说,"nu′ 是 ʒ";这是从"ZA"的定义得出的;这里"ZA"是	
	一个 pr$_b$。	一个 pr$_t$。

2. **综合句**。包括公理本身以及由公理证明的综合句。

例如:"三角形的三个角之和等于 2R."	例如:"Nu$(x) \supset \sim$ Ex(x)"(也就是说,"nu 不是 'ǝ'")。	无。因为这里没有公理,所有有效句都是分析的。
II B. 物理几何	**II B. 物理句法**	

续表

三种几何	三种句法
借助相关的定义我们可以确定物理语言中的哪些符号是与公理系统中初始符号(或某些被定义符号)相对应的。	

| 例:
1."当一条物理线段(如物体的边)比镉的光谱线的波长长若干倍时,称其长度为1。"
2."当一条物理线段与巴黎标准公尺的两个标记间的线段相等时,称其长度为1。"
3."如此这般的物理对象(如真空中的光线或伸展的弦)是直线。" | 例:
1."'Nu(x)'被视为真, 当且仅当在位置 x 找到一个带有直立椭圆图("0")的书写字符时。"
2."'Nu(x)'被视为真, 当且仅当在位置 x 找到这样一个字符,这一字符在外形上与在如此这般位置上(如这本书中)出现的字符极为相似。" | 例:
1."'zei(x)=4'被视为真,

2."'zei(x)=4'被视为真, |

〔例(1)都是**定性的定义**;这里是通过陈述该词项所指的对象必须具有的性质来定义该词项的。例(2)是事例定义;这里是通过约定该词项所指的对象必须与某一指示对象有某种关系(如等同或类似);在语言表述方面指示对象是经由陈述时空位置来完成的。据此需要注意的是,事例定义同样是借助其他符号(且不借助语言外的东西)来定义一个符号的。〕

有效的描述句

1. **分析句**。或者是公理系统的分析句,该公理系统的公理术语借助相关定义获得物理意义(例(a);比较 II A 下分析句的例子),或者(例(b))是从这样的句子借助相关定义可以翻译成的非公理术语的句子(也就是说,翻译成不属于公理系统但属于一般语言的一种表述)。

续表

三种几何		三种句法
例： (a)"如果三条直线中的每一条都与另两条在不同的点相交,那些交叉点之间的线段形成一个(物理的)三角形"。 (b)"如果真空中的三条光线中的每一条都与另外两条在不同点相交,那些交叉点之间的光线段构成一个三角形。"	例： (a)"零符号（用墨水写的物理字符）是一个数字。" (b)"一个（物理的）有着直立椭圆形状的字符是一个数字。"	例： (a)"一个具有项数4（即某一物理性质）的（物理的）对象是一个数字。"
2. 有效规律。或者是公理系统中的不确定的综合句,在这种情况下它们有一种物理意义（例1(a),2(a)）,或者是这样的句子的翻译,翻译成非公理术语（例1(b),2(b)）。		
例： 1(a)"两条（物理）直线最多在一个点上相交。" 1(b)"真空中的两条光线最多在一个点上相交。" 2(a)"一个（物理）三角形的角之和为2R。" 2(b)"真空中相互相交的三条光线间的角之和为2R。"	例： 1(a)"如果一个（物理的）零符号出现在一个位置,那儿就不会出现存在符号。" 1(b)"如果用墨水写下的一个有着直立椭圆形状的字符出现在一个位置,那儿就不会出现由一条垂直线和三条横线组成的一个字符。"	无,因为没有公理。
带有某些相关定义的特殊的公理系统的有效性问题是规律的有效性问题,这些规律是把公理翻译成（物理学的）科学语言的结果（例1(b)）。		

续表

三种几何		三种句法
例如,这里会引出关于欧氏几何或特殊的非欧几何的有效性问题。	这里存在公理尤其是无穷公理(如"存在无限多的变项")的有效性问题是一个关键问题。	这里根本没有有效性问题。(关于算术的无穷公理的可省略性,参见第97页)

3. 经验句。经验句是那些陈述某些物理对象的经验(即几何的或图形的)性质的确定的综合句,无论这些性质是否可以借助公理证明。这些句子可以使用非公理术语(例1(a)、2(a)),或者被翻译成公理(几何的或句法的)术语(例1(b)、2(b))。

例: 1(a)"对象A是真空中的一条光线。" 1(b)"A构成一直线段。" 2(a)"这三个对象 A、B、C 是真空中的光线,其中每一条都与另外两条在不同的点相交。" 2(b)"物理对象 A、B、C 合在一起组成一个三角形。"	例: 1(a)"由两条横线组成的符号出现在本书的某个位置c。" 1(b)"等于符号出现在本书的位置 c";用我们系统中的符号就是:	
	"Id(c)"	"zei(c)=15"
	2(a)"如此形式的一系列图形出现在本书的从 a 到 b 的位置范围内。" 2(b)"语言 I 中的一个初始句出现于……" 下面的句子同类: 3."句子'docendo discimus'出现在那本书中。" 4."那本书主张通过教而学。" 5."在如此这般的一部论著中,出现在如此位置上的句子相互矛盾。" 6."在如此这般的一个位置上的语词序列是无意义的(也就是说,不是如此这般的语言中的一个句子)。" 7."一个经验上假的句子出现在如此这般的一个位置。"(比照"P-反有效",第 185 页) 整个语言史和文学史的语句,尤其是科学史的语句,这里的科学包括数学和形而上学,都属于这一类。这其中既含仅仅列举某物的句子(例2(a),3),也含那些预设所讨论语言的句法的语句(例2(b),4,和7),有时也含预设某些综合前提的语句,尤其是基于逻辑分析(例5,6)或经验(例7)的公式化的表述和论题。	

第三部分　不确定的语言 II

A. 语言 II 的形成规则

§26. 语言 II 的符号装置

到目前为止我们一直在论及语言 I，语言 I 只包含确定的概念；在数学范围内它只包含自然数的算术，且只在一定程度上近似对应于有穷主义或直觉主义的观点。语言 II 包括语言 I 作为它的子语言；I 中所有的符号同样是 II 中的符号，I 中所有的句子同样是 II 中的句子。但是，语言 II 在表达模式上远比语言 I 丰富。它也包含不确定概念；包括整个经典数学（实变函数和复变函数，极限，无穷小演算，集合论）；此外，物理学的句子也可以用它进行表述。

我们将首先陈述语言 II 中出现的符号和一些重要的表达式。随后将给出 $\mathfrak{Z}$ 和 $\mathfrak{S}$ 的严格形成规则（§28）。语言 I 的句法中使用过的哥特符号，连同一些附加的符号，这里仍将使用。

在语言 II 中，除了语言 I 的受限算子外，也有形式为 $(\mathfrak{z})$，$(\exists \mathfrak{z})$，$(K\mathfrak{z})$ 的非受限的算子。[例："$(\exists x)(\text{Prim}(x))$"；见 §6。]

在语言 II 中,出现了新的句法种类 fu 和 pr,它们被分为不同的层级和类型(§27)。在句子"fu($\mathfrak{A}_1$)=$\mathfrak{A}_2$"中,我们将如迄今为止所做的那样,称 $\mathfrak{A}_1$ 为主目表达式;称 $\mathfrak{A}_2$ 为值表达式。在 II 中有 fu,其中不仅 $\mathfrak{A}_1$ 是由几个项——所谓的主目组成的,而且 $\mathfrak{A}_2$ 也是由几个项——所谓的值项组成的[例如,"fu($\mathfrak{Z}_1$,$\mathfrak{Z}_2$)=$\mathfrak{Z}_3$,$\mathfrak{Z}_4$,$\mathfrak{Z}_5$"中的 $\mathfrak{Z}_3$、$\mathfrak{Z}_4$ 和 $\mathfrak{Z}_5$]。不仅有谓词 pr,还有可以由几个符号组成的谓词表达式 $\mathfrak{Pr}$(不同类型的),不过其使用在句法上和 pr 是一样的。此外,还有函项表达式 $\mathfrak{Fu}$(不同类型的),其使用在句法上与 fu 一样(稍后给出实例)。如同单个符号(one-symbol)表达式 $\mathfrak{z}$ 是 $\mathfrak{Z}$ 一样,pr 是 $\mathfrak{Pr}$,fu 是 $\mathfrak{Fu}$。有主目不是 $\mathfrak{Z}$ 而是(一种类型的或者另一种类型的)$\mathfrak{Pr}$ 或 $\mathfrak{Fu}$ 的 pr(和其他 $\mathfrak{Pr}$);此外,有的主目和值项不是 $\mathfrak{Z}$ 而是(一种类型的或者另一种类型的)$\mathfrak{Pr}$ 或 $\mathfrak{Fu}$ 的 fu(和其他 $\mathfrak{Fu}$)。因此,主目表达式或值表达式(句法名称,"$\mathfrak{Arg}$")是由一个或多个形式为 $\mathfrak{Z}$、$\mathfrak{Pr}$ 或 $\mathfrak{Fu}$ 的表达式组成的,它们之间用逗号隔开。

在语言 II 中,有不同种类的变项:不仅有数字变项 $\mathfrak{z}$("u","v",…"z"),而且有谓词变项 $\mathfrak{p}$("F","G","H";"M","N")和函子变项 $\mathfrak{f}$("f","g","h")。[如同我们把 $\mathfrak{z}$ 指派给 $\mathfrak{zz}$ 一样,我们把 $\mathfrak{p}$ 指派给 pr,把 $\mathfrak{f}$ 指派给 fu。]变项 $\mathfrak{p}$ 和 $\mathfrak{f}$(所有类型的)也出现在非受限算子中:($\mathfrak{p}$);($\exists \mathfrak{p}$);($\mathfrak{f}$);($\exists \mathfrak{f}$)。

在语言 II 中,等于符号"="不仅用于 $\mathfrak{Z}$ 之间和 $\mathfrak{S}$ 之间(当用于 $\mathfrak{S}$ 之间时也通常写作"≡"),也用于 $\mathfrak{Pr}$ 之间和 $\mathfrak{Fu}$ 之间。[例(最简单类型的):"$P_1 = P_2$"在意义上等同于"$(x)(P_1(x) \equiv P_2(x))$";"$fu_1 = fu_2$"在意义上等同于"$(x)(fu_1(x) = fu_2(x))$"。]我

们将用"$\mathfrak{N}$"来表示零等式"$0=0$"。

在语言 II 中,也出现语句符号[Satzzeichen]$\mathfrak{s}\mathfrak{a}$;①它们中有一部分是句子常项,也就是说是那种用作某些句子缩写的符号,有一部分是句子变项 $\mathfrak{s}$("p","q",…"t")。$\mathfrak{s}$ 也出现在形式为($\mathfrak{s}$)和($\exists\mathfrak{s}$)的算子中。我们用"v"作为已经提及的四种变项即 $\mathfrak{z},\mathfrak{p},\mathfrak{f},\mathfrak{s}$ 的共同名称;余下的所有符号称之为常项(f)。

§27. 类型的分类

每个 $\mathfrak{Br}$,因而每个 pr 和每个 p,都属于某一种类型。而且我们给所有的 $\mathfrak{Z}$ 指派一个类型,即类型 0。一个特殊的 $\mathfrak{Br}$ 只能有某种类型的主目,一个 $\mathfrak{Fu}$ 只能有某种类型的主目和值项。为了使"$\mathfrak{Pr}_1(\mathfrak{A}_1,\mathfrak{A}_2,\cdots\mathfrak{A}_n)$"和"$\mathfrak{Pr}_1(\mathfrak{A}'_1,\mathfrak{A}'_2,\cdots\mathfrak{A}'_n)$"可以是句子,$\mathfrak{A}_1$ 和 $\mathfrak{A}'_1$ 必然属于同一类型,而且 $\mathfrak{A}_2$ 和 $\mathfrak{A}'_2$ 也必然属于同一类型(不过可以不是 $\mathfrak{A}_1$ 所属的那种类型,是另外一种类型),等等。为了使 $\mathfrak{Fu}_1(\mathfrak{A}_1,\cdots\mathfrak{A}_m)=\mathfrak{A}_{m+1},\cdots\mathfrak{A}_{m+n}$ 和 $\mathfrak{Fu}_1(\mathfrak{A}'_1,\cdots\mathfrak{A}'_m)=\mathfrak{A}'_{m+1},\cdots\mathfrak{A}'_{m+n}$ 可以是句子,$\mathfrak{A}_i$ 和 $\mathfrak{A}'_i$(i=1 至 m+n)必须是同一类型。$\mathfrak{Br}$ 的类型是由主目的类型决定的(必须考虑数目和顺序);$\mathfrak{Fu}$ 的类型是由主目的类型和值项的类型决定的。

表达式的类型是依照下面的规则确定的。每个 $\mathfrak{Z}$(因而每个 $\mathfrak{Z}\mathfrak{Z}$)都属于类型 0。如果一个 $\mathfrak{Arg}$ 的 n 个项有类型($t_1,t_2,\cdots t_n$)(按

---

① 原文中的句子符号不是"$\mathfrak{s}$"这种体的 s,而是一个类似花体的"f"去掉中间那一横后模样的 s,因难于操作,故而用"$\mathfrak{s}$"替代。——中译者

这个顺序),我们指派类型 $t_1, t_2, \cdots t_n$ 给此 $\mathfrak{Arg}$。[带有下标的符号"t"本身并不是句法类型的名称,而是句法类型的句法变项。]如果$\mathfrak{Pr}_1(\mathfrak{Arg}_1)$中的$\mathfrak{Arg}_1$属于类型 t_1,那我们指派类型(t_1)给$\mathfrak{Pr}_1$。如果在句子$\mathfrak{Fu}_1(\mathfrak{Arg}_1) = \mathfrak{Arg}_2$中,$\mathfrak{Arg}_1$属于类型$t_1$且$\mathfrak{Arg}_2$属于类型$t_2$,那么我们给$\mathfrak{Fu}_1$指派类型$(t_1 : t_2)$,给表达式$\mathfrak{Fu}_1(\mathfrak{Arg}_1)$指派类型$t_2$。

例:(1)"Gr(5,3)"是句子;"5"属于类型 0,"5,3"属于类型"0, 0";因此"Gr"这个 pr 属于类型 (0,0)。(2)"sum(2,3) = x"是句子;所以"sum"这个 fu 属于类型 (0,0;0)。(3)令"M"是 pr,其主目不是 $\mathfrak{Z}$ 而是刚提到过其类型的 pr 和 fu,使得如"M(Gr,sum)"是一个句子。那么"M"属于类型 ((0,0)(0,0;0))。

表达式的**层级数**也是由其类型决定的,其依据的规则如下。我们给 $\mathfrak{Z}$ 指派层级数 0。$\mathfrak{Arg}$ 的层级数等同于它的项的那个最大的层级数。$\mathfrak{Pr}$ 的层级数比属于它主目表达式的层级数大 1。$\mathfrak{Fu}$ 的层级数比属于它的两个 $\mathfrak{Arg}$ 中最大的那个层级数大 1。依照我们前面的规则,每个类型名称除了逗号和冒号以外,还包含 0 和括号。层级数很容易从这种名称中获得;它是包含零这个类型名称在其中的成对括号的最大个数。对于哥特符号,比如"$\mathfrak{Pr}$"等,我们(像以前一样)在必要的地方,在符号右上角添加上标表示主目项的个数,此外,在必要的地方,在左上角添加上标来表示符号的层级数。

第三部分 不确定的语言 II

上面所勾勒的类型分类本质上是拉姆塞所说的简单类型分类。这里不仅要将之扩展至 pr，也将之扩展至 fu、𝔓r 和 𝔉u，而且引入类型名称。在罗素的所谓"分支的"类型的分类中，pr 又被进一步分类，以便不仅考虑 pr 的主目类型，也考虑其定义的形式。此外，在他的系统中，这些句子也可进一步分为不同类型，而在我们的语言 II 中一个 ₰ 可以用任何一个句子代入。为避开运用他的分支再分类所引起的某些困难，罗素阐述了可归约公理。但我们若只限于简单类型的分类的话，这一公理就没必要了。

例：(1) "Gr" 属于类型 (0,0)（见上）因而有层级数 1；因此 "Gr" 是 ^{1} pr^2，或者说是第一层级的二元谓词。(2) 因为每个 ₃ 都属于类型 0，且有层级数 0，语言 I 中所有的 pr 都是 ^{1}pr；出现的类型如下：(0)；(0,0)；(0,0,0)，等等。语言 I 中所有的 fu 都是 ^{1}fu，具有类型 (0:0)；(0,0:0)；(0,0,0:0)，等等。(3) 在上面的例 (3) 中，"M" 是 ^{2} pr^2。(4) 如果形式为 $(₃_1)(p\ r_1(₃_1) \supset p\ r_2(₃_1))$ 的句子频繁出现，为了缩写引入 "Sub"（…是…的部分性质或子类）这一 pr 是很便利的；其定义如下："$Sub(F,G) \equiv (x)[F(x) \supset G(x)]$"。因为此时 "F" 和 "G" 都是类型为 (0) 的 "$^1pr^1$"，所以 "Sub" 是类型为 $((0),(0))$ 的 $^2 pr^2$。(5) 令 "$(x)[P_1(x) \lor P_2(x) \equiv P_3(x)]$" 是可证的，依据集合论或类理论，我们这里可以称 P_3（性质或类）为 P_1 和 P_2 之和。为书写方便，我们引入符号 "sm"，"$sm(P_1,P_2)$" 的意思为 P_1 和 P_2 之和，因而在给定的这一情形中，它在意义上对等于 "P_3"。相应地，"$sm(P_1,P_2)$" 是一个与 "P_3" 属于同一类型的 𝔓r，即属于类型 (0)。上面提到的可证的句子现在可以用公式表示得更简短："$sm(P_1,P_2)=P_3$"。"sm" 是 fu；两个主目中的每一个以及值项都属于类型(0);因而"sm"是类型为((0),(0):(0))的一个 ^{2}fu^2。"sm"的定义如下:"sm$(F,G)(x) \equiv (F(x) \lor G(x))$"。这里"sm$(F,G)$"这一 𝔅r 在句法上的用法,与类型也为(0)的 pr 相同。(6)令"F"是类型为(0)的 ^{1}p,"Cl"是类型为((0))(换句话说:类的类)的 ^{2}pr;(见§37),使得"Cl(F)"是一个句子。"clsm(Cl)"表示 Cl 的类-和(class-sum);以此来表示这样一个性质(或类):每个那样的数且只有那样的数具有此性质,当且仅当它至少有一种性质具有 Cl 这个第二层级性质。令"M"为具有类型((0))的一个 ^{2}p;这个定义则可表达如下:"clsm$(M)(x) \equiv (\exists F)(M(F) \cdot F(x))$"。"clsm$(M)$"是类型为(0)的 ^{1}𝔅r;因而"clsm"是类型为(((0)):(0))的 ^{3}fu。(7)令"scn(F,G)"的意思为:性质 F 和 G 的最小共同数;在不存在这样一个数时,令它为 0。其定义如下:"scn$(F,G)=(Kx)(F(x) \cdot G(x))$"。"scn"的两个主目都属于类型(0)。"scn"的值表达式(等式右手边的)是 ȝ,因此属于类型 0。所以,"scn"是类型为((0),(0):(0))的 ^{2}fu,类似地,"scn(F,G)"也一样是 ȝ——更多的例子将在§37中给出。

§28. 数字表达式和句子的形成规则

前面的解释都是建立在作有实质内容的解释的基础上的,基于这些解释,现在可以以下面的方式正式确立语言 II 的形成规则了。(比较语言 I 的类似的规则,§9。)

我们接受前面所给的如下概念的定义:"约束变项"和"自由变项"(现在指所有的 v,即 ȝ、p、f 和 ꜱ。);"开的"和"闭的"(第 21 页);

第三部分 不确定的语言 II

"确定的"和"不确定的"(第 45 页);"描述的"和"逻辑的"(第 25 页);"$\mathfrak{z}\mathfrak{z}$"和"$\mathfrak{St}$"(第 26 页)。

一个表达式属于类型 0——在这种情况下将之称为数字表达式($\mathfrak{Z}$)——当且仅当它具有如下形式之一:(1)$\mathfrak{z}\mathfrak{z}$;(2)$\mathfrak{Z}'$;(3)$(K_{\mathfrak{z}_1})\mathfrak{Z}_1(\mathfrak{S})$,或$(K_{\mathfrak{z}_1})(\mathfrak{S})$,其中$\mathfrak{z}_1$在$\mathfrak{Z}_1$中不自由出现;(4)$\mathfrak{A}_2(\mathfrak{A}_1)$,其中$\mathfrak{A}_1$属于任一类型$t_1$,且$\mathfrak{A}_2$属于类型$(t_1:0)$,因而是一个$\mathfrak{Fu}$。

一般来说,下面的说法是正确的:如果$\mathfrak{A}_1$属于类型t_1,$\mathfrak{A}_2$属于类型$(t_1:t_2)$——在这种情况下称$\mathfrak{A}_2$为函子表达式($\mathfrak{Fu}$)——那么$\mathfrak{A}_2(\mathfrak{A}_1)$属于类型$t_2$(但不仅仅在这种情况下)。已经给出的$\mathfrak{Z}$的形成规则(4)是它的一种特殊情形。形式为$(t_1)$的类型的表达式被称为谓词表达式($\mathfrak{Pr}$),无论$t_1$是什么类型。

"n 项主目表达式"(或"值表达式")($\mathfrak{Arg}^n$)的递归规则如下:$\mathfrak{Arg}^1$ 具有形式 $\mathfrak{Z}$,或$\mathfrak{Pr}$,或$\mathfrak{Fu}$。$\mathfrak{Arg}^{n+1}$具有形式$\mathfrak{Arg}^n$,$\mathfrak{Arg}^1$;如果这里的$\mathfrak{Arg}_1$和$\mathfrak{Arg}_2$分别属于类型t_1和t_2,那么$\mathfrak{Arg}_1$,$\mathfrak{Arg}_2$属于类型t_1,t_2。

当且仅当一个表达式有下列形式之一时称为**句子**($\mathfrak{S}$):(1)$\mathfrak{Sa}$;(2)$\mathfrak{A}_1 = \mathfrak{A}_2$,其中$\mathfrak{A}_1$和$\mathfrak{A}_2$或者是$\mathfrak{Z}$、或是同类型的$\mathfrak{Pr}$或$\mathfrak{Fu}$;(3)$\sim(\mathfrak{S})$或者$(\mathfrak{S})\mathfrak{verfn}(\mathfrak{S})$;(4)$(\mathfrak{z}_1)\mathfrak{Z}_1(\mathfrak{S})$或者$(\exists \mathfrak{z}_1)\mathfrak{Z}_1(\mathfrak{S})$,其中$\mathfrak{z}_1$在$\mathfrak{Z}_1$中不自由出现;(5)$(\mathfrak{v})(\mathfrak{S})$或者$(\exists \mathfrak{v})(\mathfrak{S})$;(6)$\mathfrak{A}_2(\mathfrak{A}_1)$,其中$\mathfrak{A}_1$属于任一类型$t_1$,$\mathfrak{A}_2$属于类型$(t_1)$(因此是一个$\mathfrak{Pr}$)。

当$\mathfrak{S}_1$的形式为$\mathfrak{N}$,或者为$\mathfrak{pr}_1(\mathfrak{A}_1)$,或者为$\mathfrak{fu}_1(\mathfrak{A}_2) = \mathfrak{A}_3$时,称$\mathfrak{S}_1$为原子句。其中$\mathfrak{pr}_1$是未定义的[1] $\mathfrak{pr}_b$,$\mathfrak{fu}_1$是未定义的[1] $\mathfrak{fu}_b$,$\mathfrak{A}_1$、$\mathfrak{A}_2$和$\mathfrak{A}_3$是主目表达式,其所有的项都为$\mathfrak{St}$。当$\mathfrak{S}_1$自身是原

子句，或者是由一个或多个原子句借助否定符号和联结符号（和括号）组成时，称$\mathfrak{S}_1$为分子句。

如果我们不考虑整个语言 II，而只考虑某些同心语言域 II_1，$II_2,\cdots$，它们形成一个无穷序列的话，有些句法定义会变得简单些。至于符号配置、句子以及推导，每个域都包含在所有的后继域中，且 I 包含在 II_1 中。在某种意义上，语言 II 表示的是所有这些域之和。对域的进一步划分是依下面的方式进行的。不算 pr 和 fu，所有这些符号已经出现在 II_1 中，因而出现在每个域中。含 $\mathfrak{S}$ 的算子在 II_2 中是第一次出现。在 II_1 中，^{1}pr 和 ^{1}fu 既作为常项出现，也作为自由变项出现，但不作为约束变项出现。而且在域 II_n ($n=2,3,\cdots$) 中，pr 和 fu 作为常项和自由变项可以出现到 n 层级，但作为约束变项只可以出现到 $n-1$ 层级。[II_1 与更进一步的域间的分界线近似对应于希尔伯特的初等函数演算和高阶函数演算间的分界。]

§29. 定义的形成规则

在语言 II 中，我们将只接受直陈定义。[①] 这里没有任何限制，因为通过使用非受限的算子，每个递归定义都能用一个直陈定义来置换。令 $\mathfrak{fu}_1^m$ 是借助递归定义来定义的，该递归定义由 $\mathfrak{S}_1$ 和 $\mathfrak{S}_2$

[①] （注释，1935）这里我倾向于像在语言 I 中那样在语言 II 中接受 ^{1}fu 的递归定义。我的意思是"确定的"这一术语（§43）具有所拟定的宽泛范围。塔尔斯基博士曾对我说，消除递归定义会使"sum"、"prod"和几乎所有算术术语变得不确定。在 RR1（§34b）所要求的那种消除中，必要的时候，递归定义必须以本节所述的方式转换为直陈定义。

第三部分 不确定的语言 II

构成。由这些句子我们构造出 $\mathfrak{S}_3$ 和 $\mathfrak{S}_4$，方法是将其中的 $\mathfrak{fu}_1$ 全部用 $\mathfrak{f}_1$ 替换，然后我们借助下面的直陈定义来定义 $\mathfrak{fu}_2^m$（关于"()"参见第94页；这里的使用只与 $\mathfrak{z}$ 相关）：

$$\mathfrak{fu}_2(\mathfrak{z}_1,\cdots\mathfrak{z}_m)=(K_{\mathfrak{z}n})(\exists \mathfrak{f}_1)[()(\mathfrak{S}_3\cdot\mathfrak{S}_4)\cdot$$
$$(\mathfrak{z}_n=\mathfrak{f}_1(\mathfrak{z}_1,\cdots\mathfrak{z}_m))]。$$

这样 $\mathfrak{fu}_1=\mathfrak{fu}_2$ 是可证的，且 $\mathfrak{fu}_2$ 因而在意义上等同于 $\mathfrak{fu}_1$。因此，这一递归定义可以用这一直陈定义置换。

语言 II 的*初始符号*：(1)12 个逻辑常项，即 nu 和 11 个具体符号（如在语言 I 中，见第 16 页和第 23 页）；(2)所有的 $\mathfrak{v}$；(3)有需要的时候，各种类型的 $\mathfrak{pr}$，$\mathfrak{fu}$。["∨"和"·"也可以作为定义符号引入，但我们把它们归入初始符号，并规定它们的定义为初始句，以便能更加简明地表述余下的初始句。]

定义的形成规则。每个定义都是一个形式为 $\mathfrak{A}_1=\mathfrak{A}_2$ 的句子；称 $\mathfrak{A}_1$ 为被定义项，$\mathfrak{A}_2$ 为定义项。被定义的符号（$\mathfrak{z}\mathfrak{z}$，pr，$\mathfrak{fu}$，$\mathfrak{verfn}$ 或 $\mathfrak{sa}$）只出现在 $\mathfrak{A}_1$ 中；除此之外，在 $\mathfrak{A}_1$ 中出现的符号只有作为主目的不同的变项、逗号和括号。在 $\mathfrak{A}_1$ 中未出现的变项不可在 $\mathfrak{A}_2$ 中自由出现。因此，一个被定义的 $\mathfrak{sa}$ 总是一个闭语句的缩写。[定义的例子，见 §27 和 §37。]

因为所有的定义都是直陈的，一般来说是可以消除句子 $\mathfrak{S}_1$ 中出现的已定义的符号 $\mathfrak{a}_1$ 的；有如下的限制条件：当 $\mathfrak{a}_1$ 是 pr 或 $\mathfrak{fu}$ 时，如果 $\mathfrak{a}_1$ 在 $\mathfrak{S}_1$ 中至少出现了一次后面没有跟 $\mathfrak{Arg}$（即要么作为主目或作为值项，要么和"="在一起），就不能从 $\mathfrak{S}_1$ 中实现这一消除。为了处理这一难题，我们可以依下面的方式把 $\mathfrak{S}_1$ 转换为 $\mathfrak{S}_3$：

把 $\mathfrak{S}_1$ 中出现却没有主目的所有的 $\mathfrak{a}_1$ 都用同一类型（一个 $\mathfrak{p}$ 或者一个 $\mathfrak{f}$）的在 $\mathfrak{S}_1$ 中未出现的变项 $\mathfrak{v}_n$ 来替换，从而构造出 $\mathfrak{S}_2$。$\mathfrak{S}_3$ 则是以下面的形式构造的：

$$(\mathfrak{v}_1)(\mathfrak{v}_2)\cdots(\mathfrak{v}_m)(\mathfrak{v}_n(\mathfrak{v}_1,\cdots\mathfrak{v}_m) \equiv \mathfrak{a}_1(\mathfrak{v}_1,\cdots\mathfrak{v}_m)) \supset \mathfrak{S}_2$$

例：令"P_3"是借助"$P_3(x) \equiv (P_1(x) \cdot P_2(x))$"来定义的。在"$M(P_3)$"($\mathfrak{S}_1$)中，不能直接消除"$P_3$"。因此，我们将 $\mathfrak{S}_1$ 转换为 $\mathfrak{S}_3$："$(x)(F(x) \equiv P_3(x)) \supset M(F)$"，则消除是可能的："$(x)(F(x) \equiv [P_1(x) \cdot P_2(x)]) \supset M(F)$"。

B. 语言 II 的变形规则

§30. 语言 II 的初始句

就变项 $\mathfrak{z}$、$\mathfrak{p}$ 或 $\mathfrak{f}$ 的**值域**而言，那些与该变项具有相同类型的表达式属于其值域（因而 $\mathfrak{Z}$ 属于 $\mathfrak{z}$ 的值域）。$\mathfrak{S}$ 属于 $\mathfrak{s}$ 的值域。

简单代入。"$\mathfrak{A}_2 \begin{pmatrix} \mathfrak{v}_1 \\ \mathfrak{A}_1 \end{pmatrix}$"是这样一个表达式的句法描述，该表达式是通过把 $\mathfrak{A}_2$ 中自由出现的 $\mathfrak{v}_1$ 全部用 $\mathfrak{A}_1$ 替换得到的。这里 $\mathfrak{A}_1$ 必须是 $\mathfrak{v}_1$ 值域内的表达式，且 $\mathfrak{A}_1$ 不包含那种在 $\mathfrak{A}_2$ 中的某一代入位置上是约束的自由变项。

带主目的代入。"$\mathfrak{A}_m \begin{pmatrix} \mathfrak{p}_1(\mathfrak{Arg}_1) \\ \mathfrak{S}_1 \end{pmatrix}$"是表达式 $\mathfrak{A}_n$ 的句法描述，其中 $\mathfrak{A}_n$ 是依下列方式构建的。$\mathfrak{p}_1(\mathfrak{Arg}_1)$ 是句子；$\mathfrak{Arg}_1$ 的项是不同的变项，如 $\mathfrak{v}_1, \mathfrak{v}_2, \cdots \mathfrak{v}_k$。它们没有必要全部出现在 $\mathfrak{S}_1$ 中；另一方

第三部分 不确定的语言 II

面,在$\mathfrak{Arg}_1$中没出现的自由变项可以出现在$\mathfrak{S}_1$中,但这些只可以是那些在$\mathfrak{A}_m$的代入位置上不约束出现的变项(也就是说,在$\mathfrak{A}_m$中$\mathfrak{p}_1$自由出现的那些位置上)。如果后面不紧跟主目表达式的话,$\mathfrak{p}_1$不可以出现在$\mathfrak{A}_m$中的任何代入位置上。[在某些特定情况下,这种情形的出现可以通过§29中描述过的方法来消除。]不同的$\mathfrak{Arg}$可以在各个替换位置上紧随$\mathfrak{p}_1$出现。令在某个代入位置上主目表达式$\mathfrak{A}_1,\mathfrak{A}_2,\cdots \mathfrak{A}_k$紧随着$\mathfrak{p}_1$,那么在这个位置,$\mathfrak{p}_1(\mathfrak{A}_1,\cdots \mathfrak{A}_k)$将由$\mathfrak{S}_1\begin{pmatrix}\mathfrak{v}_1\\\mathfrak{A}_1\end{pmatrix}\begin{pmatrix}\mathfrak{v}_2\\\mathfrak{A}_2\end{pmatrix}\cdots\begin{pmatrix}\mathfrak{v}_k\\\mathfrak{A}_k\end{pmatrix}$来替换。$\mathfrak{A}_n$就是通过在$\mathfrak{A}_m$的所有的代入位置都进行这样的替换而得到的。

例:令$\mathfrak{A}_m$是"$(x)(F(x,3)) \lor F(0,z) \lor (\exists F)(M(F))$"。实施代入$\begin{pmatrix}F(x,y)\\u=fu(x)\end{pmatrix}$,其中"fu"是一个fu。"F"只在$\mathfrak{A}_m$中的第一、二次出现时是自由的;所以只有这些是代入位置。因而,第三、四次出现的"F"是不带$\mathfrak{Arg}$的,这一点是无关紧要的。$\mathfrak{S}_1$是"$u=fu(x)$",在第一个代入位置,我们必须用$\mathfrak{S}_1\begin{pmatrix}x\\x\end{pmatrix}\begin{pmatrix}y\\3\end{pmatrix}$来置换"$F(x,3)$",也就是用$\mathfrak{S}_1$自身来置换。那么,在第二个代入位置,我们必须用$\mathfrak{S}_1\begin{pmatrix}x\\0\end{pmatrix}\begin{pmatrix}y\\z\end{pmatrix}$来置换"$F(0,z)$",也就是"$u=fu(0)$"。代入的结果如下:"$(x)(u=fu(x)) \lor (u=fu(0)) \lor (\exists F)(M(F))$"。在第一个代入位置是约束的变元"$x$",自由出现在了这里给定的代入表达式中,这个事实是无关紧要的;只有"余下的"变元"u"必须在$\mathfrak{A}_m$中的任何代入位置都不是约束的。

语言 II 的初始句。因为在语言 II 中我们有变项 $\mathfrak{s}$ 和 $\mathfrak{p}$，在很多情况下我们能够陈述初始句自身而不是初始句图式。PSII 1-3 和 7-14 对应于语言 I 中的图式 PSI 1-11（§11），图式 PSII 10 和 11 被扩展为新的变项类别。

(a) 句子演算的初始句。

PSII 1. $p \supset (\sim p \supset q)$

PSII 2. $(\sim p \supset p) \supset p$

PSII 3. $(p \supset q) \supset ((q \supset r) \supset (p \supset r))$

PSII 4. ①$(p \lor q) \equiv (\sim p \supset q)$

PSII 5. $(p \cdot q) \equiv \sim (\sim p \lor \sim q)$

PSII 6. $((p \supset q) \cdot (q \supset p)) \supset (p \equiv q)$

(b) 受限句子算子的初始句。

PSII 7. $(x)0(F(x)) \equiv F(0)$

PSII 8. $(x)y'(F(x)) \equiv [(x)y(F(x)) \cdot F(y')]$

PSII 9. $(\exists x)y(F(x)) \equiv \sim (x)y(\sim F(x))$

(c) 等式（identity）的初始句。

PSII 10. 每个形如 $\mathfrak{v}_1 = \mathfrak{v}_1$ 的句子

PSII 11. 每个形如 $(\mathfrak{v}_1 = \mathfrak{v}_1) \supset \left[\mathfrak{S}_1 \supset \mathfrak{S}_1 \begin{pmatrix} \mathfrak{v}_1 \\ \mathfrak{v}_2 \end{pmatrix} \right]$ 的句子

(d) 算术初始句。

PSII 12. $\sim (0 = x')$

PSII 13. $(x' = y') \supset (x = y)$

---

① （注释，1935）在德文版中，GII 4（或我们的 PSII 4）为：$(p \supset q) \equiv (\sim p \lor q)$。改变的理由见第 32 页的脚注。

第三部分 不确定的语言 II

(e) K-算子初始句。

PSII 14. $G((Kx)y[F(x)]) \equiv [(\sim(\exists x)y[F(x)] \cdot G(0)) \lor (\exists x)y(F(x) \cdot (z)x[\sim(z=x) \supset \sim F(z)] \cdot G(x))]$

PSII 15. $G((Kx)[F(x)]) \equiv [(\sim(\exists x)[F(x)] \cdot G(0)) \lor (\exists x)(F(x) \cdot (z)x[\sim(z=x) \supset \sim F(z)] \cdot G(x))]$

(f) 非受限句子算子的初始句。

PSII 16. 每个形如 $(\mathfrak{v}_1)(\mathfrak{S}_1) \supset \mathfrak{S}_1\begin{pmatrix}\mathfrak{v}_1\\\mathfrak{A}\end{pmatrix}$ 的句子。

PSII 17. 每个形如 $(\mathfrak{p}_1)(\mathfrak{S}_1) \supset \mathfrak{S}_1\begin{pmatrix}\mathfrak{p}_1(\mathfrak{Arg}_1)\\\mathfrak{S}_2\end{pmatrix}$ 的句子。

PSII 18. 每个形如 $(\exists \mathfrak{v}_1)(\mathfrak{S}_1) \equiv \sim(\mathfrak{v}_1)(\sim \mathfrak{S}_1)$ 的句子。

PSII 19. 每个形如 $(\mathfrak{v}_1)(\mathfrak{s}_1 \lor \mathfrak{S}_1) \supset [\mathfrak{s}_1 \lor (\mathfrak{v}_1)(\mathfrak{S}_1)]$ 的句子，其中 $\mathfrak{v}_1$ 不是 $\mathfrak{s}_1$。

(g) 完全归纳的初始句。

PSII 20. $[F(0) \cdot (x)(F(x) \supset F(x'))] \supset (x)F((x))$

(h) 选择的初始句。

PSII 21. 每个具有如下形式的句子：$((\mathfrak{p}_2)[\mathfrak{p}_1(\mathfrak{p}_2) \supset (\exists \mathfrak{v}_1)[\mathfrak{p}_2(\mathfrak{v}_1)]] \cdot (\mathfrak{p}_2)(\mathfrak{p}_3)[(\mathfrak{p}_1(\mathfrak{p}_2) \cdot \mathfrak{p}_1(\mathfrak{p}_3) \cdot (\exists \mathfrak{v}_1)[\mathfrak{p}_2(\mathfrak{v}_1) \cdot \mathfrak{p}_3(\mathfrak{v}_1)]) \supset (\mathfrak{p}_2 = \mathfrak{p}_3)]) \supset (\exists \mathfrak{p}_4)(\mathfrak{p}_2)(\mathfrak{p}_1(\mathfrak{p}_2) \supset [(\exists \mathfrak{v}_1)[\mathfrak{p}_2(\mathfrak{v}_1) \cdot \mathfrak{p}_4(\mathfrak{v}_1)] \cdot (\mathfrak{v}_1)(\mathfrak{v}_2)([\mathfrak{p}_2(\mathfrak{v}_1) \cdot \mathfrak{p}_4(\mathfrak{v}_1) \cdot \mathfrak{p}_2(\mathfrak{v}_2) \cdot \mathfrak{p}_4(\mathfrak{v}_2)] \supset (\mathfrak{v}_1 = \mathfrak{v}_2))])$，其中 $\mathfrak{v}_1$（因而 $\mathfrak{v}_2$）要么是 $\mathfrak{p}$，要么是 $\mathfrak{f}$。

(i) 外延性的初始句。

PSII 22. 每个形如$(\mathfrak{v}_1)(\mathfrak{p}_1(\mathfrak{v}_1) \equiv \mathfrak{p}_2(\mathfrak{v}_1)) \supset (\mathfrak{p}_1 = \mathfrak{p}_2)$的句子。

PSII 23. 每个形如$(\mathfrak{v}_1)(\mathfrak{v}_1)\cdots(\mathfrak{v}_n)(\mathfrak{f}_1(\mathfrak{v}_1,\cdots\mathfrak{v}_n) = \mathfrak{f}_2(\mathfrak{v}_1,\cdots\mathfrak{v}_n)) \supset (\mathfrak{f}_1 = \mathfrak{f}_2)$的句子。

图式中所称的变项可以属于任何类型；整个表达式必须是句子，这一规定足以确保不同变项类型间的正确关系。[例如，在 PSII 21 中，如果 $\mathfrak{v}_1$ 属于类型 t_1（除 0 外的任何类型），可得 $\mathfrak{p}_2$、$\mathfrak{p}_3$ 和 $\mathfrak{p}_4$ 一定属于类型 (t_1)，且 $\mathfrak{p}_1$ 属于类型 $((t_1))$。]PSII 4-6 是联结符号"∨"、"·"和"="（⊆ 间的）的定义的替代品；它们对应于 RI 2a-c。PSII 6 只需作为蕴涵记下即可；借助 PSII 11 可得到逆蕴涵。PSII 16 和 17 是非受限全称算子的最重要的规则；借助这些图式，可以进行简单的代入以及带主目的代入。PSII 18 代替非受限存在算子的直陈定义。PSII 19 使全称算子的转换成为可能。PSII 20 是完全归纳原则，在语言 I 中它被表示为一条推理规则（RI 4），这里借助非受限算子能将之表示为初始句。PSII 21 是策梅洛选择公理（对应于罗素的乘法公理）的更一般的形式（适用于任何类型）；其意为："如果 M 是一个类（第三或更高层级的），M 的元素的类非空，且互不相交，那么至少存在 M 的一个选择类 H，也就是说，对于作为 M 的元素的每个类，类 H 恰有一个元素与之相同。"如果将这个句子用于作为元素的数字，那么没有 PSII 21 它也是可证的。（在这种情况中，可以通过找出作为 M 元素的每个类中的最小的那个数来构造这一选择类。）因此，在 PSII 21 中，$\mathfrak{v}_1$ 和 $\mathfrak{v}_1$ 不是 $\mathfrak{z}$，而要么是 $\mathfrak{p}$，要么是 $\mathfrak{f}$。PSII 22（连同 PSII 11 的表述）导致这样一个结果：同外延的两个 pr 无论在哪儿都是可互换的，因而同义。因此,语言 II 的所有句子就 $\mathfrak{Pr}$ 而言,都是外延的(见 §66)。PSII 23 导致关于 $\mathfrak{Fu}$ 的一个相应结果。应当注意的是,形如 $\mathfrak{Z}_1=\mathfrak{Z}_2$、$\mathfrak{Pr}_1=\mathfrak{Pr}_2$ 或 $\mathfrak{Fu}_1=\mathfrak{Fu}_2$ 的等式,并不是说等式的两个项在意义上是等同的。两个表达式在意义上等同,当且仅当等式是分析的。

§31. 语言 II 的推理规则

语言 II 的推理规则非常简单:

RII 1. 蕴涵规则。 当 $\mathfrak{S}_2$ 的形式为 $\mathfrak{S}_1 \supset \mathfrak{S}_3$ 时,称 $\mathfrak{S}_3$ 是可从 $\mathfrak{S}_1$ 和 $\mathfrak{S}_2$ 直接推导的。

RII 2 全称算子规则。 当 $\mathfrak{S}_3$ 的形式为 $(\mathfrak{v})(\mathfrak{S}_1)$ 时,称 $\mathfrak{S}_3$ 是可从 $\mathfrak{S}_1$ 直接推导的。

语言 I 的四条推理规则(§12)在这里只保留了 RI 3(=RII 1)。RII 1 被 PSII 16 和 17 及 RII 2 替代:依据 RII 2,从 $\mathfrak{S}_1$ 可推导 $(\mathfrak{v})(\mathfrak{S}_1)$ 或 $(\mathfrak{p}_1)(\mathfrak{S}_1)$;由此并通过 PSII 16 或 17 及 RII 1,可分别导出 $\mathfrak{S}_1 \begin{pmatrix} \mathfrak{v}_1 \\ \mathfrak{A} \end{pmatrix}$ 或 $\mathfrak{S}_1 \begin{pmatrix} \mathfrak{p}_1(\mathfrak{A}) \\ \mathfrak{S}_2 \end{pmatrix}$。RI 2 被 PSII 4-6 替代;RI 4 被 PSII 20 替代。

在构造语言时,给某一规则以**初始句的形式**还是**推理规则的形式**常常是一个选择的问题。如果不是太复杂的话,通常选择第一种形式。〔例如:在语言 I 中,完全归纳原理只可以表述为推理规则;在语言 II 中则既可以表述为初始句,也可以表述为推理规则。我们选择了前者。更多的事例出现在与其他系统的比较中,见§33。]然而,若主张二者原则上有差异,即就规则的建立而言句法语言(通常的词语言)是必要的,而就初始句的建立而言是不必要的,则是不正确的。实际上,后者也必须在句法语言中表述出来,即借助"……是初始句"(或"……是可直接从空类推导的",比较第171页)这一约定来表述。

"推导"、"可推导的"、"证明"、"可证的"这些术语在这里的定义与在语言 I 的句法中的定义(第29页)是一样的。如果 $\mathfrak{v}_1, \mathfrak{v}_2, \cdots \mathfrak{v}_n$ 是 $\mathfrak{S}_1$ 的自由变项,且是依其出现顺序排列的,那么"$()(\mathfrak{S}_1)$"指闭语句 $(\mathfrak{v}_1)(\mathfrak{v}_2)\cdots(\mathfrak{v}_n)(\mathfrak{S}_1)$;如果 $\mathfrak{S}_1$ 是闭的,则"$()(\mathfrak{S}_1)$"是 $\mathfrak{S}_1$ 自身。当 $\sim()(\mathfrak{S}_1)$ 是可证的时,称 $\mathfrak{S}_1$ 是可驳倒的。当 $\mathfrak{S}_1$ 是可证的或可驳倒的时,称 $\mathfrak{S}_1$ 是可解的;否则称之为不可解的。随后将定义"分析的"、"后承"等术语(见 34d、34f)。

§32. 语言 II 中的推导和证明

我们将给出一些关于语言 II 中可证性和可推导性的简单定理。这里的证明图式和推导图式都缩短了。

定理 32.1. 每个具有下列形式之一的句子在语言 II 中都是**可证的**:

(a) $\mathfrak{S}_1\begin{pmatrix}\mathfrak{v}_1\\\mathfrak{A}\end{pmatrix} \supset (\exists \mathfrak{v}_1)(\mathfrak{S}_1).$

证明图式。 PSII 16 $(\mathfrak{v}_1)(\sim\mathfrak{S}_1)\supset(\sim\mathfrak{S}_1)\begin{pmatrix}\mathfrak{v}_1\\\mathfrak{A}_1\end{pmatrix}$ (1)

(1) $(\mathfrak{v}_1)(\sim\mathfrak{S}_1)\supset\sim(\mathfrak{S}_1)\begin{pmatrix}\mathfrak{v}_1\\\mathfrak{A}_1\end{pmatrix}$ (2)

第三部分　不确定的语言 II

(2) 句法演算(易位)

$$\mathfrak{S}_1 \begin{pmatrix} \mathfrak{v}_1 \\ \mathfrak{A}_1 \end{pmatrix} \supset \sim (\mathfrak{v}_1)(\sim \mathfrak{S}_1) \tag{3}$$

(3),PSII 18 $\quad \mathfrak{S}_1 \begin{pmatrix} \mathfrak{v}_1 \\ \mathfrak{A}_1 \end{pmatrix} \supset (\exists \mathfrak{v}_1)(\mathfrak{S}_1) \tag{4}$

(b) $(\mathfrak{v}_1)(\mathfrak{S}_1) \supset (\exists \mathfrak{v}_1)(\mathfrak{S}_1)$。由 PSII 16 和定理 1a 得。

(c) $(\exists \mathfrak{z}_1)(\mathfrak{z}_1 = \mathfrak{z}_2)$。由 PSII 10、RII 2 和定理 1b 得。

定理 32.2. 在语言 II 中是**可推导的**：

(a) 从 $\mathfrak{S}_1 \supset \mathfrak{S}_2$，其中 $\mathfrak{v}_1$ 不在 $\mathfrak{S}_1$ 中自由出现：$\mathfrak{S}_1 \supset (\mathfrak{v}_1)(\mathfrak{S}_2)$。

推导图式。前提：$\mathfrak{S}_1 \supset \mathfrak{S}_2$，其中 $\mathfrak{v}_1$ 不在 $\mathfrak{S}_1$ 中自由出现； (1)

(1),句子演算 $\quad \mathfrak{S}_1 \vee \sim \mathfrak{S}_2 \tag{2}$

(2),RII 2 $\quad (\mathfrak{v}_1)(\mathfrak{S}_1 \vee \sim \mathfrak{S}_2) \tag{3}$

(3),PSII 19 $\quad \sim \mathfrak{S}_1 \vee (\mathfrak{v}_1)(\mathfrak{S}_2) \tag{4}$

(4),句子演算 $\quad \mathfrak{S}_1 \supset (\mathfrak{v}_1)(\mathfrak{S}_2) \tag{5}$

(b) 从 $\mathfrak{S}_1 \supset \mathfrak{S}_2$，其中 $\mathfrak{v}_1$ 不在 $\mathfrak{S}_2$ 中自由出现：$(\exists \mathfrak{v}_1)(\mathfrak{S}_1) \supset \mathfrak{S}_2$。

推导图式。前提：$\mathfrak{S}_1 \supset \mathfrak{S}_2$，其中 $\mathfrak{v}_1$ 不在 $\mathfrak{S}_2$ 中自由出现； (1)

(1),句子演算 $\quad \sim \mathfrak{S}_2 \vee \mathfrak{S}_1 \tag{2}$

(2),RII 2 $\quad (\mathfrak{v}_1)(\mathfrak{S}_2 \vee \sim \mathfrak{S}_1) \tag{3}$

(3),PSII 19 $\quad \mathfrak{S}_2 \vee (\mathfrak{v}_1)(\sim \mathfrak{S}_1) \tag{4}$

(4),句子演算 $\quad \sim (\mathfrak{v}_1)(\sim \mathfrak{S}_1) \supset \mathfrak{S}_2 \tag{5}$

(5),PSII 18 $\quad (\exists \mathfrak{v}_1) \mathfrak{S}_1 \supset \mathfrak{S}_2 \tag{6}$

(c) 从 $\mathfrak{S}_1 \supset (\mathfrak{v})(\mathfrak{S}_2)$：$\mathfrak{S}_1 \supset \mathfrak{S}_2$。

推导图式。前提：$\mathfrak{S}_1 \supset (\mathfrak{v}_1)(\mathfrak{S}_2) \tag{1}$

PSII 16 $\quad (\mathfrak{v}_1)(\mathfrak{S}_2) \supset \mathfrak{S}_2 \tag{2}$

(1),(2),句子演算 $\quad \mathfrak{S}_1 \supset \mathfrak{S}_2 \tag{3}$

定理 32.3. 在语言 II 中**可相互推导**：

(a) $\mathfrak{S}_1$ 和 $(v)(\mathfrak{S}_1)$；因而 $\mathfrak{S}_1$ 和 $(\ )(\mathfrak{S}_1)$。借助 RII 2 和 PSII 16。

(b) $(v_1)(v_2)(\mathfrak{S}_1)$ 和 $(v_2)(v_1)(\mathfrak{S}_1)$。

推导图式。前提：$(v_1)(v_2)(\mathfrak{S}_1)$ (1)

(1)，两次 PSII 16 $\mathfrak{S}_1$ (2)

(2)，两次 RII 2 $(v_2)(v_1)(\mathfrak{S}_1)$ (3)

§33. 语言 II 的初始句和规则与其他系统的比较

1. 给出初始句的图式以取代对初始句的陈述，这一方法源于诺依曼["希尔伯特的证明理论"]，哥德尔("不可判定性")和塔尔斯基("ω—致性和完全性的概念")也运用过这种方法。

2. 句子演算。罗素(《数学原理》)有五个初始句；伯奈斯将其减少为四个("命题演算")。我们的三个初始句 PSII 1-3 的系统源于卢卡西维茨的("命题演算")。

3. 函项演算。函项演算通常被理解为一个系统，这个系统近似对应于我们的规则 PSII(1-3)、16-19 以及 RII 1 和 2。现在我们把这些规则和其他系统中对应的规则做个比较，以简要说明，其他系统中那些并不出现在语言 II 中的其他初始句和规则，与语言 II 中关于可证性和可推导性的可证的句法语句(基于恰当选定的翻译)是对应的。因此，其他系统中所有可证的语句，在语言 II 中都有对应的可证语句；且其他系统中所有可推导的关系，在语言 II 中也有一个对应的关系。在早先的系统中(不仅仅是这里提及的系统中)带主目的代入大多数情况下都是被认可的，也是实际被采用的；然而很明显，从来没有人给出过将之付诸实际的确切规则（见第 90 页）。

(a) 罗素(《数学原理》，第二版，*10，函项演算)是把 PSII 16 作为初始句(*10.1:"$(x)(F(x))\supset F(y)$")而不是作为图式给出的。这使得未表述出来而仅仅是默默使用的代入规则成为必不可少的。此外，PSII 19 是作为初始句(*10.12)给出的，PSII 18 是作为定义(*10.01)给出的，RII1 和 2 是作为规则(*1.1，*10.11)给出的。至于我们的定理 32.3b(*11.2)，罗素用了一个在语言 II 中不必要的初始句(*11.07)。

(b) 希尔伯特(《理论逻辑的基础》)与罗素一样，也把 PSII 16 作为初始句给出，并添加了必要的代入规则(α)。希尔伯特的第二个初始句对应我们的定理 32.1a。希尔伯特多给出了三条规则：规则(β)对应 RII 1，规则(γ)对应定理 32.2a 和 b。希尔伯特证明了(公式 33a)PSII 18，得到了作为推导规则(γ')的 RII 2。

(c) 哥德尔["不可判定性"]没使用存在算子，因而 PSII 18 是不必要的。哥德尔的初始句图式 III 1 和 2 对应 PSII 16 和 19。RII 1 和 2 是作为推理规则("直接后承"的定义)给出的。

(d) 塔尔斯基("ω 一致性和完全性的概念")并未为函项演算确立初始句，只是确立了推理规则(Def.9"后承")。9(2)是代入规则；带主目的代入规则不被认可，所以 PSII 17 未出现。9(3)对应 RII 1；9(4)和 9(5)分别对应定理 32.2a 和 c。RII 2 被 9(5)替代，PSII 16 被 9(5)和 9(2)替代。由于他并没有使用存在算子，PSII 18 便是不必要的。

4. 算术。像皮亚诺那样(《数学公式汇编》，II，§2)，我们视

"0"和后继符号("¹")为初始符号。我们不使用皮亚诺的未定义的pr"数",因为语言Ⅰ和Ⅱ是坐标语言,因而所有最低类型的表达式都是数字表达式。所以,去除了皮亚诺五条公理中的(1)和(2)。PSⅡ 13、12 和 20 对应他的公理(3)、(4)和(5)。关于实数,见§39。

5. 集合论。因为我们用 pr(比较§37)表示集合或类,含变项 p 的句子对应集合论的公理。(a)无穷公理(罗素:《数学原理》,第Ⅱ卷,第 203 页;弗兰克尔:《集合论》,第 26 页 7,Ax.Ⅶ,第 307 页)在语言Ⅱ中是不必要的;相应的句子("$(x)(\exists y)(y=x^1)$")是可证的。理由是用皮亚诺的表示数的方法,如果给定一个数字表达式,可以组成下一个更大数字的表达式。(关于这一点比较伯奈斯的《数学哲学和希尔伯特的证明理论》,第 364 页。)(b)策梅洛的选择公理(罗素:《数学原理》,第Ⅰ卷,第 561 页及以下和[*Math. Phil.*];弗兰克尔 Ax.Ⅵ,第 283 页及以下。)对应 PSⅡ 21。(c)PSⅡ 22 是外延公理(弗兰克尔 Def.2,第 27 页 2;哥德尔["不可判定性"]Ax.Ⅴ,1;塔尔斯基("ω一致性和完全性的概念")Def.7(3))。(d)还原公理(罗素:《数学原理》,第Ⅰ卷,第 55 页)在Ⅱ中是不必要的,因为在Ⅱ的句法中只有所谓的简单类型论而没有罗素的"分支"理论(比较第 86 页)。(e)概括公理(类似于还原公理)[诺依曼("希尔伯特的证明理论"),Ax.Ⅴ,1;哥德尔 Ax.Ⅳ,1;塔尔斯基 Def.7(2);近似于弗兰克尔的隔离公理(Aussonderung),Ⅴ,第 281 页]在Ⅱ中是不必要的,因为依据定义的句法规则,pr^n 能通过含 n 个自由变项的句子来定义,甚至不排除所谓的非直谓定义(关于其合法性见§44)。(f)最后,我们考察一下前面没有提及的弗兰克尔的公理(《集合论》，§16)。确定公理(弗兰克尔 Ax. I)在 II 中是 PSII 11 的一种特殊情形。弗兰克尔的配对公理、求和公理、子集的集合公理、隔离公理、替换公理(II-V 或 V'，及 VIII)在语言 II 中是不必要的，因为通过这些公理所规定的集合(pr)总是可以定义的。至于形成这些集合的谓词函子也一样是可以定义的(比较例子"sm"和"clsm"，第 86 页及以下)。

C. 语言 II 的后承规则

§34a. 有效性的不完全标准和完全标准

数学的逻辑基础的主要任务之一是确立有效性的形式标准，即陈述一个句子在经典数学所理解的意义上有效(正确、真)所必须满足的充要条件。因为语言 II 是以这样一种方式构筑的：经典数学可以在其中得到系统陈述，我们可以把这一问题陈述为确立语言 II 中句子有效的形式标准的问题。一般而言，可以区分三种有效性标准。

1. 我们可以以发现有效性的确定标准为目标，也就是说发现一种标准，使得在每个具体的事例中这一标准满足与否，可以在有限步骤内借助严格建立的方法来确定。如果发现了这种标准，我们就有了一种解决数学问题的方法；可以这么说，我们能够演算任何给定句子的真假值，比如，著名的费马定理的真假值。前一段时间外尔(《数学哲学和自然科学哲学》，第 20 页)断言(但没有给出证明):"这种试金石还没有找到,而且永远不可能找到。"依照哥德尔更近的研究成果,为整个数学系统寻找确定的有效性的标准是一种无望的努力。然而,解决某类句子的所谓的可解问题仍然是一项重要的、具有创造性的任务;在这一方向上已经取得了不少显著的进展,也有很多可期待的。但是如果我们寻求一种不只是适用于有限域的标准,那我们必须放弃确定性的观念。

2. 我们可以建立一种基于确定规则的有效性标准,尽管标准本身是不确定的。这种标准是所有试图为数学创建逻辑基础的现代系统(如弗雷格、皮亚诺、怀特海和罗素、希尔伯特的系统以及其他系统)都使用的一种方法。我们将称之为推导方法或 d-方法。它由初始句和推理规则的确立构成,如语言 II 中所系统表述的那样。初始句要么是被给定的数量有限的句子,要么是从有限数量的初始句图式通过代入产生的。在推理规则中只出现有限数量的前提(通常只有一个或两个)。初始句和推理规则的构建可以理解为术语"直接可推导的(从一类前提)"的定义;在初始句的情况下,前提的类为空。通常以一种使得"直接可推导的"这一术语总是为确定术语的方式来构建这些规则;也就是说,在每一具体情况中,都可以确定我们是否有初始句的实例,或推理规则的运用的实例。我们已经看到"可推导的"、"可证的"、"可驳倒的"、"可解的"和"不可解的"这些术语是如何基于这一 d-方法来定义的。因为没有规定推导链长度的上限,刚才提及的这些术语尽管是建立在"可直接推导的"这一确定术语的基础上的,它们自身却是不确定的。人们一度认为,借助这种推导方法可以为经典数学构筑一个有效性的完全标准;也就是说,人们一度相信或者所有有效的数学定理在某一现存系统中已经是可证的,或者相信,假如发现证明缺了一环,无论如何在将来该系统能通过添加更多适宜的初始句和推导规则,转换成我们所需的一种完全系统。然而,哥德尔已经证明,不仅以前的所有系统,而且一般来说,这一类系统都是不完全的。在每一规定了推导方法的足够丰富的系统中,都能构造出依据该系统中的方法仍不可解的句子,尽管它们是由系统中的符号组成的。也就是说,在这一系统中它们既不是可证的,也不是可驳倒的。尤其是就数学能在其中被阐述的每个系统而言,是能够在该系统内构造出这样的句子的:这些句子在经典数学的意义上是有效的,但不是可证的。尽管这种推导方法必然是不完全的(关于这点,见§60d),但仍然有重要的意义,因为在每个领域中任何句子的严格证明终究要使用这种方法。但是,就构筑数学的完全有效性标准这一特殊任务而言,这一方法是无用的;我们必须努力寻找另一路径。

3. 要达到标准的完全性我们不得不放弃确定性,不仅仅是标准自身的确定性,也包括推演的具体步骤的确定性。(对不确定的句法概念的接纳的一般讨论见§45。)我们称依赖于不确定具体步骤的演绎方法为后承方法或c-方法,这种方法中的前提数量不必是有穷的。在这种方法中,我们操作的不是句子而是句子的类,句子的类可以是无穷的。我们已经为语言 I 建立了这种后承规则(见§14),接下来我们将为语言 II 确立类似的规则。这样就得到了数学有效性的完全标准。我们将定义"分析的"这一概念,使之适用于语言 II 中所有基于逻辑和经典数学有效的(真的,正确的)句子,而且只适用于这些句子。我们将定义"矛盾的"这一概念,使之适用于那些在逻辑-数学的意义上为假的句子。如果 $\mathfrak{S}_1$ 是分析的或是矛盾的,我们将称之为 L-确定的,否则我们称之为综合的。重要的一点是语言 II 包含描述符号,因而也包含综合句。如我们将看到的,这会影响到"分析的"定义形式中的某些细节。

下表表明两种方法中所使用的术语是相互对应的:

d-术语 (依赖于推导方法)	c-术语 (依赖于后承方法)
可推导的	后承
可证的	分析的
可驳倒的	矛盾的
可解的	L-确定的
不可解的	综合的

在每对术语中,除最后一对术语外,d-术语都比对应的 c-术语窄。

对于我们打算建立的与依赖于 d-方法的有效标准的完全性相反的有效标准的完全性,我们将通过证明这一系统的每个逻辑语句都是 L-确定的来证明,而依据我们前面所说的,构造不出使得所有逻辑语句都是可解的 d-方法。

当维特根斯坦说(《逻辑哲学论》,第 164 页):"一开始就给出对所有'真实的'逻辑命题的描述……是可能,因而在逻辑中决不可能有出乎意料的东西。一命题是否属于逻辑是确定的。"他似乎忽略了"分析的"这一术语的不确定特征——显然他只是在句子演算这一基本领域定义"分析的"("重言"),在这一领域这一术语实际上是确定的。当石里克说一个句子直接被理解也就是知道这一句子是否是分析的时,他似乎也犯了同样的错误(《知识的基础》,第 96 页)。"在分析判断那里,理解它的意义与查看它的先验有效性是同一个过程。"他是试图通过指出句子的分析特征只依赖于它所包含的语词的应用规则以及当这些应用规则清晰时这一句子才能被理解来证实这一点的。但是,这个事情的难点是这些应用规则在无法设想其后果和联系时却可能是清楚的。出现在费马定理中的符号的应用规则可能对任何初学者而言都是很容易弄明白的,相应地他也就理解了这一定理;但是直至今日也没有人知道它是分析的还是矛盾的。

§34b. 归约

我们为语言 I(§14)确立后承规则的步骤是通过推理规则的扩展定义"后承",然后借助于它来定义"分析的"和"矛盾的"。在为语言 II 确立后承规则时,出于技术的原因,我们正好是反过来做的:先定义"分析的"和"矛盾的",再借助于这些术语来定义"后承"。我们将以这样一种方式来构造这些定义,尽管方法不同,使得在语言 II 的及语言 I 的句子的范围内,关于这两种语言的 c-术语是一致的:如果语言 I 的句子在语言 I 中是分析的,或矛盾的,或是综合的,或是 $\mathfrak{K}_1$ 的后承,那么语言 II 的那个相应的句子在语言 II 中也具有同样的性质。

由于语言 II 的结构更丰富,尤其是变项 p 和 f 以及无穷多层级的初始符号 pr_b 和 fu_b 的出现,语言 II 的 c-术语的定义可以比语言 I 更为复杂。为了给这些定义进行铺垫,我们将首先确定句子的归约规则。通过归约，II 中的每个句子都被逐一地转换成某一（通常更简单的）标准形式。归约规则 RR1-9 是这样理解的：对所考虑的任意句子而言，第一条可以被应用的规则必须总是被应用。因此，必须考虑规则的顺序（特别是在 RR 9e 的情况下）。如果运用这些规则中的某一规则（即便不按次序，除 RR 9e 这一情形外）从 $\mathfrak{S}_1$ 可得到 $\mathfrak{S}_2$，那么 $\mathfrak{S}_1$ 和 $\mathfrak{S}_2$ 总是相互可推导的，这点是很容易确定的。

令"$\mathfrak{S}_1$"表示讨论的任意句子。"$\mathfrak{A}_2$ 源于 $\mathfrak{A}_1$"意指"对 $\mathfrak{S}_1$ 进行这样一种转换，即用 $\mathfrak{A}_2$ 替代 $\mathfrak{S}_1$ 的（真的或非真的）局部表达式 $\mathfrak{A}_1$"。

RR 1. 每个**已定义的符号**都可以借助定义**消除**。（在语言 II 中，所有的定义都是直陈的。）

RR 2. 合取范式的构造：

a. 由 $\mathfrak{S}_2 \equiv \mathfrak{S}_3$ 可得 $(\mathfrak{S}_2 \supset \mathfrak{S}_3) \cdot (\mathfrak{S}_3 \supset \mathfrak{S}_2)$.

b. 由 $\mathfrak{S}_2 \supset \mathfrak{S}_3$ 可得 $\sim \mathfrak{S}_2 \vee \mathfrak{S}_3$.

c. 由 $\sim(\mathfrak{S}_2 \vee \mathfrak{S}_3)$ 可得 $\sim \mathfrak{S}_2 \cdot \sim \mathfrak{S}_3$.

d. 由 $\sim(\mathfrak{S}_2 \cdot \mathfrak{S}_3)$ 可得 $\sim \mathfrak{S}_2 \vee \sim \mathfrak{S}_3$.

e. 由 $\mathfrak{S}_2 \vee (\mathfrak{S}_3 \cdot \mathfrak{S}_4)$ 或 $(\mathfrak{S}_3 \cdot \mathfrak{S}_4) \vee \mathfrak{S}_2$ 可得 $(\mathfrak{S}_2 \vee \mathfrak{S}_3) \cdot (\mathfrak{S}_2 \vee \mathfrak{S}_4)$.

f. 由 $\sim\sim\mathfrak{S}_2$ 可得 $\mathfrak{S}_2$.

RR 3. 析取和合取。这里析取和合取不仅仅指两个项的析取和合取，而是指多个项的析取和合取。例如，$(\mathfrak{S}_2 \vee \mathfrak{S}_3) \vee \mathfrak{S}_4$ 或 $\mathfrak{S}_2 \vee (\mathfrak{S}_3 \vee \mathfrak{S}_4)$ 就是含三个项 $\mathfrak{S}_2$、$\mathfrak{S}_3$、$\mathfrak{S}_4$ 的析取。项的消去包括相关的析取符号或合取符号以及因此而变得多余的括号的消去。

a. 如果析取（或合取）的两个项等同，那么消去第一个。

b. 如果 $\mathfrak{S}_2$ 是一析取（或合取），其两个项的形式为 $\mathfrak{S}_3$ 和 $\sim\mathfrak{S}_3$，那么由 $\mathfrak{S}_2$ 可得 $\mathfrak{N}$（或 $\sim\mathfrak{N}$）。[$\mathfrak{N}$ 是 '0=0'.]

c. 如果 $\mathfrak{S}_2$ 是一析取，其成员之一是 $\mathfrak{N}$，那么由 $\mathfrak{S}_2$ 可得 $\mathfrak{N}$。

d. 消去析取的项 $\sim\mathfrak{N}$。

e. 消去合取的项 $\mathfrak{N}$。

f. 如果 $\mathfrak{S}_2$ 是一合取，其成员之一是 $\sim\mathfrak{N}$，那么由 $\mathfrak{S}_2$ 可得 $\sim\mathfrak{N}$。

RR 4. 每个受限的 ∃-算子都可以借助 PSII 9 消去 。

RR 5. 等式

a. 由 $\mathfrak{A}_1 = \mathfrak{A}_1$ 可得 $\mathfrak{N}$。

b. 由 $\mathfrak{Z}_1{}' = \mathfrak{Z}_2{}'$ 可得 $\mathfrak{Z}_1 = \mathfrak{Z}_2$。

c. 由 $nu = \mathfrak{Z}_1{}'$，或是 $\mathfrak{Z}_1{}' = nu$ 可得 $\sim\mathfrak{N}$。

d. 由 $\mathfrak{Z}_a = \mathfrak{Z}_b$ 可得 $\mathfrak{Z}_b = \mathfrak{Z}_a$。

RR 6. 句子变项 $\mathfrak{s}$ 的消除。

a. 令 $\mathfrak{s}_1$ 是 $\mathfrak{S}_1$ 中的第一个自由的 $\mathfrak{s}$；由 $\mathfrak{S}_1$ 可得 $\mathfrak{S}_1 \begin{pmatrix}\mathfrak{s}_1\\\mathfrak{N}\end{pmatrix} \cdot \mathfrak{S}_1 \begin{pmatrix}\mathfrak{s}_1\\\sim\mathfrak{N}\end{pmatrix}$。

b. 由 $(\mathfrak{s}_1)(\mathfrak{S}_2)$ 可得 $\mathfrak{S}_2 \begin{pmatrix}\mathfrak{s}_1\\\mathfrak{N}\end{pmatrix} \cdot \mathfrak{S}_2 \begin{pmatrix}\mathfrak{s}_1\\\sim\mathfrak{N}\end{pmatrix}$。

c. 由 $(\exists \mathfrak{s}_1)(\mathfrak{S}_2)$ 可得 $\mathfrak{S}_2 \begin{pmatrix}\mathfrak{s}_1\\\mathfrak{N}\end{pmatrix} \cdot \mathfrak{S}_2 \begin{pmatrix}\mathfrak{s}_1\\\sim\mathfrak{N}\end{pmatrix}$。

RR 7. 消去 K-算子：

a. 当它受限时，借助 PSII 14 消去；

b. 当它非受限时，借助 PSII 15 消去。

RR 8. 令 $\mathfrak{S}_2$ 是一个带受限全称算子的句子 $(\mathfrak{s}_1)\mathfrak{Z}_1(\mathfrak{S}_3)$。

a. 令 $\mathfrak{s}_1$ 不在 $\mathfrak{S}_3$ 中作为自由变项出现；由 $\mathfrak{S}_2$ 可得 $\mathfrak{S}_3$。

b. 令 $\mathfrak{Z}_1$ 是 nu；由 $\mathfrak{S}_2$ 可得 $\mathfrak{S}_3\begin{pmatrix}\mathfrak{Z}_1\\ \text{nu}\end{pmatrix}$。

c. 令 $\mathfrak{Z}_1$ 的形式为 $\mathfrak{Z}_2{}'$；由 $\mathfrak{S}_2$ 可得 $(\mathfrak{z}_1)\mathfrak{Z}_2(\mathfrak{S}_3)\cdot\mathfrak{S}_3\begin{pmatrix}\mathfrak{z}_1\\ \mathfrak{Z}_2\end{pmatrix}$。

d. 由 $\mathfrak{S}_2$ 可得 $(\mathfrak{z}_1)(\mathfrak{z}_2)(\mathfrak{f}_1)(\exists\mathfrak{z}_3)(\exists\mathfrak{z}_4)[\sim(\mathfrak{f}_1(\text{nu},\mathfrak{z}_4)=\mathfrak{z}_4)\vee$ $\sim(\mathfrak{f}_1(\mathfrak{z}_3{}',\mathfrak{z}_4)=\mathfrak{f}_1(\mathfrak{z}_3,\mathfrak{z}_4)')\vee\sim(\mathfrak{f}_1(\mathfrak{z}_1,\mathfrak{z}_2)=\mathfrak{z}_1)\vee\mathfrak{S}_3]$。（这一句子在意义上等同于 $(\mathfrak{z}_1)[(\mathfrak{z}_1\leq\mathfrak{Z}_1)\supset\mathfrak{S}_3]$；见第 59 页"Grgl"的定义，以及 §29 中对变形的描述。）

RR 9. 所谓函项演算的范式的构造（见希尔伯特的《理论逻辑的基础》，第 63 页）。现在只有非受限的句子算子作为算子出现。我们称这样的算子为 $\mathfrak{S}_1$ 的开始算子：在 $\mathfrak{S}_1$ 中在它之前没有算子出现，或是只有非受限算子出现（除括号外），且它的运算域（除括号外）延至 $\mathfrak{S}_1$ 的尾端。

a. 如果 $\mathfrak{v}_1$ 不在 $\mathfrak{S}_2$ 中作为自由变项出现，那么由 $(\mathfrak{v}_1)(\mathfrak{S}_2)$ 或 $(\exists\mathfrak{v}_1)(\mathfrak{S}_2)$ 可得 $\mathfrak{S}_2$。

b. 令 $\mathfrak{S}_1$ 中第一个这样的算子变项为 $\mathfrak{v}_1$，它或者等同于另外一个算子变项，或等同于 $\mathfrak{S}_1$ 中作为自由变项出现的一个变项。这一算子变项连同所有被它约束的变项（也就是说，在它的域中作为自由变项出现的所有变项 $\mathfrak{v}_1$）用相互等同的却不等同于 $\mathfrak{S}_1$ 中出现的其他变项的变项来替代。

c. 由 $\sim(\mathfrak{v}_1)(\mathfrak{S}_2)$ 可得 $(\exists\mathfrak{v}_1)(\sim\mathfrak{S}_2)$。

d. 由 $\sim(\exists\mathfrak{v}_1)(\mathfrak{S}_2)$ 可得 $(\mathfrak{v}_1)(\sim\mathfrak{S}_2)$。

e. $\mathfrak{S}_1$ 中不是开始算子的第一个算子，连同相关的域括号，经过如此的调换使之成为最终的开始算子。

当没有归约规则能运用于一个句子时，称该句子为归约的。

第三部分　不确定的语言 II

将规则运用于句子$\mathfrak{S}_1$,在有穷步骤内总是可以得到这种终极形式的,即一个归约句;我们称之为$\mathfrak{S}_1$的归约,它的句法名称为:"$\mathfrak{R}\mathfrak{S}$"。

定理 34b.1.　$\mathfrak{S}_1$和$\mathfrak{R}\mathfrak{S}_1$总是相互可推导的。

定理 34b.2.　如果$\mathfrak{S}_1$是归约的,那么:

A. $\mathfrak{S}_1$具有下列形式之一:(1)$(\mathfrak{v}_1)(\mathfrak{S}_2)$或$(\exists \mathfrak{v}_1)(\mathfrak{S}_2)$,其中$\mathfrak{v}_1$在$\mathfrak{S}_2$中作为自由变项出现,且$\mathfrak{S}_2$为1-9中的某一形式。(2)$\sim\mathfrak{S}_2$,其中$\mathfrak{S}_2$为5-9中的某一形式。(3)$\mathfrak{S}_2 \vee \mathfrak{S}_3$,其中两个项中的每个项都为2、3、5-9中的某一形式。(4)$\mathfrak{S}_2 \cdot \mathfrak{S}_3$,其中两个项中的每个项都为2-9中的某一形式。(5)$\mathfrak{Z}_1 = \mathfrak{Z}_2$,其中两个$\mathfrak{Z}$都是$\mathfrak{Z}_1$,且至少有一个的形式为d或e(见下面的B)。(6)$\mathfrak{Z}_b = \mathfrak{Z}$。(7)$\mathfrak{Pr}_1 = \mathfrak{Pr}_2$。(8)$\mathfrak{Fu}_1 = \mathfrak{Fu}_2$。(9)$\mathfrak{Pr}(\mathfrak{Arg})$。(10)$\mathfrak{N}$。(11)$\sim\mathfrak{N}$;只有在这种形式的情形中$\mathfrak{N}$才能作为一个恰当的部分句出现。

B. $\mathfrak{S}_1$中的每个$\mathfrak{Z}$都具有下列形式之一:

(a) nu。(b)$\mathfrak{Z}_1{}'$,其中$\mathfrak{Z}_1$或具有形式a,或具有形式b。(a和b都是$\mathfrak{St}$。)(c)$\mathfrak{Z}_1{}'$,其中$\mathfrak{Z}_1$的形式为c、d或e中的一种。(d)$\mathfrak{z}$。(e)$\mathfrak{Fu}(\mathfrak{Arg})$。$\mathfrak{S}_1$中的每个$\mathfrak{Z}_b$都具有形式c或e。

C. $\mathfrak{S}_1$中的每个$\mathfrak{Pr}$或者是未定义的$\mathfrak{pr}_b$,或者是$\mathfrak{p}$,或者具有形式$\mathfrak{Fu}(\mathfrak{Arg})$。

D. $\mathfrak{S}_1$中的每个$\mathfrak{Fu}$或者是未定义的$\mathfrak{fu}_b$,或者是$\mathfrak{f}$,或者具有形式$\mathfrak{Fu}(\mathfrak{Arg})$。

定理 34b.3.　如果$\mathfrak{S}_1$是逻辑的、归约的、闭的,那么$\mathfrak{S}_1$具有下列形式之一:(1)$\mathfrak{A}_1, \mathfrak{A}_2, \cdots \mathfrak{A}_n(\mathfrak{S}_2)$,其中$n \geq 1$,$\mathfrak{A}_i$($i=1$至$n$)或者是$(\mathfrak{v}_i)$,或者是$(\exists \mathfrak{v}_i)$,且$\mathfrak{S}_2$不含算子,但含自由变项$\mathfrak{v}_1, \cdots \mathfrak{v}_n$;

(2)$\mathfrak{N};3.\sim\mathfrak{N}$。

定理 34b.4. 如果$\mathfrak{S}_1$是逻辑的、确定的,那么$^{\mathfrak{R}}\mathfrak{S}_1$要么是$\mathfrak{N}$,要么是$\sim\mathfrak{N}$。

定理 34b.5. 如果通过运用归约规则(即便不按次序,除 RR9e 这一情形外),由$\mathfrak{S}_1$可得形式为$\mathfrak{S}_2\equiv\mathfrak{S}_2$的句子,那么$^{\mathfrak{R}}\mathfrak{S}_1$是$\mathfrak{N}$。

定理 34b.6. 每个原子(不是每个分子)句都是归约的(见第 88 页)。

定理 34b.7. 如果$\mathfrak{S}_1$是归约的,且不含真的部分句,不含变项,最多含一个$^1\mathfrak{pr}$或一个$^1\mathfrak{fu}$,不过既不含$^n\mathfrak{pr}$也不含$^n\mathfrak{fu}$,其中 $n>1$,那么$\mathfrak{S}_1$是原子句。

§34c. 估值

我们将不对"分析的"这一术语进行直陈定义,而是确立一些规则,使得:当如此这般的句子满足某些条件时,比如说当它们是分析的时,就称具有某一形式的句子为分析句。我们这样做的时候必须使相继的参照过程在有穷步骤内结束。因而,我们前行的路径是从一个句子到更简单的句子,例如从$\mathfrak{S}_1$到$^{\mathfrak{R}}\mathfrak{S}_1$,或从一个归约句到含更少变项的语句。例如,如果$\mathfrak{z}_1$在$\mathfrak{S}_1$作为自由变项出现,当且仅当形如$\mathfrak{S}_1\left(\begin{smallmatrix}\mathfrak{z}_1\\\mathfrak{S}_t\end{smallmatrix}\right)$的所有句子都是分析的时,我们称$\mathfrak{S}_1$是分析的;因此,我们从"$P_1(x)$"说到无穷句子类$\{P_1(0),P_1(0''),P_1(0'''),\cdots\}$的句子。以这种方式消去数字变项。然而,就谓词变项或函子变项而言,类似的方法行不通;这是哥德尔指出的一个事实。例如，令$\mathfrak{S}_1$为"$M(F)$"（即"M 对所有的性质而言都为真"）。如果我们从$\mathfrak{S}_1$回到"$M(P_1)$"，"$M(P_2)$"等句子，这些句子是通过用 II 中可定义的类型的谓词依次代入"F"而得到的，那么，有可能发生这样的情况：尽管所有这些句子都为真，"$M(F)$"却为假，只要 M 对某一在 II 中没有谓词能定义的性质不成立。哥德尔研究的一个结果是，比如对于每个算术系统而言肯定存在不可定义的数性质，或者换句话说，存在不可定义的实数（见定理 60d.1，第 221 页）。显然，当能够陈述（肯定不是在当前的语言系统中，而是在更丰富的系统中）一个实数不具有 M 这一性质时，如果我们打算把句子"所有的实数都具有性质 M"称为分析句，就与经典数学的有效性概念不一致了。我们将遵从哥德尔的建议，以这样一种方式来定义"分析的"：当 M 对所有数性质都成立，而无需考虑在 II 中是否可以定义时，才称"$M(F)$"是分析的。

因此，对 p 我们不能求助代入，而必须以不同的方式进行。令"F"在$\mathfrak{S}_1$中作为仅有的自由变项出现，如[1] pr^1。我们不考察这种类型的已定义的谓词，而是考察"F"的所有可能的赋值（valuations）。这里我们将"F"的一个可能赋值（即指派给"F"的值，其句法名称为$\mathfrak{B}$）理解为一类（即一种句法性质）重读表达式。如果$\mathfrak{B}_1$是"F"的一个特殊的值，如果在$\mathfrak{S}_1$中"F"在某个地方出现以$\mathfrak{S}t_1$为其主目（例如在部分句"$F(0^{\mathrm{II}})$"中），那么，如果$\mathfrak{S}t_1$是$\mathfrak{B}_1$的一个元素，这个部分句便因为$\mathfrak{B}_1$而为真，否则为假。我们把在$\mathfrak{B}_1$基础上对$\mathfrak{S}_1$的赋值理解为$\mathfrak{S}_1$的这样变形：如果$\mathfrak{S}t_1$是$\mathfrak{B}_1$的一个元素，所提到的部分句就用$\mathfrak{N}$替代，否则用$\sim\mathfrak{N}$替代。"分析的"的定义框架如下：称$\mathfrak{S}_1$是分析的，当且仅当每个由$\mathfrak{S}_1$通过在"F"

的任一赋值基础上所得到的句子都是分析的;当所得到的句子中至少有一个是矛盾的时,称 $\mathfrak{S}_1$ 是矛盾的。我们将为其他的 p-类型确立类似的规则。

对自由的 $^1\mathfrak{f}_1^{\,1}$ 的赋值在于确立一种关联,通过这种关联每个 $\mathfrak{S}\mathfrak{t}$ 都和一个 $\mathfrak{S}\mathfrak{t}$ 单一地联系起来。在对 $\mathfrak{f}_1$ 的赋值 $\mathfrak{B}_1$ 的基础上对句子进行赋值时,我们将用 $\mathfrak{S}\mathfrak{t}_2$ 替换部分表达式 $\mathfrak{f}_1(\mathfrak{S}\mathfrak{t}_1)$,这里 $\mathfrak{S}\mathfrak{t}_2$ 通过 $\mathfrak{B}_1$ 与 $\mathfrak{S}\mathfrak{t}_1$ 形成关联。我们将为其他 f-类型确立类似的规则。

令 pr_1 是描述的;其赋值可以与 p 的赋值相同。如果 pr_1 出现在 $\mathfrak{S}_1$ 中,而基于对 pr_1 的任一赋值由 $\mathfrak{S}_1$ 都产生一个分析句,也称 $\mathfrak{S}_1$ 是分析的。然而,与 p 的情形截然不同,只有基于对 pr_1 的任一赋值 $\mathfrak{S}_1$ 都产生一个矛盾语句,才称 $\mathfrak{S}_1$ 是矛盾的。因为在 p 的情形下,$\mathfrak{S}_1$ 的意思是:"对每一性质而言,如此这般都是真的",因此即便就一个事例而言不成立这都是假的。然而在 pr_1 的情形下,$\mathfrak{S}_1$ 的意思是:"就 pr_1 所表达的特定性质而言如此这般是真的",这里我们有一个 $\mathrm{pr}_\flat$,因而有一个经验上确定的而不是逻辑上确定的性质;因此只有不存在使得 $\mathfrak{S}_1$ 为真的性质时,这个句子才是矛盾的,也就是说,这个句子才基于逻辑理由为假。

基于前面的考虑,我们先确立赋值规则(rules of valuation)VR,然后确立估值规则(rules of evaluation)EvR,之后给出"分析的"和"矛盾的"的定义。能被赋值的符号被称为可赋值的(bewertbare)符号(句法名称为"$\mathfrak{b}$")。$\mathfrak{S}_1$ 中的可赋值的符号包括所有描述的 $\mathrm{pr}_\flat$ 和 $\mathrm{fu}_\flat$,以及 $\mathfrak{S}_1$ 中所有作为自由变项出现的那些位置上的 $\mathfrak{z}$、$\mathfrak{p}$、$\mathfrak{f}$。

VR 1. 依据下面的规则,可以选择与 $\mathfrak{b}_1$ 同类型的任一赋值作

第三部分 不确定的语言 II

为**可赋值符号**b_1的赋值。

a. 类型 0 的赋值是 $\mathfrak{St}$。

b. 类型 $t_1, t_2, \cdots t_n$ 的赋值是分别属于 t_1 到 t_n 的赋值构成的一个有序 n 元组。

c. 类型 (t_1) 的赋值是类型 t_1 的赋值的类。

d. 类型 $(t_1:t_2)$ 的赋值是一个多对一的关联,对于每个类型 t_1 的赋值,都有唯一一个类型 t_2 的赋值与之相关联。

VR 2. 令 $\mathfrak{S}_1$ 是没有算子的归约句;对 $\mathfrak{S}_1$ 的所有 b 而言,令赋值是依据 VR1 选择的,其中,相同符号的赋值也是相同的。那么,依照下面的规则,$\mathfrak{S}_1$ 的每个形式为 $\mathfrak{Z}$、$\mathfrak{Arg}$、$\mathfrak{Pr}$ 或 $\mathfrak{Fu}$ 的部分表达式都有单一确定的赋值。

a. nu 本身将被视为 nu 的赋值。

b. 令 $\mathfrak{St}_1$ 是 $\mathfrak{Z}_1$ 的赋值;那么 $\mathfrak{St}_1{}'$ 将是 $\mathfrak{Z}_1{}'$ 的赋值。(因此,该 $\mathfrak{St}$ 自身将总是被视为一 $\mathfrak{St}$ 的赋值。)

c. 令 $\mathfrak{B}_1$ 至 $\mathfrak{B}_n$ 是指派给 $\mathfrak{Arg}_1$ 的 $\mathfrak{A}_1$ 至 $\mathfrak{A}_n$ 的值。那么有序 n 元组 $\mathfrak{B}_1, \mathfrak{B}_2, \cdots \mathfrak{B}_n$ 将被视为 $\mathfrak{Arg}_1$ 的赋值。

d. 令 $\mathfrak{A}_1$ 是形式为 $\mathfrak{Fu}_2(\mathfrak{Arg}_1)$ 的表达式 $\mathfrak{Z}$、$\mathfrak{Pr}$ 或 $\mathfrak{Fu}$;令 $\mathfrak{B}_1$ 和 $\mathfrak{B}_2$ 分别是指派给 $\mathfrak{Arg}_1$ 和 $\mathfrak{Fu}_2$ 的赋值。那么经由赋值 $\mathfrak{B}_2$ 与赋值 $\mathfrak{B}_1$ 相关联的赋值将被视为 $\mathfrak{A}_1$ 的赋值。

依据这些规则,表达式 $\mathfrak{A}_1$ 的赋值与 $\mathfrak{A}_1$ 自身总是同一类型的。

例:(1) 与 VR1a 相关:自由 $\mathfrak{z}$ 的赋值 $\mathfrak{B}$ 属于类型 0,因而是 $\mathfrak{St}$,如 "$0'''$"。(2) 与 VR1c 相关:[1] $\mathfrak{pr}^1$ 的赋值 $\mathfrak{B}$,如 "$F(x)$" 中 "F" 的赋值,属于类型 (0),因而是 $\mathfrak{St}$ 的一个类,也就是说,只适用于

重读表达式的一种句法性质。(3)与 VR1b、c 相关：$^1\mathfrak{pr}^3$ 的赋值 $\mathfrak{B}$，如"$G(x,y,z)$"中"G"的赋值，属于类型$(0,0,0)$，因而是 $\mathfrak{St}$ 的有序三元组的类（或三项关系），也就是说，是重读表达式间的三元句法关系。(4)与 VR1c 相关：$^2\mathfrak{pr}^1$ 的赋值 $\mathfrak{B}$，如"$M(F)$"中"M"的赋值，属于类型$((0))$，因而是 $\mathfrak{St}$ 的类的类。(5)与 VR1d 相关：$^1\mathfrak{fu}^2$ 的赋值 $\mathfrak{B}$，如"$f(x,y)=z$"中"f"的赋值，属于类型$(0,0:0)$，因而是一个关联，通过这一关联 $\mathfrak{St}$ 单一地与 $\mathfrak{St}$ 的每个有序对相关联，因而是 $\mathfrak{St}$ 间的多对多对一的句法关系。(6)与 VR2a、b、c 相关：根据 VR1a，令作为 $\mathfrak{St}$ 的"0'"和"0"分别是"x"和"y"的赋值。然后根据 VR2a、b、c，表达式"0',0,0'''"是"$x,y,0'''$"的赋值。(7)与 VR2d 相关：我们已经分析了(第 86 页)句子"$m(F,G)(x)$"（"x 属于类 F 和 G 之和"）。现在我们以具有同样类型$((0),(0):(0))$的变项"m"取代"sm"得到"$m(F,G)(x)$"。我们选"$m(F,G)$"这一 $\mathfrak{Pr}$ 作为 $\mathfrak{Fu}_{2(\mathfrak{Arg}_1)}$ 的一个示例，其形式为$^2\mathfrak{f}^2(^1\mathfrak{p}^1,^1\mathfrak{p}^1)$，类型为$(0)$。选从"0'"到"0''''"的 $\mathfrak{St}$ 的类作为"F"的赋值（依据 VR1c），从"0''''"到"0''''''"的 $\mathfrak{St}$ 的类作为"G"的赋值。那么，依据 VR2c，$\mathfrak{Arg}_1$("F,G"；类型$(0),(0)$)的赋值 $\mathfrak{B}_1$ 是这两个类以上述顺序构成的有序对。选任意 $\mathfrak{B}_2$ 为 $\mathfrak{Fu}_2$（即"m"）的赋值，依据 VR1d，$\mathfrak{B}_2$ 属于类型$((0),(0):(0))$且是一个关联，通过这一关联类型(0)的赋值单一地与类型$((0),(0):(0))$的每一赋值产生关联[①]，因而也与 $\mathfrak{B}_1$ 产生关联。我们将假定 $\mathfrak{B}_2$ 是这样选出的：使得从"0'"到"0''''"

[①] 叶峰在校此处时指出：英文版是此意思，"但似乎应该是'与类型$(0),(0)$的每一赋值产生关联'。可能是原文有误。"此处还是按英文版翻译。——中译者

的 $\mathfrak{S}t$ 的类与 $\mathfrak{B}_1$ 关联。(这与作为"m"的值的常项"sm"是一致的。)依据 VR2d,这个类便是"$m(F,G)$"的赋值。

令 $\mathfrak{S}_1$ 是不带算子的归约句;令 $\mathfrak{S}_1$ 中所有 $\mathfrak{b}$ 的赋值都是依据 VR 1 选择的,其他表达式的赋值是依据 VR2 确定的。那么,基于这些赋值,$\mathfrak{S}_1$ 的估值在于依据下面的估值规则 EvR1、2 所进行的变形。如果变形所得的不是一个归约句,它必须先被归约然后被进一步变形。

EvR 1. 令部分句 $\mathfrak{S}_2$ 具有形式 $\mathfrak{Pr}_2(\mathfrak{Arg}_1)$;令 $\mathfrak{Arg}_1$ 和 $\mathfrak{Pr}_2$ 的赋值分别是 $\mathfrak{B}_1$ 和 $\mathfrak{B}_2$。如果 $\mathfrak{B}_1$ 是 $\mathfrak{B}_2$ 的一个元素,那么用 $\mathfrak{N}$ 替换 $\mathfrak{S}_2$,否则用 $\sim\mathfrak{N}$ 替换。

EvR 2. 令部分句 $\mathfrak{S}_2$ 具有形式 $\mathfrak{A}_1 = \mathfrak{A}_2$,但不是 $\mathfrak{N}$;令 $\mathfrak{A}_1$ 和 $\mathfrak{A}_2$ 的赋值分别是 $\mathfrak{B}_1$ 和 $\mathfrak{B}_2$。如果 $\mathfrak{B}_1$ 和 $\mathfrak{B}_2$ 是完全相同的,用 $\mathfrak{N}$ 替换 $\mathfrak{S}_2$,否则用 $\sim\mathfrak{N}$ 替换。

定理 34c.1. 令 $\mathfrak{S}_1$ 是不带算子的归约句;基于所出现的 $\mathfrak{b}$ 的任一赋值,$\mathfrak{S}_1$ 的赋值在任何情况下在有限步骤内都得到如下这一最后的结果:这一结果或者是 $\mathfrak{N}$,或者是 $\sim\mathfrak{N}$。对于 $\mathfrak{S}_1$ 中出现的每个 $\mathfrak{a}_\mathfrak{b}$ 和 $\mathfrak{v}$ 而言,我们都有一个赋值。从这些赋值可以导出对所出现的每个 $\mathfrak{Z}$、$\mathfrak{Arg}$、$\mathfrak{Pr}$ 和 $\mathfrak{Fu}$ 的赋值。因此,形如 $\mathfrak{Pr}(\mathfrak{Arg})$ 的每个部分句或者用 $\mathfrak{N}$ 替换,或者用 $\sim\mathfrak{N}$ 替换;$\mathfrak{A}_1 = \mathfrak{A}_2$ 的每个部分句也如此,因为 $\mathfrak{A}_1$ 和 $\mathfrak{A}_2$ 的形式为 $\mathfrak{Z}$、$\mathfrak{Pr}$ 或 $\mathfrak{Fu}$。以此方式,我们借助否定、析取和合取符号得到一连串句子 $\mathfrak{N}$,通过运用 RR2 和 3,由这些符号可得 $\mathfrak{N}$,或得 $\sim\mathfrak{N}$。

§34d. 语言 II 中"分析的"和"矛盾的"的定义

语言 II 中的"分析的"和"矛盾的"的定义,如我们已经提到的那样,比语言 I 中的定义要复杂得多。基于前面对归约和估值的规定,语言 II 的这些定义现在能够体现在下列规则 DA1-3 中。(这里"A"和"C"分别用作"$\Re_1$ 或 $\mathfrak{S}_1$ 是分析的的充分必要条件"和"……是矛盾的的充分必要条件"。)

DA 1. 句子类 $\Re_1$ 的"分析的"和"矛盾的"的定义(在 II 中)。我们区分下面的情形。

A. 并非 $\Re_1$ 的所有句子都是归约的。A(或 C):$\Re_1$ 的句子的归约的类是分析的(或矛盾的)。

B. $\Re_1$ 的所有句子都是**归约的、逻辑的**。A:$\Re_1$ 的每个句子都是分析的;C:$\Re_1$ 的至少一个句子是矛盾的。

C. $\Re_1$ 的句子是归约的,且至少有一个是**描述的**。

a. $\Re_1$ 中有一个**开语句**。令 $\Re_2$ 是一个类,这个类是将 $\Re_1$ 中的每个句子 $\mathfrak{S}_i$ 用 ()($\mathfrak{S}_i$) 替换的结果(见第 94 页)。A(或 C):$\Re_2$ 是分析的(或矛盾的)。

b. $\Re_1$ 的句子是**闭的**。A:对 $\Re_1$ 的每个句子 $\mathfrak{S}_i$ 而言,以下面的方式从 $\mathfrak{S}_i$ 得到的逻辑句是分析的:用同一类型的一个变项替换每个描述的符号,要求这一变项在 $\mathfrak{S}_i$ 中并未出现过,且相同的符号用相同的变项替换,不同的符号用不同的变项替换。C:对 $\Re_1$ 中出现的每个描述的符号的任意赋值选择而言(相同的符号赋值也相同),$\Re_1$ 中至少存在一个句子相对于这一赋值来说是矛盾的(见

DA3)。

DA 2. 句子$\mathfrak{S}_1$的"分析的"和"矛盾的"的定义(在 II 中)。

A. $\mathfrak{S}_1$ **不是归约的**。A(或 C):$^\mathfrak{R}$ $\mathfrak{S}_1$ 是分析的(或矛盾的)。

B. $\mathfrak{S}_1$ 是**归约句和开语句**。A(或 C):()($\mathfrak{S}_1$)是分析的(或矛盾的)。

C. $\mathfrak{S}_1$ 是**归约的、闭的、逻辑的**。

a. $\mathfrak{S}_1$ 具有形式$(v_1)(\mathfrak{S}_2)$。A:$\mathfrak{S}_2$ 相对于v_1 的每一个赋值都是分析的;C:$\mathfrak{S}_2$ 至少相对于v_1 的一个赋值是矛盾的。

b. $\mathfrak{S}_1$ 的形式为$(v_1)(\mathfrak{S}_2)$。A:$\mathfrak{S}_2$ 至少相对于v_1 的一个赋值是分析的;C:$\mathfrak{S}_2$ 相对于v_1 的每个赋值都是矛盾的。

c. $\mathfrak{S}_1$ 的形式为$\mathfrak{R}$或$\sim\mathfrak{R}$。A:形式$\mathfrak{R}$;C:形式$\sim\mathfrak{R}$。

D. $\mathfrak{S}_1$ 是归约的、**闭的**、**描述的**。A(或 C):类$\{\mathfrak{S}_1\}$是分析的(或矛盾的)。

DA 3. 归约句$\mathfrak{S}_1$"相对于某些赋值是分析的(或矛盾的)"的定义。这些词只是 DA1,2 的辅助项,"A-$\mathfrak{B}_1$"和"C-$\mathfrak{B}_1$"在这里的意思是:"$\mathfrak{S}_1$ 相对于$\mathfrak{B}_1$是分析的(或矛盾的)的充分必要条件",其中$\mathfrak{B}_1$是一系列赋值,即由对出现在$\mathfrak{S}_1$中的每个符号型式 b 的赋值(因而不是对约束变项的赋值)构成。

A. $\mathfrak{S}_1$ 的形式为$(v_2)(\mathfrak{S}_2)$。A-$\mathfrak{B}_1$:对v_2 的每一赋值$\mathfrak{B}_2$而言,$\mathfrak{S}_2$ 相对于$\mathfrak{B}_1$和$\mathfrak{B}_2$是分析的。C-$\mathfrak{B}_1$:对于v_2 的至少一个赋值$\mathfrak{B}_2$而言,$\mathfrak{S}_2$ 相对于$\mathfrak{B}_1$和$\mathfrak{B}_2$是矛盾的。

B. $\mathfrak{S}_1$ 的形式为$(v_2)(\mathfrak{S}_2)$。A-$\mathfrak{B}_1$:对于v_2 的至少一个赋值$\mathfrak{B}_2$而言,$\mathfrak{S}_2$ 相对于$\mathfrak{B}_1$和$\mathfrak{B}_2$是分析的。C-$\mathfrak{B}_1$:对v_2 的每一赋值$\mathfrak{B}_2$而言,$\mathfrak{S}_2$ 相对于$\mathfrak{B}_1$和$\mathfrak{B}_2$是矛盾的。

C. $\mathfrak{S}_1$ 不含算子。A-$\mathfrak{B}_1$（或 C-$\mathfrak{B}_1$）：$\mathfrak{S}_1$ 基于 $\mathfrak{B}_1$ 的赋值结果是 $\mathfrak{N}$（或 $\sim\mathfrak{N}$）。

令 $\mathfrak{S}_1$（或 $\mathfrak{K}_1$）是任意给定的，令所问的问题是 $\mathfrak{S}_1$（或 $\mathfrak{K}_1$）是分析的，还是矛盾的，还是两者都不是，即综合的。首先有且仅有一条 DA 规则是适用的（DA2 Ca-c 是由定理 34b.3 得来的）。如果这一规则是 DA2 Cc 或者 DA3 C，那么该问题将通过该规则来解决。余下的每条规则都明确地回到涉及一个或多个其他的 $\mathfrak{S}$，或涉及一个 $\mathfrak{K}$ 的第二个问题。因此，对 $\mathfrak{S}_1$ 或 $\mathfrak{K}_1$ 而言，这一明确的结果是一串问题，这串问题总是有穷的，且以最后两条规则中的某一条结束。对任意给定的句子或句子类来说，"分析的"的充要标准——"矛盾的"也如此——可以在这一系列问题的基础上得到表述。（在定理 34h.1 的证明中可以找到其实例。）因而这些术语可以针对所有情形，借助规则 DA 而被明确定义。但并不存在对具体问题的普遍的解决方法，更没有对整个标准的普遍解决方法。"分析"和"矛盾"这两个术语都是不确定的。

我们已经在不具有严格确定句法的词语言中表述了"分析的"的定义。现在的问题是：(1) 这一定义可以翻译到一个严格形式化的句法语言 S_1 中吗？(2) 语言 II 本身可以用作达成这种目的的句法语言吗？稍后我们将证明（定理 60c.1）没有一种（不矛盾的）语言 S 可以作为句法语言，使得"在 S 中是分析的"这一定义可以在语言 S 自身中得到表述。因此，第二个问题得到的必定是否定回答。此外，第一个问题可以是肯定的回答，假定 S_1 有足够的处理手段，尤其是有在语言 II 中不出现的某种类型的变项 $\mathfrak{p}$ 和 $\mathfrak{f}$。

如果我们不是把整个语言 II 而是把其某个同心语言域看作

我们的对象语言(见第88页),那么我们就没有必要超出II的范围去找寻句法语言。"II_n中分析的"这一概念对任一n而言在把自身作为对象语言的II_n中确实是不可定义的,但是在一个更广泛的范围II_{n+m}中(也许总是在II_{n+1}中)总是可定义的。因此每个"II_n中分析的"(对各种n而言)这一概念的定义,以及相对于II的每一个特定语句的"II中分析的"这一标准,在作为句法语言的II中都是可以用公式表示的。

所给的"语言II中分析的"的定义某一点可能显得有些可疑。为简便起见,我们考虑"语言II_1中分析的"这一相应的定义。令语言S用作形式化的句法语言(例如,II的一个更广泛的部分,或II本身)。因为在II_1中有自由的^1p和未定义的^1pr_b,"语言II_1中分析的"的定义(对应于DA1 Cb、2Ca)将包含"就$^1p^1$的每一赋值而言……"这样的短语;依据VR1a和VR1c,这等于说"就重读表达式的所有句法性质而言……"这一短语所言何意?怎样在这一符号语言S中将之表述出来呢?如果我们仅仅说"对于所有在S中可定义的句法性质而言……",那么"在II_1中分析的"的定义将不会得到它所需要的东西。正如对每一种语言而言,都存在在它中不可定义的数字性质(见第106页),因此,也存在在S中不可定义的句法性质。因此,有可能发生下面的情况:"在II_1中$\mathfrak{S}_1$是分析的"这一句子在句法语言S中是真的(分析的),而在一个更加丰富的句法语言S′中是假的(矛盾的),也就是说,如果"对所有可定义的句法性质而言……"这一短语,这一短语包含在那个句子的准则中,尽管对在S中所有可定义的性质而言是有效的,但对某个只在S′中可定义的性质而言却不是有效的。因此,这一定义不可以限制在"在 S 中可定义的句法性质"上，必须涉及所有的句法性质。但是用这种方法我们不是会得出柏拉图的绝对主义观念，也就是说，不是会得出所有性质的总体是自身存在的、独立于所有构造和定义的某物这一看法吗？所有性质的总体是不可数的，且因此永远不能被定义所穷尽。从我们的观点看，这一形而上学的看法——如同拉姆塞所主张的那样（见卡尔纳普［*Logizismus*］第 102 页）——是被确定地排除了的。性质是自身存在的，还是被定义所创造出来的，这一形而上学问题在此与我们绝对毫无关系。这个问题毋宁陈述如下："对于所有性质……"（被解释为"对于无论什么性质"而不是"对于 S 中所有可定义的性质"）这一短语在符号化的句法语言 S 中能够得到表述吗？这个问题的回答可以是肯定的。这一表述是借助一个带有变元 p 的全称算子，比如借助于"(F)(⋯)"来完成的。（这个短语在语言 S 中具有意欲表达的意义，这点是由下面的事实所正式确立的："在 S 中分析的"的定义在一个更宽泛的句法语言 S_2 中得到表述，依照先前的研究（第 106 页及以下），这种表述不是通过 S 中 pr 的代入，而是借助于赋值来进行的。）对更宽泛语言范围中的更高类型的赋值来说，相应的结论也是真实的。

§34e. 论语言 II 中的分析句和矛盾句

如果 $\mathfrak{S}_1$（或 $\mathfrak{R}_1$）是分析的或矛盾的，称 $\mathfrak{S}_1$（或 $\mathfrak{R}_1$）是 L-确定的。如果 $\mathfrak{S}_1$（或 $\mathfrak{R}_1$）不是 L-确定的，因而既不是分析的也不是矛盾的，称 $\mathfrak{S}_1$（或 $\mathfrak{R}_1$）是综合的。

第三部分 不确定的语言 II

定理 34e.1. (a)$\mathfrak{S}_1$ 和 $^{\mathfrak{R}}\mathfrak{S}_1$ 要么都是分析的,要么都是矛盾的,或都是综合的。(b)$\mathfrak{S}_1$ 和()($\mathfrak{S}_1$)也如此。(c)$\mathfrak{S}_1$ 和$\{\mathfrak{S}_1\}$也如此。

定理 34e.2. (a)如果$\mathfrak{S}_1$是分析的,那么$\sim\mathfrak{S}_1$是矛盾的。(b)如果$\mathfrak{S}_1$是矛盾的、闭的,那么$\sim\mathfrak{S}_1$是分析的。

定理 34e.3. (a)如果$\mathfrak{R}_1$的每个句子都是分析的,那么$\mathfrak{R}_1$也是分析的;反过来也如此。

定理 34e.4. $\mathfrak{R}_1$是矛盾的,当且仅当至少有一个属于它的句子是矛盾的。$\mathfrak{R}_0$可以是矛盾的,即便属于它的句子都不是矛盾的。(见关于定义14.4的评论。)

定理 34e.5. 闭语句$\mathfrak{S}_1$是分析的(或矛盾的),当(但非仅当)$\mathfrak{S}_1$的真值表(§5)相关于$\mathfrak{S}_1$借助否定和连接符号由之而被构建的部分句子,对于"T"和"F"的所有可接受的分配,总是产生"T"(或"F")。在这里,如果一种分配总是指派"T"给分析的部分句,指派"F"给矛盾的部分句,指派"T"或"F"给综合的部分句,那这一分配就是可接受的。

定理 34e.6. (a)$\mathfrak{S}_1 \vee \mathfrak{S}_2$是分析的,当(但并非仅当)$\mathfrak{S}_1$或$\mathfrak{S}_2$是分析的。(b)$\mathfrak{S}_1 \vee \mathfrak{S}_2$是矛盾的,当(且仅当)$\mathfrak{S}_1$和$\mathfrak{S}_2$是矛盾的。

定理 34e.7. $\mathfrak{A}_1 = \mathfrak{A}_1$总是分析的。

定理 34e.8. 令$\mathfrak{R}_1$是$\mathfrak{R}_2$的子集。(a)如果$\mathfrak{R}_2$是分析的,那么$\mathfrak{R}_1$也是分析的。(b)如果$\mathfrak{R}_1$是矛盾的,那么$\mathfrak{R}_2$也是矛盾的。

定理 34e.9. 如果$\mathfrak{R}_1 + \mathfrak{R}_2$是矛盾的,且$\mathfrak{R}_1$是分析的,那么$\mathfrak{R}_2$是矛盾的。

我们已经看到，"可证的"和"可驳倒的"这样的概念并不满足这样一个要求，即把所有逻辑句子（也包括所有数学句子）无遗漏地分为相互排斥的类的要求。这一境况为"分析的"和"矛盾的"这些概念的引入提供了理由。现在我们必须确定这些新概念是否会达到这样的分类效果；这一测试的结果在定理 10 和 11 中给出。

定理 34e. 10. 没有句子（且没有句子类）同时既是分析的又是矛盾的。——对 DA 规则的逐一检测表明，假定"分析的"的条件与"矛盾的"的条件在进一步提到的情况下是互斥的，那么它们在所有情况下都是互斥的。在最后阶段，即 DA2 Cc 或 3C 阶段，它们肯定是互斥的；所以，一般而言它们是互斥的。［与关于"可证的"和"可驳倒的"类似的定理相反，定理 10 并不要求假定语言 II 是不矛盾的。］

定理 34e. 11. 每个逻辑句都是 L-确定的，也就是说，它或者是分析的，或者是矛盾的。（然而不存在普遍的解决方法）。——为间接证明起见，我们假定 $\mathfrak{S}_1$ 既是逻辑的，又是综合的。那么依据 DA2A，$^{\mathfrak{R}}\mathfrak{S}_1$ 既是逻辑的，又是综合的；依据 DA2B，$()(^{\mathfrak{R}}\mathfrak{S}_1)$ 同样既是逻辑的，也是综合的。令这是 $\mathfrak{S}_2$，那么 $\mathfrak{S}_2$ 是逻辑的、归约的、闭的，因而根据定理 34b. 3，它具有下列形式之一：(1) $\mathfrak{A}_1 \mathfrak{A}_2 \cdots \mathfrak{A}_n(\mathfrak{S}_3)$，其中 $n \geq 1$，$\mathfrak{A}_i$（i=1 至 n）或者是 (v_i)，或者是 $(\exists v_i)$，且 $\mathfrak{S}_3$ 不含算子；(2) $\mathfrak{N}$；(3) $\sim\mathfrak{N}$。依据 DA2 Cc，形式 $\mathfrak{N}$ 和 $\sim\mathfrak{N}$ 在这里都被排除了，因为 $\mathfrak{S}_2$ 被假定是综合的。因此，$\mathfrak{S}_2$ 将具有被提及的第一个形式。然后依据 DA2Ca 和 b，相对于 $v_1, \cdots v_n$ 的至少一个赋值序列，$\mathfrak{S}_3$ 必须既不是分析的也不是矛盾的。依据 DA3C，在这一系列赋值基础上 $\mathfrak{S}_3$ 的估值导致一个既不是 $\mathfrak{N}$ 也不是 $\sim\mathfrak{N}$ 的

句子。但是,依据定理 34c.1,那是不可能的。

依据定理 11,综合句只有在描述句中才能找到。

定理 34e.12. 如果一个确定的 $\mathfrak{S}_{\mathfrak{l}}$ 是分析的,那么它也是可证的。(——通过 DA2A、定理 34b.4 和 34b.1。)此外,一个不是可证的确定的 $\mathfrak{S}_{\mathfrak{b}}$ 可以是分析的。在不确定的 $\mathfrak{S}_{\mathfrak{l}}$ 中存在分析的却非可证的 $\mathfrak{S}_{\mathfrak{l}}$,也有一些具有简单形式的 $\mathrm{pr}_1(\mathfrak{z}_1)$,其中 pr_1 是一确定的 pr_1(比较 §36 的例子)。在这种情况下,$\mathrm{pr}_1(\mathfrak{fu}_1(\mathrm{nu}))$ 是一确定的 $\mathfrak{S}_{\mathfrak{b}}$,这一 $\mathfrak{S}_{\mathfrak{b}}$ 是分析的但不是可证的,其中 $\mathfrak{fu}_1$ 是任一未定义的 $\mathfrak{fu}_{\mathfrak{b}}$。

定理 34e.13. 每个确定的 $\mathfrak{S}_{\mathfrak{l}}$ 都是可解的,也就是说,它或者是可证的,或者是可驳倒的。这是有一般的解决方法的。

§34f. 语言 II 中的后承

如果两个或多个句子构成的类是矛盾的,称它们互不相容;否则称它们是相容的。

一个句子是某些其他句子的逻辑后承(在作有实质内容的解释后),当且仅当它的对立面与那些句子是不相容的。因此我们定义如下:如果 $\mathfrak{K}_1+\{\sim()(\mathfrak{S}_1)\}$ 是矛盾的,称 $\mathfrak{S}_1$ 在 II 中是 $\mathfrak{K}_1$ 的后承。如果 $\mathfrak{S}_1$ 既不是 $\mathfrak{K}_1$ 的后承,也不是与 $\mathfrak{K}_1$ 不相容的,称 $\mathfrak{S}_1$ 独立于 $\mathfrak{K}_1$。我们将不仅在句子类 $\mathfrak{K}_1$ 的情形中使用这些术语,也在一个或多个句子(作为前提)的情形中使用。例如,如果 $\mathfrak{S}_3$ 是 $\{\mathfrak{S}_1,\mathfrak{S}_2\}$ 的后承,我们称 $\mathfrak{S}_3$ 是 $\mathfrak{S}_1$ 和 $\mathfrak{S}_2$ 的后承。

有时 $\mathfrak{S}_1$ 是无穷句子类 $\mathfrak{K}_1$ 的后承,而不是 $\mathfrak{K}_1$ 的任一真子类的后承。[例:令 pr_1 是未定义的 $\mathrm{pr}_{\mathfrak{b}}$,$\mathfrak{K}_1$ 是句子 $\mathrm{pr}_1(\mathfrak{St})$ 的类,$\mathfrak{S}_1$ 是

$pr_1(\mathfrak{z}_1)$。]因此,很重要的一点是,与"可推导的"定义相反,"后承"的定义不仅应当涉及有穷类,也应当涉及无穷类。

"后承"这一概念与"可推导的"概念有关,如同"分析的"与"可证的"有关一样;也就是说,它更全面,但另一方面,它的定义要复杂得多,不确定性程度要高得多,这是它的不利的一面。"可推导的"被定义为"直接可推导"关系的有穷链。"后承"也许可以类似地被定义为更简单的"直接后承"关系链。然后将"分析的"定义为"空句子类的后承",将"矛盾的"定义为"每个句子都是它的后承的句子"。语言 I 的定义就是以这种方式表述的(§14)。在刚给出的语言 II 的定义里,我们采取的是不同的进路,为简化这一技术过程,先定义"分析的"和"矛盾的",再由它们定义"后承"。现在的问题是"后承"这一术语是否以所描述的那种方式与"分析的"和"矛盾的"相关联;这就是定理 5 和 7 所表达的情形。而且,必须表明"后承"关系有某种传递性。这在第一种定义方法中是明显的,但这里对之的证明并不简单(定理 8)。

定理 34f.1. 如果 $\mathfrak{S}_1$ 是 $\mathfrak{K}_1$ 的一个元素,那么 $\mathfrak{S}_1$ 是 $\mathfrak{K}_1$ 的后承。$\mathfrak{S}_1$ 总是 $\mathfrak{S}_1$ 的后承。

定理 34f.2. 如果 $\mathfrak{K}_1$ 是分析的,且 $\mathfrak{S}_1$ 是 $\mathfrak{K}_1$ 后承,那么 $\mathfrak{S}_1$ 也是分析的。——$\mathfrak{K}_1 + \{\sim()(\mathfrak{S}_1)\}$ 是矛盾的;因此,依据定理 34e.9 和 34e.1c,$\sim()(\mathfrak{S}_1)$ 是矛盾的,因而依据定理 34e.2b,$\mathfrak{S}_1$ 是分析的。

定理 34f.3. 如果 $\mathfrak{S}_1$ 是矛盾的,是 $\mathfrak{K}_1$ 的后承,那么 $\mathfrak{K}_1$ 也是矛盾的。——依据定理 34e.1b 和 2b,$\sim()(\mathfrak{S}_1)$ 是分析的,因而依据定理 34e.9,$\mathfrak{K}_1$ 是矛盾的。

定理 34f.4. 令$\mathfrak{S}_2$是$\mathfrak{S}_1$的后承;如果$\mathfrak{S}_1$是分析的,那么$\mathfrak{S}_2$也是分析的;如果$\mathfrak{S}_2$是矛盾的,那么$\mathfrak{S}_1$也是矛盾的。

定理 34f.5. 如果$\mathfrak{S}_1$是空句子类的后承,那么$\mathfrak{S}_1$是分析的;反过来也如此。——这可从定理34e.2得出。

定理 34f.6. 如果$\mathfrak{S}_1$是分析的,那么$\mathfrak{S}_1$是任何句子的后承;反过来亦成立。

定理 34f.7. 如果$\mathfrak{K}_1$(或$\mathfrak{S}_1$)是矛盾的,那么每个句子都是$\mathfrak{K}_1$(或$\mathfrak{S}_1$)的后承;反过来亦成立。——依据定理34e.8b。反过来依据定理3。

定理 34f.8. 如果$\mathfrak{S}_3$是$\mathfrak{K}_2$的后承,且$\mathfrak{K}_2$的每个句子都是$\mathfrak{K}_1$的后承,那么$\mathfrak{S}_3$是$\mathfrak{K}_1$的后承。

证明:令$\mathfrak{K}_4$是关于$\mathfrak{K}_1$的每个$\mathfrak{S}_i$的句子$(\ )(^{\mathfrak{R}}\mathfrak{S}_i)$的类;同样,令$\mathfrak{K}_5$是关于$\mathfrak{K}_2$的每个$\mathfrak{S}_i$的句子$(\ )(^{\mathfrak{R}}\mathfrak{S}_i)$的类;且令$\mathfrak{S}_6$是$(\ )(^{\mathfrak{R}}\mathfrak{S}_3)$。那么$\mathfrak{S}_6$以及$\mathfrak{K}_4$和$\mathfrak{K}_5$的所有句子都是归约的和闭的。[119]用带相应下标的"$\mathfrak{B}$"来称谓对句子或句子类的b(这里是描述符号)的一系列赋值。假设:(1)$\mathfrak{K}_2+\{\sim(\ )(\mathfrak{S}_3)\}$是矛盾的;因而$\mathfrak{K}_5+\{\sim\mathfrak{S}_6\}$也是矛盾的。(2)对$\mathfrak{K}_2$的每个$\mathfrak{S}_i$来说,$\mathfrak{K}_1+\{\sim(\ )(\mathfrak{S}_i)\}$是矛盾的;相应地对$\mathfrak{K}_5$的每个$\mathfrak{S}_i$而言,$\mathfrak{K}_4+\{\sim\mathfrak{S}_i\}$是矛盾的。断言:$\mathfrak{K}_1+\{\sim(\ )(\mathfrak{S}_3)\}$是矛盾的;也就是说,$\mathfrak{K}_4+\{\sim\mathfrak{S}_6\}$是矛盾的。依据DA1Cb,这意味着:对于$\mathfrak{B}_4$和$\mathfrak{B}_6$的任何选择,或者$\sim\mathfrak{S}_6$或者$\mathfrak{K}_4$的一个句子分别相对于$\mathfrak{B}_4$或$\mathfrak{B}_6$是矛盾的。为给出间接证明,我们做相反的假定,即:$\mathfrak{B}_4$和$\mathfrak{B}_6$是以这样一种方式给出的,使得$\sim\mathfrak{S}_6$和$\mathfrak{K}_4$的任何句子相对于$\mathfrak{B}_4+\mathfrak{B}_6$都不是矛盾的。假设(1)意味着:对于任何$\mathfrak{B}_5$和$\mathfrak{B}_6$而言,或者$\sim\mathfrak{S}_6$或者$\mathfrak{K}_5$的一个句子分

别相对于$\mathfrak{B}_5$或者$\mathfrak{B}_6$是矛盾的。假设(2)意味着：在$\mathfrak{B}_4$和$\mathfrak{B}_j$的任何选择的情况下，对$\mathfrak{K}_5$的任何$\mathfrak{S}_j$而言，$\sim\mathfrak{S}_j$或$\mathfrak{K}_4$的一个句子分别相对于$\mathfrak{B}_j$或者$\mathfrak{B}_4$是矛盾的。因此，依据我们的假设，一方面，对于任意$\mathfrak{B}_5$，$\mathfrak{K}_5$的一个句子，如$\mathfrak{S}_7$，相对于$\mathfrak{B}_5$将是矛盾的；另一方面，对于$\mathfrak{K}_5$的任何$\mathfrak{S}_j$而言，因此也对于任意$\mathfrak{B}_7$（包含于$\mathfrak{B}_5$中）情况下的$\mathfrak{S}_7$而言，$\sim\mathfrak{S}_7$相对于$\mathfrak{B}_7$将是矛盾的。但这是不可能的；因为$\mathfrak{S}_7$是闭的，$\mathfrak{S}_7$和$\sim\mathfrak{S}_7$相对于同一赋值不能都是矛盾的（见定理34e.2b）。

定理 34f.9. (a)如果$\mathfrak{S}_1 \supset \mathfrak{S}_2$是分析的，那么$\mathfrak{S}_2$是$\mathfrak{S}_1$的后承。(b)如果$\mathfrak{S}_1$是闭的，且$\mathfrak{S}_2$是$\mathfrak{S}_1$的后承，那么$\mathfrak{S}_1 \supset \mathfrak{S}_2$是分析的。

9a的证明。对闭的$\mathfrak{S}_1$而言，这一证明是简单的。对开的$\mathfrak{S}_1$而言，证明过程如下。因为$\mathfrak{S}_1 \supset \mathfrak{S}_2$是分析的，$(\ )(\sim\mathfrak{S}_1 \vee \mathfrak{S}_2)$也是分析的；而且$\sim(\ )(\mathfrak{S}_1) \vee (\ )(\mathfrak{S}_2)$也是分析的（证明太长，这里就不给出了）。依据定理34e.2b，最后的这个句子的否定是矛盾的；因而$(\ )(\mathfrak{S}_1) \cdot \sim(\ )(\mathfrak{S}_2)$也是矛盾的；因而$\{(\ )(\mathfrak{S}_1), \sim(\ )(\mathfrak{S}_2)\}$这个类也是矛盾的，因而$\{(\mathfrak{S}_1), \sim(\ )(\mathfrak{S}_2)\}$是矛盾的。所以，$\mathfrak{S}_2$是$\mathfrak{S}_1$的后承。

9b的证明。$\{(\mathfrak{S}_1), \sim(\ )(\mathfrak{S}_2)\}$是矛盾的，因而$\mathfrak{S}_1 \cdot \sim(\ )(\mathfrak{S}_2)$是矛盾的。因为这一句子是闭的，依据定理34e.2b，它的否定是分析的，相应地$\sim(\mathfrak{S}_1) \vee (\ )(\mathfrak{S}_2)$也是分析的。所以，因为$\mathfrak{S}_1$是闭的，$\sim(\mathfrak{S}_1) \vee \mathfrak{S}_2$是分析的，因而$\mathfrak{S}_1 \supset \mathfrak{S}_2$也是分析的。

定理 34f.10. $\mathfrak{S}_1$和$(\mathfrak{z}_1)(\mathfrak{S}_1)$是句子类$\mathfrak{S}_1\begin{pmatrix}\mathfrak{z}_1\\\mathfrak{S}t\end{pmatrix}$的后承。——

这对应于语言 I 的规则 DC2(第 38 页)。

§ 34g. 逻辑内容

我们分别称是 $\mathfrak{S}_1$ 或 $\mathfrak{R}_1$(在 II 中)后承的那些非分析句构成的类为 $\mathfrak{S}_1$ 或 $\mathfrak{R}_1$(在 II 中)的内容。(这一定义的缘由见第 41 页及以下)。令语言 II 中"对等的"和"同义的"的定义类似于语言 I(见第 42 页)。这些正式被定义的术语恰好分别对应于通常在作有实质内容的解释时所说的"在含义上对等"或"在意义上等值",只要"在意义上等值"被理解为"具有等值的逻辑意义",而不是理解为"指称同一个对象"。为了 $\mathfrak{A}_1$ 和 $\mathfrak{A}_2$ 这两个对象名称(或数字名称)可以同义,$\mathfrak{A}_1 = \mathfrak{A}_2$ 不仅必须是真的,而且还必须是分析的。(见 § 75,例 6 和例 7。)

我们说 $\mathfrak{S}_1$ 或 $\mathfrak{R}_1$ 有空内容,如果它的内容是空类。我们把全内容理解为所有非分析句构成的类。

定理 34g.1. 如果两个句子互为后承,那么它们是对等的;反过来也成立。

定理 34g.2. 如果两个句子是对等的,那它们是同义的;反过来也成立。

定理 34g.3. (a)如果 $\mathfrak{A}_1 = \mathfrak{A}_2$ 是分析的,那么 $\mathfrak{A}_1$ 和 $\mathfrak{A}_2$ 是同义的。(b)如果 $\mathfrak{A}_1$ 和 $\mathfrak{A}_2$ 是同义的,而且 $\mathfrak{A}_1 = \mathfrak{A}_2$ 是一个句子,那这一句子必须是分析的。

定理 34g.4. 如果 $\mathfrak{S}_1 \equiv \mathfrak{S}_2$ 是分析的,那么 $\mathfrak{S}_1$ 和 $\mathfrak{S}_2$ 是对等的;反过来也成立。

定理 34g.5. 如果$\mathfrak{S}_1$(或$\mathfrak{R}_1$)是分析的,那么$\mathfrak{S}_1$(或$\mathfrak{R}_1$)有空内容;反过来也成立。

定理 34g.6. 如果$\mathfrak{S}_1$(或$\mathfrak{R}_1$)是矛盾的,那么$\mathfrak{S}_1$(或$\mathfrak{R}_1$)有全内容;反过来也成立。

定理 34g.7. $\mathfrak{S}_1 \cdot \mathfrak{S}_2 \cdots \mathfrak{S}_n$和$\{\mathfrak{S}_1, \mathfrak{S}_2, \cdots \mathfrak{S}_n\}$是对等的。

定理 34g.8. 析取的内容是析取的项的内容的积。——如果几个句子的内容的积是空的(所以依据定理8,这些句子的析取是分析的),我们说这些句子具有互不相容的内容。

§34h. 归纳原理和选择原理是分析的

现在我们将证明完全归纳原理和选择原理都是分析的。这些原理包括在前面为语言 II 所陈述的初始句中(§30, PSII 20 和 21)。我们将用归纳原理的例子来证明一个特定的句子是否是分析的标准是如何借助 DA 规则一步步展开的。定理1和2的证明是有趣的,因为它们涉及一个基本问题:在这些证明中,都用到了句法语言的一条定理,该定理与对象语言中分析特征即将得到证明的那条定理是一致的。

定理 34h.1. **完全归纳原理**(PSII 20)**是分析的**。

标准的构建。我们称 PSII 20 为$\mathfrak{S}_1$。$\mathfrak{S}_1$的分析特征的充要标准可以用如下的方式进行转化,每一步都是借助 DA 规则明确确定的。依据 DA2A,这一标准是:$^\mathfrak{R}$ $\mathfrak{S}_1$必须是分析的。令之为$\mathfrak{S}_2$,我们通过归约得到$\mathfrak{S}_2$:

"$(\exists x)(y)[(\sim F(0) \vee F(x) \vee F(y)) \cdot (\sim F(0) \vee \sim F(x')$

第三部分 不确定的语言 II

∨F(y))]"。

此外,依据 DA2B:"(F)(∃x)(y)[⋯]"必须是分析的。令之为$\mathfrak{S}_3$。依据 DA2Ca,要使得这是分析的,$\mathfrak{S}_2$ 相对于"F"的每一赋值都必定是分析的。依据 DA3B:对"F"的每个赋值$\mathfrak{V}_1$,以及至少对"x"的一个赋值$\mathfrak{V}_2$,"(y)[⋯]"相对于$\mathfrak{V}_1$和$\mathfrak{V}_2$必定必须是分析的。依据 DA3A:在"F"的每个$\mathfrak{V}_1$的情形中,就"x"的至少一个赋值$\mathfrak{V}_2$和"y"的每个赋值$\mathfrak{V}_3$而言,出现在方括号中的运算域(oper- and)——令之为$\mathfrak{S}_4$——相对于$\mathfrak{V}_1$、$\mathfrak{V}_2$和$\mathfrak{V}_3$必定必须是分析的。依据 DA3C:在"F"的每个$\mathfrak{V}_1$的情形中,就"x"的至少一个赋值$\mathfrak{V}_2$和"y"的每个赋值$\mathfrak{V}_3$而言,在$\mathfrak{V}_1$、$\mathfrak{V}_2$和$\mathfrak{V}_3$的基础上$\mathfrak{S}_4$的赋值必定导致$\mathfrak{N}$。该标准就是以此方式构建的。

这一标准已实现的证明。 令$\mathfrak{S}_5$是"∼F(0)∨F(x)∨F(y)",$\mathfrak{S}_6$是"∼F(0)∨∼F(x¹)∨F(y)";那么$\mathfrak{S}_4$是$\mathfrak{S}_5 \cdot \mathfrak{S}_6$。$\mathfrak{V}_1$具有与"F"相同的类型,即类型(0);所以,依据 VR1a 和 c,它是$\mathfrak{St}$的类。就$\mathfrak{V}_1$来说,可以区分三种情形:(1)"0"这个$\mathfrak{St}$不属于$\mathfrak{V}_1$;(2)"0"和所有其他$\mathfrak{St}$都属于$\mathfrak{V}_1$;(3)"0"属于$\mathfrak{V}_1$,但存在一个$\mathfrak{St}$,比如$\mathfrak{St}_1$,不属于$\mathfrak{V}_1$。(1)在情形(1)中,$\mathfrak{S}_4$的赋值与$\mathfrak{V}_2$和$\mathfrak{V}_3$无关,总是得到$\mathfrak{N}$。因为依据 VR2a 和 EvR1,"F(0)"用∼$\mathfrak{N}$替换,因而"∼F(0)"得到∼∼$\mathfrak{N}$,依据 RR2f,通过归约由之得到$\mathfrak{N}$。然后通过 RR3c,由$\mathfrak{S}_5$和$\mathfrak{S}_6$得到$\mathfrak{N}$,因而也通过 RR3a 由$\mathfrak{S}_4$得到$\mathfrak{N}$。(2)在情形(2)中,就任意$\mathfrak{V}_3$而言,$\mathfrak{S}_4$与$\mathfrak{V}_2$无关,总是得到$\mathfrak{N}$。因为每个$\mathfrak{St}$都属于$\mathfrak{V}_1$,"y"的赋值$\mathfrak{V}_3$也属于它。所以,依据 EvR1,"F(y)"的赋值得到$\mathfrak{N}$。因而如前,$\mathfrak{S}_5$、$\mathfrak{S}_6$和$\mathfrak{S}_4$都得到$\mathfrak{N}$。(3)在情形(3)中,就任一$\mathfrak{V}_1$而言,可以这样陈述一个$\mathfrak{V}_2$,此$\mathfrak{V}_2$使

得$\mathfrak{S}_4$的赋值不依赖于$\mathfrak{B}_3$而得到$\mathfrak{N}$。因为"0"属于$\mathfrak{B}_1$,但$\mathfrak{S}t_1$不属于,我们一步一步从$\mathfrak{S}t_1$抹去"'",得到一个属于$\mathfrak{B}_1$的$\mathfrak{S}t_2$,而$\mathfrak{S}t_2{}'$不属于$\mathfrak{B}_1$。(在这一推理中,完全归纳运用在了句法语言中。)现在我们视$\mathfrak{S}t_2$为$\mathfrak{B}_2$(依据 VR1a,这是一 $\mathfrak{S}t$)。那么,依据 EvR1,"$F(x)$"将变成$\mathfrak{N}$。依据 VR2b,$\mathfrak{S}t_2{}'$是"x'"的赋值。因此,依据EvR1,"$F(x')$"变成$\sim\mathfrak{N}$,因而"$\sim F(x')$"变成$\sim\sim\mathfrak{N}$,由之我们得到$\mathfrak{N}$。因此,如前,$\mathfrak{S}_5$、$\mathfrak{S}_6$和$\mathfrak{S}_4$都得到$\mathfrak{N}$。在这三种情形中标准都达到了;相应地$\mathfrak{S}_1$(PSII 20)是分析的。

定理 34h.2. 每个形式为 PSII 21 的句子(选择公理)都是分析的。

这个证明是容易的,但太长,这里就不全部给出了。为说清所涉及的基本问题,我们至少简单说一下该证明的形式。假定$\mathfrak{S}_1$是一个 PSII 21 形式的句子,那么$^{\mathfrak{N}}\mathfrak{S}_1$是:

$(\exists \mathfrak{p}_2)(\mathfrak{v}_7)(\exists \mathfrak{p}_3)(\exists \mathfrak{p}_4)(\exists \mathfrak{v}_8)(\exists \mathfrak{p}_5)(\mathfrak{p}_6)(\exists \mathfrak{v}_9)(\mathfrak{v}_{10})(\mathfrak{v}_{11})$
$[\mathfrak{S}_2]$;其中$\mathfrak{S}_2$是:

$(\mathfrak{p}_1(\mathfrak{p}_2) \vee \mathfrak{p}_1(\mathfrak{p}_3) \vee \sim \mathfrak{p}_1(\mathfrak{p}_6) \vee \mathfrak{p}_6(\mathfrak{v}_9)) \cdot (\cdots) \cdot \cdots \cdot (\sim \mathfrak{p}_2(\mathfrak{v}_7) \vee \sim (\mathfrak{p}_3 = \mathfrak{p}_4) \vee \sim \mathfrak{p}_1(\mathfrak{p}_6) \vee \sim \mathfrak{p}_6(\mathfrak{v}_{10}) \vee \sim \mathfrak{p}_5(\mathfrak{v}_{10}) \vee \sim \mathfrak{p}_6(\mathfrak{v}_{11})$
$\vee \sim \mathfrak{p}_5(\mathfrak{v}_{11}) \vee (\mathfrak{v}_{10} = \mathfrak{v}_{11}))$。

$\mathfrak{S}_2$是 30 个项的合取,每个项都是一个有 4 个或 8 个项的析取。令$\mathfrak{B}_i$($i=1$至 11)是$\mathfrak{v}_i$或$\mathfrak{p}_i$的赋值。依据 DA,如果满足下面的条件$\mathfrak{S}_1$就是分析的:对每个$\mathfrak{B}_1$而言,都存在一个$\mathfrak{B}_2$;该$\mathfrak{B}_2$使得对每个$\mathfrak{B}_7$而言,都存在$\mathfrak{B}_3$、$\mathfrak{B}_4$、$\mathfrak{B}_8$、$\mathfrak{B}_5$;$\mathfrak{B}_3$、$\mathfrak{B}_4$、$\mathfrak{B}_8$、$\mathfrak{B}_5$使得对每个$\mathfrak{B}_6$而言,都存在一个$\mathfrak{B}_9$;该$\mathfrak{B}_9$使得对每个$\mathfrak{B}_{10}$和$\mathfrak{B}_{11}$而言$\mathfrak{S}_2$基于$\mathfrak{B}_1$至$\mathfrak{B}_{11}$的赋值得到$\mathfrak{N}$。令$\mathfrak{B}_1$是任意给定的。关于$\mathfrak{B}_1$我们可以

第三部分 不确定的语言 II

分以下几种可能：$\mathfrak{B}_1$ 或者是空的，或者不是空的；$\mathfrak{B}_1$ 或者包含一个空类作为它的元素，或者不包含空类；或者存在两个类，它们都属于 $\mathfrak{B}_1$，且有一个共同的元素，或者不存在这样的两个类。很容易看到，在每种情况下标准都达到了。这里我们只考察最重要的情形，即最后一种情形：$\mathfrak{B}_1$ 和属于 $\mathfrak{B}_1$ 的类都不是空的，且没有两个属于 $\mathfrak{B}_1$ 的类有共同的元素。假定选择原理在此句法语言中成立，那么，存在 $\mathfrak{B}_1$ 的一个选择类，也就是说，一个与属于 $\mathfrak{B}_1$ 的每个类正好有一个共同元素的类。我们视这一选择类为 $\mathfrak{B}_5$。那么，很容易证明（情形的分类：$\mathfrak{B}_6$ 或者是 $\mathfrak{B}_1$ 的一个元素，或者不是）所给标准在每种情形中都是能达到。

在前面的证明中用到了选择原理本身。然而必须注意到，这一原理在这里并不是作为对象语言的一个句子出现的，而是作为我们在句法研究中所使用的句法语言的句子出现的。显然，证明某一句法语句的可能性依赖于所使用的句法语言的丰富性，尤其依赖于那种语言中被视为有效的东西。在本例中情况如下：我们可以在句法语言 S 中（我们采用的是一种非严格确立的词语言）给出对象语言 II 的某个句子 $\mathfrak{S}_1$ 是分析的证明，如果在 S 中我们有某个可拿出手的句子，即 S 中可以翻译为 II 中的 $\mathfrak{S}_1$ 的一特殊句子。由此可知，我们的证明无论如何不是循环的。这和定理 1 的证明中句法语言的归纳原理的运用是极为类似的。定理 1 和 2 的证明不可解释为仿佛通过它们证明了归纳原则和选择原则实质上是真实的。它们只是表明我们对"分析的"定义达到了意欲达到的那一目的，即表现出了分析句的如下特征：在作有实质内容的解释后被认为是逻辑有效的句子就是分析的。

选择原则是否应当被作为逻辑有效的东西纳入整个科学(也包括所有的句法研究)的语言中,这一问题并没有因此而解决。那是一个选择问题,如同所有关于要选择的语言形式问题一样(比照宽容原则,§17和§78)。鉴于我们目前关于选择原则的句法性质的知识,它的纳入应当说是便利的。通过它的纳入数学演算的构造大大简化了,这一事实对之是有利的。只要没有证明出在它中有矛盾存在(似乎是相当不可能的),就几乎没什么反对它的话可说。

§34i. 语言 II 是不矛盾的

我们已经试图借助"可证的"这一 d-术语和"分析的"这一 c-术语表述了逻辑有效(在 II 中)这一不精确的概念。现在必须对这两个术语间存在的关系进行更细致的考察。我们将证明第二个术语是第一个术语的扩展:每个可证的句子都是分析的,但反过来并不成立。以同样的方式我们将证明如果 $\mathfrak{S}_1$ 是从 $\mathfrak{K}_1$ 可推导的,$\mathfrak{S}_1$ 也总是 $\mathfrak{K}_1$ 的一个后承。与此相关,我们将证明语言 II 是不矛盾的,也就是说,句子 $\mathfrak{S}_1$ 和 $\sim\mathfrak{S}_1$ 在 II 中不会都是可证的。

为了表明每个可证语句都是分析的(定理21),我们必须证明语言 II 的 PSII 1-23 中的每一个初始句都是分析的。具体的初始句将在下面的段落中逐一考察(定理 2-14)。

定理 34i.1. 所有在普通的句子演算中可证的句子,因而**排中律**、矛盾律和双重否定律,都是分析的。这是由 RR2、3 得出的。

定理 34i.2. 初始句 PSII 1-6 是分析的。这是由定理 1 得出的。

定理 34i.3. 初始句 PSII 7-9 是分析的。这是由 RR8b、c、4 和定理 34b.5 得出的。

定理 34i.4. 形式 PSII 10 的每个句子都是分析的。这是由定理 RR5a 得出的。

定理 34i.5. 形式 PSII 11 的每个句子都是分析的。其证明是一个基于不同情形的简单证明：v_1 和 v_2 或者有同样的赋值，或者没有同样的赋值。

定理 34i.6. PSII 12 是分析的。这是由 RR5c、2f 得出的。

定理 34i.7. PSII 13 是分析的。这是由 RR2b、5b、3b 得出的。

定理 34i.8. PSII 14 和 15 是分析的。这是由 RR7a、b 和定理 34b.5 得出的。

定理 34i.9. 形式 PSII 16 的每个句子都是分析的。

证明。 通过（部分）归约我们得到：$(\exists v_1)\left[\sim \mathfrak{S}_1 \vee \mathfrak{S}_1\begin{pmatrix}v_1\\\mathfrak{A}_1\end{pmatrix}\right]$. 这是分析的，因为其运算域相对于 v_1 的至少一个赋值 $\mathfrak{B}_1$ 是分析的，因为 $\mathfrak{A}_1$ 或者 $\mathfrak{A}_1$ 的任意一个赋值可被视作 $\mathfrak{B}_1$。

定理 34i.10. 形式 PSII 17 的每个逻辑句子都是分析的。——初始句 PSII 17，即**带主目的代入原则**，代表了逻辑-数学系统尤其是其中出现所谓**过剩变项**的情形时的关键点之一。

证明。 令 $\mathfrak{S}_3$ 是 PSII 17 形式的一个逻辑句，令 $\mathfrak{Arg}_1$ 是 v_1, v_2, $\cdots v_k$。我们将假定除了这些变项外（它们不必然出现）$\mathfrak{S}_2$ 还包含过剩的自由变项 $v_{k+1}, \cdots v_m$（过剩的变项被理解为那些在 $\mathfrak{Arg}_1$ 不出

现的变项）。令$\mathfrak{S}_1$中除$\mathfrak{p}_1$外作为自由变项出现的变项为$\mathfrak{v}_{m+1},\cdots \mathfrak{v}_p$。为了证明$\mathfrak{S}_3$是分析的，我们将证明$^{\mathfrak{R}}\mathfrak{S}_3$相对于变项$\mathfrak{v}_{k+1},\cdots \mathfrak{v}_m, \mathfrak{v}_{m+1},\cdots \mathfrak{v}_p$的任一给定赋值序列$\mathfrak{B}$是分析的。通过部分归约我们因为$^{\mathfrak{R}}\mathfrak{S}_3$得到$^{\mathfrak{R}}[\mathfrak{S}_4 \vee \mathfrak{S}_5]$，其中$\mathfrak{S}_4$是$(\exists \mathfrak{p}_1)(\sim \mathfrak{S}_1)$，$\mathfrak{S}_5$是$\mathfrak{S}_1\begin{pmatrix}\mathfrak{p}_1(\mathfrak{Arg}_1)\\\mathfrak{S}_2\end{pmatrix}$。可以区分出两种情形：

1. 设存在$\mathfrak{p}_1$的一个赋值$\mathfrak{B}_1$，使得$^{\mathfrak{R}}(\sim \mathfrak{S}_1)$相对于$\mathfrak{B}_1$和$\overline{\mathfrak{B}}$是分析的。那么依据DA3B，$(\exists \mathfrak{p}_1)^{\mathfrak{R}}(\sim \mathfrak{S}_1)$相对于$\overline{\mathfrak{B}}$是分析的；因此$^{\mathfrak{R}}\mathfrak{S}_4$也是分析的，$^{\mathfrak{R}}\mathfrak{S}_3$也是。

2. 设不存在所描述的那种$\mathfrak{p}_1$的赋值。那么，就$\mathfrak{p}_1$的任意赋值$\mathfrak{B}_i$而言，$^{\mathfrak{R}}(\sim \mathfrak{S}_1)$相对于$\mathfrak{B}_i$和$\overline{\mathfrak{B}}$不是分析的，所以，因为它是逻辑的，依据定理34e.11，它是矛盾的。因此，$^{\mathfrak{R}}\mathfrak{S}_1$相对于$\mathfrak{B}_i$和$\overline{\mathfrak{B}}$是分析的。在所给赋值$\mathfrak{B}$的基础上，我们将以下面的方式选择$\mathfrak{p}_1$的一个赋值$\mathfrak{B}_1$。依据VR1c，$\mathfrak{p}_1$的一个可能的赋值是$\mathfrak{Arg}_1$的可能赋值的一个类：令$\mathfrak{B}_1$是由这样一个条件决定的，即$\mathfrak{Arg}_1$的一个可能赋值$\mathfrak{B}_j$是$\mathfrak{B}_1$的一个元素当且仅当$^{\mathfrak{R}}\mathfrak{S}_2$相对于$\mathfrak{B}_j$和$\overline{\mathfrak{B}}$是分析的。$\mathfrak{S}_1$中$\mathfrak{p}_1$后总是跟着一个主目表达式。令包含$\mathfrak{p}_1$的$\mathfrak{S}_1$中的某一部分句为$\mathfrak{p}_1(\mathfrak{A}_1, \mathfrak{A}_2, \cdots \mathfrak{A}_k)$。假定$\mathfrak{B}'$是$\mathfrak{A}_1, \cdots \mathfrak{A}_k$的赋值序列，该赋值序列由赋值$\overline{\mathfrak{B}}$依据VR2而产生（这里只考虑$\mathfrak{A}_1, \cdots \mathfrak{A}_k$中出现的自由变项的赋值）；当部分句出现在那些表达式中时，我们视$\mathfrak{N}$为分析的部分句的赋值，视$\sim \mathfrak{N}$为矛盾的部分句的赋值。那么，相对于$\mathfrak{B}_1$和$\mathfrak{B}'$，$^{\mathfrak{R}}\mathfrak{p}_1(\mathfrak{A}_1, \cdots \mathfrak{A}_k)$或者是分析的（情形a），或者是矛盾的（情形b），因为它是逻辑的。在情形a中，依据EvR1，$\mathfrak{B}'$是$\mathfrak{B}_1$

第三部分　不确定的语言 II

的一个元素；在情形 b 中，它不是。现在 $\mathfrak{B}'$ 也是 $\mathfrak{Arg}_1$ 的一个可能赋值。在情形 a 中，依据我们对 $\mathfrak{B}_1$ 的选择，$^\mathfrak{R}\mathfrak{S}_2$ 相对于 $\mathfrak{B}'$（对 $\mathfrak{v}_1$，… $\mathfrak{v}_k$ 的）和 $\overline{\mathfrak{B}}$ 是分析的；在情形 b 中，它是矛盾的。因此，在情形 a 中，$^\mathfrak{R}\mathfrak{S}_2 \begin{pmatrix}\mathfrak{v}_1\\\mathfrak{A}_1\end{pmatrix} \cdots \begin{pmatrix}\mathfrak{v}_k\\\mathfrak{A}_k\end{pmatrix}$ 相对于 $\overline{\mathfrak{B}}$ 是分析的，在情形 b 中它是矛盾的。$\mathfrak{S}_5$ 是由 $\mathfrak{S}_1$ 通过如下的途径而得的：在代入位置，用相应的部分句 $\mathfrak{S}_2 \begin{pmatrix}\mathfrak{v}_1\\\mathfrak{A}_1\end{pmatrix} \cdots \begin{pmatrix}\mathfrak{v}_k\\\mathfrak{A}_k\end{pmatrix}$ 替换形式为 $\mathfrak{p}_1(\mathfrak{A}_1,\cdots\mathfrak{A}_k)$ 的部分句。我们已经看到，这种对应的部分句相对于 $\mathfrak{B}_1$ 和 $\overline{\mathfrak{B}}$ 要么都是分析的，要么都是矛盾的。因此，如果 $^\mathfrak{R}\mathfrak{S}_1$ 相对于 $\mathfrak{B}_1$ 和 $\overline{\mathfrak{B}}$ 是分析的，那么 $^\mathfrak{R}\mathfrak{S}_5$ 相对于 $\overline{\mathfrak{B}}$ 是分析的。前面已经证明 $^\mathfrak{R}\mathfrak{S}_1$ 相对于 $\overline{\mathfrak{B}}$ 和 $\mathfrak{p}_1$ 的任意赋值都是分析的，所以它相对于 $\mathfrak{B}_1$ 和 $\overline{\mathfrak{B}}$ 也是分析的。相应地 $^\mathfrak{R}\mathfrak{S}_5$ 相对于 $\overline{\mathfrak{B}}$ 是分析的，因而 $^\mathfrak{R}\mathfrak{S}_3$ 也是分析的。

定理 34i.11.　形式 PSII 18 的每个句子都是分析的。——这是由 RR9c、2f 和定理 34b.5 得出的。

定理 34i.12.　形式 PSII 19 的每个句子都是分析的。——通过部分归约，我们得到

$$(\exists \mathfrak{v}_1)(\mathfrak{v}_2)\left[\sim\mathfrak{S}_1 \vee \mathfrak{S}_1\begin{pmatrix}\mathfrak{v}_1\\\mathfrak{v}_2\end{pmatrix}\right];$$

余下的证明类似于定理 9 的证明。

定理 34i.13.　形式 PSII 22 的每个句子都是分析的。

证明。令 $\mathfrak{S}_1$ 的形式为 PSII 22。$^\mathfrak{R}\mathfrak{S}_1$ 为
$(\exists \mathfrak{v}_3)[(\mathfrak{p}_1(\mathfrak{v}_3) \vee \mathfrak{p}_2(\mathfrak{v}_3) \vee (\mathfrak{p}_1=\mathfrak{p}_2)) \cdot (\sim\mathfrak{p}_2(\mathfrak{v}_3) \vee \sim\mathfrak{p}_1(\mathfrak{v}_3)$
$\vee (\mathfrak{p}_1=\mathfrak{p}_2))]$。

要使得这是分析的,就 $\mathfrak{p}_1$ 和 $\mathfrak{p}_2$ 的任意赋值 $\mathfrak{B}_1$ 和 $\mathfrak{B}_2$ 而言,必须存在 $\mathfrak{v}_3$ 的一个赋值 $\mathfrak{B}_3$,使得在这些赋值的基础上其运算域的赋值通向 $\mathfrak{N}$。借助于情形的分类,很容易证明这一条件是被满足的。

定理 34i.14. 形式 PSII 23 的每个句子都是分析的。

证明。归约得到:

$$(\exists \mathfrak{v}_1)\cdots(\exists \mathfrak{v}_n)[\sim(\mathfrak{f}_1(\mathfrak{v}_1,\cdots\mathfrak{v}_n)=\mathfrak{f}_2(\mathfrak{v}_1,\cdots\mathfrak{v}_n))\vee(\mathfrak{f}_1=\mathfrak{f}_2)]。$$

要使得这是分析的,就 $\mathfrak{f}_1$ 和 $\mathfrak{f}_2$ 的任意赋值而言,必须存在 $\mathfrak{v}_1$,$\cdots\mathfrak{v}_n$ 的赋值序列使得该运算域的赋值通向 $\mathfrak{N}$。很容易证明这一条件是达到了的。如果给定了 $\mathfrak{f}_1$ 和 $\mathfrak{f}_2$ 的任意赋值,那么它们或者相互一致,或者不一致。在第一种情况下,析取的第二个项变为 $\mathfrak{N}$,因而整个运算域变为 $\mathfrak{N}$。在第二种情况下,我们采用 $\mathfrak{v}_1,\cdots\mathfrak{v}_n$ 的一个赋值序列,它借助 $\mathfrak{f}_1$ 和 $\mathfrak{f}_2$ 的赋值被关联到两个不同的赋值。那么,析取的第一个项变为 $\mathfrak{N}$,因而整个运算域变为 $\mathfrak{N}$。

定理 34i.15. II 中的每个逻辑初始句都是分析的。——这是由定理 2-14、34h.1 和 2 得出的。

定理 34i.16. 如果 $\mathfrak{S}_1$ 是分析的,那么 $\mathfrak{S}_1\begin{pmatrix}\mathfrak{v}\\\mathfrak{a}_\mathfrak{v}\end{pmatrix}$ 也是分析的。

定理 34i.17. II 中的每个初始句都是分析的。——这是由定理 15 和 16 得出的。

定理 34i.18. II 中的每个定义都是分析的。——依据 RR1 和定理 34e.7。

定理 34i.19. (a) $\mathfrak{S}_2$ 是 $\mathfrak{S}_1$ 和 $\mathfrak{S}_1\supset\mathfrak{S}_2$ 的后承。——(b) $(\mathfrak{v})\mathfrak{S}_1$ 是 $\mathfrak{S}_1$ 的后承。

定理 34i.20. 如果依据 RII 1 和 2(§31),$\mathfrak{S}_3$ 是可从 $\mathfrak{S}_1$ 直接

推导的,或是可从$\mathfrak{S}_1$和$\mathfrak{S}_2$直接推导的,那么$\mathfrak{S}_3$分别是$\mathfrak{S}_1$或者$\mathfrak{S}_1$和$\mathfrak{S}_2$的后承。这是由定理19得出的。

定理 34i.21. 每个可证句(**在** II 中)都是分析的。——由定理17、18、20和定理34f.2得出。反过来不成立(例如:定理36.2和5)。(见第185页第二个图。)

定理 34i.22. 如果$\mathfrak{S}_n$是可从$\mathfrak{S}_1,\mathfrak{S}_2,\cdots \mathfrak{S}_m$推导的(在 II 中),那么$\mathfrak{S}_n$是$\mathfrak{S}_1,\mathfrak{S}_2,\cdots \mathfrak{S}_m$的后承。——这是由定理17、18、20和定理34f.8得出的。

定理 34i.23. $\sim \mathfrak{N}$**在** II 中不是可证的。——这是由定理21和DA2Cc得出的。

如果语言 S 的每个句子在 S 中都是可证的,称 S 是矛盾的;否则称它为不矛盾的。(见§59)

定理 34i.24. 语言 II(作为 d-规则 PSII 1-23 和 RII 1-2 的系统)是一种不矛盾的语言。——这是由定理23得出的。

希尔伯特给自己设置了一个任务,这就是用"有限的手段"证明经典数学的不矛盾性。"有限的手段"是何含义? 在迄今所出版的希尔伯特的任何一部著作中都没有对此做过准确的陈述(包括《数学的逻辑基础》,1934)。但大概是我们称之为"确定的句法概念"的意思。希尔伯特的目标能否借助这一限定或任何类似的限定达成,按哥德尔就此问题的研究来看(见§36),必定是很值得怀疑的。即便可以得到部分的结果,也有太多需要克服的难题。我们刚给出的语言 II 的不矛盾性的证明绝不代表解决了希尔伯特问题,经典数学是包括在语言 II 中的。我们的证明实质上依赖于"分析的"这样的句法术语的使用,这些句法术语很大程度上是不确定的，也超出了 II 所配置的方法。因而，不可高估所给出的这一不矛盾性的证明的意义。即便它不含有形式错误，它也没有绝对肯定对象语言 II 不引起矛盾。因为这一证明是用句法语言来进行的，这一句法语言有着比语言 II 更丰富的资源，我们绝不保证在这一句法语言中不出现矛盾，因此也不保证在我们的证明中不出现矛盾。

§35. 指涉自身的句法句子

如果一种语言的句法是用这种语言自身来表述的，那么一个句法语句有时可以论及自身，或者更准确地说，它可以论及它自己的型式——因为纯粹句法当然不能谈及作为物理事物的具体语句，只可以谈及型式和形式。例如，$\mathfrak{S}_1$ 陈述："一个型式为……的句子是闭的（或：开的、可证的、综合的等等）"；这里 $\mathfrak{S}_1$ 自身具有其所描述的那一型式。就每一句法性质而言，都可以构造一个句子，把这一性质归于这一句子自身，无论正确还是错误。我们将给出这样做的方法，因为它给出语言的完全性问题、不矛盾性证明的可能性问题的重要结论。我们已经用语言 I 自身系统地陈述了语言 I 的句法。语言 II 的句法在更大范围内能够用同样的方法在自身中得到陈述，因为在语言 II 中不确定的句法概念也能被定义。进一步的研究将参照语言 II，但它们很容易转换成语言 I，因为在其中我们只使用 I 中已经出现的那种确定符号。

"str(n)"意指："值为 n 的 $^{SN}\mathfrak{S}t$"。［例如，str(4)是 $^{SN}\mathfrak{S}t$"0′′′′"。］递归定义：

第三部分 不确定的语言 II

$$\text{str}(0) = \text{reihe}(4) \tag{1}$$

$$\text{str}(n^!) = \text{zus}[\text{str}(n), \text{reihe}(14)] \tag{2}$$

假设选定了表达式的任一句法性质——例如，"描述的"或"非可证的（在 II 中）"。令 $\mathfrak{S}_1$ 是表达这一性质且含有自由变项"x"（我们将为它安排项数 3）的句子["DeskrA(x)"和"$\sim$BewSatzII(r,x)"就是这样的例子；比较第 76 页]。令 $\mathfrak{S}_2$ 是用"subst$[x,3,\text{str}(x)]$"代入 $\mathfrak{S}_1$ 中的"x"而得到的句子。[在第二个例子中，$\mathfrak{S}_2$ 是"$\sim$BewSatzII$(r,\text{subst}[x,3,\text{str}(x)])$"。]借助前面陈述的规则（第 68 页），每个被定义符号的项数是唯一确定的。因此，如果 $\mathfrak{S}_2$ 是给定的，$\mathfrak{S}_2$ 的序列-数能够计算出来；假设用"b"来称谓它（"b"是一个被定义的 $\mathfrak{zz}$）。设^{SN} 句子 subst$[b,3,\text{str}(b)]$ 是 $\mathfrak{S}_3$；因而 $\mathfrak{S}_3$ 是用值为 b 的 $\mathfrak{St}$ 代入 $\mathfrak{S}_2$ 中的"x"的结果。很容易看到，进行句法解释的话，$\mathfrak{S}_3$ 的意思是 $\mathfrak{S}_3$ 自身具有被选中的那一句法性质。

我们将通过"非可证的（在 II 中）"这一性质来说明这一点。这里写作 $\mathfrak{G}$ 而不是"$\mathfrak{S}_3$"。[这一句子在 II 中形成类似于哥德尔在"不可判定性"中所建构的那一句子，唯一的区别在于我们用自由变项取代了约束变项。]令 b_2 是这一例子中的 $\mathfrak{S}_2$（上面所给的）的序列-数，str(b_2) 是一个$^{\text{SN}}\mathfrak{St}$；为了使下面的讨论更清晰，我们将用"$0^!..$"来表示这一 $\mathfrak{St}$（这一 $\mathfrak{St}$ 是由"0"和 b_2 个重读符号组成的，因而对任何人而言都太长而不能完整地写出来）。因此，$0^{!!}.. = b_2$。令 $\mathfrak{G}$ 是拥有序列-数 subst$[b_2,3,\text{str}(b_2)]$（或者 subst$[0^{!!}..,3,\text{str}(0^{!!}..)]$）的句子。因而，$\mathfrak{G}$ 是用"$0^{!!}..$"代入 $\mathfrak{S}_2$ 中的"x"而得到的句子；相应地 $\mathfrak{G}$ 是句子"$\sim$BewSatzII$(r,\text{subst}[0^{!!}..,3,\text{str}(0^{!!}..)])$"。用这一方式我们已经确定了 $\mathfrak{G}$ 的措词。从句法

上解释,它的意思是:拥有序列-数 subst[0″..,3,str(0″..)]的句子不是可证的。但是,这个句子是 ⑤ 自身。因此,⑤ 意味着 ⑤ 不是可证的。

顺便说一句,要注意,具有描述性句法的句子能够以一种更直接的方式指涉它自身,即不单单是指涉它的型式,也指涉由打印墨汁组成的物理事物自身。出现在某一处的句子,从实质上解释,可以指出现在那个地方的句子,即它自身,拥有如此这般的一个句法性质。这里比纯句法句情形下构建一个断定自身具有那一性质的句子——无论正确与否——要容易得多。假定所讨论的这一性质用 pr″Q″ 来表达;那么句子"Q[ausdr(b,a)]"的意思是:"出现在位置 a 到 a+b 的表达式有性质 Q"(比较第 78 页)。[例:令 "DeskrA[ausdr(8,a)]" 这一句子 ⑤₁ 出现在 a 至 a+8 的位置上(比如,用一页纸上的编号的位置来表示)。从句法上解释,⑤₁ 指的是出现在 a 至 a+8 的位置上的表达式是描述表达式。但这一表达式是 ⑤₁ 自身。顺便说一句,⑤₁ 是真的(经验有效的),因为 ⑤₁ 包含 "ausdr" 这一 $\mathfrak{fu}_b$。]

§36. 不可解的句子

现在我们将证明(按哥德尔在"不可判定性"中的思路)在前一节中所构建的句子 ⑤ 在语言 II 中是不可解的。

我们已经建立了语言 II,其方式是使句法的形成规则和变形规则与我们已提出的 II 中的这些符号和表达式在作有实质内容的解释时一致。[从系统的观点看,相反的关系也成立:制定逻辑上任意的规则,从这些形式规则可以推断出解释。比照§62。]特别是,"分析的"(在 II 中)的定义是如此构筑的,以使得所有那些而且只有那些在作有实质内容的解释后逻辑有效的句子被称作分析的。此外,在 I (D1-125)中我们是这样进行 I 的算术化句法的建构的,以使该句法的句子——因而是句法上可解释的逻辑语句,即 I 的算术句——是算术地真的,当且仅当在句法解释上它是真的句法句子。[例如:"BewSatz(a, b)"是算术地真的,当且仅当 a 是符合所建规则的一个证明的序列-序列-数,且 b 是这个证明中最后一个句子的序列-数。]我们假定在 II 中 II 的算术化句法也是以同样的方式来陈述的。[例如,"BewSatzII(r, x)"被定义,使得它的意思是:"r 是 ^{SN} 句子 x 的一个 ^{SSN} 证明。"这里"BewSatzII"是一个确定的 pr。]那么,语言 II 中一个句法上可解释的算术句是逻辑有效的,因而也是分析的,当且仅当在作有实质内容的解释后它是一个真的句法句。因此,对于某些 $\mathfrak{S}_i$,这里我们有一个更加简明的证明方法(因其简洁而易于使用),来证明它们是分析的(或矛盾的)(否则证明是非常冗长乏味的);这一证明是由对所讨论的句子在句法解释上的真假的非形式的考虑所引发的。[在上面的例子中,如果我们能证明 ^{SSN} 句子-序列 a 是 ^{SN} 句子 b 的一个证明,那么,就证明了句子"BewSatzII(a, b)"在 II 中是分析的。]

$\mathfrak{S}$ 是句子"∼BewSatzII(r, subst[⋯])";为简便起见,这里我们写作"subst[⋯]"而不是"subst[0″.., 3, str(0″..)]"。$\mathfrak{S}$ 的序列-数是 subst[⋯]。

定理 36.1. 如果语言 II 是不矛盾的,$\mathfrak{S}$ 在 II 中不是可证的。——假定存在 $\mathfrak{S}$ 的一个 ^{SSN} 证明 a。则 II 中表达这个意思的句子，即 BewSatzII(a, subst[⋯])将是真的，且因此是分析的，而且，因为它是确定的，它也是可证的。如果 𝔊 是可证的，$\mathfrak{G}\begin{pmatrix}\text{'r'}\\ \text{a}\end{pmatrix}$ 也是可证的，$\mathfrak{G}\begin{pmatrix}\text{'r'}\\ \text{a}\end{pmatrix}$ 即是"∼BewSatzII(a, subst[⋯])"。但这一句子是前一句子的否定。因此 II 将是矛盾的。

定理 36.2. 𝔊 在 II 中不是可证的。——依据定理 1 和 34i.24。

定理 36.3. 𝔊 在 II 中不是可驳倒的。——假定 𝔊 是可驳倒的，"∼(r)(∼BewSatzII(r, subst[⋯]))"因此就是可证的（比较第 94 页）。那么"(∃r)(BewSatzII(r, subst[⋯]))"将是可证的，且依据定理 34i.21，将是分析的，因而是真的；这意味着序列-数为 subst[⋯]的句子的证明是存在的，因此 𝔊 的证明也是存在的。但依据定理 2，情况根本不是这样的。

定理 36.4. 𝔊 在 II 中是不可解的。——依据定理 2 和 3。

定理 36.5. 𝔊 是分析的。——在句法解释上 𝔊 和定理 2 的意思是相同的，因此是真的，并因而是分析的。所以，𝔊 是 II 中分析的但非可证的句子的一个实例（见第 185 页的图）。每个形式为 $\mathfrak{G}\begin{pmatrix}\mathfrak{z}_1\\ \mathfrak{S}\mathfrak{t}\end{pmatrix}$ 的句子都是分析的、确定的，其中 $\mathfrak{z}_1$ 是"r"，因而依据定理 34e.12，也是可证的；但全称句 𝔊 自身不是可证的。

令 𝔚_II 是闭句"(∃x)(r)(∼BewSatzII(r, x))"。在句法解释上它的意思是 II 中存在一个非可证的句子，因此语言 II 是不矛盾的。

定理 36.6. 𝔚_II 是分析的。——依据定理 34i.23，𝔚_II 是真的。

定理 36.7. $\mathfrak{W}_{II}$ 在 II 中不是可证的。——定理 7 可以运用哥德尔给出的证明（"不可判定性"，第 196 页）来证明。我们将很简洁地陈述一下这一论证。定理 36.1 的证明能够通过语言 II 所配置的方法完成；也就是说，句子 $\mathfrak{W}_{II} \supset \mathfrak{G}$ 在语言 II 中是可证的。倘若 $\mathfrak{W}_{II}$ 是可证的，则依据 RII 1，$\mathfrak{G}$ 也将是可证的。但依据定理 2，这是不可能的。II 的不矛盾性不能借助 II 所配置的方法来证明。$\mathfrak{W}_{II}$ 是分析的但非可证的句子的一个新的实例。

定理 7 并不意味着 II 的不矛盾性证明是完全不可能的；我们已经给出了这样的证明。该定理毋宁指：这一证明需使用比 II 更丰富的语言中所表述的句法资源才是可能的。我们前面陈述的那一证明包含对"分析的"（在 II 中）这一术语的重要的运用；但这一术语（如我们稍后将看到的）不能用任何在语言 II 中表述的句法来定义。

相应的结果对语言 I 来说也是真的：如果 $\mathfrak{G}_I$ 是 I 中构造的类似于 $\mathfrak{G}$ 的句子（"$\sim$BewSatz$(r,$subst$[\cdots])$"），$\mathfrak{G}_I$ 在语言 I 中是分析的但不可解的。令 $\mathfrak{W}_I$ 是 I 中的一个句子，这一句子近似对应于 $\mathfrak{W}_{II}$（如"$\sim$BewSatz(r,c)"，其中 c 是 $\sim\mathfrak{N}$ 的序列-数）。则 $\mathfrak{W}_I$ 在 I 中是分析但不可解的。语言 I 的不矛盾性（I 中某些句子的非可证性）不能通过 I 中所配置的方法来证明。

语言的不矛盾性不能在将自身限于该语言资源的句法中被证明，这一事实并不是因为语言 I 和语言 II 中任何特殊的缺陷。这一性质，如哥德尔（"不可判定性"）所证明的那样，是一大类语言的属性，迄今所知的所有包含自然数算术的系统（且可能无论什么样的系统）都具有这一属性。（在这一点也比较埃尔布朗的"论算术

的不矛盾",第 5 页及以下)

D. 语言 II 的进一步发展

§37. 作为类符号的谓词

弗雷格和罗素都是以这样一种方式从称谓一种性质的每个表达式(例如,从一个 pr¹ 或从一个所谓的一元句子函项——也就是说,一个正好具有一个自由变项的句子)引入的:使得所构建的类表达式指称那些具有该性质的对象构成的类。在语言 II 中我们并不打算引入任何特殊的类表达式;我们使用谓词自身替代它们。下面我们将简要说明如何引入一种简短记法,这种记法中主目和算子在某种情况下能被省略掉。这样的结果是一种非常类似于罗素的类符系统的符号体系。如果你愿意的话,可以用词语言中的"性质"或"类"来意译这种符号体系中的句子。

当一个性质(或类)不适于(或者包含)任何对象时,就称它为空的 [Leer];当它适于(或包含)每个对象时,就称它为完全的 (universal)。因此我们的定义如下:

定义 37.1. $\text{Leer}_{(0)}(F) \equiv \sim(\exists x)(F(x))$

定义 37.2. $\text{Un}_{(0)}(F) \equiv (x)(F(x))$

对其他类型也能构造类似的定义;主目的类型(这里:"(0)"为"F"的类型)可以以下标的形式附上,例如:

定义 37.3. $\text{Leer}_{(0,0)}(F) \equiv \sim(\exists x)(\exists y)(F(x,y))$

第三部分 不确定的语言 II

现在借助否定符号和联结符号我们形成某些联合的 $\mathfrak{Pr}$:

定义 37.4. $(\sim F)(x) \equiv \sim F(x)$

定义 37.5. $(F \vee G)(x) \equiv (F(x) \vee G(x))$

定义 37.6. $(F \cdot G)(x) \equiv (F(x) \cdot G(x))$

对任何其他的类型也可以构造相应的定义,包括多元的 pr。类似的 $\mathfrak{Pr}$ 可以借助其他联结符号构建;然而,在实践中很少用到。

我们如下定义表示空性质和完全性质的 pr"Λ"和"V":

定义 37.7. $\Lambda_0(x) \equiv \sim(x=x)$

定义 37.8. $V_0(x) \equiv (x=x)$

对所有余下的 pr-类型可以构造相应的定义,并将这种类型中属于 $\mathfrak{Arg}$ 的类型的名称作为下标标示。

定理 37.9. "$(F=G) \equiv (x)(F(x) \equiv G(x))$"是可证的(借助 PSII 22 和 11)。——类似地我们定义如下:

定义 37.10. $(F \subset G) \equiv (x)(F(x) \supset G(x))$

对任何同一类型的两个 pr,可以构造相应的定义,因而,也可以构造多元 pr 的定义。

[依据前面所陈述的语言 II 的句法,我们应该写成"$\vee(F, G)$"或"sm(F,G)"以替代"$(F \vee G)$",其中"sm"(如在第 86 页的例子中)是类型为 $((0),(0):(0))$ 的 $\mathfrak{fu}$,或一般地说,是类型为 $((t),(t):(t))$ 的 $\mathfrak{fu}$,无论 t 是何类型。应该写成"$\subset(F,G)$"或"Sub(F,G)"而不是"$(F \subset G)$",其中"Sub"是类型为 $((0),(0))$ 的 pr(比较第 86 页),或一般地说,是类型为 $((t),(t))$ 的 pr。但这里我们将之写作"$F \vee G$"和"$F \subset G$",以便别偏离罗素的符号体系太

远。依据定理 9 和定义 10，形如 $(v_1)(v_2)\cdots(v_n)(pr_1(v_1,\cdots v_n) \equiv pr_2(v_1,\cdots v_n))$ 的句子我们能总是写作 $pr_1 = pr_2$；且形如 $(v_1)\cdots(v_n)(pr_1(v_1,\cdots v_n) \supset pr_2(v_1,\cdots v_n))$ 的句子我们能总是写作 $pr_1 \subset pr_2$。这种没有主目的符号化模式翻译成词语言时可以有两种不同的翻译。例如，令"P"和"Q"是 pr^1；那么我们能够将"P⊂Q"译为"性质 P 蕴涵性质 Q"，或者如果我们愿意的话，翻译为"类 P 是类 Q 的子类"；当它是一个多元 pr 的问题时，相应地就是"子关系"。此外，当"P∨Q"这一 𝔓r 不带主目被使用时，我们可以将之解释为"类 P 与类 Q 之和"，将"$P \cdot Q$"解释为"类 P 与类 Q 之积"；相应地，在多元 pr 的情况下是"关系的和"与"积"。不带主目的"Λ"和"V"可被解释为"空类"和"全类"（或"空关系"与"全关系"）。选择公理 PSII 21 可以用作这类符号体系的一个实例（出现的 p 是从至少第二阶的适宜类型中选出的）：

$$[(M \subset \sim \text{Leer}) \cdot (F)(G)([M(F) \cdot M(G) \cdot \sim \text{Leer}(F \cdot G)] \supset (F=G))] \supset (\exists H)(F)[M(F) \supset A1(F \cdot H)]$$

据此 A1（"序数 1"）可以定义如下（比照§38b）：

$$A1(F) \equiv (\exists x)(y)(F(y) \equiv (y=x))$$

前面所提到的符号化模式完全类似于罗素的类符号体系；《数学原理》的整个类理论和关系理论，能很容易地用这种简化的形式来表达。但是，这里我们并不这么做，因为它并不引出更实质性的问题。

§38. 类的消除

在现代逻辑中类符号使用的历史发展包含几个重要阶段,对之研究即便对今日的问题仍然是有益的。我们选择这一发展中最重要的两个阶段来考虑,这两个阶段归功于弗雷格和罗素。弗雷格(《算术的基本规律》)第一个给出了概念的内容和外延间传统差异的严格形式。在他看来,概念的内容是通过句子函项来表征的(也就是说,是通过开语句来表征的,在开语句中自由变项表达不确定性而不是普遍性)。外延(例如,在性质概念即一元句子函项情况下,相应的类)或者通过包含句子函项的一个特殊表达式来表征,或者通过作为该表达式缩写引入的一个新符号来表征。这里带有类的等式句指的是相应性质的同外延性(例如,若"k_1"和"k_2"是属于 pr"P_1"和"P_2"的类符号,则"$k_1 = k_2$"意义上等值于"$(x)[P_1(x) \equiv P_2(x)]$")。后来罗素是以同样的方式来做的。然而,由于跟随传统的思维模式,弗雷格在某一点上犯了个错误;这一错误被罗素发现并改正了。

1902年,罗素的一封信使弗雷格注意到他的系统中存在一个矛盾,在逻辑史上这是决定性的时刻。经过多年努力,弗雷格在全新的基础上建立了逻辑科学和算术。但他仍未被知晓、未被认可,他不遗余力地抨击他那个时代主流数学家关于数学基础的看法,他们却忽视他的存在。他的书籍甚至没有被评论。他做了很大的个人牺牲,才使得他的主要著作《算术的基本规律》的第一卷得以在1893年出版。第二卷过了很长一段时间后才在1903年出版。

终于有反响了——不是来自于德国数学家,更不是来自于德国哲学家,而是来自于国外:英国的罗素对弗雷格的工作给予了高度评价。在某些问题上,罗素自己偶然发现了相同或相似的解法,这是在弗雷格之后很多年,但罗素仍然不知道弗雷格;在另一些问题上,他能够在他自己的系统中使用弗雷格的结果。但是现在,弗雷格在其著作的第二卷快要出版时,从罗素的信中获悉,他的类概念导致矛盾。弗雷格在其著作第二卷的附录中给出了对这一事实的陈述,在这一不加渲染的陈述的背后,我们能感觉到一种很深的情绪。但是,在所有事件中,如下的想法令他感到欣慰,这就是这种错误不是他的系统所独有的;他只是和所有那些迄今从事概念的外延的、类的和集合的问题的研究者们分享了这一命运,戴德和康托尔都在他们之中。

罗素发现的这一矛盾就是自此之后变得非常有名的悖论,即那些自身不是自身元素的类构成的类。弗雷格在他的附录中考察了解决这一难题的各种可能路径,但没有找到一种适宜的。后来罗素在同一年(1903年)出版的《数学原理》的附录中以类型论的形式提出了一种解决方案,依此方案只有个体可以是第一层级的类的元素,只有第 n 层级的类才能是第 n+1 层级的类的元素。根据这一理论,形如"$k\in k$"或"$\sim(k\in k)$"的句子既不是真的也不是假的;它只是无意义的。后来罗素又证明这一矛盾不仅可以运用于类,还可以运用于性质(悖论"不可谓述的",见 §60a)。这一矛盾在此也是借助类型规则来消除的;它是这样运用于 pr^1(作为性质的符号)的:^1pr 的主目只能是个体符号,^{n+1}pr 的主目只能是 ^npr。

弗雷格自己已经把所有的句子函项做了类似分类,依据其主目的种类将之分为不同的层级和种类,这是一个非常值得关注的事实(《算术的基本规律》,第一卷,第37页及以下)。在这本书中他已经为罗素的类型分类做了重要的准备工作。但是在两点上,同传统逻辑和康托尔的集合论一样,他弄错了,这种错误已经通过罗素的类型规则更正过来了。正是因为这些错误,尽管函项的分类是完全正确的,还是引发了悖论。弗雷格的第一个错误在于,在他的系统中所有的表达式(或者更准确地说,所有以断定符号开头的表达式)要么真要么假。这样他不得不把那些带有不适宜主目的谓词的表达式视为假的。罗素第一个引入了表达式的三分法:真的、假的和无意义的——这一分类法在逻辑的进一步发展及其在经验科学和哲学的运用中被证明是十分重要的。在罗素看来,这些带有不适宜主目的表达式既不是真的也不是假的;它们是无意义的(用我们的术语来说就是:它们根本不是句子)。当弗雷格的这一错误被更正后,"不可谓述的"这一术语的悖论在他的系统中就建立不起来了——因为其定义必定包含违背句法的表达式"$F(F)$"。然而,与类有关的悖论在他的系统中仍然能够建构出来。因为弗雷格还犯有第二个错误,他没有将这种谓词(句子函项)的类型分类运用于与该种谓词对应的类,其对谓词的类型分类构建得如此明了、如此有洞见。他把这样的类——以及多项外延——简单地解释为个体(对象),完全独立于用来定义这样的类的句子函项的层级和种类。即便是在发现这一矛盾后,他仍然认为他不需要改变他的做法(第二卷,第254页及以下),因为他相信对象的名字和函项的名字是通过这样的事实来区分的,即前者有它们自己的意义,而后者是不完全的符号,只有在借助其他符号成为完全的后才变得有意义。因为弗雷格主张"0"、"1"、"2"等数字自身就是有意义的,另一方面,也因为他把那些符号定义为第二层级的类符号,他不得不把类符号看成个体名字,而不是谓词。今天我们倾向于把一个句子的所有自身不是句子的部分表达式视为不独立的;且至多赋予句子独立的意义。

为了不使用类来定义弗雷格意义上的基数,我们只需用性质的性质(用 ^{2}pr 来称谓)来替代弗雷格的性质的类。值得注意的是弗雷格在早期已经表达了这一观点(《算术基础》,1884 年,第 80 页的注):"我认为[在'基数'的定义中],我们可以只简单地说'概念',而不说'概念的外延'。但这会引起两种反对意见:……在我看来这两种反对意见都是可以消除的;但在此阶段这可能扯得太远了。"后来他显然彻底抛弃了这一看法。当我们回头去看时,似乎罗素也非常接近于彻底抛弃类的这一决定性的论点。对弗雷格来说引入类符号同引入谓词一样重要——因为在他的系统中它们遵循不同的规则——对罗素来说整个问题有着不同的一面。为了避免弗雷格的错误,罗素没有把类符号用作个体符号,而是将它们分为各种类型,这些类型严格对应于谓词的类型。但这会导致一个非常不必要的重复。罗素自己也意识到,对逻辑而言,"类"——也就是说类符号所称谓的任何事物——是"真实存在"还是不存在("无类理论"),这是无足轻重的。后来的发展在类符号是多余的这一观点上更加确定了。结合维特根斯坦的陈述,罗素自己后来讨论了类和性质是同样的这一观点,但他还没有承认它(1925:《数学原理》,第二版,第Ⅰ卷)。整个问题与外延性的论题是联系在一起的(§67)。贝曼(《数学和逻辑》)只是把类符号体系作为记法的缩略引入的,在这种记法中给出的谓词是不带主目的;然而,他坚持区分外延句和内涵句,主张这种记法仅对前者来说是可接受的。诺依曼("希尔伯特的证明理论")和哥德尔("不可判定性")甚至没有在符号上对谓词与所对应的类符号进行任何区分;在后者的地方他们直接使用前者。考夫曼(《数学及其 ausschaltung 中的无限》,《对于逻辑和数学基础争论的观察》)对罗素的类概念的批判也是值得关注的。但这一批判事实上较少是反对罗素系统的,更多是反对罗素及其他人所给出的对类概念的哲学讨论,这些并不真属于这一系统。

简短总结一下我们刚考察的这一发展过程。弗雷格在谓词以外引入类表达式,是为了有一些能够像对象名字一样来处理的东西。罗素意识到这样的处理是不能被许可的,然而他保留了类表达式。之前引入它们的理由已经被排除了,现在它们是多余的,因而最终被舍弃了。

§38a. 关于逻辑中的存在假设

如果逻辑独立于经验知识,那么它对于对象的存在必须什么都不假定。由于这一理由维特根斯坦拒斥无穷公理,无穷公理断定无穷对象的存在。基于相近的理由,罗素自己再也没有将该公理放入他的逻辑初始句中。但在罗素的系统(《数学原理》)以及希尔伯特的系统(《理论逻辑的基础》)中,像"$(\exists x)(F(x) \vee \sim F$

$(x))$"和"$(\exists x)(x=x)$"这样的句子是(逻辑)可证的,这样的句子至少陈述了一个对象的存在。后来,罗素自己也批判了这一点(《数理哲学导论》,第 XVIII 章,脚注)。在上面提及的系统中,不仅那些在每个论域中都为真的句子是可证的,它们的真与论域中对象的数量无关,而且那些不是在每个论域中为真,而是在每个非空论域中为真的句子(例如刚给的那个句子),也是可证的。在实践中,这一区分是不重要的,因为我们通常考虑的就是非空论域。但是,我们如果为了尽可能把逻辑同经验科学区别开来,打算将对象存在的假定排除出逻辑系统,我们就必须对罗素和希尔伯特所使用的语言形式做些改变。

我们可以依如下的路径来做:句子中不容许有自由变项,因而全称只能借助全称算子来表达。初始句子 PSII 18 和 19 的图式被保留(见 §30);PSII 16 和 17 被代入规则替代:$(\mathfrak{v}_1)(\mathfrak{S}_1)$可以转换为 $\mathfrak{S}_1\begin{pmatrix}\mathfrak{v}_1\\\mathfrak{A}\end{pmatrix}$,$(\mathfrak{p}_1)(\mathfrak{S}_1)$ 转换为 $\mathfrak{S}_1\begin{pmatrix}\mathfrak{p}_1(\mathfrak{Arg}_1)\\\mathfrak{S}_2\end{pmatrix}$。RII 2 消失;但必须建立某些别的规则来替代。因此在变更过的这种语言中,当给定如"a"这样的对象名字时,"P(a)"可以由"$(x)(P(x))$"导出;而且,"$(\exists x)(P(x))$"可以由"P(a)"导出。重要的一点是,当可以得到一个专名时,也就是说,仅当论域确实非空时,这一存在句能由该全称句导出。在这一变更过的语言中,与罗素和希尔伯特的语言相反,句子"$(x)(P(x))\supset(\exists x)(P(x))$"不使用专名便不是可证的。

在我们的对象语言 I 和 II 中,情况完全不同,这是因为它们不是名字-语言而是坐标-语言这一事实。类型 0 的表达式称谓的不是对象而是位置。无穷公理(见§33,5a)和$(\exists x)(x=x)$这样的句子在语言 II 中是可证的,如同类似的句子在语言 I 中可证一样。但是,前面所提及的质疑在这里是不相干的。因为在这里那些句子只是分别意味着就每个位置而言都有一个紧随其后的位置,且至少有一个位置存在。但在这些位置是否能找到存在的对象,这一点是没有论及的。是或不是这一情形,在坐标语言中一方面是通过相关位置上的fu$_b$有一个属于该正常论域的值来表达的,另一方面,或者是通过它们仅有不足道的退化的值这一事实来表达。但这不是用分析句而是用综合句来表述的。

例:在物理语言系统中,陈述存在实数的四元组(像坐标的四元组一样)的那个句子是分析的。在作有实质内容的解释后,它指的是存在时空位置。能否在一特定位置发现某物(物质或者电磁场),是通过该位置上密度的值或场向量不为零这一事实来表达的。但是否存在某物,也就是说,是否有这样一个非平凡地(nontrivially)占用的位置,只能借助综合句来表达。

如果这不是对象存在的问题,而是性质或类(用谓词来表述)的存在问题,那就完全是另外一回事了。像"$(\exists F)(F=F)$"("存在一性质(或类)")和"$(\exists F)(\text{Leer}(F))$"("存在一空性质(或类)")这样的句子在每个可能的论域中都是真的,包括在空论域中;在前面提到的系统中,它们也是分析的和逻辑可证的,而不用存在假设。

然而,也有一些关于性质存在的句子的合法性受到质疑;最重要的例子是归约公理和选择公理。这里我们不需要讨论**归约公理**的问题。在罗素的语言形式中,由于他的分支类型的分类,这是一条必要的公理(见第 86 页);但在语言 II 中它是多余的。[**概括公理**与之密切相关,见 §33, 35e。] 所谓的**选择公理**(PSII 21)坚持存在选择的类,即使在那些这样的类无法定义的情况下;所以,这是所谓的纯(非构造的)存在陈述。这是直觉主义所拒斥的。在语言 II 中,我们将之作为初始句,把其假定的问题视为纯便利问题(见第 97 页及以下)。不仅在把语言作为演算的形式主义观点的领域是如此,从作有实质内容的解释的立场来看也是如此。因为在这种解释中,只有原子的 $\mathfrak{S}_b$ 的意义是直接给定的,其余的 $\mathfrak{S}_b$ 的意义是间接获得的。从作有实质内容的解释的观点来看,$\mathfrak{S}_l$(以及所有的数学语句)都是为了便于对 $\mathfrak{S}_b$ 进行运算这个目的。因此,把一个 $\mathfrak{S}_l$ 确立为初始句,只需考虑有用性这个目的。

§38b. 基数

在对语言 I 和 II 作有实质内容的解释时,大多数时候都是将 $\mathfrak{Z}$ 解释为位置或 $\mathfrak{fu}_b$ 的值。到目前为止,对于形式化基数陈述的可能性("有如此多……"),我们一点都没有提及到。下面我们将讨论这样做的几种可能性,有些是在语言 II 的句法框架内完成的,有些则不是。

第一种方法在于把每个基数(*Anzahl*)定义为一个 $^2\mathfrak{pr}$。例如,"A5(P)"(其中"A5"被看作一个符号)的意思是:"性质 P 有基数 5,也就是说,正好存在 5 个数字(或位置)有这一性质。"以辅助术语"Am5(P)"(*Mindest-Anzahl*;"Am5"是一个符号)来说,其意思是:"至少存在 5 个数字有性质 P",我们定义如下:

$$Am1(F) \equiv (\exists x)F(x)$$
$$Am2(F) \equiv (\exists x)(\exists y)(\sim(x=y) \cdot F(x) \cdot F(y))$$
$$Am3(F) \equiv (\exists x)(\exists y)(\exists z)(\sim(x=y) \cdot \sim(x=z) \cdot$$
$$\sim(y=z) \cdot F(x) \cdot F(y) \cdot F(z))$$

等等。在这些极小数字的基础上,确切数字都是可以定义的:

$$A0(F) \equiv \sim Am1(F)$$
$$A1(F) \equiv (Am1(F) \cdot \sim Am2(F))$$
$$A2(F) \equiv (Am2(F) \cdot \sim Am3(F))$$

等等。

基数的这些定义与弗雷格和罗素的定义是一致的;只是在这里基于§38 讨论过的理由,用第二层级的谓词替换了第二层级的类。这里这些 ^{2}pr 并不像在罗素的定义中那样简写为"0"、"1"等等,因为在我们的语言中我们已经把这些符号用作类型 0 的符号了,因而不可以将它们作为类型((0))的符号来使用。

第二种方法使用了特殊的数-算子,这些算子在之前讲到的句法中并没有给出。这里,例如"$(0^{\text{III}} \exists x)(P(x))$"指的是:"正好有三个数字(或位置)具有性质 P。"["$(u \exists x)$"中的"u"不是算子变项,且不是约束的。]在这种情况下我们能够依照第一种方法定义每个具体的数-算子,或者简单地构建两个初始句来表示一个一般的递归定义:

(1)$(0\exists x)(F(x))\equiv\sim(\exists x)(F(x))$

(2)$(u'\exists x)(F(x))\equiv(\exists x)(\exists G)[F(x)\cdot(y)(G(y)\equiv[F(y)\cdot\sim(y=x)])\cdot(u\exists x)(G(x))]$

第三种方法是借助"Anz(3,P)"来表达"有三个……"。如在第二种方法中一样,可以为"Anz"这一 pr 构造类似的初始句。

第四种方法也许是最有用的。它像第一种,但它不用²pr,而是用²fu,并写作"anz(P)=3"。如同在第二种方法中那样,可以为类型((0);0)的函子"anz"建构两个初始句,这两个初始句替代了递归定义。但也可以构建一个直陈定义(依照第 88 页及以下所给出的方法)来取代初始句:

$\mathrm{anz}(F)=(Kv)(\exists f)(G)[([f(G)=0]\equiv\sim(\exists x)[G(x)])\cdot(u)([f(G)=u']\equiv(\exists x)(\exists H)[G(x)\cdot(y)(H(y)\equiv[G(y)\cdot\sim(y=x)])\cdot(f(H)=u)])\cdot(v=f(F))]$

以完全类似的方式,可以定义类型为$((t_1:0))$的一个$^{n+1}$fu "Anz",以取代类型(t_1)的^{n}pr¹,且 n>1。

依照前面所给出的四种方法,可以类似地引入一个涉及有限论域的确定的基数项。例如,句子"至位置 8 有 3 个位置有性质 P"可以表达如下:(1)"A3(8,P)"。(2)"$(3\exists x)8(P(x))$"。(3)"Anz(3,8,P)"。(4)"Anz(8,P)=3"。

已经提到的所有基数项既能够用于逻辑性质,也能够用于描述性质(例如,可用于小于 100 的素数,也可用于红色位置的数)。

§38c. 摹状词

我们把摹状词理解为这样一种表达式:它(在作有实质内容的解释时)不是通过一个名字来指称一个对象,而是以一种不同的方式,即通过对仅属于那一对象的性质的陈述来唯一地刻画它。

例:数字的摹状词:"大于 20 的最小的素数";事物的摹状词:"A 的儿子";性质的摹状词:"性质 P 和 Q 的逻辑和"。在词语言中摹状词通过单数定冠词("如此这般的那个")的使用得到。

得益于弗雷格和皮亚诺的尝试,罗素提出了详尽的摹状词理论:《数学原理》,第 I 卷,第 66 页及以下和第 173 页及以下;以及《数理哲学导论》。

按照罗素的方法,我们可以(在语言 II 的句法的扩张中)借助一个特殊的摹状算子"ιx"来符号化摹状词。"具有性质 P 的那个数(或位置)"可以写作:"$(\iota x)(P(x))$"。如果没有具有该性质的数字,或者正好有一个数字或几个数字具有该性质,我们分别称这种摹状词为空摹状词、单义摹状词、含糊摹状词。数字摹状词可以像 $\mathfrak{Z}$ 一样用,比如作主目。"$Q[(\iota x)(P(x))]$"指的是:"具有性质 P 的那个数字也具有性质 Q。"当且仅当这个摹状词是单义的且被描述的数字具有性质 Q 时,这个句子才被认为是真的。使部分句(或窄或宽)能清楚地被识别,这明显是必要的,部分句是用来表达被归于所描述对象的性质的。这是能够借助辅助算子(正如罗素做的那样)做到的:整个描述(包括描述算子和加括号的运算域)被放置在正在讨论的部分句前面的方括号内。依照前面所给出的有实质内容的解释，我们可以构建如下的初始句图式，这些图式可以用于任何类型（$\mathfrak{Z}$、$\mathfrak{Pr}$ 或 $\mathfrak{Fu}$）的摹状词：

$$[(\iota v_1)(\mathrm{pr}_1(v_1))][\mathrm{pr}_2[(\iota v_1)((v_1))]] \equiv [(\iota \exists v_1)(\mathrm{pr}_1(v_1)) \cdot (v_1)(\mathrm{pr}_1(v_1) \supset \mathrm{pr}_2(v_1)]$$

通过下面两个句子的比较，可以看出使用这一辅助算子的必要性[类似的：为了能够区分 $(\mathfrak{z}_1)(\sim \mathfrak{S}_1)$ 和 $\sim (\mathfrak{z}_1)(\mathfrak{S}_1)$ 而使用全称算子的必要性]：

$$[(\iota x)(P(x))][\sim Q[(\iota x)(P(x))]] \qquad (1)$$

$$\sim [(\iota x)(P(x))][Q[(\iota x)(P(x))]] \qquad (2)$$

(1)指的是："正好存在一个 P-数字，且每个 P-数字（因而这个 P-数字）都不是 Q-数字"；(2)指的是："正好存在一个 P-数字，且每个 P-数字都是 Q-数字，这不是真的。"如果这个摹状词不是单意的（也就是说，如果根本不存在 P-数字，或者存在几个 P-数字），则(1)是假的，但(2)是真的。要简化符号体系，可以（像罗素那样）规定：当这一愚笨的辅助算子的运算域是所讨论的这一摹状词所出现的最小的部分句子时，省去这一辅助算子。在这种情况下，例如在(2)中，我们谈及的是该摹状词的"初现"；否则论及的是"再现"，如在(1)中。因此，依照这一规定，(2)可以简写为："$\sim [Q[(\iota x)(P(x))]]$"，但(1)不行。

146　　摹状词是一种特殊的表达式，它不能在所有的情况下都可以用处理其他类型的表达式（$\mathfrak{Z}$、$\mathfrak{Pr}$ 或 $\mathfrak{Fu}$）那样的方式来处理。例如，依据 PSII16，$(\mathfrak{z}_1)(\mathfrak{pr}_2(\mathfrak{z}_1)) \supset \mathfrak{pr}_2(\mathfrak{z}_1)$ 就每个正常的 $\mathfrak{z}_1$ 而言都是真的，但当数字摹状词用于 $\mathfrak{z}_1$ 时它并非总是真的。例如，句子 $(\mathfrak{z}_1)(\mathfrak{pr}_2(\mathfrak{z}_1)) \supset \mathfrak{pr}_2[(\iota \mathfrak{z}_1)(\mathfrak{pr}_1(\mathfrak{z}_1))]$ 可以因为摹状词不是单意

的这一事实而成为假的。这里取代它而成立的句子是：$(\mathfrak{z}_1)(\mathfrak{p}\,\mathfrak{r}_2(\mathfrak{z}_1))\supset[(1\exists\mathfrak{z}_1)(\mathfrak{p}\,\mathfrak{r}_1(\mathfrak{z}_1))\supset\mathfrak{p}\,\mathfrak{r}_2[(\iota\mathfrak{z}_1)(\mathfrak{p}\,\mathfrak{r}_1(\mathfrak{z}_1))]]$；这个句子借助于已给出的初始句图式是可证的。

如果我们希望使用确定的摹状词，我们写出的摹状算子必须带有限制；那么"$(\iota x)5(\mathrm{P}(x))$"指的是："最大至 5 的那个具有性质 P 的数。"

K-算子是一种很特殊的摹状算子；就其使用而言，这一愚笨的辅助算子是没有必要的。因为 K-摹状词总是单意的，它们可以像通常的 $\mathfrak{z}$ 那样进行处理。然而，这种单意性只是通过确立如下的规定才能获得：当不存在具有所讨论的性质的数字时，摹状词的值为 0。K-算子的不足正在于此；不过在很多情况下它还是很便利的。K-算子自身只适用于数字；然而，借助它，高阶的 pr 和 fu 也经常是能够定义的。令"f"和"g"是 $^1f^1$；令"Q"是类型为 $((0:0),(0:0))$ 的 $^2\mathrm{pr}^2$（使得"$\mathrm{Q}(f,g)$"是句子）。假定我们想要定义函子"k"，使"$\mathrm{k}(g)$"在意义上对等于"那个使 $\mathrm{Q}(f,g)$ 为真的函子 f"。这一定义可以使用通常的摹状算子（带算子变项 f）：

$$\mathrm{k}(g)=(\iota f)(\mathrm{Q}(f,g))$$

也可以使用 K-算子（带算子变项 $\mathfrak{z}$）：

$$\mathrm{k}(g)(x)=(\mathrm{K}y)(\exists f)[\mathrm{Q}(f,g)\cdot(y=f(x))]$$

如果第一个定义已经确立的话，则被定义符号"k"就不能像所讨论类型的普通 fu 那样随处使用；这一不足在第二个定义中不会出现。

§39. 实数

实数及其性质、关系和函项,可以在所给的语言 II 的句法框架内得到系统表述。如果一个特定的(绝对的)实数由整数 a 和实数 b(b<1)组成,这个数就可以通过函子"k"来表示,其中"k"被这样定义:使得 k(0)=a,且就 n>0 而言,依照在 b 的二进制展开中第 n 个位置出现的是"0"还是"1",k(n)分别等于 0 或 1。为了使这一二进制展开是单意的,我们排除那些从某一点起只出现"0"的二进制展开。带有记号(正的或负的)的实数可以用类似的方式表述。

这里谈及的表示实数的方法是由希尔伯特提出的("数学的逻辑基础",1923)(也见诺依曼的"希尔伯特的证明理论")。希尔伯特计划在此基础上构建实数理论,但迄今他没有建构起来。

因此,实数用类型$(0:0)$的 $^1\mathfrak{fu}^1$ 来表示;我们简略地用"r"来称谓这一类型。则实数的性质(或集合),如"代数数"或"超越数",用类型为(r)的 $^2\mathfrak{pr}^1$ 来表示;两个实数之间的关系(例如"大于"或"是……的平方根")用类型为(r,r)的 $^2\mathfrak{pr}^2$ 表示;一个实数的函数(比如"平方根"或"正弦")用类型为$(r:r)$的 $^2\mathfrak{fu}^1$ 表示;两个实数的函数(比如:"积"或"幂")用类型为$(r,r:r)$的 $^2\mathfrak{fu}^2$ 表示等等;两个实数 $\mathfrak{fu}_1$ 和 $\mathfrak{fu}_2$ 的算术相等用 $\mathfrak{fu}_1 = \mathfrak{fu}_2$ 表示;因为这个句子(根据 PSII$_{23}$ 和 II)为真,当且仅当两个函子的值对每个主目而言都一致,且因此当且仅当两个二进制展开式在所有地方都相符。与两个自然数(用 $\mathfrak{S}_1$ 表示)的相等相反,两个实数的相等,甚至当它们是用最简单的可能形式来陈述的时候,一般都是不确定的,因为它涉及非受限的普遍性。复数是实数的有序对,因此复数是类型为 r,r 的表达式;一个复数的函数或两个复数的函数分别是类型为 (r,r:r,r) 或 (r,r,r,r:r,r) 的 $^2\mathfrak{fu}$。

经典数学(分析、函数理论)的所有常见概念都能用这种方法表示,且在这一范围内建构的所有句子都能被形式化。这里实数算术的通常公理不需要以新的初始句的形式来确立。这些公理——因而由这些公理所导出的定理——在语言 II 中都是可证的。

下面我们简略地看一下重要的逻辑种类是如何借助句法概念来表示的,这些逻辑种类相对于自然数序列是可以区分的,因而相对于实数也是可区分的。首先我们必须区分通过数学规律所给出的序列和借助经验所给出的序列。在借助 $^1\mathfrak{fu}^1$ 的表示中,这种差异是通过 $\mathfrak{fu}_l$ 和 $\mathfrak{fu}_b$ 间的差异来表达的。因此,布劳威尔和外尔的"自由选择的序列"(freie Wahlfolge)这一术语用句法术语"$\mathfrak{fu}_b$"来表示。有规律的序列可以分为可计算的(见例 1a 和 b)和不可计算的(例 2)。句法上看这一差异可以概括为确定的和不确定的 $\mathfrak{fu}_l$ 间的差异;就前者而言,任意位置的值都可以通过一个固定的方法计算得出;就后者而言,一般来说这是不可能的。在按照经验确定序列的情况下,我们能将之进一步分为:(1)分析上有规律的序列;在这些情形中,对经验的参照不是必要的,因为它在意义上对等于某一数学规律(例 3)。(2)经验上有规律的序列;尽管这些序列的确定不能转换为一条规律,但它们有着同分析上有规律的序列一样的值的经验分布——或是因为碰巧(例 4a),或是因为与一条自然规律一致(例4b)。(3)无规律的或无序序列；就它们而言，不存在它们可能遵循的数学规律，即便是只以经验的方式遵循。

对一个 $\mathfrak{fu}_0\ \mathfrak{fu}_1$ 来说，这三种句法上的特征可概括如下：(1)存在一个 $\mathfrak{fu}_1\ \mathfrak{fu}_2$，使得 $\mathfrak{fu}_2$ 与 $\mathfrak{fu}_1$ 是同义的，因而使得 $\mathfrak{fu}_1 = \mathfrak{fu}_2$ 是一个分析句。(2)存在一个 $\mathfrak{fu}_1\ \mathfrak{fu}_2$，使得 $\mathfrak{fu}_1 = \mathfrak{fu}_2$ 是一个综合句，但同时是一个科学上被认可的句子(也就是说，在语言 II 中它是科学上被认可的前提的后承；在 P-语言中它是 P-有效的(比照第 184 页))。(3)条件(2)没得到满足。〔所有这些概念还可以进行进一步的分类，依照所讨论的数学规律是否是可计算的，也就是说，相关的 $\mathfrak{fu}_1$ 是否是确定的。〕要注意的是，在无序序列这一概念的定义中，必须陈述被排除的那种规律；或者说得更确切些，用句法术语来说，必须参照某一语言来陈述所要排除的 $\mathfrak{fu}_1$ 的定义的形成规则。〔例如，如果在语言 II 中不存在可定义的 $\mathfrak{fu}_1\ \mathfrak{fu}_2$，使得 $\mathfrak{fu}_1 = \mathfrak{fu}_2$ 在一种不矛盾的语言中是有效的，这种不矛盾的语言包括语言 II (例5)，称 $\mathfrak{fu}_1$ 相对于语言 II 来说是无序的。〕这些对冯·米塞斯的概率理论中的术语"无规则的集合"也是成立的。

例：(1)可计算的有规律的序列：(a)以"011"分段循环的二进制展开；(b) π 的二进制展开。(2)不可计算的有规律的序列"k_1"：如果存在一个带幂 n 的费马等式，令 $k_1(n) = 1$；否则令 $k_1(n) = 0$。(3)分析上有规律的序列"k_2"：如果第 n 次掷某一骰子掷出的是 m，令 $k_3(n)$ 等于 m；我们的定义是：$k_2(n) = k_3(n) + 2 - k_3(n)$，依照这一定义，"$k_2$"这一 $\mathfrak{fu}_0$ 与"k_4"这一 $\mathfrak{fu}_1$ 是同义的，后者的定义是：$k_4(n) = 2$。(4)经验上有规律的序列：(a)令 $k_5(n)$ 是第 n 次掷

第三部分　不确定的语言 II

的那个数，无论它何时在哪里落下，碰巧显示的或者是 3 或者是 4（当然，这不可能被完全确证，但作为一个假设还是可设想的）。(b)用罗盘指针，当拨弄 n 次后罗盘针指向南，就令 $k_6(n)$ 等于 1，当它指向北时令 $k_6(n)$ 等于 2。依照自然规律，$k_6 = k_4$ 是有效的。
(5)序列"k_7"，相对于语言 II 来说是无序的：当 n 是语言 II 的一个分析句的序列-数时，令 $k_7(n)$ 等于 1，否则令之等于 0。因为"在 II 中分析的"在 II 中不是可定义的(见第 219 页)，在 II 中不存在与 k_7 有着同样值分布的 $\mathfrak{fu}_1$。

§40. 物理语言

因为在语言 II 中，不仅可以出现各种逻辑符号，也可以出现各种类型的描述符号（pr 和 $\mathfrak{fu}$），所以有了表达物理概念的可能性。物理量值（状态的或条件的）是 $\mathfrak{fu}_b$，主目表达式包含四个实数表达式，即时空坐标；值表达式包含一个或多个实数表达式（如在标量的情况下是一个；在通常向量的情况下是三个）。一组四坐标是类型 r,r,r,r 的一个表达式；我们将用一种更简略的方式用"q"来表示这一类型。[例如：(1)"在点 k_1, k_2, k_3，在时间 k_4，温度是 k_5"可以如下表达："$\text{temp}(k_1, k_2, k_3, k_4) = k_5$"，其中"temp"是类型为(q:r)的一个 $^2\mathfrak{fu}^4$。(2)"在时空点 k_1, k_2, k_3, k_4 存在一个带有分向量 k_5, k_6, k_7 的电场"可以表达为："$\text{el}(k_1, k_2, k_3, k_4) = (k_5, k_6, k_7)$"，其中"el"是类型为(q:r,r,r)的 $^2\mathfrak{fu}^4$。]

一个经验陈述并不总是指称一个具体的时空点，但会指称一个有穷的时空论域。这种论域是通过类型为(q)的 $^2\text{pr}^4$ 给出的，即通过属于并且只属于所谈论论域的所有时空点的一数学性质(pr_t)或一物理性质(pr_b)给出。因此,一个不涉及具体时空点而涉及有穷论域的量值(如:温度、密度、电荷密度、能量),可以通过 $^3fu_b^1$ 来表示,$^3fu_b^1$ 的主目是所陈述的那种 pr。在一个标量的情况下,类型是((q):r);在有几个分向量的情况下,类型是((q):r,…r)。论域的性质是通过类型为((q))的 $^3pr_b^1$ 来表示的;其主目是确定该论域的那个 pr。日常生活中的大部分概念,以及科学概念,都是论域的性质或关系。[例如:(1)各种事物,如"马";"在如此这般的一个位置是一匹马"意味着"如此这般的时空范围有如此这般的性质。"(2)各种材料,如"铁"。(3)可直接感觉的质,如"暖的"、"软的"、"甜的"。(4)表达倾向的语词,如"易碎的"。(5)各种条件和过程,如"暴风雪"、"斑疹伤寒"。]

从所有这些提议可以得出,物理学的所有的句子都能够在 II 形式的语言中得到表述。为此目的,所给定类型的适宜的 fu_b 和 pr_b 都应当作为初始术语引入,这是必要的,借助它们,可以定义更多的术语。(关于物理语言的形式参见§82,在这种物理语言中综合的物理语句也是作为初始句确立的,如最普遍的自然规律。)

依照物理主义的论点(这些论点后面会提到(第320页),但本书并没有论证这些论点),所有的科学术语,包括心理学和社会科学的术语,都可以归约为物理语言的术语。在最后的分析中它们也表达了时空范围的性质(或关系)。[例如:"A 是暴怒的"或"A 正在思考"意思是:"身体 A(即如此这般的一个时空范围)处于如此这般的状态";"如此这样一个民族的社会是基于一种货币体系的经济社会"指的是:"在如此这样的一个时空范围内,如此这样的过程发生了。"]对任何持物理主义观点的人来说,可以得出结论说:我们的语言 II 为科学搭建了一个圆满的句法框架。

对物理语言的句法和整个科学语言的句法进行更精确、更细致的研究,并展示其最重要的概念形式,这是值得花时间去做的一项工作,但这里我们不能做这件事情。

第四部分 一般句法

A. 对象语言和句法语言

我们已经构建了语言 I 和 II 的句法，并因此给出了**特殊句法**的两个实例。在第四部分中我们将考察**一般句法**，这种句法不是关于任何一种特定的具体语言的，而是关于所有一般语言或者某一种类的所有语言的。在 B 部分我们将勾勒适用于任何语言的一般句法，但在这之前，在 A 部分，我们需要对句法名称和出现在句法中的某些术语的性质做些初步思考。

§ 41. 句法名称

一个对象的**名称**既可以是专名，也可以是那一对象的摹状词。因此，牢记名称和所指对象间的差异（比如"巴黎"这个词和巴黎这个城市的差异）是非常必要的，尽管我们在逻辑中一再强调这点，但在实践中往往忽视它。如果所指对象是城市一类的东西，且名称本身是一个语词（这个语词或者被说出或者被写出），它们之间的差异会很明显。因此，由于这一原因，在此类情况中即使没有区分二者也不会带来任何恶果。

但如果我们将"'巴黎'是双音节词"写为:"巴黎是双音节词",这种写法就不正确了,因为我们在两种不同的意义上使用"巴黎"这个词;在其他句子中,这个词用作这个城市的名称,在这个句子中则用作"巴黎"这个词本身的名称。[在第二种用法中,"巴黎"这个词是自名的,见第 156 页。]尽管如此,在这个例子中也不会引起混乱,因为很明显这里的主题对象是这个语词而不是这座城市。

当被称谓的对象本身是一个语言表达式,如含有句法名称的情形时,就是另一种情况了。在这种情形中,一旦没有注意到其中的差别就非常容易导致模糊和错误。在元数学的论文中这种必要的区分经常被忽略,而大部分数学文献中的文字部分都是元数学的,因而是句法。

如果一个(写出来的)句子提到了一样东西——比如我的写字台——那么在这句话中,这一物体的名称必须占据主语的位置;我们不可能将对象本身——即写字台——放到纸上(只有依照某些特别的约定才可以这么做,见后文)。在写字台的例子中,甚至就一根火柴而言,这对每个人似乎都是不言而喻的。但是,当我们面对特别适宜被放到纸上的对象时,即写出的字符时,就不那么自明了。例如,要说明阿拉伯数字 3 是一个数字,人们经常写作:"3 是一个数字。"在这里,被讨论的对象本身在纸上占据了主语的位置。正确的书写模式应当是:"三是……"或者"'3'是……"。**如果句子是关于表达式的,那么占据句子主语位置的应当是这一表达式的名称,即句法语言中的句法名称,而不是这个表达式本身**。句法语言可以是词语言,也可以是符号语言,还可以是由单词和符号组成

的混合语言(如本书所用的语言就是由英语单词和哥特式符号组成的)。最重要的几种关于表达式的句法名称列举如下:

A. 作为具体的、时空确定的事物的**表达式的名称**(只出现在描述句法中)

1. 表达式的**名**。[很少出现。例如:"登山宝训"(也可以解释为摹状词)。]

2. 表达式的**描述**。[例:"凯撒在渡过卢比孔河时的感言(被某某人听到)。"]

3. 把表达式放入引号中来做表达式的**名称**。[例如:"'alea iacta est'这句话"①;"铭文'nutrimentum spiritus'。"②]

B. **表达式型式的名称**(见第 15 页)

1. 表达式型式的**名**(即符号型式的名)[例如:"三"、"欧米伽"、"主祷文"、"费马定理"(也可以解释为摹状词);"nu"、"$\mathfrak{N}$"。]

2. 借助时空位置陈述所形成的对表达式型式的**描述**(间接描述,即所谓的明示,见第 80 页)。[例如:"凯撒在卢比孔所说的(由三个词构成)","ausdr(b,a)"(见第 80 页)。]

3. 借助句法术语所形成的对表达式型式的**描述**。[例如:"由一个三、一个加号和一个四组成的表达式","$(\mathfrak{z}_1 = \mathfrak{z}_1)\binom{\mathfrak{z}_1}{nu}$","$\sim \mathfrak{N}$"。]

4. 借助插入引号内的此型式的表达式所形成的表达式型式

---

① 这是拉丁语,字面意思是骰子已被掷下,意指没有退路了,或破釜沉舟了。这就是上一个例子中提到的,传说中凯撒渡过卢比孔河进入意大利向庞培和元老院宣战时说的话。——中译者

② 拉丁语,意指精神食粮,是柏林皇家图书馆的一个铭文。——中译者

的**名称**。[例如:"'3'","'ω'","'3+4'","'alea iacta est'(由三个单词组成)"。]

C. **更一般形式的名称**(即可以用于不同表达式的形式;见第 16 页)

1. 一个形式的**名**(如一种符号的名)。[例如:"变项","数字表达式","等式","$\mathfrak{b}$","$\mathfrak{pr}$","$\mathfrak{Z}$"。]

2. 一个形式的**描述**。[例如:"由中间带有加号的两个数字表达式组成的表达式","$\mathfrak{Z}=\mathfrak{Z}$"。]

3. 借助插入引号内的形式的表达式连同对所许可的修改的陈述所形成的形式的**描述**。[例如:"形如'$x=y$'的表达式,其中'x'和'y'的位置上可以出现任何两个不等的变项。"]

借助插入引号内的表达式的形式的名称,如果根本没有给出所许可的修改,或者给得出不准确,则会导致含混不清,这一点经常被忽视。例如,我们经常发现:"就形如'$(x)(p \lor F(x))$'的句子而言,如此这般就成立",这会导致如下的一些问题:句子中真有必要出现"p"这个 $\mathfrak{s}$ 呢? 还是在它的地方可以出现任何 $\mathfrak{s}$ 或任何句子呢?"F"这一 $\mathfrak{p}$ 是必须出现呢? 还是可以用任意的 $\mathfrak{p}$ 或任意的 $\mathfrak{pr}$ 替代呢? 或者在"$F(x)$"的地方可以是任意含有一个自由变项"x"甚或含有几个自由变项的句子呢? 因而这种表述是含混的、有歧义的(更不用说插入的引号常常被整体移掉,且经常写作"就句子……而言",而不是"就形如……的句子而言")。

§42. 区分表达式和其名称的必要性

通过下面的例子可以清楚地看出**区分表达式**和**它的句法名称**的重要性；在下面的五个句子当中，如果将'ω'、"ω"、"omega"、'omega'和'"omega"'全部换成'omega'，将会引起严重的混乱：

(1) ω 是一个序数类型。

(2) 'ω' 是字母表中的一个字母。

(3) Omega 是字母表中的一个字母

(4) 'Omega' 不是字母表中的一个字母，而是一个含五字母的单词。

(5) 第四句话涉及的不是 omega，因而也不是'ω'，涉及的是'omega'；因此，在这句话中居主语位置的不像在第三句话中是'omega'，而是"omega"。

因为所给对象的名是可以任意选择的，就很有可能将该事物自身视为该事物的名，或者将这一类的事物视为这类事物的名。例如，我们可以采纳这样一条规则：将一根火柴置于纸上，代替"火柴"这一词。但是，语言表达式相比语言之外的对象被用作其自身的名称的频率高得多。我们称以这种方式被使用的表达式是自名的。在这种情形下，有时候该表达式被用作它自身的名称，有时候被用作别物的名称。想要消除所有也可以以自名方式出现的表达式的歧义，必须制定一条规则来确定在什么条件下作第一种解释，什么条件下作第二种解释。例如："∼"，"∨"，"="等符号有时被用作自名符号，有时被用作非自名符号，但我们已经规定它们仅当出现在含有哥特式符号的表达式中时才是自名的(见第 17 页)。反例：经常能发现如下的表述："我们用 a+3 替代 x；如果 a+3 是一个质数，……"，这里表达式"a+3"在第一处是自名的，在第二处是非自名的，即（在实质的言说模式当中）被用作一个数的名称。对此这里没有给出任何规则。正确的书写方式应当为："我们用'a+3'替代'x'；如果 a+3 是个质数……"关于其他系统中自名名称的运用，参见 §68 和 §69。

有时表达式的缩写会被误解为该表达式的名称，甚至好的逻辑学家也会犯这种错误。**但它们的区分是很重要的**。如果该表达式是对象语言的表达式，那么它的缩写也属于对象语言，但它的名称属于句法语言。缩写的意义并不是原表达式本身，而是原表达式的含义。

例如：如果我们用"Const"作为"Constantinople"（君士坦丁堡）的缩写，这个缩写指的并不是这个长名字，而是那座城市。如果"2"作为"1+1"的缩写被引入，那么"1+1"并不是"2"的意义，但（在实质的言说模式中）这两个表达式有相同的意义——也就是说它们被表达成是同义的。在句子中一个表达式可以被它的缩写所替换（反过来也成立），但不能被它的名称所替换。表达式的名称并不是它的类似物，但缩写是。含混经常发生是因为新的符号是连同某个特定表达式一起被引入的，而没有说明这一符号是表达式的缩写还是它的名称。并且有时这种含混是不可避免的，因为新的符号在两种意义上被使用，时而在文字文本中用作句法名称，时而用在对象语言的符号公式中。

可能很多读者会想：尽管严格来说，有必要区分名称和被称谓的表达式,但是平日里违背这条规则无伤大雅。确实,情况经常是这样的(如我们给出的"a+3"的例子),但是长期以来对这种区别的忽视已经导致了许多的混乱。正是这种忽视要在一定程度上为所有作为语言形式的句法理论的逻辑研究中存在的诸多不确定性承担罪责。也许对句子的联结(如蕴涵)与句子间的句法关系(如后承关系)的本质区别的忽视也是由对名称与名称所指对象间的混淆所导致的(见§69)。类似的,形式系统的解释和逻辑研究中所存在的混乱也可以追溯于此。随后我们会遇到各种各样的关于这种混乱不清的例子。

弗雷格特别强调需要区分对象符号与对象符号的名称(即便是在诙谐但又非常严肃的讽刺作品《计算》中也是如此)。在阐述他自己的符号体系以及算术的过程中,弗雷格一直非常严格地坚持这种区分。弗雷格这样做时为我们提供了言语的精确的句法形式的第一个示例。他没有用任何特殊的符号系统作句法语言,使用的只是词语言。在上面提到的方法中,他大多时候使用 A3、B4 和 C2 这些置于引号内的符号表达式,以及借助词语言对形式所做的描述。在《算术的基本规律》第一卷第 4 页中他写道:"经常使用引号看上去可能会显得很怪,但正是这种方法让我区分开了谈论符号本身的情形与谈论符号意义的情形。不管这样做看起来有多么迂腐,我仍认为它是必要的。值得注意的是,一种不精确的说法或写法最初被采纳可能是因为简便,最初还是能意识到它是不精确的,但是,一旦人们不再怀疑它的准确性,最终它就会极度扰乱人们的思想。"

弗雷格四十年前提出的这一要求在很长一段时间被人遗忘了。大体说来，经过弗雷格、皮亚诺、施罗德等人的努力，尤其是怀特海和罗素的《数学原理》，已经开发出了一套精确地处理逻辑公式的方法。但是，自弗雷格以来几乎所有的逻辑著作都缺少了他所赋予这种模型的语境的精准性。以下两个示例可以用来说明所引起的混乱。

例1：在大多数的逻辑教材和专著、论文中（如在罗素的《数学原理》、希尔伯特的《理论逻辑的基础》以及卡尔纳普的《数理逻辑的基础》中），都在三至四种不同的意义上使用了句子变元：(1)用作对象语言的句子变元（用作 $\mathfrak{s}$，如"p"）。(2)用作对象语言的复合句的缩写（因而用作常项，用作 $\mathfrak{s}a$，如"A"）。(3)用作句子变元的自名的句法名称（"$\mathfrak{s}$"）。(4)用作任意句子的句法名称（"$\mathfrak{S}$"）。因此，在许多情况下，不可能仅仅通过插入引号就得到正确的书写方式。通常的表述是："如果 p 为假，那么对于任何 q 而言，p⊃q 都为真"不能被替换为"如果'p'为假，……"；因为"p"必然假（通过代入可得每一句话）。我们必须或者将其写为："如果'A'为假，那么对于任何'B'而言，'A⊃B'都为真"，其中"A"和"B"是对象语言的缩写常项（这种情形下意义是不确定的）；或者写为："如果 $\mathfrak{S}_1$ 为假，那么对于任何 $\mathfrak{S}_2$ 而言，$\mathfrak{S}_1$ 和 $\mathfrak{S}_2$ 组成的蕴涵句为真。"如果给出适当的约定（如第 17 页那样），我们还可以写得更简单，用"$\mathfrak{S}_1 \supset \mathfrak{S}_2$"替换"$\mathfrak{S}_1$ 和 $\mathfrak{S}_2$ 组成的蕴涵句"。

例2：在一位著名的逻辑学家的著作中，出现了下面这一句子："$\binom{p}{x}a$ 是这样一个公式，它是通过把公式 a 中的变项 x（若 x

第四部分 一般句法

在 a 中出现的话)全部用符号 p 的组合替代所得到的。"在这里从一开始我们就完全不确定其解释。在这一陈述中,用作自名名称的那些符号表达式相应地被放入引号中的话,这种正确的表示方式是否明确表达了作者的意思呢?首先,我们可能倾向于将"a"、"p"和"x"放入引号中,此外将"$\binom{p}{x}a$"解释为句法的书写模式,因此不是将"$\binom{p}{x}a$"作为整体放入引号中,而只是给其中的每个字母加引号:"$\binom{`p'}{`x'})`a'$"(这近似于对应我们自己的公式:"$\mathfrak{S}_1\binom{\mathfrak{Z}_1}{\mathfrak{A}_1}$",或者更接近于:"`$p$'$\binom{`x'}{`0'})$"。)但是,短语"符号 p 的组合"以及"若 x 出现在 a 中"排除了这一解释的可能性,因为"p"肯定不是组合,且"x"明显没出现在"a"中。也许只有"x"是自名的,"p"、"a"和"$\binom{p}{x}a$"(我们应当将之写作"$\binom{`p'}{`x'})a$")并不是自名的句法名称?但是,与这种可能性相反的是,在该著作所处理的对象语言的符号公式中,出现了"p"、"a",甚至出现了"$\binom{p}{x}a$"(如在公理"$(x)a \supset \binom{p}{x}a$"中)。也许所有符号的符号和表达式,不论是该书句子中的,还是该系统的符号公式中的,都是打算用作非自名的句法名称的?在这种情况下该书中的这句话的书写方式才是正当的,所论及的这一公理与我们的句法图式 PSII 16 是一致的。但另一方面,又不易与该书其余的部分的立场调和。我们不知道所有公式作为句法公式指涉的是哪种对象语言。就我们的上下文而言,在这些不同的解释中采取哪一种都是无关紧要的。我们的目标只

160 是要表明：当没有弄清楚一个表达式是属于对象语言还是句法名称时，如果是后者的话，是自名的还是非自名的时，会引起什么样的混乱。

就我所知，华沙学派有意识地以弗雷格为楷模，这些逻辑学家使用特殊的句法符号，弗雷格所主张的区分名称和名称所指的表达式这一要求只是在华沙学派（卢卡西维茨、莱斯尼斯基、塔尔斯基以及他们的学生们）的作品中严格做到了。尽管这种方法（像弗雷格自己的示例所证实的那样）并不是正确性所不可或缺的，但它具有非常大的优势。将对象符号和句法符号清晰地区分开，不仅便于我们进行正确的表述，而且华沙派逻辑学家的研究成果还进一步证实，正是该区分引导出了丰硕的重要成果。在文字文本中使用特殊的语法符号，大多数情况下被证明是最有效的方法。因为它既具有灵活性，又易于理解，还特别的精确。[本书也使用了此方法：词语言加哥特式符号。希尔伯特所使用的哥特式字母以及丘奇所使用的粗体字都是这一方向的初级步骤。]在特殊情况下，在完全符号化句法句子和句法定义，因而彻底消除词语言方面，它也显得令人满意。尽管在处理句子时使用这种方法会付出失去灵活性以及可理解性的代价，但可以更精确。莱斯尼斯基和哥德尔使用了这种完全符号化的句法定义。莱斯尼斯基在他的《数学基础的一个新系统的基本特征》一书中，把句子演算（含算子中的联结变元）视为对象语言，在《论本体论的基础》中把$\in$-句子系统视作对象语言。他把罗素的符号系统用作句法语言，而罗素的符号系统本只是打算用作词语言的缩写的。哥德尔在（"不可判定性"）中把以罗素符号系统的修改形式出现的自然数的算术视为对象语言；把希尔伯特的符号系统用作句法语言。（我们在第二部分的形式建构中也使用了这种更精确的方法，在第二部分中，语言 I 既是对象语言也是句法语言。）

§43. 不确定项的可接受性

我们称语言 II 的一个已被定义的符号为确定的，当该符号的定义链中没有出现非受限算子时；否则，称其为不确定的（见§15）。如果 pr₁ 是一个确定的[1] p r₁，那么通过 pr₁ 所表达的性质是可解的。每个形如 pr₁($\mathfrak{A}$rg₁) 的句子，其中主目是确定的 $\mathfrak{Z}$，最简单的情况下是重读表达式，都能够依据一种固定的方法做出判定。对于不确定的 pr₁，一般来说这是行不通的。对于某个不确定的 pr₁，有时我们可以找到一个与之同义的确定的 pr₁，这就意味着找到了一种可解方法，但大多数情况下这是不可能的。

例如：我们可以用"Prim₁"这一不确定的 pr 表示"质数"这一概念，也可以用"Prim₂"这一与之同义的确定的 pr 来表示。比如，我们可以进行如下定义（比较第 60 页 D II）：

"Prim₁(x) ≡ [∼(x=0) · ∼(x=1) · (u)((u=1) ∨ (u=x) ∨ ∼Tlb(x,u))]"；

以同样的方式给出"Prim₂"的定义，不过要将"(u)"替换为受限算子"(u)x"。那么，"Prim₁ = Prim₂"是可证的；因此两个 pr 是同义的。另一方面，对 II 中被定义的"BewbII"（在 II 中"BewbII(a)"经句法解释其意思是："在 II 中[SN] 句子 a 是可证的"；见第 75

页)这一不确定的 pr 而言,没有已知的与之同义的确定的 pr,并且有理由假设(尽管至今没有证明)并不存在这样的 pr。(若发现了这样的 pr,就意味着找到了 II 的一般解决方法,对经典数学来说也是如此。)

由于缺乏对不确定项的解决方法,使得很多逻辑学家完全拒斥这种项,认为其没有意义(如庞加莱、布劳威尔、维特根斯坦和考夫曼)。我们以"P_1"和"P_2"(如在 II 中)这两个不确定的 $^1pr_1^1$ 为例来进行考察,通过"Q"这一确定的 $^1pr_1^1$ 可以将它们定义如下:

$$P_1(x) \equiv (\exists y)(Q(x,y)) \quad (1)$$
$$P_2(x) \equiv (y)(Q(x,y)) \quad (2)$$

刚才提到的那些逻辑学家们的观点大致如下:如"$P_1(5)$"(或者"$P_2(5)$")是真还是假的问题是没有意义的,因为我们完全不知道找寻答案的方法,并且一个项的意义完全在于确定其适用或不适用的方法。对此也许可以这样回答:我们的确不知道找寻答案的任何方法,但我们知道发现答案是什么样子——也就是说,我们知道在什么情况下我们可以宣称找到了答案。比如说,如果我们发现了一个证明,它的最后一个句子是"$P_1(5)$",所给句子序列是否是一个证明,这一问题就是一个确定的问题。因此,是存在**找到答案的可能性**的,似乎没有确切的理由拒斥此问题。

一些逻辑学家认为,这种性质的问题刚开始是没有意义的,但一旦找到了答案就变得重要了。我们觉得这种态度是不妥当的。比如,它会使我们把"$P_1(5)$?"看成是一个重要问题,而把"$P_1(6)$?"看成是没有意义的,或者今天将之看成是没有意义的,而明天可能将之看成是很重要的。然而，这一过程并不会和那种无疑有用且普遍适用的方法混同，依据这种方法前面所确立的句法规则一旦有了某种新的发现（如关于初始句的相互依赖、矛盾等等）将会被更改。相反，在前一种方法中，对历史事件的提及是包含在句法规则中的（涉及有意义和无意义）。

在拒斥不确定的 pr 时，有时会对存在算子和全称算子的出现做进一步区分。这是因为：对于"$P_1(5)$"的证明来说，找到一个具有"$Q(5,y)$"所表示的性质的数字足矣，而对于"$P_2(5)$"的证明来说，必须表明**每个**数字都具有这一性质。不过，这两种情形并没本质的不同。发现一个数字具有一种特殊的确定性质，和发现一个所给句子的证明——也就是说，发现一个具有一种特殊的确定性质的句子序列——在本质上是类似的运算；在这两种情形中，问题都是在一个可数集（即符合所给规律的无穷序列）中寻找一个具有所给确定性质的元素。

§44. 非直谓项的可接受性

一些逻辑学家尽管没有拒斥所有的不确定项，但他们拒斥其中的一部分，即所谓的非直谓项（如罗素所说的恶性循环原则，见《数学原理》，第Ⅰ卷，第 37 页，以及弗兰克尔的《集合论》，第 247 页及以下）。当一物借助于它所属的整体来定义时（或只能如此定义时），我们通常称之为非直谓的（以实质的说话模式）。这意味着（翻译成形式的说话模式），当被定义符号 a_1 的定义链中出现了一个带变元的非受限算子，而 a_1 属于该变元的值域时，就称被定义符号a_1是非直谓的。例如[(3)只是一个缩写]：

$$M(F,x) \equiv [(F(7) \cdot (y)[F(x) \supset F(y')]) \supset F(x)] \quad (3)$$

$$P_3(x) \equiv (F)[M(F,x)] \quad (4)$$

["$P_3(c)$"的意思是："c具有了7的所有遗传性质。"]与"P_1"和"P_2"相反（§43中的例子），"P_3"不仅是不确定的，而且是非直谓的，因为它和"F"具有相同的类型。对于这样一个项的可接受性人们经常提出如下的反对意见。假设要判定的具体的情况是"$P_3(5)$"，即"$(F)[M(F,5)]$"。为此，必须确定是否每一性质都和5具有关系M；也必须知道，在其他情形中对"P_3"来说这是否为真，即"$M(P_3,5)$"是否为真。但是根据(3)，这和"$(P_3(7) \cdot \cdots) \supset P_3(5)$"意义上是等价的。为了得出这个蕴涵的真值，其中的两个元素的值都要确定，因而也要确定"$P_3(5)$"的值。简言之，为了确定"$P_3(5)$"是否为真，需要回答一系列其他问题，"$P_3(5)$"是否为真的问题也包含在其中。这是一个明显的循环；所以"$P_3(5)$"是无意义的，"P_3"因此也是无意义的。

然而，这种形式的论证似乎是不相干的（卡尔纳普《数学的逻辑基础》）：要证明一个全称句的真实性，没有必要证明通过常项代入所得到的所有句子；全称句的真实性是通过该句子本身的一个证明来确立的。对所有具体情况进行证实在一开始就是不可能的，因为其元素是无限的，并且如果这种证实是必要的话，所有全称句和所有不确定的pr（不仅仅是非谓述的pr）都将是不可解的，并因此（据以上观点）是无意义的。与之相反的是，首先，该证明的构建是一种有穷的运算；其次，该证明的可能性完全独立于这一被定义的符号是否出现在所论及的变元的常值中。在我们的例子中,解决"$P_3(5)$"之前是可以解决"$M(P_3,5)$"的——因为"$\sim M(P_3,5)$"很容易被证。为了缩写,我们定义如下:

$$\text{"}P_4(x)\equiv(x\geq 6)\text{"}$$

那么,首先

"$\sim[(P_4(7)\cdot(y)[P_4(y)\supset P_4(y')])\supset P_4(5)]$"

是可证的;其次,由它可得

"$\sim M(P_4,5)$","$\sim(F)[M(F,5)]$",

因而"$\sim P_3(5)$";并且,将"5"替换成"0"到"6"之间每一个 ꝫ 都是类似的。此外,"$P_3(8)$"是可证的,并且对于"7"之后的每个 ꝫ 都是类似的。

一般来说,由于存在可论证的含有非受限算子的句子,**关于某一不确定项或直谓项在一特定的具体情形中是否适用,总是可能得出一个结论的**,尽管我们并不总是有现成的方法来达到这一结论。因此,即使从任何项的可接受性依赖于在每一具体情形中得出结论的可能性这一立场来看,这样的项也被证明是有道理的。[顺便说一句,在我看来,这一条件太窄了,其必要性难以令人信服。]

"不确定的(或非直谓的)符号是可接受的吗?"这并不是提出此问题的恰当方式,其原因在于:既然逻辑里没有道德(见§17),此处的"可接受的"的意义何在?这个问题只能这样表达:"我们怎样构建一种特殊的语言?我们是否接纳这种符号?每一个进程的结果是什么?"因此,这是一个选择语言形式的问题——即句法规则的确立问题以及对其后承的研究问题。在这里有两点是需要考虑的:第一,我们必须决定是否接纳非受限算子,第二,是否接纳不同类型的全称谓词变元。当 p_1 类型的所有常项都属于 p_1 的值域（即可替换 p_1）时，我们称 p_1 为全称。在 II 中所有的 p 都是全称的；例如，任何的 $^1pr^1$ 都可以替换 $^1p^1$。另一方面，在《数学原理》中，根据类型的分支规则，类型(0)被再划分为子类型，依据此方法只有一种特殊子类型 pr 才可以替代特定的 p。(1)如果否定第一点，排除非受限算子（如在语言 I 中那样），那么所有不确定的符号因而所有非直谓符号都被排除。然而，如果我们接纳非受限算子，那么一个不确定定义的定义项（比较例(1)与例(4)）与句法规则是一致的；然后把该定义项作为定义项的缩写接纳也是很自然的。(2)任何类型的 pr 的非直谓定义都可以通过否定第二点被排除，并由此不接纳这些类型的全称变项。〔通过这种方式，罗素拒斥了所有全称的 p，考夫曼则拒斥了所有的 p。〕然而，如果我们接纳全称的 p，并且在算子中也接纳它们，那么一个非直谓定义的定义项（比较例(4)）与句法规则是相符的。然后，把该被定义项接纳为定义项的缩写又是自然不过的。无论如何，迄今为止所提出的拒斥不确定项或非直谓项的实质理由都是不可靠的。我们可以自由地接纳或拒斥这样的定义，而不用给出任何理由。但是，如果我们希望为某一进程进行辩护的话，我们必须首先揭示其形式后承。

§45. 句法中的不确定项

我们对不确定项这一问题的态度与宽容原则是相符的；在构造一种语言时，我们既可以排除不确定项（如我们在语言 I 中所做的那样），也可以接纳它们（如在语言 II 中那样），这只是一个约定问题。如果我们接纳不确定项,那就必须特别关注不确定项和确定项的区分,尤其当它是一个有关可解性的问题时。现在,对句法项而言这同样是成立的。如果我们在句法的表述中使用了确定语言(如在我们的形式构建中的语言 I),那么只有确定的句法项是可以被定义的。然而,变形句法的一些重要的项是不确定的(一般而言);如"可推导的"、"可证的",**更不用说**"分析的"、"矛盾的"、"综合的"、"后承"、"内容"等等。如果我们也希望引入这些项,我们必须使用不确定的句法语言(像语言 II 那样的)。

与特殊语言构建中不确定句法项的使用相关的是,我们首先必须区分形成规则和变形规则。形成规则的任务是构造"句子"的定义,这点经常通过"基本句"这一术语的定义,以及生成句子的几种运算的确立来达成。当一个表达式可以由基本句经过有限次运用生成句子的运算而构成时,我们就称之为句子。通常规则需具备合格的条件,不仅使"基本句"和"生成句子的运算"这样的术语是确定的,而且使"句子"这一术语也是确定的。在这种情形下,总是可以判断一个具体的表达式是否是句子。尽管使用不确定的"句子"这一术语并不是不可接受的,但这种使用在大多数情形下是不妥当的。

"句子"作为不确定术语的**示例**:(1)海丁《直觉数学的形式规则》,第 5 页;依据规则 5.3 和 5.32,"句子"(原书中用的是"表达式")的定义依赖于"可证的"(原书中用的是"正确的")这一不确定的术语,因此它自身是不确定的。(2)杜尔《莱布尼茨理论新论》,第 87 页;两个句子("一般值"和"余项的主要值")间的某种联结是否是句子（原书中用的是"有意义"还是"无意义"）依赖于两个句子的真值；因此，"句子"这一术语不仅不是逻辑上确定的，而且是描述的（即依赖于综合句）。——如果在一种语言中（如在皮亚诺的语言中），条件定义得到认可的话（$\mathfrak{S}_1 \supset (\mathfrak{A}_1 = \mathfrak{A}_2)$，其中 $\mathfrak{A}_1$ 是被定义项），那么"句子"这一术语大体就不是逻辑上确定的。如果一个不确定的术语"句子"是回头参照确定的术语"基本句"和"生成句子的运算"，那它也许会最少受质疑。诺依曼（"希尔伯特的证明理论"，第 7 页）主张，"句子"这一术语的确定性是必不可少的，否则该系统就是"难于理解且无用的"。

在大多数语言中，"可推导的"和"可证的"这两个关于变形的主要术语是不确定的。它们只在非常简单的系统中才是确定的，如在句子演算中。尽管如此，若我们像通常一样不直接定义那些术语，而是先定义"直接可推导的"（通常用推理规则来表述）和"初始句"这两个确定术语，我们就能够确定地表述变形规则。［这里"初始句"可以表述为"从前提的空序列可直接推导的"；定义可以被看作为一种特殊形式的初始句。］"可推导的"是通过"直接可推导"关系的有穷链来决定的；"可证的"定义为"可从前提空序列推导的"。至于"后承"这一术语（它不是在到目前为止所使用的语言中定义的），则是另外一种情况。这里即使它们先定义的不是"后承"，而是"直接后承"（如 §14 中语言 I 的那些规则一样），这些规则也是不确定的。

B. 任意语言的句法

（a）一般考虑

§46. 形成规则

本节我们将尝试构建一种**一般性的语言句法**，即构建句法术语的一个定义系统，这些术语是如此全面，适用于任何语言。[事实是，我们脑中已经有了作为例示的语言，其基本特征与一般的符号语言相似。在很多情况下，对定义的选择是受这一事实影响的。尽管如此，被定义的这些术语也适用完全不同种类的语言。]

下面所给出的一般句法的梗概只是一个初步尝试。所做出的定义肯定是需要改进和完善的；首先，必须仔细研究这些概念间的联系（即证明更多的句法定理）。迄今对一般句法的研究很少有人尝试过，最重要的成果是塔尔斯基的"归纳认识方法论的基础概念"和阿伊杜凯维茨的《语言与意义》。

这里一种语言一般指一种演算，即关于被称为表达式的东西的形成规则和变形规则的一个系统，所谓表达式即任何一种被称为符号的元素的有穷序列（比较§1和§2）。在纯句法中，只处理表达式的句法性质，换句话说，只处理那些与表达式的符号的种类、顺序相关的性质。

既与逻辑学的符号语言不同,也与严格科学的语言不同,普通的词语言包含这样的句子,这种句子的逻辑特征(如逻辑有效性,或是其他某个句子的逻辑后承等等)不仅依赖于其句法结构,也依赖于句法外的语境。比如在英语中,句子"yes"和"no"的逻辑特征,含有"he"、"this"(在"前文所提及"的意义上)等单词的句子的逻辑特征,也依赖于同一上下文(论文、演讲、对话等)位于它们之前的句子。含有"I"、"you"、"here"、"now"、"today"、"yesterday"、"this"等句子的逻辑特征不仅依赖于位于其前面的句子,而且依赖于语言外的情景,即依赖于说话者的时空位置。

下面我们所讨论的语言都不包含依赖于语言外因素的表达式。这些语言的所有句子的逻辑特征相对于时空变化而言都是固定不变的;两个一模一样的句子将具有同样的特征,这种特征独立于地点、时间,也与是谁说的无关。在含有句法外依存的句子中,可以通过增加人名、地名和时间的名称得到这种不变性。

在处理语言 I 和 II 时,我们是在后期引入"后承"这一术语的。**不过从系统的角度看,它是所有句法的起点。对任何语言来说,如果"后承"这一术语确定下来了,那么该语言中涉及这种逻辑联系的所有事物也因此而确定了**。在接下来的讨论中,我们假定任何语言 S 的变形规则,如"在 S 中的直接后承"的定义,是已经给定的。[为简便起见,在这些句法术语中我们一般会省略"在 S 中"和"S 的"]然后,我们将揭示最重要的句法概念是如何通过"直接后承"这一术语来定义的。在这个过程中下面的情况将变得十分清晰:变形规则不仅决定了"有效的"和"反有效的"这样的概念,也决定了**逻辑符号和描述符号间的区分、变项和常项的区分**,甚至决定了**逻辑的变形规则和逻辑之外（物理的）的变形规则的区分**,"有效的"和"分析的"间的差异正是由之引起的；还决定了不同种类的算子和句子的各种联结的特征,以及 S 中的算术和无穷小演算的存在。

在**句法的哥特式符号**方面,我们（与先前相同）用"𝔞"代表符号,"𝔄"代表（有穷）表达式,"𝔎"代表（有穷或无穷）表达式的类（在大多数情况下是句子的类）。一般句法中所有其他的哥特式符号（即便是那些在 I 和 II 中已被使用的）接下来都将被定义。我们说一个表达式具有形式 $\mathfrak{A}_1 \begin{bmatrix} \mathfrak{A}_2 \\ \mathfrak{A}_3 \end{bmatrix}$,当这一表达式是通过用 $\mathfrak{A}_3$ 置换 $\mathfrak{A}_1$ 中某一处的部分表达 $\mathfrak{A}_2$ 而从 $\mathfrak{A}_1$ 得到的时。（关于置换和代入的差异见第 36 页及以下。）

我们只考虑有穷表达式,只是因为到目前为止还没有需要处理**无穷表达式**的特殊理由,不是反对引入无穷表达式和句子。在算术化句法当中对它们进行处理是完全可能的。有穷表达式可以用数字序列表示,数字序列又可以用一个序列-数置换,无穷表达式则需要用数字的一个无穷序列或一个实数来表示。这样的序列是通过一个（确定或不确定的）函子来表达的。根据我们之前所说的（§39）,我们不仅可以论及系统构建的无穷表达式,也可以论及用任何数学法则都不能确定的无穷表达式。$\mathfrak{f}\mathfrak{u}_1$ 符合前者,而 $\mathfrak{f}\mathfrak{u}_5$ 符合后者。

我们假定"**直接后承**"的**定义**以如下形式陈述："在 S 中称 $\mathfrak{A}_1$

为 $\mathfrak{K}_1$ 的直接后承,如果:(1) $\mathfrak{A}_1$ 和 $\mathfrak{K}_1$ 的所有表达式具有下列形式之一:……;(2) $\mathfrak{A}_1$ 和 $\mathfrak{K}_1$ 满足下列条件之一:……"该定义因此在(1)下包含 S 的形成规则,在(2)下包含 S 的变形规则。如果 $\mathfrak{A}_2$ 具有(1)情况下的形式之一,我们就称 $\mathfrak{A}_2$ 为**句子**($\mathfrak{S}$)。我们称那些是 $\mathfrak{S}$ 的 a 为**句子符号**($\mathfrak{S}a$)。

当存在一个 $\mathfrak{S}_1$,使得 $\mathfrak{A}_1$ 出现在 $\mathfrak{S}_1$ 中,且 $\mathfrak{S}_1\begin{bmatrix}\mathfrak{A}_1\\\mathfrak{A}_2\end{bmatrix}$ 是句子时,就说 $\mathfrak{A}_1$ 和 $\mathfrak{A}_2$(一个 a 也是 $\mathfrak{A}$)是句法相关的。如果对于任意的 $\mathfrak{S}_1$ 来说,$\mathfrak{S}_1\begin{bmatrix}\mathfrak{A}_1\\\mathfrak{A}_2\end{bmatrix}$ 和 $\mathfrak{S}_1\begin{bmatrix}\mathfrak{A}_2\\\mathfrak{A}_1\end{bmatrix}$ 都是句子,就称两个相关的表达式 $\mathfrak{A}_1$ 和 $\mathfrak{A}_2$ 是**同源的**(isogenous)。如果表达式的类 $\mathfrak{K}_1$ 中的每两个表达式都是同源的,且 $\mathfrak{K}_1$ 中没有和 $\mathfrak{K}_1$ 之外的表达式同源的表达式,就称 $\mathfrak{K}_1$ 为**属**(genus)。[相关是一种相似关系(关于这些术语以及接下来的术语见卡尔纳普的《数理逻辑基础》第 48 页);此外,同源是可传递的,所以是一个等式;属是相对于同源的抽象类;因此不同的属没有相同的成员。]表达式的属的子类被称为**符号属**,它包含该属的所有符号且只包含该属的符号。S 中的每一个 $\mathfrak{A}$ 都确切地属于一个属;如果 $\mathfrak{A}_1$ 的属是 $\{\mathfrak{A}_1\}$,使得 $\mathfrak{A}_1$ 和某个不等的 $\mathfrak{A}$ 不同源①,则称 $\mathfrak{A}_1$ 为**孤立的**。当两个表达式属或两个符号属的一个属中至少有一个表达式与另一个属中的一个表达式相关时,称这两个属是相关的;这种情况下,其中一个属中的每个表达式都与另一个属中的每个表达式相关。

---

① 叶峰在校对此句时的批注是:"原文如此。不过作者这里似乎是想说'和任何不等于自己的表达式不同源'。"特以脚注的形式给出,供读者参考。——中译者

下面将通过变形方面的术语得到更多句法形成方面的术语的定义。

例：在 I 和 II 中，每个 $\mathfrak{z}$ 都是孤立的，因为 $(\mathfrak{z}_1)\mathfrak{z}_2(\mathfrak{S}_1)\begin{bmatrix}\mathfrak{z}_2\\\mathfrak{z}_1\end{bmatrix}$ 不是句子。在希尔伯特符号体系中所有的 $\mathfrak{z}$ 也都是孤立的，即：对于不相等的 $\mathfrak{z}_1$ 和 $\mathfrak{z}_2$ 来说，$(\mathfrak{z}_1)(\mathrm{pr}_1(\mathfrak{z}_1))\begin{bmatrix}\mathfrak{z}_1\\\mathfrak{z}_2\end{bmatrix}$ 不是句子。在 I 和 II 中，所有常项 $\mathfrak{z}\mathfrak{z}$ 共同组成一个属。另一方面，在 I 和 II 中，$\mathfrak{z}_1$ 和 nu 是相关但不同源的，因为在算子中 $\mathfrak{z}_1$ 不能被 nu 替换。

II 中任意类型 t 的 $\mathfrak{Pr}$ 或 $\mathfrak{Fu}$ 被分成两个相关的属：t 的 p（或者 f）的属以及余下的 $\mathfrak{Pr}$（或 $\mathfrak{Fu}$）的属。因此 t 的 pr（或 fu）将被分成两个相关的符号属：t 的 p（或者 f）的属以及 t 的常项 pr（或 fu）的属。

§47. 变形规则；d-术语

我们将假设以某种方式给出的 S 的变形规则可以转换为先前所提到的"S 中的直接后承"的定义形式。这些规则最初是用什么术语来表述的无关紧要；所必须要做到的是弄清这些规则一般适用于什么形式的表达式（这给出的是"句子"的定义），以及在什么条件下一个变形或推理是被许可的（这给出的是"直接后承"的定义）。

举例来说，我们经常使用"可推导的"、"可推断的"、"可推论的"、"由……得到"、"可由……推得"等术语，而不是说"直接后承"；也经常发现"初始句"、"公理"、"真实的"、"正确的"、"可证的"、"逻辑有效的"等，而不是使用"空集的直接后承"。我们将假设即便那些通常被称为定义的与 S 的符号相关的规则，也被包含在与"直接后承"相关的规则之中（例如，作为某种特殊的初始语句或推理规则）；这些定义既可以在数量上是有限的，是单独陈述的，也可以在数量上是无限的，是使用一般规律建立的（像在 I 和 II 中那样）。

"直接后承"定义的第二部分包含如下一系列形式的规则："当（而不是仅当）$\mathfrak{S}_1$ 和 $\mathfrak{K}_1$ 有如此这般的句法性质时，$\mathfrak{S}_1$ 就是句子集 $\mathfrak{K}_1$ 的直接后承。"我们将使用如下规则扩充这个系列（这些规则有时已经包含在原初的系列之中）："$\mathfrak{S}_1$ 永远是 $\{\mathfrak{S}_1\}$ 的直接后承。"我们称整个系列的规则为**后承规则**，或简称为 c-**规则**。当所规定的 $\mathfrak{S}_1$ 和 $\mathfrak{K}_1$ 的性质为确定的性质时，我们称那个规则为推导规则，简称为 d-**规则**。当 $\mathfrak{S}_1$ 和 $\mathfrak{K}_1$ 符合某一条 d-规则时，称 $\mathfrak{S}_1$ 从 $\mathfrak{K}_1$ **可直接推导出**。若 $\mathfrak{S}_1$ 可从空集直接导出，则称 $\mathfrak{S}_1$ 为初始句。如果一个有限句子序列中的每一个句子都要么属于 $\mathfrak{K}_1$，要么可从集合 $\mathfrak{K}_2$ 直接推导出，$\mathfrak{K}_2$ 是在它前面的那些序列中的某些句子组成的集合，我们称这个有限句子序列是前提集 $\mathfrak{K}_1$ 的**推导**(derivation)。前提为空集的推导称为**证明**。若 $\mathfrak{S}_1$ 是前提 $\mathfrak{K}_1$ 的一个推导的最后一个句子，那么称 $\mathfrak{S}_1$ 是**可从句子集 $\mathfrak{K}_1$ 推导的**（或是 d-后承）。若 $\mathfrak{S}_1$（或 $\mathfrak{K}_1$ 的每个句子都分别）可从空集推导，因此是一个证明的最后一个句子，那么就称 $\mathfrak{S}_1$（或 $\mathfrak{K}_1$）为**可证的**（或 d-**有效的**）。如果 S 的每一个句子都是可从 $\{\mathfrak{S}_1\}$（或分别从 $\mathfrak{K}_1$）推导的，就称 $\mathfrak{S}_1$（或 $\mathfrak{K}_1$）为**可驳倒的**（或 d-反有效的）。如果 $\mathfrak{S}_1$（或 $\mathfrak{K}_1$）要么是可证的，要么是可驳倒的，就称 $\mathfrak{S}_1$（或 $\mathfrak{K}_1$）为**可解的**（或 d-**确定的**）；反之，则称为**不可解的**(或 d-不确定的)。

令$\Re_1$是 S 中具有如下性质的符号的最大类。$\Re_1$中的符号可以排序(不必唯一)。如果a_1属于$\Re_1$,那么根据 d-规则,存在一个明确的构造方向(在算术句法中,这是一个明确的句法算子),依此,对于每一个出现了a_1的句子$\mathfrak{S}_1$,都可以建立句子$\mathfrak{S}_2$,使得$\mathfrak{S}_2$不含有a_1,而只含有不属于$\Re_1$的符号以及排序在a_1之前的符号,且使得$\mathfrak{S}_1$与$\mathfrak{S}_2$可以互相推导。我们称这一方向为a_1的**定义**,称$\mathfrak{S}_1$到$\mathfrak{S}_2$的变形为a_1的**消除**。称$\Re_1$中的符号为**已被定义的**,称其他符号为**未被定义的**。

我们根据术语的定义是否只涉及 d-**规则**(如先前的定义中那样)或是一般地也涉及 c-规则,将句法术语分为 d-**术语**和 c-**术语**。

§48. c-术语

我们将从"后承"——最重要的句法术语之一——开始,定义若干 c-术语。在下文中,$\Re$总是句子类。如果$\mathfrak{S}_1$属于每个满足如下两个条件的句子类$\Re_i$:(1)$\Re_1$是$\Re_i$的子类;(2)作为$\Re_i$的子类的直接后承的每个句子都属于$\Re_i$,就称$\mathfrak{S}_1$是$\Re_1$的**后承**。[①] 如果$\Re_2$的每一个句子都是$\Re_1$的后承,就称$\Re_2$是$\Re_1$的**后承类**。如果只给出了 d-规则,那么"可推导的"和"后承"这两术语是一致的;如果"直接后承"这一术语已经具有某种传递性,那它和"后承"是一

---

① (注释,1935)上面"后承"一定义是德文初版的一个修正,这一修正是塔尔斯基博士给我指出来的。

致的。

我们在语言 I 中所说的"S 中可推导的"和"S 中的后承"的基本区别是一般性地成立的（见第 38 页及以下），对一个 d-术语及与之相关的 c-术语组成的一对术语间的基本差异的论述也是一般地成立的；比较第 183 页表中的第二栏和第三栏。

几乎在所有已知的系统中，都只陈述了确定的变形规则，即 d-规则。但是我们已经看到，使用**不确定的句法术语**也是可以的（§45.）。因此，我们将接受建立不确定变形规则的可能性，以及引入基于这些规则的 c-术语的可能性。在处理语言 I 和 II 的句法时，我们已经认识到了 c-术语（如"后承"、"分析的"、"内容"等）的重要性及多样性。c-术语相对于 d-术语的一个重要优势在于这样一个事实：借助 c-术语可以将 $\mathfrak{S}_1$ 完全地分为分析的和矛盾的，而将 $\mathfrak{S}_1$ 分为可证的与可驳倒的则是不完全的。

罗素的《数学原理》、希尔伯特的《理论逻辑的基础》、诺伊曼的"希尔伯特的证明理论"、哥德尔的"不可判定性"和塔尔斯基的"ω一致性和完全性的概念"系统都只给出了 d-规则。

最近希尔伯特的"Grundl"（1931）、"Tertium"陈述了一条变形规则，（用我们的术语）该规则大致运作如下："如果 $\mathfrak{S}_1$ 恰包含一个自由变量 $\mathfrak{z}_1$，并且形式为 $\mathfrak{S}_1\begin{pmatrix}\mathfrak{z}_1\\\mathfrak{S}_1\end{pmatrix}$ 的每一个句子都是可论证的，那么 $(\mathfrak{z}_1)(\mathfrak{S}_1)$ 可以确定为初始句。"希尔伯特称此规则为"新的有穷推理规则"。该如何理解"有穷"，并没有明确的论述；根据伯奈斯在《数学哲学和希尔伯特的证明理论》第 343 页指出的，这即是我们所说的"确定的"。但该规则明显是不确定的。其构想大概是由如上所示的限于 d-规则的所有算术的不完全性所激起的。然而，所给出的这一规则只涉及了数字变元 $\mathfrak{z}$，并不足以确保一个完全的分类。

埃尔布朗在"论算术的不矛盾"第 5 页中使用了希尔伯特的规则，但进行了某些限制；$\mathfrak{S}_1$ 和出现在 $\mathfrak{S}_1$ 中的 $\mathfrak{f}u$ 的定义必须不包含任何算子。

塔尔斯基谈论过希尔伯特的规则（无穷归纳规则，"ω一致性和完全性的概念"，第 111 页）——他自己在这之前（1927）曾确立过一条相似的规则——并将其直接归为"无穷主义特性"。在他的观点中："这个规则与迄今被认可的演绎方法是不可轻易调和的"；就这个规则与迄今为止广泛应用的 d-规则有根本的不同而言，这种观点是正确的。但在我看来，没有什么能阻止该规则的实际运用。

在语言 I 中，DC1 回指确定的规则 PS 1-11 和 RI 1-3；DC2 是不确定的。

如果 $\mathfrak{K}_1$ 是空类的后承（并因此是任何类的后承）构成的类，就称 $\mathfrak{K}_1$ 为**有效的**。[在此我们没有使用"分析的"这一术语，是因为 S 不仅可以包含逻辑的变形规则（如语言 I 和语言 II 中那样），也可以包含像自然法则那样的物理规则（见 §51），我们希望对这种可能性敞开大门。就 I 和 II 这样的语言而言，"有效的"和"分析的"是一致的。]如果任何句子都是 $\mathfrak{K}_1$ 的后承，就称 $\mathfrak{K}_1$ 为**反有效的**。如果 $\mathfrak{K}_1$ 是有效的或是反有效的，就称 $\mathfrak{K}_1$ 为**确定的**；反之则为

不确定的。在词语言中,使用同样的术语来表述句子的性质和句子的类的性质,很多情况下是很方便的。如果 $\{\mathfrak{S}_1\}$ 是有效的(或者反有效的、确定的、不确定的),相应地我们称句子 $\mathfrak{S}_1$ 是有效的(或者反有效的、确定的、不确定的)。并且对于之后将要定义的术语,我们也使用同样的方法。

定理 48.1. 令 $\mathfrak{K}_2$ 是 $\mathfrak{K}_1$ 的后承类;若 $\mathfrak{K}_1$ 是有效的,$\mathfrak{K}_2$ 也是有效的;若 $\mathfrak{K}_1$ 是反有效的,$\mathfrak{K}_2$ 也是反有效的。

定理 48.2. 令 $\mathfrak{S}_2$ 是 $\mathfrak{S}_1$ 的后承;若 $\mathfrak{S}_1$ 是有效的,$\mathfrak{S}_2$ 也是有效的;若 $\mathfrak{S}_2$ 是反有效的,$\mathfrak{S}_1$ 也是反有效的。

定理 48.3. 如果 $\mathfrak{K}_1$ 中的每一个句子都是有效的,$\mathfrak{K}_1$ 也是有效的;反之亦然。

定理 48.4. 如果 $\mathfrak{K}_1$ 中至少一个句子是反有效的,那么 $\mathfrak{K}_1$ 是反有效的;反过来却并非总成立。

如果两个或更多的句子组成的类是反有效的(或可驳倒的),就称这些句子为**不相容的**(或 d-不相容的);否则,就称为**相容的**(或 d-相容的)。如果句子的两个类或更多个类的和是反有效的(或可驳倒的),就称这些类为不相容的(或 d-不相容的);否则,就称之为相容的(或 d-相容的)。

如果 $\mathfrak{K}_2$ 是 $\mathfrak{K}_1$ 的后承类,或者 $\mathfrak{K}_2$ 与 $\mathfrak{K}_1$ 不相容,就称 $\mathfrak{K}_2$ **依存于** $\mathfrak{K}_1$;否则,称 $\mathfrak{K}_2$ **独立于** $\mathfrak{K}_1$。如果 $\mathfrak{K}_2$ 中的每个句子都可从 $\mathfrak{K}_1$ 推导,或者 $\mathfrak{K}_2$ 与 $\mathfrak{K}_1$ 是 d-不相容的,就称 $\mathfrak{K}_2$ 是 d-依存于 $\mathfrak{K}_1$ 的;否则,称 $\mathfrak{K}_2$ 是 d-独立于 $\mathfrak{K}_1$ 的(该定义对 $\mathfrak{S}_1$ 与 $\mathfrak{S}_2$ 类似)。

定理 48.5. 如果 $\mathfrak{K}_1$ 依存于(或 d-依存于)空类,那么 $\mathfrak{K}_1$ 就是确定的(或可解的);反之亦然。

如果$\Re_1$中任意两个句子都互为独立,我们就说在$\Re_1$内有(相互)**独立性**。并且若$\Re_1$的每个非空真子类都独立于$\Re_1$中它的补类,我们就说在$\Re_1$内存在**完全的独立性**。

定理 48.6. 如果$\Re_1$不是反有效的并且不是真子类的后承类,那么在$\Re_1$内存在完全的独立性;反之亦然。

如果每个$\Re$(因此,每个 S 的$\mathfrak{S}$)都依存于(或 d-依存于)$\Re_1$,就称$\Re_1$为**完全的**(或 d-完全的);否则称$\Re_1$为**不完全的**。

定理 48.7. 如果$\Re_1$的后承类$\Re_2$是完全的,那么$\Re_1$也是完全的。

定理 48.8. 如果 S 中的空句子类是完全的(或 d-完全的),那么,S 中的每个$\Re$都是完全的(或 d-完全的)。

第 183 页表中的箭头标示了所定义的 d-概念和 c-概念之间的依存关系。尽管 d-方法是基本的方法,d-术语有更简单的定义,但从某种一般的研究角度来看 c-术语更为重要。它们与语言的实质内容的解释具有更紧密的联系;这一点是通过它们之间存在更简单的关系这一事实来显现的。在下文中,我们主要处理 c-术语,只偶尔陈述相应的 d-术语(如果没有给出专门的术语,将通过增加前缀"d-"由 c-术语构造出一个术语。)

§ 49. 内容

我们将 S 中$\Re_1$(或$\mathfrak{S}_1$的;比照第 174 页)的**内容**理解成作为$\Re_1$(或$\mathfrak{S}_1$)的后承的非有效句构成的类。此定义类似于前面针对语言 I(第 42 页)和语言 II(第 120 页)的定义;此处必须注意的是,在语言 I 和 II 中"有效的"和"分析的"是一致的。

定义的其他可能性。人们也许可以称所有后承的类为"内容",而不是称非有效后承的类为"内容"。与此相比,我们的定义具有如下优势:依据此定义,在像 I 和 II 这样的纯 L-语言(见下文)中,分析句具有空内容。此外,把所有不确定的后承构成的类视为"内容",或甚而至于把所有非反有效后承构成的类视为"内容",也是可能的。令 S 为非描述语言(如数学演算那样),那么,在 S 中不存在不确定句(或综合句)。在这种情形中,基于我们的定义,分析句是对等的,矛盾句也类似;但这二者间并不对等。另一方面,基于上面的任何一个定义,所有的句子都将是对等的,尽管它们在下面一点上有着本质上的差异:只有分析句是一个分析句的后承,但所有的句子都是一个矛盾句的后承。爱衷卡维兹给出的"涵义"(sense)的形式定义是值得关注的。它完全不同于我们对"内容"的定义,因为依照他的定义,"涵义的等值"(equivalence)这一术语比我们所说的"对等"(equipollence)要窄得多。

当 $\mathfrak{K}_1$ 和 $\mathfrak{K}_2$ 的内容一致时,称二者是**对等的**。如果 $\mathfrak{K}_2$ 的内容是 $\mathfrak{K}_1$ 的内容的真子类,就称 $\mathfrak{K}_2$ 在内容上比 $\mathfrak{K}_1$ **贫乏**,$\mathfrak{K}_1$ 比 $\mathfrak{K}_2$ **丰富**。如果 $\mathfrak{K}_1$ 的内容是空的,即空类,我们就说 $\mathfrak{K}_1$ 具有**空内容**。如果 $\mathfrak{K}_1$ 的内容是所有非有效句构成的类,我们就说 $\mathfrak{K}_1$ 具有总内容。如果两个类或多个类的内容没有相同的成员,就说它们具有**互斥的内容**。所有的这些术语也可以用于句子上(见第 174 页)。如果 $\mathfrak{K}_1$ 的任意两个句子都具有互斥内容,我们就说 $\mathfrak{K}_1$ 中存在**内容上的互**

斥性。

定理 49.1. 如果$\Re_2$是$\Re_1$的后承类,那么$\Re_2$的内容包含在$\Re_1$的内容当中;反之亦然。**在到后承的转换当中,绝不会出现内容的增加。**所谓的**后承关系的重言特征**正在于此。

定理 49.2. 如果$\Re_1$和$\Re_2$互为后承类,那么它们是**对等的**;反之亦然。

定理 49.3. 如果$\Re_2$是$\Re_1$的后承类,但$\Re_1$不是$\Re_2$的后承类,那么$\Re_1$比$\Re_2$ **内容丰富**;反之亦然。

定理 49.4. 如果$\Re_1$是有效的,那么$\Re_1$具有**空内容**;反之亦然。

定理 49.5. 如果$\Re_1$是反有效的,那么$\Re_1$具有**总内容**;反之亦然。

定理 1 至 5 对$\mathfrak{S}_1$和$\mathfrak{S}_2$同样适用。

如果$\Re_1$的内容包含在$\Re_1$中,就称$\Re_1$是完善的。据此,每个内容都是完善的。两个完善的类的积也是完善的;但是对于和而言,这一般都不是真的。

如果$\mathfrak{S}_1$总是与$\mathfrak{S}_1 \begin{bmatrix} \mathfrak{A}_1 \\ \mathfrak{A}_2 \end{bmatrix}$对等的,就说$\mathfrak{A}_1$是可以被$\mathfrak{A}_2$替换的。如果$\mathfrak{A}_1$和$\mathfrak{A}_2$是可以相互替换的,就称它们是(相互)**同义的**。只有相同属的表达式可以是同义的。[如果$\mathfrak{A}_1$可被$\mathfrak{A}_2$替换,它通常也是和$\mathfrak{A}_2$同义的。]

如果$\mathfrak{A}_1$非空,并且存在一个和$\mathfrak{A}_1$相关但不同义的表达式,就称$\mathfrak{A}_1$为**主要表达式**。首先,我们先把每个是主要表达式的符号视为主要符号,其次把随后将要描述的几类符号(如 $\mathfrak{B}, v, {}^0a, \text{pr}, \text{vf},$

33) 视为主要符号；将其余的符号视作**辅助符号**。[例如：语言 II 中的主要符号有 $\mathfrak{sa}, \mathfrak{zz}, \mathrm{pr}, \mathfrak{fu}, \mathfrak{verfn}$ 和"$\sim$","$=$","$'$","$\exists$"（根据一般句法的定义，"$\sim$"是 $\mathfrak{vf}$，"$=$"是 pr，"$'$"是 $\mathfrak{zfu}$；空表达式与"$\exists$"相关但与之不同义）。其余的符号是辅助符号，即括号、逗号和"K"（因为在语言 II 中除了 K-算子外没有数字算子）。]

§50. 逻辑表达式和描述表达式；子语言

如果已经给出了语言 S 的实质性解释，那么 S 的符号、表达式及句子可以分为逻辑的和描述的，即分为那些只有纯逻辑或数学意义的和那些指称像经验对象、性质等逻辑之外的某物的。这种分类不仅不精确，也不正式，因此不适用于句法。但是，如果我们考虑到逻辑-数学术语间的所有联系都是独立于如经验观察这样的语言外的因素的，且这些联系必定是单单完全由该语言的变形规则决定的，我们就会发现逻辑符号和表达式在形式上可表达的识别特性在于这样一个事实：每个单只由它们构造的句子都是确定的。这导致了如下定义的构造。[这个定义必须既涉及符号，也涉及表达式；因为对 S 中的 $\mathfrak{a}_1$ 而言，它可能在某个语境中是逻辑的，而在其他语境中是描述的。]

令 $\mathfrak{K}_1$ 是 S 中满足如下四个条件的所有表达式类 $\mathfrak{K}_i$ 的积。[在大多数通常的语言系统中，只存在一个这样的 $\mathfrak{K}_i$ 类，这就是 $\mathfrak{K}_1$。](1)如果 $\mathfrak{A}_1$ 属于 $\mathfrak{K}_i$，那么 $\mathfrak{A}_1$ 非空，且存在一个可以按照如下方法进一步划分成部分表达式的句子：所有的部分表达式都属于 $\mathfrak{K}_i$，并且其中一个是 $\mathfrak{A}_1$。(2)所有因此而能被进一步划分成 $\mathfrak{K}_i$ 的

第四部分 一般句法

表达式的句子都是确定的。(3)$\Re_i$ 的表达式要尽可能小,这即是说,所有能进一步划分成 $\Re_i$ 的几个表达式的表达式都不属于 $\Re_i$。(4)$\Re_i$ 要尽可能全面,这即是说,它并不是一个既满足(1)又满足(2)的类的真子类。如果一个**表达式**可以被进一步划分为 $\Re_1$ 的表达式,就称它为**逻辑的**($\mathfrak{A}_1$);否则就称它为**描述的**($\mathfrak{A}_b$)。如果一种**语言**只包含 $\mathfrak{a}_1$,就称它为**逻辑的**;否则就称它为**描述的**。

对于实际使用的语言,如某一特定科学领域的语言来说,某个符号是具有逻辑-数学的意义,还是具有逻辑之外的如物理的意义,通常是非常清楚的。在这种不模糊的情形下,刚给出的形式上的区分与通常的是一致的。但也存在这样的时候:单纯的非形式的研究拿不准一个符号是此种的还是彼种的。在这种情况下,形式准则会帮助我们得出明确的结论,该结论在经过周密的考察后也将被发现实质上是令人满意的。

例:物理空间的度量结构是借助基本度规张量(metrical fundamental tensor)"$g_{\mu\nu}$"来确定的,这一基本张量"$g_{\mu\nu}$"是数学术语还是物理术语?依据我们的形式准则,这里需要区分两种情况。令 S_1 和 S_2 是物理语言,它们各自的变形规则不仅包含数学规律也包含物理规律(将在§51中详细探讨这一问题)。在 S_1 中可以假定一个同质空间:"$g_{\mu\nu}$"在任何地方都有同样的值,且在每一个点上曲率的量在所有方向都是一样的(最简单的情形是0-欧几里得式结构)。在 S_2 中可以假定爱因斯坦式非同质空间:"$g_{\mu\nu}$"有各种各样的值,取决于空间中物质的分布。所以,它们不是由一条一般规律决定的,这点对我们所进行的区分而言是很紧要的。因此,

"$g_{\mu\nu}$"在 S_1 中是逻辑符号,在 S_2 中则是描述符号。因为就不同时空点而言赋予这一张量值的句子在 S_1 中是确定的,而在 S_2 中至少有一部分是不确定的。乍一看,这一基本的张量不应当在所有语言中有同一特征,这可能显得很怪异,但是认真考察后我们必须认可,S_1 和 S_2 间存在着根本的差异。S_1 中对度规的计算(例如,从一些恰当的参数对一个三角形进行的计算)是借助数学规则来进行的,这些规则在某些方面(如空间曲率这样的基本常项的值的选择上)是建立在经验观测的基础上的(见§82)。但 S_2 中这样的计算经常需要经验数据,即所论及的时空论域中基本张量(或密度)值的分布数据。

定理 50.1. 每个逻辑句子都是确定的;每个不确定的句子都是描述的。这是可以直接由所给出的"逻辑的"定义形式得出的。如果"逻辑表达式"以别的某种方式定义(如在语言 I 和 II 中那样通过陈述逻辑的初始符号来定义),那么"有效的"和"反有效的"(与 I 和 II 中"分析的"和"矛盾的"相符)的定义必须设法做到每个 $\mathfrak{S}_1$ 都是确定的。

定理 50.2. (a)如果 S 是逻辑的,则 S 中的每个 $\mathfrak{K}$ 都是确定的;反过来也成立。(b)如果 S 是描述的,则 S 中存在一个不确定的 $\mathfrak{K}$;反过来也成立。

如果满足下列条件我们就称 S_2 是 S_1 的**子语言**:(1)S_2 的句子都是 S_1 的句子;(2)如果在 S_2 中 $\mathfrak{K}_2$ 是 $\mathfrak{K}_1$ 的后承类,则在 S_1 中它也是 $\mathfrak{K}_1$ 的后承类。此外,当(3)成立时我们称 S_2 是 S_1 的**保守子语言**:(3)如果在 S_1 中 $\mathfrak{K}_2$ 是 $\mathfrak{K}_1$ 的后承类,且 $\mathfrak{K}_2$ 和 $\mathfrak{K}_1$ 也属于 S_2,

则在 S_2 中 $\Re_2$ 也是 $\Re_1$ 的后承类。如果 S_2 是 S_1 的子语言,但 S_1 不是 S_2 的子语言,我们就称 S_2 是 S_1 的真子语言。S 的逻辑子语言指的是消除所有的描述句后从 S 所得到的 S 的保守子语言。

令 S_2 是 S_3 的子语言,且 $\Re_1$ 和 $\Re_2$ 是 S_2 的句子类。第 225 页的表给出了在何种条件下,在 S_2 中得到的 $\Re_1$ 的句法性质,或者 $\Re_1$ 和 $\Re_2$ 间的关系,也能在 S_3 中得到(表中的(3));或者反过来(表中的(5))。因此,我们能从表中看出,如果 $\Re_1$ 在 S_2 中有效,那它在 S_3 中也是有效的;如果 $\Re_1$ 在 S_3 中有效且 S_2 是 S_3 的保守子语言,那 $\Re_1$ 在 S_2 中也是有效的。

例:I 是 II 的真保守子语言,令 I′ 是从 I 所得到的一种语言,在这种语言中含 $\mathfrak{z}$ 的非受限算子是被认可的;那么 I 是 I′ 的真子语言,尽管两种语言有着相同的符号。

§51. 逻辑规则和物理规则

就语言 I 和 II 而言,我们只确立了变形规则,在作有实质内容的解释后这些规则可以有逻辑-数学基础。迄今为止所陈述的大多数符号语言的情形是同样的。然而,我们也可以构建一种含**逻辑之外的变形规则**的语言。要做的第一件事是在初始句中引入所谓的自然规律,即物理学的(这里的"物理学"是最广义上的)全称句。甚至可以走得更远,不仅包含全称句,也包含像经验观察句那样的具体语句。在最极端的情况下,我们甚至可以扩充 S 的变形规则以使每个暂时被承认(无论是被特定的个体所承认还是大体上被科学所承认)的句子在 S 中都是有效的。为简洁起见,我们称 S 的逻辑-数学变形规则为逻辑规则或 L-**规则**;称其余的规则为物理规则或 P-**规则**。在语言 S 的构造中,我们是只表述 L-规则还是也包括 P-规则,如果包括后者的话在何种程度上包括,这不是一个逻辑哲学的问题,只是约定而已,至多是便利的问题。如果陈述 P-规则,我们可能经常被置于不得不改变该语言的境地,且如果我们接纳所有被承认的句子为有效的,那我们必须不断对它进行扩充。但对此并没有根本的反对意见。如果在 S 中我们不把某些被承认的句子计为有效的,这并不意味着将它们从 S 中排除,它们仍然可以出现在 S 中,作为推导其他句子的不确定的前提(像 I 和 II 的所有综合句那样)。

如何在形式上定义 L-**规则**与 P-**规则**间的差异? 我们还只是以非形式的方式进行了论述,当涉及初始句时,这一差异与逻辑句和描述句间的差异并不一致。作为初始句的 $\mathfrak{S}_1$ 总是一条 L-规则,但作为初始句的 $\mathfrak{S}_0$ 不必是一条 P-规则。〔例如:令"Q"是语言 I 的一个 pr_b,则"Q(3)⊃(∼Q(3)⊃Q(5))"($\mathfrak{S}_1$)是 PSI 1 那种的描述初始句。但以纯逻辑方式来判定,$\mathfrak{S}_1$ 显然是真的,我们必须给出进一步的定义以使 $\mathfrak{S}_1$ 算在 L-规则内,并被称为分析的(L-有效的),而不是 P-有效的。$\mathfrak{S}_1$ 逻辑上为真,这一点可以通过下面的事实从形式上得到证明:在 $\mathfrak{S}_1$ 中用任意其他的 pr 置换"Q"所得到的每个句子同样是 PSI 1 那种的初始句。〕此示例使下面一点变得很清晰:我们必须把 $\mathfrak{A}_b$ 的普遍可置换视为 L-规则的明确特征。

令 $\mathfrak{S}_2$ 是 S 中 $\mathfrak{K}_1$ 的后承,这里需要区分三种情形:(1)$\mathfrak{K}_1$ 和 $\mathfrak{S}_2$

第四部分 一般句法

都是逻辑的。(2)描述表达式出现在 $\mathfrak{K}_1$ 和 $\mathfrak{S}_2$ 中,但只作为未定义符号出现;这里还要进一步区分两种情形:(2a)就任意 $\mathfrak{K}_3$ 和 $\mathfrak{S}_4$ 而言,下面的话为真:$\mathfrak{S}_4$ 是 $\mathfrak{K}_3$ 的后承,如果它们是通过将 $\mathfrak{K}_1$(或 $\mathfrak{S}_2$)中的每个描述符号用相同属的一个表达式置换所得到的,且相同的符号要用相同的表达式置换;(2b)所提到的这一条件并不是每个 $\mathfrak{K}_3$ 和 $\mathfrak{S}_4$ 都满足。(3)在 $\mathfrak{K}_1$ 和 $\mathfrak{S}_2$ 中也出现被定义的描述符号;令 $\overline{\mathfrak{K}}_1$ 和 $\overline{\mathfrak{S}}_2$ 是通过消去 $\mathfrak{K}_1$(或 $\mathfrak{S}_2$)的每个被定义的描述符号而构建起来的(包括那些消除过程中新近引进的);(3a)$\overline{\mathfrak{K}}_1$ 和 $\overline{\mathfrak{S}}_2$ 满足(2a)中所给出的关于 $\mathfrak{K}_1$ 和 $\mathfrak{S}_2$ 的条件;(3b)所说的条件未被满足。在情形(1),(2a),(3a)中,我们称 $\mathfrak{S}_2$ 是 $\mathfrak{K}_1$ 的 L-**后承**;在情形(2b)、(3b)中,我们称 $\mathfrak{S}_2$ 是 $\mathfrak{K}_1$ 的 P-**后承**。这样就得到了 L-规则和 P-规则间的形式上的区分。

如果 S 只包含 L-规则(也就是说,如果在 S 中每个后承都是 L-后承),我们就称 S 为 L-**语言**;否则称它为 P-**语言**。S 的 L-子语言指的是 S 的这样一种子语言:它与 S 有同样的句子但只把 S 的 L-规则作为变形规则。

定理 51.1. 所有逻辑语言都是 L-语言。反过来却并不总成立。

L-语言和 P-语言间的区分不能与逻辑语言和描述语言间的区分混为一团。后者依赖于符号装置(尽管只依赖于出现在变形规则中符号装置的性质),前者依赖于变形规则的种类。例如,语言 I 和 II 是描述语言(它们包含 a_b,如不确定的句子即综合句子的出现所显示的那样),但它们是 L-语言:在它们中所有的后承关系都是 L-后承;且仅有分析句是有效的。类似地,也需要注意 S 的

L-子语言与 S 的逻辑子语言间的差异。例如,如果 S 是描述的 L-语言(像 I 和 II),则 S 的 L-子语言是 S 自身,但 S 的逻辑子语言是真子语言。

§52. L-术语;"分析的"和"矛盾的"

现在我们在前面定义的 d-术语和 c-术语上添加 L-术语(也就是说,L-d-术语和 L-c-术语)。如果在 S 的 L-子语言中,$\Re_1$ 有一特殊的(d-或 c-)性质,我们在 S 中赋予它相应的 L-性质。例如,如果在 S 的 L-子语言中 $\mathfrak{S}_1$ 是可证的,称 $\mathfrak{S}_1$ 在 S 中是 L-可证的。如果在 S 的 L-子语言中 $\Re_2$ 是 $\Re_1$ 的内容,称 $\Re_2$ 在 S 中是 $\Re_1$ 的 L-内容,等等。我们将用"分析的"、"矛盾的"、"综合的"的提法来代替"L-有效的"、"L-矛盾的"、"L-不确定的"的提法。在下面的表中(第 183 页),相关联的术语被放置在同一行。术语间的箭头表明一个可以由另外一个推导出来。[例如:如果 $\mathfrak{S}_2$ 是可以从 $\mathfrak{S}_1$ L-推导的,则 $\mathfrak{S}_2$ 是可以从 $\mathfrak{S}_1$ 推导的;且如果 $\mathfrak{S}_2$ 是可以从 $\mathfrak{S}_1$ 推导的,则 $\mathfrak{S}_2$ 还是 $\mathfrak{S}_1$ 的一个后承。L-d-术语和 L-c-术语间的推导在同一方向总是成立的,如同 d-术语和 c-术语间的推导一样。]这里就证明方法而言 d-术语和 L-d-术语更为根本,c-术语和 L-c-术语则对很多应用而言更为重要。

因为 I 和 II 是 L-语言,在它们中每个句法术语都对应于相关的 L-术语(如:"可证的"与"L-可证的"、"后承"与"L-后承"、"有效的"与"分析的"、"内容"与"L-内容",等等)。前面为 I 和 II 所定义的 L-d-术语和 L-c-术语与现在所定义的这些术语是一致的,即便早先的定义有着完全不同的形式（如在"II 中分析的"情形中那样）。

L-d-术语	d-术语	c-术语	L-c-术语
L-可推导的→	（d-后承）可推导的→	后承←	L-后承
L-可证的→	（d-有效）可证的→	有效←	（L-有效）分析的
L-可驳倒的→	（d-反有效）可驳倒的→	反有效←	（L-反有效）矛盾的
L-可解的→	（d-确定的）可解的→	确定的←	L-确定的
L-不可解的←	（d-不确定的）不可解的←	不确定的→	（L-不确定的）综合的
L-d-不相容的→	d-不相容的→	（c-）不相容的←	L-不相容的
L-d-相容的←	d-相容的←	（c-）相容的→	L-相容的
L-d-独立的→	d-独立的→	独立的←	L-独立的
L-d-依存的←	d-依存的←	依存的→	L-依存的
L-d-完全的→	d-完全的→	完全的←	L-完全的
L-d-不完全的←	d-不完全的←	不完全的→	L-不完全的
		内容	L-内容
		对等的←	L-对等的
		完善的→	L-完善的
		同义的←	L-同义的

定理 52.1. (a)每个分析句都是有效的。(b)每个有效的逻辑句都是分析的。——关于(b)：令 $\mathfrak{S}_1$ 是一个有效的 $\mathfrak{S}_l$，则 $\mathfrak{S}_1$ 是

空类的后承,因而是空类的 L-后承,是分析的。

定理 52.2. (a)每个矛盾句都是反有效的。(b)每个反有效的逻辑句都是矛盾的。——关于(b):令 $\mathfrak{S}_1$ 是一反有效的 $\mathfrak{S}_1$,则每个句子都是 $\mathfrak{S}_1$ 的后承。因此,首先每个 $\mathfrak{S}_1$ 是 $\mathfrak{S}_1$ 的后承,其次在所有 $\mathfrak{S}_b$ 的情形下,每个依据规则 2a 或 3a(第 181 页)转换而来的 $\mathfrak{S}_b$ 是 $\mathfrak{S}_1$ 的后承。因此,每个句子都是 $\mathfrak{S}_1$ 的 L-后承,所以 $\mathfrak{S}_1$ 是矛盾的。

定理 52.3. 每个逻辑句都 L-确定的;**不存在综合的逻辑句**。这可以从定理 50.1,52.1b 和 2b 推出。

定理 52.4. 如果 $\mathfrak{K}_1$ 的每个句子都是分析的,则 $\mathfrak{K}_1$ 是分析的;反过来也成立。

定理 52.5. 如果 $\mathfrak{K}_1$ 的至少一个句子是矛盾的,则 $\mathfrak{K}_1$ 是矛盾的。如果 $\mathfrak{K}_1$ 是逻辑的,则反过来也成立。

定理 52.6. 令 $\mathfrak{S}_2$ 是 $\mathfrak{K}_1$ 的后承。(a)如果 $\mathfrak{K}_1$ 是分析的,则 $\mathfrak{S}_2$ 也是分析的。(b)如果 $\mathfrak{S}_2$ 是矛盾的,则 $\mathfrak{K}_1$ 也是矛盾的。

定理 52.7. 如果 $\mathfrak{S}_1$ 是空句子类的 L-后承(因而是所有类的 L-后承),则 $\mathfrak{S}_1$ 是分析的;反过来也成立。

定理 52.8. 如果 $\mathfrak{K}_1$ 是矛盾的,则每个句子都是 $\mathfrak{K}_1$ 的 L-后承;反过来也成立。

定理 52.9. $\mathfrak{K}_1$ 的 L-内容是非分析句的类,这些非分析句是 $\mathfrak{K}_1$ 的 L-后承。

两个句子**在涵义上等值**这一常用概念是模糊的,我们用两个不同的形式术语,即对等和 L-对等来表示它。同样地,两个表达式**在意义上等值**这一常用概念,我们也用两个不同的术语取而代之:同义和 L-同义。(比较§75;例 6-9。)

L-术语是通过对语言的 L-规则的限定获得的。我们将为某些术语定义相应的 P-**术语**。就这些术语而言,也要考虑这些 P-规则,这一事实描述了这些术语的特征。在 L-语言中,它们是空的。如果$\mathfrak{S}_2$是$\mathfrak{K}_1$的后承,而不是 L-后承,就称$\mathfrak{S}_2$是$\mathfrak{K}_1$的 P-后承。如果$\mathfrak{K}_1$(或$\mathfrak{S}_1$)是有效的但不是分析的,就称它为 P-**有效的**。如果$\mathfrak{K}_1$(或$\mathfrak{S}_1$)是反有效的但不是矛盾的,就称它为 P-**反有效的**。如果$\mathfrak{K}_1$和$\mathfrak{K}_2$是对等的但不是 L-对等的,就称$\mathfrak{K}_1$和$\mathfrak{K}_2$是 P-**对等的**。如果$\mathfrak{A}_1$和$\mathfrak{A}_2$是同义的但不是 L-同义的,就称它们是 P-**同义的**。接下来我们基本不使用 P-术语。

就 P-语言来说,我们对描述句做如下的分类(至于$\mathfrak{S}_1$,见第 210 页):

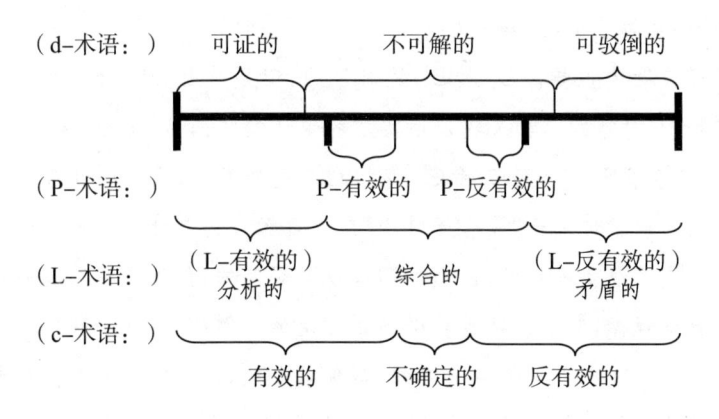

(d-术语:)	可证的	不可解的	可驳倒的
(P-术语:)		P-有效的　P-反有效的	
(L-术语:)	(L-有效的) 分析的	综合的	(L-反有效的) 矛盾的
(c-术语:)	有效的	不确定的	反有效的

就 L-语言(像 I 和 II 那样的)而言,描述句的分类要简单得多,因为 c-术语和 L-c-术语是一致的:

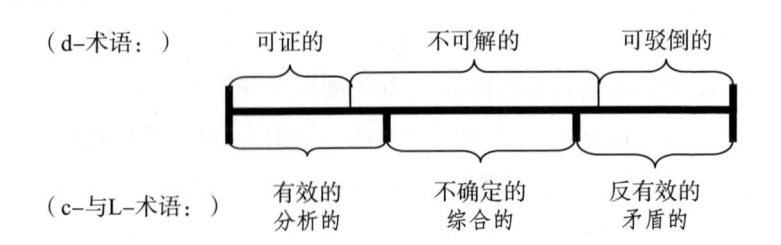

(d-术语：)	可证的	不可解的	可驳倒的
(c-与L-术语：)	有效的 分析的	不确定的 综合的	反有效的 矛盾的

例：假定 S 是含有英语单词的 P-语言，这些单词还是在它们的日常意义上使用的。将最重要的物理规律陈述为 S 的初始句。令 $\mathfrak{S}_1$ 是："物体 a 是铁的"；$\mathfrak{S}_2$ 是："a 是金属的"；$\mathfrak{S}_3$ 是："a 不能漂浮在水面上"。$\mathfrak{S}_2$ 和 $\mathfrak{S}_3$ 是 $\mathfrak{S}_1$ 的后承，特别要提的是，$\mathfrak{S}_2$ 是 L-后承，而 $\mathfrak{S}_3$ 不是，所以 $\mathfrak{S}_3$ 是 P-后承。令 $\mathfrak{S}_4$ 是："在这个容积为 5000c.c 的器皿里，在如此这般气压下有两克的氢气"；$\mathfrak{S}_5$ 是："在 b 中（容积为 5000c.c），有如此这般的温度下有两克的氢气。"$\mathfrak{S}_4$ 和 $\mathfrak{S}_5$ 互为后承，尤其是互为 P-后承，因为这两个句子可以借助物理规律互为推导。$\mathfrak{S}_4$ 和 $\mathfrak{S}_5$ 是对等的，但不是 L-对等的，因而它们是 P-对等的。如果我们用实质的说话模式问 $\mathfrak{S}_3$ 是否（像 $\mathfrak{S}_2$ 一样）隐含在 $\mathfrak{S}_1$ 中，问 $\mathfrak{S}_4$ 和 $\mathfrak{S}_5$ 意指相同还是不同，这些问题都是含混的。答案依赖于"隐含于其中"所合理预设的是什么。如果我们只假定了逻辑和数学，问题的回答就是否定的；但如果我们也假定了物理规律，它们的回答就必须是肯定的。例如，在后一种情况下 $\mathfrak{S}_4$ 和 $\mathfrak{S}_5$ 对我们来说是一样的，即使我们对容器中的气体不知道更多的。两个假设之间的实质的差异与对等（在 P-语言中）和 L-对等的形式差异是对应的。

术语"分析的"和"矛盾的"是纯形式的，分析句有空内容，这一观点外尔在《论连续统》第 2,10 页已经表述过了。他说逻辑上矛盾的判断"被识别为假是独立于其实质内容的,只依赖于其逻辑结构";"我们称只因为其形式(逻辑的)结构而为真的判断是(逻辑上)自明的"。后来维特根斯坦将同样的观点作为他的整个哲学的基础。"逻辑句的特征标志是单从符号就能看出它们是真的;且这一事实中包含了整个逻辑哲学"(《逻辑哲学论》,第 156 页)。维特根斯坦得出结论说:"非逻辑句的真或假不能单从句子本身识别出来,这也是非常重要的事实之一。"这一论断表现的是维特根斯坦的绝对语言概念,抛开了语言结构中的约定因素,是不正确的。单从句子的形式判别句子是分析的,这肯定是可能的;但只有在给定了该语言的句法规则的情况下才有可能。然而,如果给定了这些规则,则某些综合句的真假,即那些确定句的真或假,也可以单从其形式来识别。我们是只表述 L-规则,还是也表述 P-规则,这是个约定问题;P-规则也可以像 L-规则一样,以严格的形式方式表示出来。

(b) 变项

§53. 层级系统;谓词与函子

我们将 S 中的**层级系统**理解为满足第 188 页所给出的六个条件的非空类表达式的一个有序序列$\aleph_1$。因为一种语言的表达式的数目至多是可数无穷的,$\aleph_1$ 的类的数目同样至多是可数无穷的。这些类我们称之为层级;我们用有穷的——如果必要的话,也用超穷的序数(第二数类)(the second number-class)来对其进行编号:层级 0(或第 0 层级),层级 $1, 2, \cdots \omega, \omega+1, \cdots$ 我们将用"$\mathfrak{Stu}$"[Stufe]来称谓这些属于 $\mathfrak{K}_1$ 的类的表达式;特别地,用"$^\alpha\mathfrak{Stu}$"来称谓那些属于层级 α 的表达式(其中"α"指一个序数)。[为简便起见,这里省略了"与 $\mathfrak{K}_1$ 相关的"这一短语,在接下来其他被定义语词和哥特式名称的情形里也是如此。]我们把所有的 $\mathfrak{Stu}$ 都当作主要符号。

$m+1$ 个表达式 $\mathfrak{A}_1, \mathfrak{A}_2, \cdots \mathfrak{A}_{m+1}$ 的一个有序序列(也可以是空的)被称为一个特殊表达形式的**表达框架**($\mathfrak{Ag}$)[*Ausdruksgerust*]——更确切点,称为 m-元表达框架($\mathfrak{Ag}^m$)——如果至少存在一个此形式的表达式 $\mathfrak{A}_n$:它能够在一个句子中作为部分表达式出现,且是由该框架如 $\mathfrak{Ag}_1$ 的表达式 $\mathfrak{A}_1, \mathfrak{A}_2, \cdots \mathfrak{A}_{m+1}$ 和 m 个主要表达式 $\mathfrak{A}_1', \mathfrak{A}_2', \cdots \mathfrak{A}_m'$ 以交替顺序组成的。因此,$\mathfrak{A}_n$ 的形式为 $\mathfrak{A}_1 \mathfrak{A}_1' \mathfrak{A}_2 \mathfrak{A}_2' \cdots \mathfrak{A}_m \mathfrak{A}_m' \mathfrak{A}_{m+1}$。称表达式 $\mathfrak{A}_1', \cdots \mathfrak{A}_m'$ 为 $\mathfrak{A}_n$ 中 $\mathfrak{Ag}_1$ 的第一个主目、第二个主目……第 m 个**主目**;称它们所形成的序列(以正确的序列顺序)为 $\mathfrak{A}_n$ 中 $\mathfrak{Ag}_1$ 的 m-元**主目序列**($\mathfrak{Arg}$,更精确些 $\mathfrak{Arg}^m$)。$\mathfrak{A}_n$ 也用"$\mathfrak{Ag}_1(\mathfrak{A}_1', \cdots \mathfrak{A}_m')$"来称谓;或者如果 $\mathfrak{Arg}_1$ 是这些主目序列的话,用"$\mathfrak{Ag}_1(\mathfrak{Arg}_1)$"来称谓。称 $\mathfrak{A}_n$ 为 $\mathfrak{Ag}_1$ 的**全**(full)**表达式**。如果包含同一 $\mathfrak{Arg}$ 的 $\mathfrak{Ag}_1$ 和 $\mathfrak{Ag}_2$ 的每两个全表达式是同义的,我们就说 $\mathfrak{Ag}_1^m$ 和 $\mathfrak{Ag}_2^m$ 有同样的值进程。

$\mathfrak{S}$ 形式的 $\mathfrak{Ag}^m$ 被称作 m-元**句子框架**($\mathfrak{Sg}; \mathfrak{Sg}^m$)[*Satzgerust*]。这是最重要的一种 $\mathfrak{Ag}$。$\mathfrak{Sg}_1$ 的全表达式是一个 $\mathfrak{S}$;称它为 $\mathfrak{Sg}_1$ 的**全句子**。如果包含有同一 $\mathfrak{Arg}$ 的任意两个全句子 $\mathfrak{Sg}_1$ 和 $\mathfrak{Sg}_2$ 是对

第四部分 一般句法

等的,就称$\mathfrak{Sg}_1^m$与$\mathfrak{Sg}_2^m$同外延。

定理 53.1. 如果$\mathfrak{Sg}_1$和$\mathfrak{Sg}_2$有同样的值进程,那它们就是同外延的;反过来并不总是成立(比较定理 65.4b)。

令$\mathfrak{Ag}_1^m$是由含有或不含有辅助符号的$^a\mathfrak{Stu}_1$组成的;令$\mathfrak{A}_n$是全表达式$\mathfrak{Ag}_1(\mathfrak{Arg}_1)$;令每个主目及$\mathfrak{A}_n$自身,要么是$\mathfrak{S}$,要么是$^\beta\mathfrak{Stu}$,其中$\beta<\alpha$。那么,也称$\mathfrak{A}_n$为$\mathfrak{Stu}_1$的全表达式;称$\mathfrak{Arg}_1$为$\mathfrak{A}_n$中$\mathfrak{Stu}_1$的主目序列;称$\mathfrak{Stu}_1$(在$\mathfrak{A}_n$中)是$m$-元的($\mathfrak{Stu}^m$);我们也用"$\mathfrak{Stu}_1(\mathfrak{Arg}_1)$"来指谓$\mathfrak{A}_n$。如果在这种情形中$\mathfrak{Ag}_1$是一个$\mathfrak{Sg}$,且$\mathfrak{A}_n$因此是一个$\mathfrak{S}$的话,那么就称$\mathfrak{Stu}_1$为**谓词表达式**($\mathfrak{Pr}$, $\mathfrak{Pr}^m$, $^a\mathfrak{Pr}$);称符号$\mathfrak{Pr}$为谓词(pr, pr^m, ^{a}pr)。另一方面,如果$\mathfrak{A}_n$是一个$\mathfrak{Stu}$,则称$\mathfrak{Stu}_1$为**函子表达式**($\mathfrak{Fu}$, $\mathfrak{Fu}^m$, $^a\mathfrak{Fu}$);称符号$\mathfrak{Fu}$为**函子**(fu, fu^m, ^{a}fu)。称同源因而也同层级的$\mathfrak{Pr}_1$和$\mathfrak{Pr}_2$是同外延的,如果相应的$\mathfrak{Sg}$是同外延的话。我们说同源因而也同层级的$\mathfrak{Fu}_1$和$\mathfrak{Fu}_2$有同样的值进程,如果相应的$\mathfrak{Ag}$有同样的值进程的话。称$^0\mathfrak{Stu}$为个体表达式,而且,作为符号,称为个体符号。

定理 53.2. (a)如果$\mathfrak{Pr}_1$和$\mathfrak{Pr}_2$是同义的,那么它们也是同外延的。(b)如果$\mathfrak{Fu}_1$和$\mathfrak{Fu}_2$是同义的,那么它们有同样的值进程。二者反过来并不总是成立。(比较定理 66.1.)

只有当每个句子$\mathfrak{S}_1$对等于$\mathfrak{S}_1\begin{bmatrix}\mathfrak{Pr}_1\\\mathfrak{Pr}_2\end{bmatrix}$时,$\mathfrak{Pr}_1$和$\mathfrak{Pr}_2$才是同义的。另一方面,如果对每个全句子$\mathfrak{S}_1$而言同样的条件被满足,它们就是同外延的。有可能"P"和"Q"是同外延的,但对特殊的^{2}pr"M"而言,句子"M(P)"和"M(Q)"不是对等的,以致"P"和"Q"不是同义的。(在这一情形中,"M(P)"相关于"P"是内涵的。

见§66。）

条件：(1)$\mathfrak{S}tu$ 不是 $\mathfrak{S}$。(2)如果 $\mathfrak{A}_1$ 与 $^\alpha\mathfrak{S}tu$ 同源，则 $\mathfrak{A}_1$ 也是一个 $^\alpha\mathfrak{S}tu$。(3)每个 $^\alpha\mathfrak{S}tu$ 或者是一个 $\mathfrak{Pr}$，或者是一个 $\mathfrak{Fu}$，其中 $\alpha>0$。(4)就每个 $^\alpha\mathfrak{S}tu_1$ 而言，都存在一个 $^1\mathfrak{Pr}$，及连带的一个全句子使得 $\mathfrak{S}tu_1$ 是它的主目。(5)令 $\mathfrak{S}tu_1$ 是一个 $^\alpha\mathfrak{S}tu$，其中 α 大于 1，因而 $\mathfrak{S}tu_1$ 或者是一个 $\mathfrak{Pr}$，或者是一个 $\mathfrak{Fu}$。(a)存在一个小于 α 的最大序数，如 β（使得 $\alpha=\beta+1$）；那么对那个 $\mathfrak{Pr}$ 或 $\mathfrak{Fu}\ \mathfrak{S}tu_1$ 而言，存在一个全表达式 $\mathfrak{A}_1$，使其主目之一或 $\mathfrak{A}_1$ 自身是 $^\beta\mathfrak{S}tu$。(b)不存在小于 α 的最大序数（如 $\alpha=\omega$）；因而对每个小于 α 的 β 而言，有一个 γ 使得 $\beta<\gamma<\alpha$，且 $\mathfrak{S}tu_1$ 有一个全表达式 $\mathfrak{A}_1$，使得其主目之一或 $\mathfrak{A}_1$ 自身是 $^\gamma\mathfrak{S}tu$。(6)$\mathfrak{R}_1$ 在外延上尽可能大，也就是说，相关于 $\mathfrak{R}_1$ 的类 $\mathfrak{S}tu$ 不是相关于序列 $\mathfrak{R}_2$ 的类 $\mathfrak{S}tu$ 的真子集，这里 $\mathfrak{R}_2$ 也满足条件(1)至(5)。——如果存在一个全表达式或一个全句子，其中 $\mathfrak{A}_1$ 出现在某一主目位置上（或出现在第 i 个位置上），就称对 $\mathfrak{Sg}_1$，$\mathfrak{Pr}_1$，或 $\mathfrak{Fu}_1$ 而言（后面也就 $\mathfrak{S}\ fu_1$ 或 $\mathfrak{A}\ fu_1$ 而言），$\mathfrak{A}_1$ 是**适宜的主目**（或第 i 个主目）。

例：在语言 II 中（如在所有含高阶函项演算的通常语言中一样）确实有一个层级系统。$\mathfrak{Z}$ 作为 $^0\mathfrak{S}tu$ 属于这一系统，$\mathfrak{Pr}$ 和 $\mathfrak{Fu}$ 也属于这一系统。然而，这里用一般句法所定义的"$\mathfrak{Pr}$"和"$\mathfrak{Fu}$"这两个术语比前面在语言 II 中的运用要宽泛。依据这些新的术语，verfn 是 $^1pr^2$；"$\sim$"是 $^1pr^1$；"$'$"是 $^1fu^1$。而且，"$=$"是 pr^2；令它是 pr_1，那它是 $^\omega pr$，因为就每个整数 $n(>0)$ 而言，都存在一个全句子 $pr_1(^n pr, ^n pr)$（例如"P=Q"）。如果我们是要规定，对不同的类型，符号"⊂"(定义 37.10)不应当配以相应的类型标识,而是应当用于 $\mathfrak{Pr}$ 的所有类型,那么"⊂"也将是一个 $^\omega\mathrm{pr}^2$。在类似的条件下,"F∨G"(定义 37.5)中的"∨"是一个 $^\omega\mathfrak{fu}^2$。

在《数学原理》中,罗素使用了"⊂"这一符号,以及许多其他含任意(有穷)层级的主目的符号,使得依据我们的定义,它们属于 ω 层级。然而,罗素并没有给它们分派超穷层级,而是将它们的使用模式解释为"系统性地模糊"。希尔伯特("论无限"),第 184 页,哥德尔("不可判定性"),第 191 页,是最早提出引入超穷层级可能性的。

§54. 代入;变项和常项

什么是**变项**?一直认可的答案是"一个变动的量级"(magnitude)或"一个变动的概念",这种陈旧的答案是不恰当的。一个概念,一个量级,一个数字,一种性质,它们中没有一个是能变动的(尽管一物当然能在不同的时间有不同的性质)。变项更应被理解为具有某一性质的符号。是什么性质呢?答案是:"一个在意义上变动的符号"同样是不适宜的。因为一个符号意义上的变动在一种语言内是不可能的;它引起了从一种语言到另一种语言的转换。另一个经常被给出的答案更正确:"一个有确定意义的符号是一个常项,且一个没有确定意义的符号是一个变项。"但甚至这也不是完全正确的。因为可以使用有不确定意义的常项;这些常项是不允许代入的,在这点上它们与变项有着本质差异。

例：在名字语言中，除像"布拉格"这样的有确定意义的名字外，也使用像"a"和"b"这样的意义不确定的名字。如果"Q"是常项pr(是否有确定的意义没有什么区别)，则句子"Q(Prague)"、"Q(a)"、"Q(b)"等是可从"Q(x)"推导的，但不是可从"Q(a)"推导的。这表明"x"是变项，而"a"是常项，尽管它有不确定的意义。在作有实质内容的解释后，"a"指某物；只是此刻没有指明它指何物(不过也许随后会指明)。在本书的事例中，具有不确定意义的常项经常被使用；例如，从第12页开始的"a"、"b"，很多地方的"P"、"Q"，如第25页和第47页。变项"p"和具有不确定意义的常项"A"间的差异在第158页的例子中讲得特别详细。

变项和常项是通过它们的句法特征来相互区分的；变项是S的符号，对这些符号而言，依据S的变形规则，在某些条件下代入是许可的。这一大致的区分对所有日常的符号语言来说都是真的。然而，"变项"的确切的定义却不能如此简单，因为必须考虑各种可能的代入，尤其是三种主要的代入——对自由变项的代入、对约束变项的代入和对常项的代入。

蒯因(在口头交流中)表示过，可以用算子常项替代算子变项。例如，我们可用"$(0)(0=0)$"来取代"$(x)(x=x)$"。顺便一提的是，我们能扩充这一方法，以使一种语言(甚至是一种既包含算术演算，也包含无穷小演算的语言)根本不含变项。例如在语言II中，我们可以从一开始就构造一种语言II′，在这种语言中句子里不出现自由变项。这里PSII16和17必须用代入规则置换掉：

$(v_1)(\mathfrak{S}_1)$ 可以转换为 $\mathfrak{S}_1 \begin{pmatrix} v_1 \\ \mathfrak{A}_1 \end{pmatrix}$，$(\mathfrak{p}_1)(\mathfrak{S}_1)$ 转换为 $(\mathfrak{S}_1) \begin{pmatrix} \mathfrak{p}_1 (\mathfrak{A}\mathfrak{r}\mathfrak{g}_1) \\ \mathfrak{S}_2 \end{pmatrix}$。RII2 退出；但还必须表述几条新的规则。II″是这样构造的：把 II′ 中出现在算子内以及在运算域的代入的位置上的约束项 v_1，写成 v_1 的值域中的一个表达式。[在 II″中，与通常的语言相反，相关的符号总是同源的。]在迄今为止所使用的符号语言中，并未出现对常项的代入。所描述的这种不含变项（但含有作为变项表达式的常项）的语言必须不同于没有代入的语言（也就是说，不含任何变项表达式）。见第 194 页的例子 I_k。

三种主要的代入示例：在 I 和 II 中，"$2=2$" 可以从 "$x=x$" 推导出；在 II 中可以从 "$(x)(x=x)$" 推导出；在 II″中可以从 "$(3)(3=3)$" 推导出。

当 S 中存在表达式——我们称它们为**变项表达式**（$\mathfrak{B}$）——下面的内容对这些表达式是适用的，尤其是这些表达式满足第 195 页给出的条件时[这一条件可以借助在那之前所定义的术语表述得更为简单]，我们就说在 S 中出现了代入。[为了易于理解我们将要说的，应当注意，在日常的符号语言中，所有的 $\mathfrak{B}$ 都是符号，尤其是都是变项。]对每个 $\mathfrak{B}$ 而言，如 $\mathfrak{B}_1$，都存在相关联的表达式的一个类（这个类可以为空），这些表达式我们称之为**算子**（$\mathfrak{Op}$），或者更准确些，称为带有 $\mathfrak{B}_1$（$\mathfrak{Op}_{\mathfrak{B}1}$）的算子。令 $\mathfrak{Op}_1$ 是一个 $\mathfrak{Op}_{\mathfrak{B}1}$；则存在与 $\mathfrak{Op}_1$ 相关的主要表达式的一个类，我们将这些表达式称为相关于 $\mathfrak{Op}_1$ 的 $\mathfrak{B}_1$ 的**代入值**；这个类至少包含一个与 $\mathfrak{B}_1$ 不同义的表达式。而且，有一类主要表达式是与 $\mathfrak{B}_1$ 自身相关的，我们称它为**自由**$\mathfrak{B}_1$的**代入值**;当这个类不为空时,它至少包含两个互不同义的表达式。令$\mathfrak{R}_1$是这样一个类,自由$\mathfrak{B}_1$的所有代入值都属于这个类,且$\mathfrak{B}_1$相关于某个$\mathfrak{D}\,\mathfrak{p}_{\mathfrak{B}1}$的所有代入值,以及所有与上面的某个表达式同源的表达式,也都属于这个类。我们称$\mathfrak{R}_1$的表达式为$\mathfrak{B}_1$的值,如果$\mathfrak{B}_1$的每个值也是关于$\mathfrak{D}\,\mathfrak{p}_1$的$\mathfrak{B}_1$的代入值,就称$\mathfrak{D}\,\mathfrak{p}_{1\mathfrak{B}1}$为非受限的;否则,称它为受限的。

令$\mathfrak{A}_1$是$\mathfrak{Ag}_1^m$的一个全表达式,尤其是要么是一个$\mathfrak{S}$,要么是一个$\mathfrak{S}\mathfrak{fu}$;令$\mathfrak{A}_2$是用$\mathfrak{B}_i$置换每个主目$\mathfrak{A}_i$($i=1$至$m$)从$\mathfrak{A}_1$得到的,$\mathfrak{A}_i$属于$\mathfrak{B}_i$的值,$\mathfrak{A}_2$有资格作为部分表达式出现在一个句子中。那么,称$\mathfrak{A}_2$为$m$-元**表达函项**($\mathfrak{Afu}, \mathfrak{Afu}^m$);称$\mathfrak{B}_i$为$\mathfrak{A}_2$中的第$i$个主目。当$m=0$时,称$\mathfrak{Afu}^m$是不恰当的;当$m>0$时,称它为恰当的。如果$\mathfrak{A}_1$在这里是一个$\mathfrak{S}$,则称$\mathfrak{A}_2$为$m$-元**句子函项**($\mathfrak{Sfu}, \mathfrak{Sfu}^m$)。$\mathfrak{Sfu}$是最重要的一种$\mathfrak{Afu}$。

应当仔细关注**句子框架、句子函项和谓词表达式间的差异**,因为这种差异常常被忽略,这归咎于如下的事实:"句子函项"这一术语在三种意义上被使用。II 中 $\mathfrak{Sg}$ 的例子(这里我们用破折号分开表达序列的表达式):"P(3,—) ∨ Q(—)"、"Q(—)"[还有"(A)—(B)"(带有主目"∨")和"(—x)P((x))"(对它来说,"∃"和空表达式是适宜的主目)];$\mathfrak{Sfu}$ 的例子:"P(3,x) ∨ Q(x)"、"Q(x)";$\mathfrak{Pr}$ 的例子:"Q"[还有"sm(P,Q)"——见第86页]。余下的$\mathfrak{Ag}$、$\mathfrak{Afu}$、$\mathfrak{Fu}$间的差异与此类似。除$\mathfrak{Afu}$和$\mathfrak{Sfu}$外我们也考察$\mathfrak{Ag}$和$\mathfrak{Sg}$,这样做的唯一理由是不能普遍假定在每一种语言中都有所涉及的主目的变项表达式。

第四部分 一般句法

$\mathfrak{S}\mathfrak{fu}^0$ 是 $\mathfrak{S}$。在 I 和 II 中,所有的 $\mathfrak{S}\mathfrak{fu}$ 都是 $\mathfrak{S}$,且适宜的 $\mathfrak{S}\mathfrak{fu}$ 是开 $\mathfrak{S}$,不适宜的 $\mathfrak{S}\mathfrak{fu}$ 是闭 $\mathfrak{S}$。在大多数常用的符号语言中,所有的 $\mathfrak{S}\mathfrak{fu}$ 都是 $\mathfrak{S}$;然而,统辖这一点的规则却并不清楚。

令 $\mathfrak{O}\mathfrak{p}_1$ 出现在 $\mathfrak{S}_1$ 的某个位置;则 $\mathfrak{O}\mathfrak{p}_1$ 通过确定的形成规则(像所有形成规则一样,包含在变形规则中,见上面)与 $\mathfrak{S}_1$ 的一个部分表达式 $\mathfrak{A}\mathfrak{fu}$ 发生关联,该部分表达式由 $\mathfrak{O}\mathfrak{p}_1$、$\mathfrak{S}\mathfrak{fu}_1$ 构成,有时也含辅助符号;称 $\mathfrak{S}\mathfrak{fu}_1$ 为 $\mathfrak{O}\mathfrak{p}_1$ 在 $\mathfrak{S}_1$ 中(在这个位置上)的**运算域**(operand)。[通常,$\mathfrak{S}\mathfrak{fu}_1$ 跟在 $\mathfrak{O}\mathfrak{p}_1$ 后面;有时运算域 $\mathfrak{S}\mathfrak{fu}_1$ 的开头、结尾,或者开头与结尾用特殊的辅助符号标示出来(如在 I 和 II 中用的是括号,在罗素的著作中用的是点符号),有时也用 $\mathfrak{O}\mathfrak{p}_1$ 来标示。]我们也用 $\mathfrak{O}\mathfrak{p}_1(\mathfrak{S}\mathfrak{fu}_1)$ 来称谓 $\mathfrak{A}\mathfrak{fu}_1$。如果 $\mathfrak{S}\mathfrak{fu}_1$ 是属于 $\mathfrak{O}\mathfrak{p}_1$ 的一个运算域——也就是说,如果存在一个形式为 $\mathfrak{O}\mathfrak{p}_1(\mathfrak{S}\mathfrak{fu}_1)$ 的 $\mathfrak{A}\mathfrak{fu}$——我们就称 $\mathfrak{S}\mathfrak{fu}_1$ 相关于 $\mathfrak{O}\mathfrak{p}_1$ 是**可运算的**(operable)。称 $\mathfrak{B}_1$ 在 $\mathfrak{A}_2$ 中的某个特殊位置是约束的,如果这一特殊位置属于 $\mathfrak{A}_2$ 的一个形式为 $\mathfrak{O}\,\mathfrak{p}_{1\mathfrak{B}1}(\mathfrak{S}\mathfrak{fu})$ 的部分表达式;特别地,如果 $\mathfrak{O}\mathfrak{p}_1$ 是受限的(或非受限的),则称它为受限约束(或非受限约束)。如果在 $\mathfrak{A}_2$ 中 $\mathfrak{B}_1$ 出现在一个它不是约束的位置,就称 $\mathfrak{B}_1$ 在 $\mathfrak{A}_2$ 中在此位置是**自由的**。称 $\mathfrak{A}_2$ 中 $\mathfrak{B}_1$ 自由出现的位置为 $\mathfrak{A}_2$ 中 $\mathfrak{B}_1$ 的**代入位置**。我们用"$\mathfrak{A}\,\mathfrak{fu}_1\left(\begin{smallmatrix}\mathfrak{B}_1\\\mathfrak{A}_1\end{smallmatrix}\right)$"来表示这样一个表达式:这个表达式是通过把 $\mathfrak{A}\mathfrak{fu}_1$ 中所有代入位置上的 $\mathfrak{B}_1$ 用 $\mathfrak{A}_1$ 替换而得到的;这里 $\mathfrak{A}_1$ 必须是 $\mathfrak{B}_1$ 的一个值,且必须没有一个 $\mathfrak{B}_2$ 在 $\mathfrak{A}_1$ 中自由出现,而在 $\mathfrak{A}\mathfrak{fu}_1$ 中 $\mathfrak{B}_1$ 的某一代入位置约束出现。[如果 $\mathfrak{A}_1$ 没有满

足这些条件，或者如果$\mathfrak{B}_1$没有自由出现在 $\mathfrak{A}\ \mathfrak{fu}_1$ 中，则"$\mathfrak{A}\ \mathfrak{fu}_1 \begin{pmatrix}\mathfrak{B}_1\\\mathfrak{A}_1\end{pmatrix}$"指"$\mathfrak{A}\ \mathfrak{fu}_1$"自身。]我们称 $\mathfrak{A}\ \mathfrak{fu}_1 \begin{pmatrix}\mathfrak{B}_1\\\mathfrak{A}_1\end{pmatrix}$ 是 $\mathfrak{A}\ \mathfrak{fu}_1$（在$\mathfrak{B}_1$中）的一个**变体**。如果 $\mathfrak{S}\ \mathfrak{fu}_1$ 相关于 $\mathfrak{D}\ \mathfrak{p}_1$ 是可运算的，且$\mathfrak{A}_1$是相关于$\mathfrak{D}\ \mathfrak{p}_1$的$\mathfrak{B}_1$的一个代入值，就称形式为 $\mathfrak{S}\ \mathfrak{fu}_1 \begin{pmatrix}\mathfrak{B}_1\\\mathfrak{A}_1\end{pmatrix}$ 的句子是 $\mathfrak{S}\ \mathfrak{fu}_1$ **相关于** $\mathfrak{D}\ \mathfrak{p}_{1\,\mathfrak{B}1}$ 的一个**变体**。

我们区分两种不同的算子：句子算子和摹状算子。如果 $\mathfrak{D}\ \mathfrak{p}_1 (\mathfrak{S}\ \mathfrak{fu}_1)$ 是一个 $\mathfrak{Sfu}$，比如是 $\mathfrak{S}\ \mathfrak{fu}_2$，则称 $\mathfrak{D}\ \mathfrak{p}_1$ 为 $\mathfrak{S}\ \mathfrak{fu}_2$ 中的句子算子；如果形式为 $\mathfrak{D}\ \mathfrak{p}_1 (\mathfrak{Sfu})$ 的每个表达式都是 $\mathfrak{Sfu}$，就称 $\mathfrak{D}\ \mathfrak{p}_1$ 为**句子算子**。假定 $\mathfrak{D}\ \mathfrak{p}_1 (\mathfrak{S}\ \mathfrak{fu}_1)$ 不是 $\mathfrak{Sfu}$，且因而是另一个 $\mathfrak{Afu}$，如 $\mathfrak{A}\ \mathfrak{fu}_2$ 的话，就称 $\mathfrak{A}\ \mathfrak{fu}_2$ 为摹状函项，或者如果它是闭的话，称它为一个**摹状词**（description）。相应地，一个摹状词总是一个 $\mathfrak{Stu}$。称 $\mathfrak{D}\ \mathfrak{p}_1$ 为 $\mathfrak{A}\ \mathfrak{fu}_2$ 中的**摹状算子**；如果形式为 $\mathfrak{D}\ \mathfrak{p}_1(\mathfrak{Sfu})$ 的每个表达式都是摹状函项，就称 $\mathfrak{D}\ \mathfrak{p}_1$ 为摹状算子。

令$\mathfrak{S}_1$是 $\mathfrak{D}\ \mathfrak{p}_{1\,\mathfrak{B}1} (\mathfrak{S}\ \mathfrak{fu}_1)$；相应地 $\mathfrak{D}\ \mathfrak{p}_1$ 是 $\mathfrak{S}_1$ 中的句子算子。如果$\mathfrak{B}_1$自由出现在 $\mathfrak{S}\ \mathfrak{fu}_1$ 中，且如果 $\mathfrak{S}\ \mathfrak{fu}_1$ 相关于 $\mathfrak{D}\ \mathfrak{p}_1$ 的每个变体都是 $\mathfrak{S}_1$ 的后承，则称 $\mathfrak{D}\ \mathfrak{p}_1$ 为 $\mathfrak{S}_1$ 中的全称算子。如果 $\mathfrak{D}\ \mathfrak{p}_{1\,\mathfrak{B}1}$ 在形式为 $\mathfrak{D}\ \mathfrak{p}_1 (\mathfrak{S}\ \mathfrak{fu}_2)$ 的每个句子中都是全称算子，其中 $\mathfrak{S}\ \mathfrak{fu}_2$ 是任一 $\mathfrak{Sfu}$，$\mathfrak{B}_1$ 在 $\mathfrak{Sfu}$ 中自由出现，就称 $\mathfrak{D}\ \mathfrak{p}_1$ 为**全称算子**。

令$\mathfrak{B}_1$在$\mathfrak{S}_1$中自由出现；那么，如果每个变体$\mathfrak{S}_1 \begin{pmatrix}\mathfrak{B}_1\\\mathfrak{A}_2\end{pmatrix}$都是$\mathfrak{S}_1$的后承，其中$\mathfrak{A}_2$是自由$\mathfrak{B}_1$的任一代入值，我们就说在$\mathfrak{S}_1$中存在对自由$\mathfrak{B}_1$的代入。如果在$\mathfrak{B}_1$自由出现的每个句子中，存在对自由$\mathfrak{B}_1$的代入，我们就说在 S 中存在对自由$\mathfrak{B}_1$的代入。

对前面从"$\mathfrak{B}$"开始的定义来说,要求满足下面的条件:即就每个$\mathfrak{B}_1$而言,至少存在一个$\mathfrak{S}_1$使得要么在$\mathfrak{S}_1$中存在对自由$\mathfrak{B}_1$的代入,要么$\mathfrak{S}_1$的形式为 $\supset p_1 \mathfrak{B}_1 (\mathfrak{S} \mathfrak{f} u_1)$,其中$\mathfrak{B}_1$在$\mathfrak{S} \mathfrak{f} u_1$中自由出现,且 $\supset p_1$是$\mathfrak{S}_1$中的**全称算子**。

如果至少满足下面的一个条件就称$\mathfrak{A}_1$是$\mathfrak{B}_1$的一个代入值:(1)在 S 中有对自由$\mathfrak{B}_1$的代入,且$\mathfrak{A}_1$是自由$\mathfrak{B}_1$的一个代入值;(2)在 S 中存在一个全称算子 $\supset p_1 \mathfrak{B}_1$,且$\mathfrak{A}_1$是相关于 $\supset p_1$的一个代入值。

如果$\mathfrak{B}_1$在$\mathfrak{S}_1$中自由出现,但如果同时$\mathfrak{S}_1$中不存在对自由$\mathfrak{B}_1$的代入,我们就说在$\mathfrak{S}_1$中$\mathfrak{B}_1$是常项(在通常的语言中这不会出现)。如果在$\mathfrak{B}_1$自由出现的每个句子中$\mathfrak{B}_1$都是常项,且如果至少存在一个这样的句子,我们就称$\mathfrak{B}_1$为常项。如果a_1是一个$\mathfrak{B}$且是常项(或者在$\mathfrak{S}_1$中,或者一般而言),则称a_1为**可变常项**(variable-constant);如果a_1是一个$\mathfrak{B}$且不在任何句子中是常项,则称a_1为**变项**(v)。所有是$\mathfrak{B}$的符号,因而所有的v,都算作主要符号。如果a_1不是一个v(因而或者根本不是$\mathfrak{B}$,或者是至少在一个句子中是常项的$\mathfrak{B}$),就称a_1为**常项**($\mathfrak{f}$)。如果$\mathfrak{f}_1$是一个$^\alpha\mathfrak{S}tu$,就称$\mathfrak{f}_1$为α层级的常项($^\alpha\mathfrak{f}$)。

如果存在一个$\mathfrak{B}_1$,它在$\mathfrak{S}_1$中自由出现,且在$\mathfrak{S}_1$中有对自由$\mathfrak{B}_1$的代入,就称$\mathfrak{S}_1$是**开的**;否则就称它为**闭的**。如果$\mathfrak{A}_1$不是$\mathfrak{S}_1$,且存在一个$\mathfrak{B}_1$和一个$\mathfrak{S}_1$,使得$\mathfrak{A}_1$是$\mathfrak{S}_1$的部分表达式,$\mathfrak{B}_1$出现在$\mathfrak{A}_1$的一个位置上,在这个位置上$\mathfrak{B}_1$在$\mathfrak{S}_1$中是自由的,且在$\mathfrak{S}_1$中有对自由$\mathfrak{B}_1$的代入,就称$\mathfrak{A}_1$是开的;否则称$\mathfrak{A}_1$为闭的。如果在 S 中不存在对自由$\mathfrak{B}$的代入,则所有的$\mathfrak{A}$都是闭的;称 S 为**闭语言**

系统。

闭语言系统的示例：II′,第 190 页。

不含变项表达式的语言系统是可以轻易构造出来的；显然这样的系统也是闭系统。语言 I_k 就是一个例子，它是以下面的方式构造出来的，是 I 的真保守子语言。I_k 的符号是 I 的 $\mathfrak{f}$。I_k 的 $\mathfrak{Z}$（和 $\mathfrak{S}$）是 I 中不含 v 的 $\mathfrak{Z}$（和 $\mathfrak{S}$）。作为初始句的图式，PSI1-3 保持不变，PSI 4-6 和 11 退出，PSI 7-10 由下面的内容替代：7. $\mathfrak{Z}_1 = \mathfrak{Z}_1$。8. $(\mathfrak{Z}_1 = \mathfrak{Z}_2) \supset (\mathfrak{S}_1 \supset \mathfrak{S}_1 \begin{bmatrix} \mathfrak{Z}_1 \\ \mathfrak{Z}_2 \end{bmatrix})$。9. $\sim(\mathrm{nu} = \mathfrak{Z}_1{}')$。10. $(\mathfrak{Z}_1{}' = \mathfrak{Z}_2{}') \supset (\mathfrak{Z}_1 = \mathfrak{Z}_2)$。至于规则，RI 2 和 3 没有发生变化；RI 1 和 4 退出了。定义不是作为句子表述出来，而是作为关于同义的句法规则表述出来。在 I 中所有的定义都可以相应地转换为 I_k 中的定义。例如，代替 D3（第 59 页）所给出的规则："如果 $\mathfrak{f}u_1$ 是 'prod'，则对任一 $\mathfrak{Z}_2$ 而言，$\mathfrak{f}u_1(\mathrm{nu}, \mathfrak{Z}_2)$ 与 nu 同义，且对任一 $\mathfrak{Z}_1$ 和 $\mathfrak{Z}_2$ 而言，$\mathfrak{f}u_1(\mathfrak{Z}_1{}', \mathfrak{Z}_2)$ 与 $\mathfrak{f}u_2[\mathfrak{f}u_1(\mathfrak{Z}_1, \mathfrak{Z}_2), \mathfrak{Z}_2]$ 同义，其中 $\mathfrak{f}u_2$ 是 'sum'。"就一个涉及 I 的开放句的句法句而言，都有一个对应的涉及特殊形式的 I_k 句的句法句。例如，句子"每个形式为 $\mathfrak{f}u_1(\mathfrak{Z}_1, \mathfrak{Z}_2) = \mathfrak{f}u_1(\mathfrak{Z}_2, \mathfrak{Z}_1)$ 的句子在 I_k 中都是可证的，其中 $\mathfrak{f}u_1$ 是 'prod'"与句子"$prod(x, y) = prod(y, x)$' 在 I 中是可证的"是对应的。以此方式算术可以在 I_k 中系统地表述出来。不过必须注意，只有 $\mathfrak{B}$ 在 I_k 中被放弃了；另一方面，对句法语言来说，要把初始句和规则作为一般的约定表述出来的话，$\mathfrak{B}$ 是必不可少的。

如果$\mathfrak{S}_1$是闭的,且不包含$\mathfrak{Sfu}$(因而不包含$\mathfrak{S}$)作为真部分(proper parts),我们就称$\mathfrak{S}_1$为**基本句**。在基本句中,既不出现$\mathfrak{v}$、$\mathfrak{Op}$,也不出现$\mathfrak{Bf}$(§57)。

如果$\mathfrak{v}$是$\mathfrak{Sa}$,就称$\mathfrak{v}_1$为**句子变项**($\mathfrak{s}$)。如果$\mathfrak{v}_1$的所有的代入值(在$\mathfrak{S}_1$中或是一般而言)都是$\mathfrak{Pr}$,就称$\mathfrak{v}_1$为**谓词变项**($\mathfrak{p}$)(在$\mathfrak{S}_1$中或是一般而言);如果所有的代入值都是$\mathfrak{Pr}^m$,则称$\mathfrak{v}_1$为$\mathfrak{p}^m$。同样的情形也适用于$\mathfrak{Fu}$:函子变项($\mathfrak{f},\mathfrak{f}^m$)。令$\mathfrak{B}_1$的所有代入值(在$\mathfrak{S}_1$中或是一般而言)是$^a\mathfrak{Stu}$,则称$\mathfrak{B}_1$(在$\mathfrak{S}_1$中或是一般而言)为$^a\mathfrak{B}$(相应地为$^a\mathfrak{v}$、$^a\mathfrak{p}$、$^a\mathfrak{f}$),称$^0\mathfrak{v}$为个体变项,$^0\mathfrak{f}$为个体常项。令$\mathfrak{B}_1$的所有代入值(在$\mathfrak{S}_1$中或是一般而言)是有着不同层级的$\mathfrak{Stu}$,如果对每个$\beta<\alpha$而言,都存在一个$\gamma,\beta\leq\gamma<\alpha$,使得至少有一个代入值(在$\mathfrak{S}_1$中或是一般而言)属于$\gamma$层级,但没有属于$\alpha$层级或更高层级的代入值,就称$\mathfrak{B}_1$为$^{(\alpha)}\mathfrak{B}$(在$\mathfrak{S}_1$中或是一般而言)。[据此在$\mathfrak{Pr}_1(\mathfrak{p}_1)$这一$\mathfrak{Sfu}$中,$\mathfrak{p}_1$是$^{(\omega)}\mathfrak{p}$当且仅当$\mathfrak{Pr}_1$是$^\omega\mathfrak{Pr}$。$^\alpha\mathfrak{B}_1$不必然是$\mathfrak{Stu}$;$^\alpha\mathfrak{B}_1$是$\mathfrak{Stu}$(在$\mathfrak{S}_1$中或是一般而言),更确切地说是$^\alpha\mathfrak{Stu}$,当且仅当$\mathfrak{B}_1$自由出现(在$\mathfrak{S}_1$中或至少在一个$\mathfrak{S}$中)。$^{(\alpha)}\mathfrak{B}$不是$\mathfrak{Stu}$。]

例:(1)语言Ⅰ和Ⅱ。所有的$\mathfrak{B}$是$\mathfrak{v}$。$^0\mathfrak{v}$是$\mathfrak{z}$。自由"x"的代入值是$\mathfrak{Z}$;关于"$(\exists x)2(P(x))$"的"x"的代入值是与"0"、"1"或"2"同义的$\mathfrak{Z}$。每个$\mathfrak{p}$(或$\mathfrak{f}$)都是某一层级的$\mathfrak{Stu}$;值和代入值全都是同一类型的$\mathfrak{Pr}$(或$\mathfrak{Fu}$)。$\mathfrak{Sfu}$是$\mathfrak{S}$。每个$\mathfrak{S}$相关于每个算子都是可运算的。对自由$\mathfrak{v}$的代入:"P(3)"是"P(x)"的后承;对约束$\mathfrak{v}$

的代入:"P(3)"是"$(x)5P(x)$"的后承。句子算子是全称算子和存在算子;摹状算子是 K-算子。(2)在罗素的语言中,有是 ^{0}𝔖tu 的摹状词,也有是 𝔓r 的摹状词。例如,"$(\hat{x})(P(x))$"是类表达式,因而是 ^{1}𝔓r^1;它是一个带有摹状算子"$\hat{x}$"的摹状词。相应地,"$\hat{x}\hat{y}$"是 ^{1}𝔓r^2 的摹状算子。

§55. 全称算子和存在算子

我们先用实质的说话模式来讨论这一主题。令论域包含 m 个对象,且句子 $𝔖_1, 𝔖_2, \cdots 𝔖_m$ 分别将一个性质归属给这些对象。如果 $𝔖_n$ 指的是至少从 $𝔖_1$ 至 $𝔖_m$ 放在一起的句子,我们就可以在更广的含义上称 $𝔖_n$ 为一个相应的全称句;尤其是,如果 $𝔖_n$ 所指的并不多于所有这些单个句子的总和——也就是说,它恰好指的就是它们的总和——就称它为恰当的全称句。如果这个全称句带有一个全称算子,则运算域的闭变体就是相应的具体句子。我们将它定义如下:如果就任一 𝔖 fu_1 而言,每个形式为 𝔒 p_1(𝔖 fu_1)的闭语句都是相关于 𝔒 p_1 的 𝔖 fu_1 的闭变体的类的后承(因而与该类对等),就称全称算子 𝔒 p_1(受限的或非受限的)为**恰当的全称算子**;否则就称它为**不恰当的全称算子**(即如果存在一个闭语句 𝔒 p_1(𝔖 fu_2),这一闭语句不是相关于 𝔒 p_1 的 𝔖 fu_2 的闭变体集合的后承)。

存在句是从每个相应的单个句子得出的。实质地表达是:它的意义是包含在每个相应的单个句子的意义中的,因而也包含在此共同意义中。如果这一句子所指的并不比此共同意义少,而是正好一样的话，就称它为恰当的存在句。因而我们以下面的方式来定义。

令$\mathfrak{S}_1$是$\mathfrak{O}\,\mathfrak{p}_{1\,\mathfrak{B}1}(\mathfrak{S}\,\mathfrak{fu}_1)$；$\mathfrak{O}\,\mathfrak{p}_1$是$\mathfrak{S}_1$中相应的句子算子；如果$\mathfrak{B}_1$在$\mathfrak{S}\,\mathfrak{fu}_1$中自由出现，且$\mathfrak{S}_1$是与$\mathfrak{O}\,\mathfrak{p}_1$有关的$\mathfrak{S}\,\mathfrak{fu}_1$的每个变体的后承，就称$\mathfrak{O}\,\mathfrak{p}_1$为$\mathfrak{S}_1$中的**存在算子**。如果$\mathfrak{O}\,\mathfrak{p}_{1\,\mathfrak{B}1}$是形式为$\mathfrak{O}\,\mathfrak{p}_1(\mathfrak{S}\,\mathfrak{fu}_2)$的每个句子中的存在算子，其中$\mathfrak{S}\,\mathfrak{fu}_2$是任一$\mathfrak{S}\,\mathfrak{fu}$，在$\mathfrak{S}\,\mathfrak{fu}$中$\mathfrak{B}_1$自由出现，就称$\mathfrak{O}\,\mathfrak{p}_1$为存在算子。[这一定义与第193页的"全称算子"的定义是类似的。]令$\mathfrak{O}\,\mathfrak{p}_1$是存在算子，如果形式为$\mathfrak{O}\,\mathfrak{p}_1(\mathfrak{S}\,\mathfrak{fu}_1)$的每个闭语句的内容都与关于$\mathfrak{O}\,\mathfrak{p}_1$的$\mathfrak{S}\,\mathfrak{fu}_1$的闭变体的内容的积一致，就称$\mathfrak{O}\,\mathfrak{p}_1$为恰当的存在算子；否则称它为不恰当的（即如果存在一个闭语句$\mathfrak{O}\,\mathfrak{p}_1(\mathfrak{S}\,\mathfrak{fu}_2)$，它的内容是关于$\mathfrak{O}\,\mathfrak{p}_1$的$\mathfrak{S}\,\mathfrak{fu}_2$的闭变体的内容的积的真子集）。

例：全称算子出现在弗雷格、罗素、希尔伯特、贝曼、哥德尔和塔尔斯基（见§33）的语言中；大多数情况下它们的形式为(v)。存在算子也出现在这些语言中；在罗素、希尔伯特和贝曼的语言中，有些是简单的（如或者由"∃"构成，或者由"E"构成），但在所有这样的语言中都有由两个否定符号和一个全称算子组成的算子，这样的算子并不总是被称为存在算子。（例如在II中，"～((x)(～"也是一个存在算子。）在提到的这些语言中，简单的全称算子和存在算子都是非受限的；但也可以构造出受限的算子[如"(x)(($x<$3)⊃"和"(∃x)(($x<$3)·"]。在语言I和II中，也有简单的受限算子，也就是说，不包含部分句的算子。

在语言I和II中，带有$\mathfrak{z}$的全称算子是恰当的全称算子。因

为不仅形式为 $pr_1(\mathfrak{Z})$ 的每个句子,因而形式为 $pr_1(\mathfrak{Z})$ 的每个闭语句子都是 $(\mathfrak{z}_1) pr_1(\mathfrak{z}_1)$ 的后承,而且反过来,这个全称句也是这些闭语句的类的后承(依据 DC2,第 38 页),且因此是与之对等的。相反,在我们所提到的其他语言中,同样的事情对带有 $^0\mathfrak{v}$ 或 $\mathfrak{z}$(除非确立希尔伯特的新规则,见第 173 页)的全称算子来说不是真实的;因而这些算子是不恰当的。

更高层级的全称算子与存在算子——也就是说,带有 $\mathfrak{p}$(或 $\mathfrak{f}$)的算子——在大多数语言中显然是不恰当的。在较早的语言中,这是如前面同样的原因所致,即由缺少不确定的变形规则所致。但在语言 II 的情形中,由于一个不同的原因这一点是真实的。为简便起见,我们只限定在 II 的逻辑子语言 II_l 中。令 II_l 的^2 pr_1、pr_2 指(在实质的言说中)一种性质,这一性质属于 II_l 中可定义的所有数的性质,但不属于 II_l 中不可定义的所有数的性质(见第 106 页)。那么 $(p_1)(pr_2(p_1))$ 是矛盾的;然而,该运算域的所有闭变体的类是分析的;因而这一矛盾句不能是它的后承。而且,基于同一假设,$(\exists p_1)(\sim pr_2(p_1))$ 是分析的;这里该运算域的所有闭变体都是矛盾的;该存在句的内容是空的,变体的内容的积是总内容;所以前者是后者的真子类。

令 $\mathfrak{B}_1$ 出现在 $\mathfrak{S}_1$ 的某个位置,它要么是自由的,要么是受 $\mathfrak{O} p_1$ 约束的。在第一种情况下,令 $\mathfrak{K}_1$ 是自由 $\mathfrak{B}_1$ 的代入值的类;在第二种情况下,令 $\mathfrak{K}_1$ 是关于 $\mathfrak{O} p_1$ 的自由 $\mathfrak{B}_1$ 的代入值的类。将 $\mathfrak{K}_1$ 分为互为同义的表达式的最大子类(非空)。我们称这些子类的数为 $\mathfrak{S}_1$ 中所讨论位置上 $\mathfrak{B}_1$ 的**可变性一数**;在有穷数或无穷数的情况

第四部分 一般句法

下,我们分别称之为有穷可变性或无穷可变性。我们说在$\mathfrak{S}_1$的某位置的$\mathfrak{B}_1$有无穷可变性,如果$\mathfrak{B}_1$在那个位置有无穷可变性,且或者是自由的,或者是受一全称算子约束的。

例:在"$(\exists x)5(P(x))$"中"x"有可变性-数6;在"$P(x)$"和"$(x)(P(x))$"中它既有无穷可变性,也有无限普遍性。在只含自由$\mathfrak{s}$而不含常项$\mathfrak{s}a$的通常形式的句子演算中,每个句子要么是分析的,要么是矛盾的。因此在那里每个$\mathfrak{s}$都有可变性-数2。甚至当我们引入全称算子和存在算子时,这点也是真实的;则该$\mathfrak{s}$是非受限约束的,但只具有有穷可变性。

如果满足下面的条件我们就称$\mathfrak{K}_1$为最大的确定表达类:(1)$\mathfrak{K}_1$的每个$\mathfrak{A}_1$都有一个可以细分为$\mathfrak{K}_1$的表达式的句子,$\mathfrak{A}_1$就是细分出来的一个表达式;(2)如果$\mathfrak{S}_1$是确定的,且可以细分为$\mathfrak{K}_1$的表达式,如果$\mathfrak{S}_1$不含具有无穷可变性的表达式,则$\mathfrak{S}_1$为可解的;(3)$\mathfrak{K}_1$不是满足条件(1)和(2)的一个表达类的真子类。我们称S的表达式的所有最大的确定类的积$\mathfrak{K}_2$为S的确定表达式类。如果$\mathfrak{S}_1$可以细分为$\mathfrak{K}_2$的表达式且不含具有无穷可变性的表达式,就称$\mathfrak{S}_1$为确定的;否则,称为不确定的。[特此定义的"确定的"与"不确定"这两个术语本身是不确定的。之前在Ⅰ和Ⅱ的句法中,我们把"确定的"与"不确定的"定义为确定的术语;这样的定义是不可能得到一般性表述的,也就是说,如果它们要近似表达所拟表达的意义(比照§43)只可以就特定语言进行特定表述。这里定义的"确定的"与"不确定的"的术语在下面的内容中将不被使用。如果在一般句法中,出现了与该句法语言相关的语词"确定的"或"不确定",我们便可以把语言 II(或某种语言)看作这样的句法语言,并采纳前面的"确定的"定义(§15)。]

§56. 值域
(比较§57末尾所添加的)

如果每个句子都依存于$\Re_1$,我们称$\Re_1$是完全的。一个完全的$\Re$,如之前一样,没有留下未决的问题;每个句子要么被肯定,要么被否定(尽管一般来说并不是通过一个确定的方法来进行的)。如果$\Re_1$是反有效的,它在不足道的含义上就是完全的:每个句子同时既被肯定又被否定。如果$\Re_1$是完全的但不是反有效的,且不存在是$\Re_1$的真子类的完全类,就称$\Re_1$为前提类。

定理 56.1. (a)如果 S 是不一致的(§59),则 S 中没有前提类。(b)如果 S 是一致的、逻辑的,则空句子类是唯一的前提类。(c)如果 S 是描述的(因而是一致的),那么每个前提类既是非空的,也是不确定的,且它的每个句子都是不确定的。

定理 56.2. 两个非对等的前提类总是不相容的。

经过实质性的解释,每个非空的前提类都表述了 S 所涉及的对象域的一种可能状态。如果$\Re_1$是前提类,$\Re_2$是$\Re_1$的后承类,就称$\Re_1$为$\Re_2$的前提类——在与"后承类"相关这一含义上。$\Re_1$是$\mathfrak{S}_1$的前提类,其意思是说在作有实质内容的解释后,$\Re_1$是$\mathfrak{S}_1$为真的可能情形之一。我们把值域理解为前提类的一个类$\mathfrak{W}_1$,使得对等于属于$\mathfrak{W}_1$的前提类的每个类也属于$\mathfrak{W}_1$。把$\Re_1$的值域理解

第四部分 一般句法

为 $\Re_1$ 的前提类的类。$\mathfrak{W}_1$ 是 $\mathfrak{S}_1$ 的值域指的是，经过实质性解释，$\mathfrak{W}_1$ 是 $\mathfrak{S}_1$ 为真的所有可能情形的类；换句话说，它是 $\mathfrak{S}_1$ 所敞开的可能性的范围。

选择"值域"这一术语其理由在于，我们是随维特根斯坦使用的（《逻辑哲学论》，4.463，第 98 页）："真值条件确定值域，值域是这一命题留给事实的。"不过，维特根斯坦并没有给出一个句法定义。

我们将**总值域**理解为所有前提类的类。

"值域"和"内容"这两个术语在某种程度上如所表明的那样，通过下面这些类似于定理 49.1,2,4 和 5[①] 的定理某种程度上展示了一种对偶。

定理 56.3. 如果 $\Re_2$ 是 $\Re_1$ 的后承类，$\Re_1$ 的值域包含在 $\Re_2$ 的值域中。

定理 56.4. 如果 $\Re_1$ 和 $\Re_2$ 互为后承类，则它们有同样的值域。

定理 56.5. 如果 $\Re_1$ 是有效的，$\Re_1$ 的值域就是总值域。

定理 56.6. 如果 $\Re_1$ 是反有效的，则 $\Re_1$ 的值域为空。

相应地，定理 3—6 对 $\mathfrak{S}_1$ 和 $\mathfrak{S}_2$ 都成立。

定理 56.7. （a）$\Re_1 + \Re_2$ 的值域是 $\Re_1$ 和 $\Re_2$ 的值域的积。（b）$\Re_1$ 的值域是 $\Re_1$ 的单个句子的值域的积。

$\Re_1$ 的**补值域**，我们理解为不是 $\Re_1$ 的前提类的前提类的集。$\Re_1$ 的补值域总是值域；但并不总是某个 $\Re$ 的值域。如果 $\Re_1$ 的补

[①] （注释，1935）然而要注意的是，定理 3—6 的逆定理并不普遍成立；这一事实是塔尔斯基向我指出的。要弄清这种情形，需要进行更细致的研究。尤其值得去探寻一个不同的"值域"定义，该定义在更高程度上保障对偶。

值域是$\mathfrak{R}_2$的值域，我们就称$\mathfrak{R}_2$为$\mathfrak{R}_1$的**反类**(contra-class)。相应地，如果$\{\mathfrak{S}_2\}$是$\{\mathfrak{S}_1\}$的反类，就称$\mathfrak{S}_2$是$\mathfrak{S}_1$的**反句**(contra-sentence)。如果$\mathfrak{S}_2$是$\mathfrak{S}_1$的反句，则$\mathfrak{S}_1$也是$\mathfrak{S}_2$的反句。如果$\mathfrak{S}_2$是$\mathfrak{S}_1$的反句，则在作有实质内容的解释后，$\mathfrak{S}_2$在$\mathfrak{S}_1$为假的所有可能情形中都为真，且只在这些情形中为真；因此$\mathfrak{S}_2$指的是$\mathfrak{S}_1$的反面。如果S中没有**否定**，我们可以把$\mathfrak{S}_1$的一个反句或$\{\mathfrak{S}_1\}$的一个反类视为$\sim\mathfrak{S}_1$的一个替代。如果都不存在，则没有$\sim\mathfrak{S}_1$的替代，但有对$\sim\mathfrak{S}_1$的值域的替代，即$\mathfrak{S}_1$的补值域，总是正好存在这样一个值域的。"值域"和"补值域"这两个术语使我们可以概括具体的句子联结的特征。

§57. 句子联结

如果存在$\mathfrak{Sg}_1^n$的全句子$\mathfrak{S}_1$，其中所有n的主目都是$\mathfrak{S}$，则称$\mathfrak{Sg}_1^n$为$\mathfrak{S}_1$中的n-项句子联结。如果$\mathfrak{Sg}_1^n$以任意n个句子为主目构成一个全句子，就称$\mathfrak{Sg}_1^n$为n-项**句子联结**($\mathfrak{Vf}, \mathfrak{Vf}^n$)。如果$\mathfrak{Sg}_1^n$是由$\mathfrak{Pr}_1^n$组成的，可能还有辅助符号，就称$\mathfrak{Pr}_1^n$为$n$-项句子的谓词表达式；如果$\mathfrak{a}_1$是句子的谓词表达式，就称$\mathfrak{a}_1$为句子谓词，或**联结符号**($\mathfrak{af}, \mathfrak{af}^n$)。相应地，$\mathfrak{af}^n$是一个[1] $\mathfrak{pr}^n$，对之而言句子是适宜作主目的。

为给特殊种类的联结的定义做准备，我们从一种依赖于真值表方法(见§5)的方式开始，但并不假定S包含否定。我们考虑$\mathfrak{S}_1$、$\mathfrak{S}_2$、$\mathfrak{S}_3$的真值表。第二行为"TTF"；这一行所指的情形对应这样一个句子$\mathfrak{S}_1 \cdot \mathfrak{S}_2 \cdot \sim\mathfrak{S}_3$。令$\mathfrak{S}_4$是任一联结句$\mathfrak{Vf}_1^3(\mathfrak{S}_1, \mathfrak{S}_2,$

第四部分 一般句法

$\mathfrak{S}_3$），这一列在这一真值表中是可以陈述出来的；在第二行它或被"T"占用，或被"F"占用。"T"指的是$\mathfrak{S}_4$在第二种情形里为真，相应地$\mathfrak{S}_4$是$\mathfrak{S}_1 \cdot \mathfrak{S}_2 \cdot \sim \mathfrak{S}_3$的一个后承；"F"指的是$\mathfrak{S}_4$在第二种情形里为假，因而$\sim \mathfrak{S}_4$是$\mathfrak{S}_1 \cdot \mathfrak{S}_2 \cdot \sim \mathfrak{S}_3$的一个后承。现在我们想要不使用否定来表达这些关系，借助于值域这是可以做到的。我们将（只在本节中）用"$[\mathfrak{S}_1]$"标示$\mathfrak{S}_1$的值域，用"$—[\mathfrak{S}_1]$"标示$\mathfrak{S}_1$的补值域。$\mathfrak{S}_1 \cdot \mathfrak{S}_2$有着与$\{\mathfrak{S}_1 \cdot \mathfrak{S}_2\}$一样的内容，因而有着一样的值域。因此，依据定理56.7b，"$[\mathfrak{S}_1 \cdot \mathfrak{S}_2]$"是$[\mathfrak{S}_1]$和$[\mathfrak{S}_2]$的积。我们用$—[\mathfrak{S}_3]$置换$\sim \mathfrak{S}_3$的值域；用类$[\mathfrak{S}_1]$、$[\mathfrak{S}_2]$、$—[\mathfrak{S}_3]$的积置换$[\mathfrak{S}_1 \cdot \mathfrak{S}_2 \cdot \sim \mathfrak{S}_3]$。$\mathfrak{S}_4$（或者$\sim \mathfrak{S}_4$）是此联结的一个后承，这一点（依据定理56.3）是用下面的事实来表达的：$[\mathfrak{S}_1 \cdot \mathfrak{S}_2 \cdot \sim \mathfrak{S}_3]$包含在$[\mathfrak{S}_4]$中（或$—[\mathfrak{S}_4]$）中。在这些结论的基础上我们可以论述下面的定义了。

令$\mathfrak{S}_1, \mathfrak{S}_2, \cdots \mathfrak{S}_n$是n个闭语句。（依据真值表的各行）我们构建n个值域的m（$=2^n$）个可能序列$\mathfrak{R}_1, \mathfrak{R}_2, \cdots \mathfrak{R}_m$，其中第$i$个（$i=$1至$n$）值域或者是$[\mathfrak{S}_i]$，或者是$—[\mathfrak{S}_i]$。$\mathfrak{R}$的下标可以依据这些值域的一种字母排序来确定：如果$\mathfrak{R}_k$和$\mathfrak{R}_l$在开始的$i-1$个序列项（值域）上一致，其中$\mathfrak{R}_k$的第$i$个项是$[\mathfrak{S}_i]$，且$\mathfrak{R}_l$的第$i$个项是$—[\mathfrak{S}_i]$，则$\mathfrak{R}_k$必定位于$\mathfrak{R}_l$前，也就是说，$k$必定小于$l$。现在我们以这样一种方式构建$m$个值域$\mathfrak{M}_1$至$\mathfrak{M}_m$的序列（这个序列也对应于真值表的行，即对应于联结）：对每个k（$k=1$至m）而言，$\mathfrak{M}_k$是序列$\mathfrak{R}_k$的值域的积。就某个$\mathfrak{Bf}_1^n$和某个k（$1 \leqq k \leqq m$）以及n个任意闭语句$\mathfrak{S}_1, \cdots \mathfrak{S}_n$而言，如果以所描述的方式为$\mathfrak{S}_1$，$\mathfrak{S}_2, \cdots \mathfrak{S}_n$所构造的类$\mathfrak{M}_k$总是$[\mathfrak{Bf}_1(\mathfrak{S}_1, \mathfrak{S}_2, \cdots \mathfrak{S}_n)]$的一个子类，

我们就说$\mathfrak{Bf}_1$的第 k 个特征字母是"T"。另一方面,就任一闭语句$\mathfrak{S}_1,\cdots\mathfrak{S}_n$而言,如果$\mathfrak{M}_k$总是—$[\mathfrak{Bf}_1(\mathfrak{S}_1,\mathfrak{S}_2,\cdots\mathfrak{S}_n)]$的一个子类,我们就说$\mathfrak{Bf}_1$的第 k 个特征字母是"F"。如果两个条件都不满足,$\mathfrak{Bf}_1$就不具有第 k 个特征字母。如果对任一 k(k=1 至 m)而言,$\mathfrak{Bf}_1$都具有一个特征字母,就称这个 m 字母序列为$\mathfrak{Bf}_1$的**特征**。令$\mathfrak{S}_1,\cdots\mathfrak{S}_n$是任意种类的 n 个闭语句;$\mathfrak{M}_1,\cdots\mathfrak{M}_m$是以所陈述的这种方式由之构建的值域。则 S 的每个前提类都恰好属于这些类$\mathfrak{M}$的某一个。就任一拥有一特征的$\mathfrak{Bf}_1^n$而言,$[\mathfrak{Bf}_1(\mathfrak{S}_1,\mathfrak{S}_2,\cdots\mathfrak{S}_n)]$是那些第 k 个特征字母为"T"的$\mathfrak{M}_k$的和。对$\mathfrak{Bf}^n$而言,存在$2^{2^n}$个可能特征。

借助于这些特性我们已经可以定义各种特殊的联结了;这里我们只限于最重要的几种。称具有特征"FT"的$\mathfrak{Bf}^1$为**恰当的否定**,称具有特征"TTTF"(或"TFFF"、"TFTT"、"TFFT"、"FTTF")的$\mathfrak{Bf}^2$为**恰当的选言**(或分别为**联言**、**蕴涵**、**等值**、**不相容选言**)。

如果对每个$\mathfrak{S}_1$而言,$\mathfrak{Bf}_1^1(\mathfrak{S}_1)$与$\mathfrak{S}_1$不相容,就称$\mathfrak{Bf}_1$是否定的。如果对任意$\mathfrak{S}_1$和$\mathfrak{S}_2$而言,$\mathfrak{Bf}_2(\mathfrak{S}_1,\mathfrak{S}_2)$总是$\mathfrak{S}_1$的后承和$\mathfrak{S}_2$的后承,就称$\mathfrak{Bf}_2^2$为选言的。如果对任意$\mathfrak{S}_1$和$\mathfrak{S}_2$而言,$\mathfrak{S}_1$和$\mathfrak{S}_2$总是$\mathfrak{Bf}_3(\mathfrak{S}_1,\mathfrak{S}_2)$的后承,就称$\mathfrak{Bf}_3^2$为联言的。如果对任意$\mathfrak{S}_1$和$\mathfrak{S}_2$而言,$\mathfrak{S}_2$总是$\{\mathfrak{S}_1,\mathfrak{Bf}_4(\mathfrak{S}_1,\mathfrak{S}_2)\}$的一个后承,就称$\mathfrak{Bf}_4^2$为蕴涵。如果某种联结不是一个恰当的联结,我们就称之为不恰当的。如果对刚提到的这些联结而言都存在一个联结符号,我们就分别称之为否定符号(恰当的或不恰当的)、或选言符号,等等。

第四部分 一般句法

定理 57.1. 如果 $\mathfrak{Bf}_1$ 是一个否定,则对任意 $\mathfrak{S}_1$ 而言,每个句子都是 $\{\mathfrak{S}_1, \mathfrak{Bf}_1(\mathfrak{S}_1)\}$ 的后承。——这里所提及的类是反有效的。

定理 57.2. 如果 $\mathfrak{Bf}_1$ 是一个恰当的否定, $\mathfrak{Bf}_2$ 是一个恰当的选言, $\mathfrak{Bf}_3$ 是一个恰当的联言,则对任意 $\mathfrak{S}_1$ 而言,下面的情况为真:(a)如果 $\mathfrak{S}_1$ 是闭的,则 $\mathfrak{Bf}_1(\mathfrak{S}_1)$ 是 $\mathfrak{S}_1$ 的反句子;(b)[1];(c) $\mathfrak{Bf}_2(\mathfrak{Bf}_1(\mathfrak{S}_1), \mathfrak{S}_1)$ 是有效的;(d) $\mathfrak{Bf}_3(\mathfrak{Bf}_1(\mathfrak{S}_1), \mathfrak{S}_1)$ 是反有效的。依据(c)和(d),像**排中律**和**矛盾律**这样的传统逻辑的原理在恰当联结的每一语言 S 中都是有效的,如果恰当联结出现在 S 中的话。

定理 57.3. 如果 $\mathfrak{Bf}_1$ 有一个特征,如果 $\mathfrak{Bf}_2$ 与 $\mathfrak{Bf}_1$ 同外延,则 $\mathfrak{Bf}_2$ 也有同样的特征。

例:在大多数系统中(如在弗雷格、罗素、希尔伯特的系统中,以及在我们的语言 I 和 II 中),被称为"否定"的联结正是这里所定义的那种否定。在 I 中,"$\sim \mathrm{Prim}(x)$"并不是"$\mathrm{Prim}(x)$"的反句子;两个句子是矛盾的,因而它们的值域为空。尽管如此,"$\sim \sim \mathrm{Prim}(x)$"是对等于"$\mathrm{Prim}(x)$"的,在值域上与"$\mathrm{Prim}(x)$"等同。如果"Q"是一个未经定义的 $\mathfrak{p}\mathfrak{r}_0$,则在 II 中存在"Q($x$)"的一个反句子,即"$\sim(x)\mathrm{Q}(x)$"。而在 I 中既没有"Q($x$)"的反句子,也没有它的反类;但有补值域。

在罗素的系统、希尔伯特的系统以及我们的语言 I 和 II 中,"$\vee$"是一个**恰当选言的符号**。在希尔伯特的系统中,由三个空表达式组成的联结也是一个恰当的选言($\mathfrak{S}_1\,\mathfrak{S}_2$ 对等于 $\mathfrak{S}_1 \vee \mathfrak{S}_2$)。

---

[1] 本版本中省略。

英语中的"要么…要么…"(either … or …)($\mathfrak{A}_3$ 是空的)像拉丁语中的"aut … aut"一样,构成一个恰当的不相容选言。希尔伯特的符号"&"、语言 I 和 II 以及罗素系统(也用多点符号)中的"·"都是**恰当的联言符号**。在罗素的系统中以及在 I 和 II 中,"⊃"是**恰当的蕴涵符号**,希尔伯特的"→"也是恰当的蕴涵符号。

在罗素的系统、希尔伯特的系统以及我们的语言 I 和 II 中,所有的 $\mathfrak{vf}$ 都有一个特征;但在海丁和刘易斯的系统中,也出现不带特征的 $\mathfrak{vf}$。例如,海丁的否定符号(我们将写作"—")是一个不带特征的不恰当的否定符号。$\mathfrak{S}_1$ 与 —$\mathfrak{S}_1$ 肯定总是不相容的;但 —$\mathfrak{S}_1$ 并不总是 $\mathfrak{S}_1$ 的反句子。$\mathfrak{S}_1$ 和 —$\mathfrak{S}_1$ 有共同的后承 $\mathfrak{S}_1 \vee -\mathfrak{S}_1$,在多数情况下它不是有效的,而是不确定的。——$\mathfrak{S}_1$ 并不总是对等于 $\mathfrak{S}_1$。在刘易斯的系统中,不带特征的严格蕴涵符号是**不恰当的蕴涵符号**(见§69)。(关于不带特征的 $\mathfrak{vf}$ 的内涵见§65。)

令 $\mathfrak{O} \ p_1 \mathfrak{B}_1$ 是全称算子,$\mathfrak{O} \ p_2 \mathfrak{B}_1$ 是存在算子;令 $\mathfrak{B}_1$ 关于 $\mathfrak{O} \ p_1$ 的代入值与相关于 $\mathfrak{O} \ p_2$ 的代入值是一样的;令 $\mathfrak{Bf}_1$ 是一个否定。如果对每个相关于 $\mathfrak{O} \ p_1$ 和 $\mathfrak{O} \ p_2$ 是可运算的 $\mathfrak{S} \ \mathfrak{fu}_1$ 而言,$\mathfrak{Bf}_1(\mathfrak{O} \ p_1(\mathfrak{S} \ \mathfrak{fu}_1))$ 与 $\mathfrak{O} \ p_2(\mathfrak{Bf}_1(\mathfrak{S} \ \mathfrak{fu}_1))$ 等值,我们称 $\mathfrak{O} \ p_1$、$\mathfrak{O} \ p_2$ 和 $\mathfrak{Bf}_1$ 是联合的。如果两个算子及否定都是恰当的,它们就是联合的。

例:在 II 中,(p_1) 和 $(\exists p_1)$ 肯定是不恰当的;但这些算子和"∼"是联合的,因为 $\sim (p_1)(\mathfrak{S} \ \mathfrak{fu}_1)$ 总是对等于 $(\exists p_1)(\sim \mathfrak{S} \ \mathfrak{fu}_1)$ 的。

（附加，1935）因为上面所定义的"值域"概念并不总是满足对偶的要求（见第 200 页的脚注），基于这一概念的句子联结的定义并不总与基于真值表的联结的通常意义一致。塔尔斯基博士已经发现了不使用"值域"这一术语的句子联结的更简单的定义。例如，可以依如下的方式来进行：如果$\Re_1$和$\Re_2$是不相容的，有互斥的内容，我们就说$\Re_1$和$\Re_2$间构成否定关系。如果$\Re_3$的内容是$\Re_1$和$\Re_2$的积（比较定理 34g.8），$\Re_3$与$\Re_1$和$\Re_2$就处于选言关系。如果$\Re_3$对等于$\Re_1+\Re_2$，$\Re_3$与$\Re_1$和$\Re_2$就处于联言关系。如果满足下面两个条件，$\Re_3$与$\Re_1$和$\Re_2$就处于蕴涵关系：(1)$\Re_2$是$\Re_1+\Re_3$的后承类；(2)如果$\Re_4$在内容上少于$\Re_3$，则$\Re_2$不是$\Re_1+\Re_4$的后承类（比较§65，第一段）。如果$\Re_3$既与$\Re_1$和$\Re_2$处于蕴涵关系，也与$\Re_2$和$\Re_1$处于蕴涵关系，则$\Re_3$与$\Re_1$和$\Re_2$就处于对等关系。如果对每个闭语句$\mathfrak{S}_1$而言，$\mathfrak{Bf}_1^1(\mathfrak{S}_1)$与$\mathfrak{S}_1$处于否定关系，我们就称$\mathfrak{Bf}_1^1$是一个恰当的否定。如果对每个闭语句$\mathfrak{S}_1$和$\mathfrak{S}_2$而言，$\mathfrak{Bf}_2^2(\mathfrak{S}_1,\mathfrak{S}_2)$与$\mathfrak{S}_1$和$\mathfrak{S}_2$处于选言关系，我们就称$\mathfrak{Bf}_2^2$是一个恰当的选言。余下的联结以类似的方式定义。

（c）算术；不矛盾性；悖论

§58. 算术

令$\mathfrak{A}_0$是一个$^\alpha\mathfrak{S}tu$，$\mathfrak{Fu}_1$是一个$^{\alpha+1}\mathfrak{Fu}^1$，$\Re_1$是以下列方式构造的无穷序列 0 表达式：第一个项是$\mathfrak{A}_0$，且对每个 n 而言，第 n+1 个项是含有第 n 个项作主目的$\mathfrak{Fu}_1$的全表达式。相应地$\Re_1$的形式

为 $\mathfrak{A}_0$；$\mathfrak{Fu}_1(\mathfrak{A}_0)$；$\mathfrak{Fu}_1(\mathfrak{Fu}_1(\mathfrak{A}_0))$；…$\mathfrak{A}_n$；$\mathfrak{Fu}_1(\mathfrak{A}_n)$；……如果 $\mathfrak{R}_1$ 的任意两个不同表达式都是同源的（因而每个都是一个 ªStu）但不是同义的，则称 $\mathfrak{R}_1$ 为**数字表达式序列**或 $\mathfrak{Z}$-序列。$\mathfrak{R}_1$ 的表达式以及那些与它们同义的表达式都称为 $\mathfrak{R}_1$ 的**数字表达式**（$\mathfrak{Z}$）。称那些与 $\mathfrak{A}_0$ 同义的 $\mathfrak{Z}$ 为 $\mathfrak{R}_1$ 的零表达式或 0-$\mathfrak{Z}$；称与 $\mathfrak{Fu}_1(\mathfrak{A}_0)$ 同义的那个 $\mathfrak{Z}$ 为 $\mathfrak{R}_1$ 的 1-$\mathfrak{Z}$，等等。称与 $\mathfrak{Fu}(\mathfrak{Z}_1)$ 同义的 $\mathfrak{Z}$ 是 $\mathfrak{Z}_1$ 的后继表达式。[这些项和下面的项总是与一个特殊 $\mathfrak{Z}$-序列 $\mathfrak{R}_1$ 相关的，为简洁起见，短语"$\mathfrak{R}_1$ 的"或"与 $\mathfrak{R}_1$ 相关的"通常将被省略。]

如果 $\mathfrak{a}_1$ 是一个 $\mathfrak{Z}$，称它为**数字的**（$\mathfrak{z}\mathfrak{z}$）。如果 $\mathfrak{a}_1$ 是一个 0-$\mathfrak{Z}$，称它为 0-符号（nu）。如果 $\mathfrak{Z}$ 属于 $\mathfrak{V}_1$ 的代入值，称 $\mathfrak{V}_1$ 为数字 $\mathfrak{V}$。如果 $\mathfrak{v}_1$ 是一数字 $\mathfrak{V}$，称 $\mathfrak{v}_1$ 为数字变项（$\mathfrak{z}$）。

如果对 $\mathfrak{Sg}_1^n$（或 $\mathfrak{Pr}_1^n$）而言，存在一个只以 $\mathfrak{Z}$ 为主目的全句子，则称 $\mathfrak{Sg}_1^n$（或 $\mathfrak{Pr}_1^n$）为数字 $\mathfrak{Sg}$（或 $\mathfrak{Pr}$）。如果对 $\mathfrak{Fu}_1^n$ 而言，存在一个全表达式，使得这一表达式自身以及所有主目都是 $\mathfrak{Z}$，则称 $\mathfrak{Fu}_1$ 为一数字 $\mathfrak{Fu}$。如果 $\mathfrak{pr}_1$（或 $\mathfrak{fu}_1$）是一数字 $\mathfrak{Pr}$（或 $\mathfrak{Fu}$），则称 $\mathfrak{pr}_1$（或 $\mathfrak{fu}_1$）为**数字谓词**（$\mathfrak{zpr}$）（或**数字函子**（$\mathfrak{zfu}$））。

如果对任意 m 和 n 而言下面的情况都成立，就称 $\mathfrak{Sg}_1^3$（或 $\mathfrak{Pr}_1^3$）为第 k（k=1,2,或 3）个位置的**和-$\mathfrak{Sg}$**（sum-$\mathfrak{Sg}$）（或**和-$\mathfrak{Pr}$**）：如果 $\mathfrak{Z}_1$ 是一个 m-$\mathfrak{Z}$，$\mathfrak{Z}_2$ 是一个 n-$\mathfrak{Z}$，则当且仅当 $\mathfrak{Z}_3$ 是 (m+n)-$\mathfrak{Z}$ 时，$\mathfrak{Sg}_1$ 的全句子（或 $\mathfrak{Pr}_1$ 的全句子）是有效的，在该全句子中 $\mathfrak{Z}_3$ 是第 k 个主目，$\mathfrak{Z}_1$ 和 $\mathfrak{Z}_2$ 是另外两个主目。假定 $\mathfrak{Fu}_1$ 是一数字 $\mathfrak{Fu}$，且下面的情况对任意 m 和 n 都成立，就称 $\mathfrak{Fu}_1^2$ 为**和-$\mathfrak{Fu}$**：如果 $\mathfrak{Z}_1$ 是一个 m-$\mathfrak{Z}$，$\mathfrak{Z}_2$ 是一个 n-$\mathfrak{Z}$，则 $\mathfrak{Fu}_1(\mathfrak{Z}_1,\mathfrak{Z}_2)$ 是 (m+n)-$\mathfrak{Z}$。"**积-$\mathfrak{Sg}$**"、"**积-$\mathfrak{Pr}$**"、"**积-$\mathfrak{Fu}$**"以类似的方式定义，其中 $\mathfrak{Z}_3$ 或者 $\mathfrak{Fu}_1(\mathfrak{Z}_1,$

$\mathfrak{Z}_2$)是$(m·n)\text{-}\mathfrak{Z}$。如果$(\mathfrak{z}p\ r_1)$是一个和-$\mathfrak{P}r$(或积-$\mathfrak{P}r$),就称$\mathfrak{z}p\ r_1$为**和-谓词**(或**积-谓词**)。如果$\mathfrak{z}\ \mathfrak{fu}_1$是一个和-$\mathfrak{Fu}$(或积-$\mathfrak{Fu}$),就称$\mathfrak{z}\ \mathfrak{fu}_1$为**和-算子**(或**积-算子**)。我们即将看到,出现在 S 所含的算术中的所有其他算术术语都能以类似的方式在句法上概括其特征。也就是说,能够定义具有某些特殊的算术意义的那些种类的$\mathfrak{Sg}$、$\mathfrak{P}r$或$\mathfrak{Fu}$。这里我们满足于前面的示例。

如果在 S 中至少有一个关于$\mathfrak{R}_1$的$\mathfrak{Z}$-序列$\mathfrak{R}_1$、一个和-$\mathfrak{Sg}$、一个积-$\mathfrak{Sg}$,我们就说 S 包含**算术**。令 S 包含关于$\mathfrak{R}_1$的算术,如果存在一个$\mathfrak{S}_1$和一个$\mathfrak{V}_1$,使得对$\mathfrak{R}_1$的每个$\mathfrak{Z}$而言,在$\mathfrak{S}_1$中都有$\mathfrak{V}_1$的一个同义的代入值,使得$\mathfrak{V}_1$在$\mathfrak{S}_1$中有无限普遍性,我们就说 S 包含普遍算术(关于$\mathfrak{R}_1$的)。

如果存在一个 n,使得$\mathfrak{Z}_1$是$\mathfrak{R}_1$的一个 n-$\mathfrak{Z}$,$\mathfrak{Z}_2$是$\mathfrak{R}_2$的一个 n-$\mathfrak{Z}$,就称$\mathfrak{Z}_1$和$\mathfrak{Z}_2$是在$\mathfrak{R}_1$和$\mathfrak{R}_2$中对应的$\mathfrak{Z}$。这里$\mathfrak{R}_1$和$\mathfrak{R}_2$可以属于不同的层级,甚至属于不同的语言。我们说两个数字$\mathfrak{Sg}^n$(或两个数字$\mathfrak{P}r^n$)(在一种语言或两种语言中)有对应的外延,如果它们的每两个以对应的$\mathfrak{Z}$为主目的全句子要么都有效,要么都无效的话。

如果 S 包含算术,它肯定也包含可以解释为**实数**名称的表达式,即数字$\mathfrak{Sg}^1$;而且它可以包含全表达式是$\mathfrak{Z}$(见§39)的数字$\mathfrak{P}r^1$和数字$\mathfrak{Fu}^1$。如果有无穷多属于$\mathfrak{V}_1$的代入值的数字$\mathfrak{P}r^1$(或刚提到的那种数字$\mathfrak{Fu}^1$),我们就称$\mathfrak{V}_1$为实数的$\mathfrak{V}$。如果$\mathfrak{V}_1$是实数的$\mathfrak{V}$,且如果在$\mathfrak{S}_1$中$\mathfrak{V}_1$有无限普遍性,我们就称$\mathfrak{S}_1$为**关于实数的全称句**。假设两个实数是通过与同一$\mathfrak{Z}$-序列$\mathfrak{R}_1$有关的两个$\mathfrak{Sg}^1$(或两个$\mathfrak{P}r^1$)来表示的,这两个实数间的算术等同就可以用两个

$\mathfrak{Sg}$(或两个$\mathfrak{Pr}$)的外延相同来表达,或在$\mathfrak{Fu}$的情况下用值进程的等同来表达。然而,如果这是关于不同的$\mathfrak{R}_1$和$\mathfrak{R}_2$的问题,$\mathfrak{R}_1$和$\mathfrak{R}_2$也可以属于不同的语言,算术等同将用外延上的对应来表示。以这种方法,各种语言的实数可以相互比较;一个表达式可以描述成是一个特定实数的表达式(例如:"关于$\mathfrak{R}_1$的π-表达式")。我们很容易看到,S中是否包含微积分及更宽或更窄范围的函数理论,这一点在句法上是可以确定的。这里我们将不再进一步讨论这一问题。

例:(1)语言 I。下面的序列是$\mathfrak{z}$-序列的例子。$\mathfrak{R}_1$:"0","0'","0''",$\cdots$;$\mathfrak{R}_2$:"0","0''","0''''",$\cdots$;$\mathfrak{R}_3$:"3","3'",$\cdots$;$\mathfrak{R}_4$:"0","nf(0)","nf(nf(0))"$\cdots$;$\mathfrak{R}_5$:"3","ak(3)","fak(fak(3))",$\cdots$。I 的$\mathfrak{fu}$是与这些序列的每个序列相关的$\mathfrak{zfu}$;而且"'"也是与这些序列的每个序列相关的一个$\mathfrak{zfu}$,尤其是它正是$\mathfrak{R}_1$中的形成序列$\mathfrak{zfu}$。"sum"是**和**-$\mathfrak{fu}$,"prod"是**积**-$\mathfrak{fu}$。语言 I 包含一般算术,因为其中有带自由$\mathfrak{z}$的句子。实数可以在语言 I 中用$\mathfrak{pr}^1$或$\mathfrak{fu}^1$来表示;然而没有实数的$\mathfrak{B}$,也没有实数主目的$\mathfrak{Pr}$。

(2)语言 II(见§39)。这里前面的序列$\mathfrak{R}_1,\cdots\mathfrak{R}_5$也是$\mathfrak{z}$-序列;但也有其他不同种类的序列。$^2\mathfrak{pr}$可以用作实数的$\mathfrak{pr}$。因为有$^1\mathfrak{p}$、$^2\mathfrak{p}$和具有无限普遍性的$^2\mathfrak{f}$,相应地有关于实数的全称句和实数函项等等。

§59. 语言的不矛盾性与完全性

如果 S 的每个句子都是可证的,就称 S 是**矛盾的**(或 d-不一

第四部分 一般句法

致的);否则就是**不矛盾的**(或 d-一致的)。[要指出的是,"矛盾的"这一术语用于句子时是一 L-c-术语(见§52),当用于语言时是一 d-术语,而不是 L-术语。]下面的 c-术语对应于这些 d-术语。如果 S 的每个句子都是有效的,称 S 是**不一致的**;否则,称 S 为**一致的**。如果 S 的 L-子语言是矛盾的(或不矛盾的、不一致的或一致的),就称 S 为 L-矛盾的(或 L-不矛盾的等等)。被定义的 d-、c-、L-术语间的关系在第 210 页的表中是用箭头来标示的。

定理 59.1. 如果 S 是矛盾的(或不一致的),则每个 $\mathfrak{R}$ 和每个 $\mathfrak{S}$ 同时都是既可证又可驳倒的(或既有效又反有效);不存在不可解的(或不确定的)$\mathfrak{R}$ 或 $\mathfrak{S}$。

定理 59.2. 如果在 S 中有一个要么是非可证的(或非有效的)要么是非可驳倒的(或非反有效的)的 $\mathfrak{R}$ 或 $\mathfrak{S}$,则 S 是不矛盾的(或一致的)。依据定理 1。

定理 59.3. 如果在 S 中有一个同时既是可证的又是可驳倒的(或既是有效的又是反有效的)$\mathfrak{R}$ 或 $\mathfrak{S}$,则 S 是矛盾的(或不一致的);反过来也成立。

定理 59.4. 如果 S 包含日常句子演算(含否定"∼"),则在 S 中每个句子都是可从 $\mathfrak{S}_1$ 和 $\sim\mathfrak{S}_1$ 推导的。在 I 和 II 中这可以分别借助 PSI1 和 PSII1 得到。

定理 59.5. 如果 S 包含日常句子演算,则当且仅当存在一个 $\mathfrak{S}_1$ 使得 $\mathfrak{S}_1$ 和 $\sim\mathfrak{S}_1$ 在 S 中都是可证的,S 是矛盾的。依据定理 4。

定理 59.6. 如果 S 包含一个否定 $\mathfrak{Bf}_1$,则当且仅当存在一个 $\mathfrak{S}_1$ 使得 $\mathfrak{S}_1$ 和 $\mathfrak{Bf}_1(\mathfrak{S}_1)$ 在 S 中都是有效的,S 是不一致的。依据定理 57.1。

"矛盾的"和"不矛盾的"的定义与语言的日常用法是相符的（如定理 5 所显示的那样），但不假设否定。（见塔尔斯基的"归纳认识方法论的基础概念"，I，第 27 页及以下和波斯特的《导论》。）

不过一种不矛盾的语言也可以是不一致的。因为尽管它不包含 d-矛盾，但它仍可以包含 c-矛盾，也就是说，包含只依存于 c-规则的矛盾。这正是引入更窄的术语"一致的"的原因所在，"一致的"只用于那些不包含任何矛盾的语言。

定理 59.7. 如果 S 是不一致的或矛盾的，则下面为真：(a)S 的任意两个句子都是对等的；(b)S 的任意两个同源的表达式都是同义的。

定理 59.8. 如果 S 是不一致的或矛盾的，则 S 不包含 $\mathfrak{Z}$-序列，因而也不包含算术。——依据定理 7b；$\mathfrak{Z}$-序列的不同项是不同义的。

不矛盾但不一致的语言示例：令 $\mathfrak{S}\mathfrak{fu}_1$ 是"$[(x>0) \cdot (y>0) \cdot (z>0) \cdot (u>2)] \supset (x^u + y^u \neq z^u)$"。令 $\mathfrak{S}_1$ 是( )($\mathfrak{S}\mathfrak{fu}_1$)，换句话说，是费马定理。令 $\mathfrak{S}\mathfrak{fu}_1$ 的每一闭逻辑变体在 S 中都是可证的（因而就四个正整数的每一具体集合而言费马性质都是可证的）。令 $\mathfrak{S}_1$ 本身是分析而非可证的，即令 S 包含一个类似于 DC2（第 38 页）的不确定规则，依据这一规则 $\mathfrak{S}_1$ 是那些变体的类的一个直接后承。而且，令句子 $\sim\mathfrak{S}_1$（尽管在经典数学中可能是矛盾的）在 S 中是可证的（如确立为初始句，其他与 d-不相容的句子则被删除了）。则 S 是不一致的（而且是 L-不一致）。然而，S 同时可以是不矛盾的，因为 $\mathfrak{S}_1$ 和 $\sim\mathfrak{S}_1$ 不都是可证的。这里确实没有

d-矛盾,但有 c-矛盾,即那些变体的类与∼$\mathfrak{S}_1$间的矛盾。这一 c-矛盾在通常作有实质内容的解释时是很明显的:可证句∼$\mathfrak{S}_1$意味着并非四个整数的所有集合都有费马性质,而对每个这样的集合而言都会出现一个可证的变体,这一可证变体意味着这个四重组有费马性质。但该 c-矛盾、该不一致性也是纯形式的,不涉及任何有实质内容的解释:由那些变体和∼$\mathfrak{S}_1$组成的类只包含可证句,但仍然是矛盾的,也就是说,每个句子都是它的后承;因此 S 的每个句子同时既是分析的又是矛盾的。

因为这样的语言除了 $\mathfrak{z}$ 外没有别的 $\mathfrak{v}$,我们的术语"一致的"与哥德尔的术语"ω-不矛盾的"是相符的,["不可判定性"],第 187 页;也参见塔尔斯基("ω一致性和完全性的概念")。

如果语言 S 的句子空类(因而依据定理 48.8,每个 $\mathfrak{K}$)是完全的(或 d-完全的),就称语言 S 为**完全的**(或 d-完全的);否则,就称它为不完全的(或 d-不完全的)。如果每个 $\mathfrak{K}$(因而每个 $\mathfrak{S}$)在 S 中是确定的(或可解的),就称语言 S 为**确定的**(或**可解的**);否则,就称它为**不确定的**(或不可解的)。相应的 L-术语("L-完全",等等)被用来描述语言 S,仅当原来的术语("完全的"等等)可以被用来描述 S 的 L-子语言时。

定理 59.9. 如果 S 是完全的,则它是确定的;反过来也成立。依据定理 48.5。

定理 59.10. 如果 S 是完全的,则它是逻辑的;反过来也成立。依据定理 50.2a。

定理 59.11. 如果 S 是完全的,则它是 L-完全的;反过来也成立。依据定理 10 和 51.1。

定理 59.12. (a)"完全语言"、"L-完全语言"、"确定语言"、"逻辑语言"这些术语是一致的。(b)"不完全语言"、"L-不完全语言"、"不确定语言"、"描述语言"这些术语是一致的。

定理 59.13. 如果 S 是 d-完全的,则它是可解的;反过来也成立。依据定理 48.5。

对 d-术语,没有类似于定理 11 和 12 的有效定理。

定理 59.14. (a)如果 S 是矛盾的,则 S 既是 d-完全的,又是完全的。(b)如果 S 是不一致的,则 S 是完全的。依据定理 1。

这里所定义的语言的这些性质怎样从一种语言转换为另外一种语言,是可以从第 225 页(B)的那个表看出来的。术语间的关系在下表中是用箭头来标示的(如第 183 页的表那样)。

语言性质			
L-d-术语:	d-术语:	c-术语:	L-c-术语:
L-矛盾的→	矛盾的→	不一致的←	L-不一致的
L-不矛盾的←	不矛盾的←	一致的→	L-一致的
L-d-完全的 L-可解的 →	d-完全的 可解的 →	完全的 确定的 逻辑的 ↔	L-完全的 L-确定的
L-d-不完全的 L-不可解的 ←	d-不完全的 不可解的 ←	不完全的 不确定的 描述的 ↔	L-不完全的 (L-不确定的) 综合的

我们将看到,每个包含一般算术的一致语言都是不可解的。只有更贫乏的语言才是可解的,例如句子演算。更丰富的语言尽

管不可解，假如确立了足够多的不确定的变形规则，仍然可以是确定的和完全的。例如，I 和 II 的逻辑子语言的情形就是如此。就这样一种**不可解却完全的**语言而言，下面的句子分类是成立的；它同时也是任意不可解语言的逻辑句的分类（至于描述句的分类，第 185 页）：

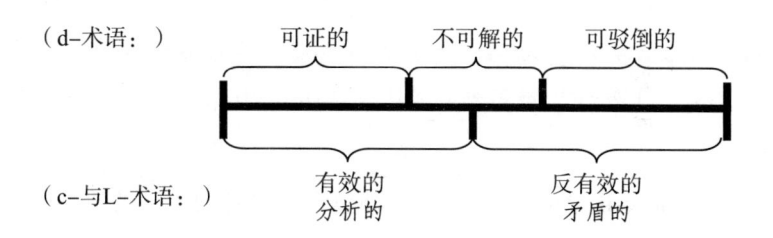

（d-术语：）　　可证的　　不可解的　　可驳倒的

（c-与L-术语：）　有效的　　　　反有效的
　　　　　　　　分析的　　　　矛盾的

§ 60a. 悖论

在研究语言的不矛盾性时，被问及的第一件事情就是人们所熟悉的出现在早期逻辑中和集合论中的悖论是否已经确实地被消除了。当我们关心一种丰富到足以在任何程度上表述它自身的句法的语言时，无论是以算术化的形式还是借助特殊的句法名称来表述，这一点都是特别关键的。有时这些句法句是谈论自身的，就会引出这种自指性可否不可能导致矛盾这一问题。这一问题很重要，因为它涉及的不是特别构造的那种演算，而是所有包含算术的系统。现在我们探讨这一问题，这样做时我们将利用哥德尔所获得的结果。

我们将按照拉姆塞的做法，把悖论分为两种，我们将看到第二种悖论正是我们所要考察的，因此对它们的研究会更仔细。我们打算使用的例子部分是词语言的,部分是类似于语言 II 中使用的那种符号体系;在有些场合我们将使用哥特符号作为句法名称,在另一些场合纳入引号来作为句法名称。我们从下面的两个悖论开始讨论。

(1) **罗素悖论**(《数学原理》,第 I 卷;《数理哲学导论》)。我们定义如下:当一种性质不适宜于它自身时,称这一性质是**不可谓述的**。符号表示为:"$\mathrm{Impr}(F) \equiv \sim F(F)$"。如果在这种情况下我们用"Impr"代入"$F$",就得到一矛盾句:"$\mathrm{Impr}(\mathrm{Impr}) \equiv \sim \mathrm{Impr}(\mathrm{Impr})$"。

(2) **格雷林悖论**。定义:在一种包含它自身的句法的语言中,称一句法谓词(如形容词)为异系的,如果那个把该谓词所表述的性质归于该谓词自身的句子为假的话。例如,如果"Q"是一句法谓词,则"$\mathrm{Het}(\text{'Q'}) \equiv \sim Q(\text{'Q'})$"为真。(要注意这一悖论与前一悖论间的根本差异,这种差异在很多表述中都被忽略了,这一差异在于这里性质 Q 不是归于性质 Q,而是归于这一谓词,即"Q"这一符号的。)例:形容词"单音节的"(monosyllabic)是异系的,因为"单音节的"不是单音节的,而是五音节的。如果我们不用谓词"Q",而用谓词"Het",谓词"Het"我们刚定义过了,我们就由所陈述的那一定义得到了矛盾句"$\mathrm{Het}(\text{'Het'}) \equiv \sim \mathrm{Het}(\text{'Het'})$"。

罗素为了在他的语言中避免悖论,建立了复杂的类型规则,这一规则尤其在实数理论中引起了某些困难,他发现要克服这些困难有必要陈述一条特别的公理,即所谓的可归约公理。拉姆塞(《数学基础及其他逻辑论文》,论文 1,1925)已经揭示,这一目标

第四部分 一般句法

可以通过一种更简单的方式达到。亦即他发现可以区分两种悖论,一个可以命名为逻辑的(狭义上),一个可以命名为句法的(后者也可以称为语言的、认识论的,或语义的)。例(1)属于第一种范畴,(2)属于第二种范畴。在皮亚诺之后,拉姆塞指出第二种悖论并不直接出现在逻辑的符号系统中,只是出现在相随的文本中;因为它们涉及的是那些表达式。他由这一事实得出了在符号系统的构建中没有必要重视这些句法悖论这一实际结论。由于第一种悖论已经用所谓的简单类型规则消除了,这足够了;分支类型规则及它所需的可规约公理都是多余的。

在**简单类型规则**的基础上(如在 II 中那样),谓词的类型仅由相关主目的类型决定。基于罗素的分支类型的规则,一个谓词的定义链的形式也是决定它的类型(如它是否是确定的)的一个因素。但简单类型规则足以确定一个谓词总是属于一个不同于相关主目类型的类型(即总是属于一个更高层级的类型)。因此,这里句子不能具有"$F(F)$"的形式。因而,所给的"不可谓述的"定义形式明显是不可能的。以同样的方式借助简单类型规则可以排除第一种类的其他众所周知的悖论。

然而,**句法的悖论**问题在是语言 S 的一个问题,其中 S 的句法能在 S 中得到表述,因而同样地,在是任何一个包含算术的语言的问题时,明显会再度出现。对这种句法有一种很普遍的恐惧,这种句法指涉它自身,要么类似于句法悖论的矛盾是不可避免的,要么为了避免它们必须要有像"分支"类型规则那样的特别的限定。然而，深入的研究将表明这种惧怕是没有道理的。

上面提到的观点是奇维斯特克所主张的。他在拉姆塞之前已经有了只陈述简单类型规则的想法，并因此导致还原公理是不必要的。然而，后来他得出结论说，拒斥分支类型规则，句法悖论——例如理查德的悖论——还是会出现（参见奇维斯特克的 *Nom. Grundl*）。不过在我看来，在奇维斯特克系统中分支类型规则的必要性只是由于这样一个事实：他对他的句法使用了自名的说话模式（所谓的语义）（见§68）。

与格雷林的悖论不同，句法悖论的最重要的例子在古代就已经非常有名了，这就是说谎者悖论（关于这一悖论的历史见鲁斯托）。某人说："我正在说谎"，或者更准确地说："在这句话中我正在说谎"，换句话说："这个句子是假的。"如果这个句子是真的，那么它就是假的；如果句子是假的，则它是真的。

属于句法悖论类型的另一个悖论是理查德的悖论（见《数学原理》，第Ⅰ卷，第61页，以及弗兰克尔的《集合论》第214页及以下）。在其最初的版本中，它涉及的是可以用特殊的词语言定义的十进数。它可以轻易地以下面的方式转换为 $\mathfrak{z} \operatorname{pr}^1$。令 S 是一种语言，其句法在 S 中得到表述。在 S 中至多有可数的可定义的 $\mathfrak{z}\operatorname{pr}$。所以，我们可以唯一地把一个自然数和每个这样的 $\mathfrak{z}\operatorname{pr}^1$ 关联起来（例如，通过对这些定义句做词典编纂式的排列，或者在算术化句法中仅仅通过 $\mathfrak{z}\operatorname{pr}^1$ 的项数）。令"c"是一数字表达式；如果 c 是一个 $\mathfrak{z}\operatorname{pr}^1$ 的数，如"P"的数，此 $\mathfrak{z}\operatorname{pr}^1$ 不属于数 c，使得"P(c)"

是假的（矛盾的），我们将称数 c 为理查德式的数。相应地，形容词"理查德式的"是一个被定义的 $\mathfrak{z}\,\mathrm{pr}^1$，因此它与某个数如 b 关联。现在 b 必须要么是理查德式的，要么不是。如果 b 是理查德式的，则依据这一定义，具有数 b 这一性质不属于 b；所以，在这种情况下与我们的假设矛盾，b 不是理查德式的。因此 b 必定是非理查德式的。b 必定不满足"理查德式的"的定义，所以必定具有其为数 b 那个性质；也就是说，b 必定是理查德式的。这是一个矛盾。

刚提到的这些句法悖论的特征是它们使用了概念"真"和"假"。由于这一原因，在进一步研究这些句法悖论之前，我们将更仔细地考察这些概念。

§60b. 概念"真的"与"假的"

概念"真的"与"假的"通常被认为是逻辑的主要概念。在通常的词语言中，它们是这样被使用的："$\mathfrak{S}_1$ 是真的"和"$\mathfrak{S}_1$ 是假的"与 $\mathfrak{S}_1$ 属于同一语言。**然而，术语"真"与"假"的这一惯用法导致了矛盾。**我们将结合说谎者悖论来对此加以说明。为了提防假的推断，我们将采用严格的形式方式。令在 S 中表述的 S 的句法包含三个句法形容词："$\mathfrak{N}$"、"$\mathfrak{W}$"、"$\mathfrak{F}$"。关于它们我们只做下面的假设（V1-3）。在这些假设中，我们把句子"$\mathfrak{A}_1$ 有性质 $\mathfrak{N}$"缩写为"$\mathfrak{N}(\mathfrak{A}_1)$"。如果"$\mathfrak{N}(\mathfrak{A}_1)$"被解释为"$\mathfrak{A}_1$ 是一个非句子"，"$\mathfrak{W}(\mathfrak{A}_1)$"被解释为"表达式 $\mathfrak{A}_1$ 是一个句子，且是一个真句子"，"$\mathfrak{F}(\mathfrak{A}_1)$"被解释为"表达式 $\mathfrak{A}_1$ 是一个句子，且是一个假句子"，那我们的假设 V1-3 与语言的日常用法是一致的。

V1. S的每个表达式恰好有三种性质 $\mathfrak{N}$、$\mathfrak{W}$、$\mathfrak{F}$ 中的一种。

V2a. 令"A"是 S 的任意表达式(不是"表达式的名称");如果 $\mathfrak{W}$("A"),则 A。[例如:如果"这棵树是高的"为真,则这棵树是高的。]

V2b. 如果 A,则 $\mathfrak{W}$("A")。

V3. 对任一 $\mathfrak{A}_1$ 而言,表达式"$\mathfrak{N}(\mathfrak{A}_1)$"、"$\mathfrak{W}(\mathfrak{A}_1)$"、"$\mathfrak{F}(\mathfrak{A}_1)$"都不具有性质 $\mathfrak{N}$(因而,依据 V1,它们要么有性质 $\mathfrak{W}$,要么有性质 $\mathfrak{F}$。)

从 V1 和 V2b 可以得出:

$$\text{如果 } \mathfrak{F}(\text{"A"}),\text{则非 } \mathfrak{W}(\text{"A"}),\text{因而非 A}。 \tag{4}$$

从 V1 和 V2a 可以得出:

$$\text{如果非 A,则非 } \mathfrak{W}(\text{"A"}),\text{因而 } \mathfrak{F}(\text{"A"}),\text{或 } \mathfrak{N}(\text{"A"})。 \tag{5}$$

与说谎者的断言类似,很容易看出,对一个带有"$\mathfrak{F}(\mathfrak{A}_2)$"的表达式 $\mathfrak{A}_2$ 的研究发现了矛盾。这里表达式是用符号("$\mathfrak{A}_2$")来表示的,这一符号出现在自身中,这一事实容易导致一个混乱的结果。但我们也可以不用这种直接自反关系构筑该矛盾;并非如人们经常所相信的那样,该矛盾所依赖的那种错误是自反性构成的;错误其实在于对"真"和"假"的不限定使用上。我们来检测两个表达式"$\mathfrak{F}(\mathfrak{A}_1)$"和"$\mathfrak{W}(\mathfrak{A}_2)$",显然它们都是表达式,最坏的可能是它们都是非句子。我们可以完全自由地选择用"$\mathfrak{A}_1$"和"$\mathfrak{A}_2$"来指哪个表达式;我们先约定:

(a) $\mathfrak{A}_1$ 是表达式"$\mathfrak{W}(\mathfrak{A}_2)$";(b) $\mathfrak{A}_2$ 是表达式

$$\text{"}\mathfrak{F}(\mathfrak{A}_1)\text{"}。 \tag{6}$$

(这里如所看到的,在表达式自身中没有出现该表达式的

第四部分 一般句法

名称。)

依据 V3:

$$\text{要么 } \mathfrak{W}(\text{``}\mathfrak{F}(\mathfrak{A}_1)\text{''}), \text{要么 } \mathfrak{F}(\text{``}\mathfrak{F}(\mathfrak{A}_1)\text{''})。 \quad (7)$$

我们先假定:$\mathfrak{W}(\text{``}\mathfrak{F}(\mathfrak{A}_1)\text{''})$。依据 V2a,由此可得:$\mathfrak{F}(\mathfrak{A}_1)$。依据(6a),这是 $\mathfrak{F}(\text{``}\mathfrak{W}(\mathfrak{A}_2)\text{''})$;依据(4),由之得:非 $\mathfrak{W}(\mathfrak{A}_2)$。依据(6b),这是非 $\mathfrak{W}(\text{``}\mathfrak{F}(\mathfrak{A}_1)\text{''})$。我们的假定导致了它自己的反面,因而被驳倒。

因此,依据(7),下面的为真:

$$\mathfrak{F}(\text{``}\mathfrak{F}(\mathfrak{A}_1)\text{''})。 \quad (8)$$

依据(4),由之可得:

$$\text{非 } \mathfrak{F}(\mathfrak{A}_1)。 \quad (9)$$

依据(6a),这是:

$$\text{非 } \mathfrak{F}(\text{``}\mathfrak{W}(\mathfrak{A}_2)\text{''})。 \quad (10)$$

依据 V3:

$$\mathfrak{W}(\text{``}\mathfrak{W}(\mathfrak{A}_2)\text{''}) \text{ 或 } \mathfrak{F}(\text{``}\mathfrak{W}(\mathfrak{A}_2)\text{''})。 \quad (11)$$

由(10)和(11)得:

$$\mathfrak{W}(\text{``}\mathfrak{W}(\mathfrak{A}_2)\text{''})。 \quad (12)$$

因此,依据 V2a:

$$\mathfrak{W}(\mathfrak{A}_2)。 \quad (13)$$

由(8)和(6b)得:

$$\mathfrak{F}(\mathfrak{A}_2)。 \quad (14)$$

所以,依据 V1:

$$\text{非 } \mathfrak{W}(\mathfrak{A}_2)。 \quad (15)$$

(13)和(15)构成矛盾。

当涉及语言 S 中的句子的谓词"真"和"假"在 S 自身中被使用时,这一矛盾才会出现。另一方面,在 S_1 的句法中使用谓词"真(在 S_1 中)"和"假(在 S_1 中)"也可以不招致任何矛盾,只需 S_1 的句法不是在 S_1 中而是在另外一语言 S_2 中被表述的。例如,S_2 可以是依下列方式,通过把这两个谓词添加为新的初始符号并设立关于它们的适宜的初始句而从 S_1 获得:(1) S_1 的每个句子要么是真的,要么是假的。(2) S_1 的句子没有同时既真又假的。(3) 如果在 S_1 中 $\mathfrak{S}_2$ 是 $\mathfrak{K}_1$ 的一个后承,且如果 $\mathfrak{K}_1$ 的所有句子都是真的,则 $\mathfrak{S}_2$ 也是真的。然而以这种方式表述的那种句法理论不是一种真正的句法。**因为真和假并不是适宜的句法性质**;一个句子是真的还是假的,一般不能从它的型式看出,也就是说,不能通过它的符号的种类和序列顺序看出。[这一事实通常被逻辑学家忽略,因为大多数时候他们处理的不是描述语言而只是逻辑语言,关于逻辑语言,"真"和"假"肯定是分别与"分析的"和"矛盾的"对应的,因此都是句法术语。]

尽管"真"和"假"并不总是出现在恰当的句法中(也就是说,不总是出现在只限于句子型式性质的句法中),然而使用这些词的大多数日常语句是可以转换为对象语言或句法语言的。例如,如果 $\mathfrak{S}_1$ 是"A",则"$\mathfrak{S}_1$ 是真的"可以转换为"A"。在逻辑研究中,"真"(与"假")有两种不同的使用模式。如果所讨论的句子的真可以由所讨论的语言的变形规则所得,则"真"可以转换为"有效的"(或者更特别些,转换为"分析的"、"可证的"),相应地,"假"转换为"反有效的"(或"矛盾的"、"可驳倒的")。"真"也可以涉及不确定的句子,但在逻辑研究中这只以条件形式发生,例如:"如果 $\mathfrak{S}_1$ 是真的,则$\mathfrak{S}_2$是真的(或假的)。"这种句子可以转换为句法句:"$\mathfrak{S}_2$是$\mathfrak{S}_1$的一个后承(或者是与$\mathfrak{S}_1$不相容的)。"

§60c. 句法悖论

如果在悖论的日常表述中,按上面所论述的方式用句法术语来替换"真"和"假"的话,是否在S内对S句法的表述中,那种被称为**句法悖论**的矛盾可以不出现呢? 现在我们回头来看这一问题。

令S是一种不矛盾语言(而且是一种一致语言),它包含算术,因而也包含S自身的一种算术化句法。那么存在一种方法,凭借这一方法对S中任一可以表述的句法性质,都可以构造S的一个句子$\mathfrak{S}_1$,使得$\mathfrak{S}_1$自身都能将该性质归属于自身,无论对错。在语言II的情形中这一点已经显示出来了(见§35)。现在借助这种构造,我们试图重述说谎者悖论。它是由一个句子构成的,这个句子断定它自身的假。

首先,我们用"非可证的"来替换这一悖论中的"假的"。如果我们构造S的一个句子$\mathfrak{S}_1$,这个句子断定它自身在S中是非可证的,则在$\mathfrak{S}_1$中我们有一个类似于已经论述过的语言II的句子$\mathfrak{G}$的句子(和类似于语言I的句子$\mathfrak{G}_1$的句子)。这里没有引起矛盾。如果$\mathfrak{S}_1$是真的(分析的),则$\mathfrak{S}_1$不是假的(矛盾的),但在S中仅仅是非可证的。实际情况正是这样(见定理36.2)。性质"分析的"和"非可证的"不是不相容的。

我们用"可驳倒的"来置换说谎者句中的"假的"。假定句子$\mathfrak{S}_2$是在S中所构建的断定$\mathfrak{S}_2$自身是可驳倒的(在S中)。则$\mathfrak{S}_2$

类似于说谎者的断定。现在我们考察该矛盾是否会以通常的方式引起。我们先假定$\mathfrak{S}_2$事实上是可驳倒的。那么，$\mathfrak{S}_2$将是真的，且因而是分析的。然而另一方面，每个可驳倒的句子都是矛盾的，因而不是分析的。所以，这一假定是假的，且$\mathfrak{S}_2$是非可驳倒的。由此没有得出矛盾。$\mathfrak{S}_2$实际上是非可驳倒的；因为$\mathfrak{S}_2$意味着它的反面，$\mathfrak{S}_2$是假的，因而是矛盾的。但性质"非可驳倒的"和"矛盾的"相互是一致的（见第210页的图表）；例如"～( )($\mathfrak{S}$)"就二者皆备。

不可能借助"非可证的"或"可驳倒的"重构说谎者悖论是由于这样一个事实：并非所有分析句都是可证的，类似地并非所有矛盾句也都是可驳倒的。但是如果我们在"真的"和"假的"的位置上用"分析的"和"矛盾的"这样的句法术语又会怎样呢？像"真的"和"假的"一样，这两个术语构成逻辑句的一个完全分类。如果我们假定"分析的（在S中）"和"矛盾的（在S中）"用一种句法来定义，该句法本身是在S中被表述的，那么就很容易看到我们是能够构造矛盾的。当然，我们能构造一个逻辑句$\mathfrak{S}_3$，经过实质性解释后$\mathfrak{S}_3$的意思是$\mathfrak{S}_3$是矛盾的。$\mathfrak{S}_3$将正好对应说谎者悖论。因为它是一个逻辑句，$\mathfrak{S}_3$要么是分析的，要么是矛盾的。如果$\mathfrak{S}_3$是矛盾的，$\mathfrak{S}_3$将是真的，所以是分析的，所以不是矛盾的。因此，$\mathfrak{S}_3$必须是不矛盾的。这样$\mathfrak{S}_3$是假的，因而是矛盾的——这就是一个矛盾。

基于同样的假定，也可以构造格雷林悖论。我们在语言 II 中来陈述这一过程。假定谓词"An"在 II 中是可定义的，其定义方式使得"An(x)"指的是："^{SN}句x是分析的（在 II 中）。""异系的"则可定义如下："Het$(x)\equiv\sim$An(subst[x,3,str(x)])"。令"Het(x)"有序列数字 b，则容易看出，就句子"Het(x)"而言，它要么是分析的要么是矛盾的这一假设导致了一个矛盾。

我们已经看到，如果"在 S 中分析的"在 S 中是可定义的，则 S 包含矛盾；所以，我们得到如下的结果：

定理 60c.1　如果 S 是一致的，或者至少是不矛盾的，则"**分析的（在 S 中）**"**在 S 中是不可定义的**。同样的情形对前面已经定义过的余下的 c-术语（只要它们不与 d-术语一致）也是成立的，如"有效的"、"后承"、"对等"，等等。但并非对每个不与 d-术语一致的 c-术语都为真。

如果语言 S_1 的句法包含"分析的（在 S_1 中）"这一术语，那相应地它必须用语言 S_2 来进行表述，S_2 在表达式的模式上要比 S_1 更丰富。另一方面，d-术语"可证的（在 S_1 中）"在某些情况下可以在 S_1 中被定义；这点是否可能，依赖于 S_1 中可获得的表达式模式的丰富程度。在这一点上语言 I 和 II 的情形如下："在 I 中是分析的"在 I 中是不可定义的，但在 II 中是可定义的；"在 II 中是分析的"在 II 中是不可定义的，但在更丰富的语言中是可以定义的。"在 I 中是可证的"在 I 中是不可定义的，因为它是不确定的；但"在 II 中是可证的"在 II 中是可定义的，即借助"$(\exists r)$[BewSatzII(r,x)]"来定义。

前面的考虑遵循的是哥德尔的论文的一般思路。它们也证明了为什么在 S 中证明 S 的不矛盾性是不可能的。与定理 1 密切相关的是下面的定理（定理 36.7 的一般化；见哥德尔的"不可判定性"，第 196 页；哥德尔是打算在那篇论文的续中提供对这个一般化定理的证明的)。

定理 60c.2 如果 S 是一致的,或者至少是不矛盾的,则 S 的一致性或不矛盾性的证明不能在一种只使用 S 中的表达式的句法里得到表述。

对理查德悖论(第 213 页)的研究得出一个类似的结论。假定在 S 中有一个 $\mathfrak{Ag}$,借助它可以构建一个在 S 中可定义的所有 $\mathfrak{z}\,\mathrm{pr}^1$ 的单义编号。这是可以做到的,例如借助一个 $\mathfrak{fu}_1$,使得每个全表达式 $\mathfrak{fu}_1(\mathfrak{z}\,\mathrm{pr}^1)$ 都是一个 $\mathfrak{z}$。我们将使用 II 的符号系统并写作 $\mathfrak{fu}_1$ "num"。

编号的唯一性假定:

$$(\mathrm{num}(F)=\mathrm{num}(G))\supset(x)(F(x)\equiv G(x)) \qquad (1)$$

借助"num"的定义,"Ri"("Richardian")可定义为:

$$\mathrm{Ri}(x)\equiv(F)[(\mathrm{num}(F)=x)\supset \sim F(x)] \qquad (2)$$

因为"Ri"是一 $\mathfrak{z}\,\mathrm{pr}^1$,它有一个特定的用"num(Ri)"标示的数字。我们首先假定"Ri"的这个数字本身是理查德式的:"Ri[num(Ri)]"。则如果在(2)中用"num(Ri)"代入"x",用"Ri"代入"F",很容易得到"$\sim$Ri[num(Ri)]"。因为我们的假设导致了它的反面,可以得出它已被驳倒;所以已证明:

$$\sim \mathrm{Ri}[\mathrm{num}(\mathrm{Ri})] \qquad (3)$$

由(1)得:

$$(\mathrm{num}(F)=\mathrm{num}(\mathrm{Ri}))\supset(\sim F[\mathrm{num}(\mathrm{Ri})]\equiv \sim \mathrm{Ri}[\mathrm{num}(\mathrm{Ri})]) \qquad (4)$$

由(3)和(4)得:

$$(\mathrm{num}(F)=\mathrm{num}(\mathrm{Ri}))\supset \sim F[\mathrm{num}(\mathrm{Ri})] \qquad (5)$$

由(2)得：

$$(F)[(\mathrm{num}(F) = \mathrm{num}(Ri)) \supset \sim F[\mathrm{num}(Ri)]] \supset Ri[\mathrm{num}(Ri)] \quad (6)$$

由(5)和(6)得：

$$Ri[\mathrm{num}(Ri)] \quad (7)$$

已证明的句子(3)和(7)是相互矛盾的；S因而是矛盾的。因此可得：

定理 60c.3 如果S是一致的，或者至少是不矛盾的，则不可能在S中构建由之可以构建S的 $\mathfrak{z}\,\mathrm{pr}^1$ 的单义枚举的 $\mathfrak{A}\mathfrak{g}$ 或 $\mathfrak{F}\mathfrak{u}$。尽管该 $\mathfrak{z}\,\mathrm{pr}^1$ 的集合在S中是可定义的，是一个可数集，依据这一定理它们的枚举是不能借助S自身中的手段来完成的。[这一定理中的条件只是为了便于理解才加上的；如果S是不一致的，则在S中根本不可能有很多对象的单义枚举，因为找不到（不同义的） $\mathfrak{z}$ 。]

§60d. 算术都是有缺陷的

令 S_1 包含一算术（相关于某一 $\mathfrak{z}$-序列的），令实数在 S_1 中用 $\mathfrak{z}\,\mathfrak{fu}^1$ 来表示。令 S_1 是 S_2 的保守子语言，令 S_1 的算术化句法在 S_2 中得到系统表述。我们将表明，借助 S_2 的算术句法术语，作为指称 S_1 的术语，能够在 S_2 中定义一个 $\mathfrak{z}\,\mathfrak{fu}^1$，使得对之而言，在 S_1 中不存在有同样值进程的 $\mathfrak{z}\,\mathfrak{fu}^1$；只要我们把一种足够丰富的语言作为 S_2，这对每一语言 S_1 来说都是真实的，不论 S_1 怎样丰富。我们以下列方式定义 S_2 中的 $\mathfrak{z}\,\mathfrak{fu}^1$ "k"：(1) 如果 x 不是 S_1 的 $\mathfrak{z}\,\mathfrak{fu}^1$

的一个项数,则 $k(x)=0$;2. 如果 x 是 S_1 的一个 ʒfu¹ 比如"h"的一个项数,则 $k(x)=h(x)+1$。这样 S_1 的每个 ʒfu¹ 都会为某个主目(即为它自己的项数)偏离"k",所以,在 S_1 中不存在一个与"k"有同样的值进程的 ʒfu¹。换句话说:可以给出一个实数,这个实数不等同于 S_1 中任一可定义的实数(见第 206 页)。

定理 60d.1 对每一语言 S 而言,都能够给出一个在 S 中不能定义的实数。

"k"的上述定义与集合论的所谓对角线方法是一致的。实数的集合是不可数的集合,这是众所周知的一条集合论定理,定理 1 与此定理是一致的。(关于不可数集合这一概念,可参见 §71d。)另一方面,上面的思路也与理查德悖论是一致的。

我们简短总结一下对这些句法悖论的研究结果。设一种语言 S 的句法是在 S 中表述出来的。借助 S 中所定义的术语(如在语言 II 中,"在 II 中非可证的"或"在 II 中可驳倒的")重构这些句法悖论并不导致矛盾;但它向某些在 S 中非可证的或不可解的句子敞开了证明路径。借助其他术语(如"分析的"、"矛盾的"、"后承"、"关联数"、"项数")来重构这些句法悖论也是可能的。这导致了这样一个证明:如果 S 是一致的,或者至少是不矛盾的,这些术语(其定义到目前为止仅是用自然语言来表述的,而不是在形式化的系统内表述的)就不能在 S 中被定义。因为纯句法的术语和句子只是在句法上解释的算术术语和句子,对这些句法悖论的研究会得出这样的结论:每一种用任意语言在任何程度上所表述出来的算术都**必然有两方面的缺陷**。

定理 60d.2 就每一算术系统而言,是可能陈述下面的内容的:(a)**不可定义的算术术语**及(b)**不可解的算术句子**(哥德尔:"不可判定性")。关于(a),见定理 60c.1,3,60d.1。关于(b)见定理 60c.2;可以构造出更多类似于 II 中的 $\mathfrak{S}$ 和 I 中的 $\mathfrak{S}_1$(见§36)的不可解句。

这一缺陷不应被理解为仿佛存在根本不能从形式上(即在一个演算中)定义的算术术语,或根本不可解的算术句子。就每个在词语言中以任何无歧义的方式所陈述的术语而言,在适当的语言中都存在一个形式定义。例如,每个在语言 S_1 中不可解的算术句 $\mathfrak{S}_1$ 在 S_1 中仍是确定的;首先,存在一种更丰富的语言 S_2,在这一语言中能够陈述 $\mathfrak{S}_1$ 要么是分析的要么是矛盾的证明。其次,存在一种对象语言 S_3,S_1 是 S_3 的真子语言,使得 $\mathfrak{S}_1$ 在 S_3 中是可解的。但既不存在所有算术术语在其中都能被定义的语言,也不存在所有算术句在其中都可解的语言。[数学并不能完完全全形式化,这是布劳威尔在"数学、知识、语言"中以及他之后的海丁在《直觉逻辑的形式规则》(第 3 页)中所断定的真理的核心所在。]换句话说,**数学的一切东西都是能够形式化的,但一个系统不可能穷尽数学;它需要无穷序列的更丰富的语言。**

(d) 翻译与解释

§61. 将一种语言翻译成另一种语言

我们称 $\mathfrak{Q}_1$ 为一类别的句法对象($\mathfrak{A}$ 或 $\mathfrak{K}$)与另一类别的那些句法对象间的**句法关联**,当 $\mathfrak{Q}_1$ 是多对一关系,借助这一关系,第二类别恰好一个对象与第一类别的每个对象发生关联,且第二类别的每个对象与第一类别的至少一个对象发生关联。通过$\mathfrak{Q}_1$与$\mathfrak{A}_1$(或$\mathfrak{R}_1$)发生关联的$\mathfrak{A}$(或$\mathfrak{R}$)被称为$\mathfrak{A}_1$(或$\mathfrak{R}_1$)的$\mathfrak{Q}_1$-**关联物**($\mathfrak{Q}_1$-correlate),并用"$\mathfrak{Q}_1[\mathfrak{A}_1]$"(或$\mathfrak{Q}_1[\mathfrak{R}_1]$)来表示。于此假定下面的条件:如果$\mathfrak{A}_n$没有直接的$\mathfrak{Q}_1$-关联,但能够细分为表达式$\mathfrak{A}_1$,$\mathfrak{A}_2$,…$\mathfrak{A}_m$,这些表达式有这样的关联物,则$\mathfrak{Q}_1[\mathfrak{A}_n]$等同于由$\mathfrak{Q}_1[\mathfrak{A}_1]$,$\mathfrak{Q}_1[\mathfrak{A}_2]$,…$\mathfrak{Q}_1[\mathfrak{A}_m]$组成的那个表达式。包含$\mathfrak{R}_1$的句子的所有$\mathfrak{Q}_1$-关联物且只包含这些关联物的那个类用"$\mathfrak{Q}_1[\mathfrak{R}_1]$"来表示。据此,句子的关联物也可以通过表达式间的关联来确定,句子类的关联物则通过句子间的关联确定。[在一种形式化的句法中,例如,$\mathfrak{Q}_1$可以是$\mathfrak{Sg}^2$、$\mathfrak{Br}^2$、$\mathfrak{Ag}^1$,或者是$\mathfrak{Fu}^1$。]我们说某一句法关系通过$\mathfrak{Q}_1$转换为另一句法关系,如果只要第一种关系存在于任意两个对象之间,第二种关系就存在于这些对象的$\mathfrak{Q}_1$-关联物之间的话。

假定S_1中的后承关系通过$\mathfrak{Q}_1$转换为S_2中的后承关系,就称S_1的所有句子类(或所有句子,或表达式类$\mathfrak{R}_1$的表达式,或所有符号)与S_2的句子类之间的句法关联$\mathfrak{Q}_1$为S_1到S_2的一个相关于类(或分别相关于句子、表达式、符号)的**转换**。就$\mathfrak{R}_1$而言,假定了$\mathfrak{R}_1$没有一个表达式可以唯一地分析为$\mathfrak{R}_1$的几个表达式,但S_1的每个不属于$\mathfrak{R}_1$的句子都可以唯一地分析为$\mathfrak{R}_1$的几个表达式。如果$\mathfrak{Q}_1$是所提及的从S_1到S_2的类的某种转换,就称$\mathfrak{Q}_1$为S_1到S_2的一个转换。"相关于类(句子等等)的 L-转换"的定义是类似的,此种情形下所要求的是保持"L-后承"关系。

定理61.1 如果$\mathfrak{Q}_1$是S_1到S_2的一个转换,则$\mathfrak{Q}_1$也是S_1到S_2的一个 L-转换。

定理 61.2 如果 $\mathfrak{Q}_1$ 是 S_1 到 S_2 就句子而言的一个转换，则 S_1 中句子间的后承关系通过 $\mathfrak{Q}_1$ 转换为 S_2 中句子间的后承关系。逆命题并不总是成立。

当 S_1 到 S_2 的逆（也就是说，这一关系的相反方向）转换是从 S_2 到 S_1 的，称这个转换是**可逆的**，否则称是**不可逆的**。

定理 61.3 令 $\mathfrak{Q}_1$ 是 S_1 到 S_2 的一个转换；如果 $\mathfrak{Q}_1$ 是可逆的，则 $\mathfrak{Q}_1$ 是一对一的关系。逆命题并不总是成立。

相关于句子的不可逆转换的示例：刘易斯（《符号逻辑》，第 178 页）给出他的严格蕴涵系统（不含存在公设）到日常句子演算的转换。在这种情况下，第一个系统的三个句子，"A"、"M(A)"和 "∼M(∼A)"（写"M"而不是可能符号）的关联物是同一个句子 "A"。该转换因而不是一对一的关系，所以是不可逆的。

如果存在 S_1 到 S_2 的一个转换（相关于类等等），就称 S_1（相关于类等等）可转换到 S_2 中。如果 S_1 就符号而言是可逆地转换到 S_2 中的，就称 S_1 和 S_2 是**同构的**。

定理 61.4 如果在 S_2 中有一个有效句 $\mathfrak{S}_1$ 和一个反有效句 $\mathfrak{S}_2$，则任何语言 S_1 就句子而言都是可以转换为 S_2 的。——例如，可以视 $\mathfrak{S}_2$ 为 S_1 的每个反有效句的关联物，视 $\mathfrak{S}_1$ 为其他句的关联物。这一定理显示了可转换性这一概念的全面性；可逆转换性则是一个有更多限定的概念，同态这一概念也仍有较多的限定。

定理 61.5 令 S_1 和 S_2 就 $\mathfrak{Q}_1$ 这一关联而言是同构的，如果 $\mathfrak{a}_1$ 是 S_1 中具有某一特征的一个 $\mathfrak{vf}^n$，则 $\mathfrak{Q}_1[\mathfrak{a}_1]$ 是 S_2 中具有同一特征

的一个 $\mathfrak{v}\mathfrak{f}''$。例如，如果 $\mathfrak{a}_1$ 是一恰当的否定符号（或析取符号等等），则 $\mathfrak{Q}_1[\mathfrak{a}_1]$ 也是一个恰当的否定符号等等。

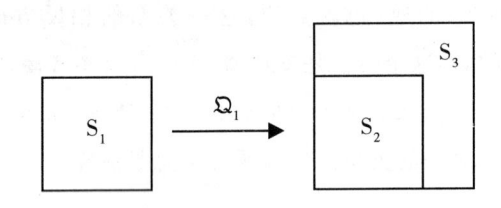

```
        ┌──────┐   𝔔₁    ┌────────┐ S₃
        │      │  ────→  │   S₂   │
        │  S₁  │         │        │
        │      │         │        │
        └──────┘         └────────┘
```

令 $\mathfrak{Q}_1$ 是 S_1 到 S_2 的一个转换（就类而言等等）；令 S_2 是 S_3 的子语言（见图表）。那么称 $\mathfrak{Q}_1$ 是 S_1 到 S_3 的一个**翻译**（就类而言，等等）；称 S_1 是可翻译为 S_3 的（就类而言）。下表给出了 $\mathfrak{R}$ 或 $\mathfrak{S}$ 的若干句法性质以及关系（表列 1A）的条件，给出了语言的若干性质（表列 1B）的条件，在这些条件下（充分但不必要的）它们从这三种语言中的一种转换为另两种中的任何一种，在这些语言间所给定的关系是成立的：按转换方向，也就是说，从 $\mathfrak{R}_1$ 到 $\mathfrak{Q}_1[\mathfrak{R}_1]$（表列 2），及其逆反(6)；从子语言到总语言(3)，及其逆反(5)；按翻译方向(4)，及其逆反(7)。

(1)	(2)	(3)	(4)	(5)	(6)	(7)
	第(1)列中出现的**性质**或**关系**在下面条件下**被转换**：					
	从 S_1 到 S_2（按转换方向）	从 S_2 到 S_3（从子语言）	从 S_1 到 S_3（按翻译方向）	从 S_3 到 S_2（到子语言）	从 S_2 到 S_1（与转换相反）	从 S_3 到 S_1（与翻译相反）
A. 句子类（或句子）的性质及关系						

第四部分 一般句法　285

续表

（1）	（2）	（3）	（4）	（5）	（6）	（7）
后承;对等;有效	gen.[L]	gen.[-]	gen.[-]	c[c]	R[R,L]	R, c [R, L,c]
反有效的;确定的;不相容的;依存的……	gen.[L]	r[-]	r[-]	c[c]	R[R,L]	R, c [R, L,c]
不确定的;相容的;独立的……	R[R,L]	c[c]	R, c [R, L,c]	r[-]	gen.[L]	r[-]
完全的	gen.[L]	-[-]	-[-]	c[c]	R[R,L]	R, c [R, L,c]
不完全的	R[R,L]	c[c]	R, c [R, L,c]	-[-]	gen.[L]	-[-]
B.语言的性质							
不一致的	gen.[L]	r[-]	r[-]	c[c]	R[R,L]	R, c [R, L,c]
一致的	R[R,L]	c[c]	R, c [R, L,c]	r[-]	gen.[L]	r[-]
完全的(L-完全的、确定的、L-确定的、逻辑的)	gen.	-	-	c	R	R,c
不完全的(L-不完全的、不确定的、L-不确定的、描述的)	R	c	R,c	-	gen.	-

这些条件的**缩写**：

　　gen.：一般地,即在所有情形中；

L：其中$\mathfrak{Q}_1$是一个 L-转换；

R：其中$\mathfrak{Q}_1$是一个可逆的转换；

C：其中 S_2 是 S_3 的保守子语言（见第 179 页）；

R：其中 S_2 是 S_3 的一个足够丰富的子语言，即一种要么包含在 S_3 中反有效的 $\mathfrak{R}$，要么包含 S_3 的所有句子的语言。

表中方括号里所给出的条件涉及 L-术语，这些 L-术语与列(1)中的出现的术语是一致的。

例：如果 $\mathfrak{R}_1$ 在 S_1 中是有效的，则在 S_3 中也是有效的。假定 $\mathfrak{Q}_1$ 是一可逆的 L-转换，如果 $\mathfrak{R}_1$ 在 S_2 中是分析的，则在 S_1 中也是分析的。假定 S_2 是 S_3 的保守子语言，如果 S_3 是不一致的，则 S_2 也是不一致的。

因为每个转换同时也是一个翻译（即翻译为非真子语言），下面的定理和定义也能用于转换。

定理 61.6 如果就符号而言 S_1 可翻译为 S_2，则就表达式而言它也是可翻译的；如果就表达式而言它是可翻译的，则就句子而言它也是可翻译的，反之亦然；如果就句子而言它是可翻译的，则就类而言它也是可翻译的。

令 $\mathfrak{Q}_1$ 和 $\mathfrak{Q}_2$ 是 S_1 在 S_2 中的翻译。如果就 S_1 中的每个 $\mathfrak{R}_1$ 而言，$\mathfrak{Q}_1[\mathfrak{R}_1]$ 和 $\mathfrak{Q}_2[\mathfrak{R}_1]$ 在 S_2 中是对等的，我们就说 $\mathfrak{Q}_1$ 和 $\mathfrak{Q}_2$ 在内容上是一致的。

令 S_1 和 S_2 是 S_3 的子语言；令 $\mathfrak{Q}_1$ 是 S_1 到 S_2 的一个翻译。

第四部分 一般句法

如果在这一情形中，$\mathfrak{R}_1$ 和 $\mathfrak{Q}_1[\mathfrak{R}_1]$ 在 S_3 中总是对等的，我们就称 $\mathfrak{Q}_1$ 是就 S_3 而言的一个**对等的**翻译。类似地，"L-对等翻译"参照 "L-对等集合"定义。而且，如果 $\mathfrak{Q}_1$ 是就符号或表达式而言的翻译，使得 $\mathfrak{A}_1$ 和 $\mathfrak{Q}_1[\mathfrak{A}_1]$ 在 S_3 中总是同义的，我们就称 $\mathfrak{Q}_1$ 是就 S_3 而言的一个**同义的**翻译。一个同义翻译也是一个对等的翻译。

定理 61.7 如果 S_1 是 S_2 的保守子语言，则符号的等式表示的是就 S_2 而言在 S_2 中 S_1 的一个同义翻译。

例：令 I′ 是 I 的子语言，这一子语言是通过消除变项而构成的，则通过符号的等式，I′ 可同义地翻译成 I。就类而言，I 是可翻译为 I′ 的，尽管 I′ 是 I 的真子语言。例如，如果 $\mathfrak{S}_1$ 是 I 的正好含有一个自由变项 $\mathfrak{z}_1$ 的开语句，则所有形式为 $\mathfrak{S}_1\left(\begin{smallmatrix}\mathfrak{z}_1\\\mathfrak{S}t\end{smallmatrix}\right)$ 的句子构成的类可被视为 $\{\mathfrak{S}_1\}$ 的关联物。这一翻译就 I 而言是对等的。就句子而言没有 I 到 I′ 的对等翻译；因此，这一例子证实了关于类的翻译概念的重要性。

令 S_1 是海丁（《直觉逻辑的形式规则》）的直觉主义的句子演算；令 S_3 是通常的句子演算（如语言 II 的句子演算）。S_1 到 S_2 的通常的翻译 $\mathfrak{Q}_1$（也就是说，在这一翻译中否定符号是否定符号的 $\mathfrak{Q}_1$-关联物，选言符号是选言符号的 $\mathfrak{Q}_1$-关联物等等）是 S_1 到 S_3 的真子语言 S_2 的一个转换。这一转换是关于符号的（如果在 S_1 和 S_3 中，我们像在语言 II 中那样插入所有括号）。S_2 是 S_3 的真子语言，因为，例如"p∨~p"在 S_2 中不是有效的。然而，反过来 S_3 也是可翻译成 S_1 的。令 $\mathfrak{Q}_2$ 是 $\mathfrak{Q}_1$ 的逆反；且令 $\mathfrak{Q}_3[\mathfrak{S}_1]$ 是 ~~

$\mathfrak{Q}_2[\mathfrak{S}_1]$（如果 $\mathfrak{S}_1$ 的形式为 $\sim\mathfrak{S}_2$，则 $\mathfrak{S}_1$ 自身也可以当作 $\mathfrak{Q}_3[\mathfrak{S}_1]$），则 $\mathfrak{Q}_3$ 是就句子而言 S_3 到 S_1 的一个翻译。[这一翻译是格利温科原创的；哥德尔给出了关于它的另外一个翻译（[*Koll*. 4]，第 34 页）。]

关于翻译概念，也参见阿伊杜凯维茨。

§62. 语言的解释

当一种语言，如我们的语言 II，或者拉丁语，只有形式规则被人所知晓时，尽管可以回答关于它的句法问题，比如一给定的句子是有效的还是反有效的，是描述的还是存在的等等，但不可能用它作为交流语言，因为缺乏对该语言的**解释**。任何人都可以使用两种方式来学习怎么把一种语言作为交流语言使用：纯实践方式，非常小的孩子们使用这一方式，贝立兹语言学校使用的就是这一方式；理论陈述或断定方式，如不带插图的教科书中所使用的那样。在本书中，一种语言的解释总是指第二种方式，即明确的陈述方式。这些解释性的陈述将采用何种形式呢？对此我们给出一个例证：当我们希望陈述某一拉丁句子在英文中的意思时，我们将使之等同于有同样意义的另一个句子。第二个句子也常属于拉丁语（如我们用熟悉的同义词来解释一个新词）；然而，通常地，它是英语中的一个句子，当然它也可以是其他语言如法语中的一个句子。因此，这是通过翻译成语言 S_2 而给出语言 S_1 的表达式的解释，该翻译的陈述是在句法语言 S_3 中完成的。有可能这三种语言中的两种语言，甚至这三种语言都是相同的。有时，强加给该翻译的特殊条件,如它必须依赖可逆的转换,或就一特定语言而言它必须是对等的等等。

语言的解释是一种翻译,因此是可以**从形式上表述**的;解释的构造和检验属于形式句法。就法语在德语中的解释而言这同样是成立的,当所要求的不仅仅是某种就句子而言的转换时,而是如我们所说的,要提供法语句子的涵义或意义时。我们已经看到,在像德语这样的具体语言中,语言的句法的构造意味着构造一种演算,这一演算满足这样一个条件:与说德语的人的言说的实际历史习惯一致。这一演算的构造必须完完全全在形式句法范围内进行,尽管关于这一演算是否满足这一所给条件,这不是逻辑决定的,而是历史或经验决定的,是纯句法领域之外的问题。类似地,同样的事情对作为翻译或解释的两种语言间的关系来说也是成立的。从法语翻译成德语的通常要求是它必须在涵义或意义上是相符的,即历史上被人所知的说法语者及说德语者的言说习惯是一致的。每一翻译的构建,因而每一所谓**忠实于涵义**的翻译,也**在形式句法范围内**完成——尽管所给出的翻译是否满足这一给定要求,因而能被称为忠实于涵义的翻译,这是一个历史的、句法外的判定结果。可以依这样一种方式来做:使这里的句法外的要求与第一种情形中的那一要求是一样的,即从句法上构造的演算与某一历史上给定的语言是一致的。例如,我们首先规定法语用演算 S_1 来表示,德语用 S_2 来表示;而且由德语和法语作为其子语言所组成的语言用演算 S_3 来表示,S_1 和 S_2 都是 S_3 的子语言。那么,所给出的 S_1 到 S_2 的句法上的翻译 Q_1 是忠实于涵义的翻译,如果就 S_3 而言它是对等的。在某些情况下还额外要求 Q_1 就 S_3 而言是同义的表达式的翻译。

有时语言 S_1 相关于一种现存语言 S_2 的解释是通过构造一种更全面的语言 S_3 来给出的，S_3 是在 S_2 的基础上添加与 S_1 同态同构甚或全等的(congruent)子语言构造的。在一种现存的科学语言的基础上的符号演算的解释，如数学演算的解释，经常是以这样的方式完成的。

例：如果矢量演算系统先是作为一种未经解释的数学演算构造的，其解释可以依这样一种方式来进行：通过包含矢量演算来扩充原初的物理学语言。因为矢量符号在这一新的语言中和其他语言符号结合使用，它们自身在该物理学语言中得到一种意义。以同样的方式，任何几何公理系统都可以先作为孤立的演算给出，其各种可能的解释可以表示为到该物理学语言的不同翻译（见§71e.）。如果在这种情形中保留几何的术语，这就是个翻译为一种新语言中与之全等的子语言的问题了，这一新语言是从这一旧的物理学语言通过包含几何而构建的。

要确立语言 S_1 的一种特殊解释，也就是说 S_1 到 S_2 的一种特殊翻译，不必然要给出 S_1 的所有符号或所有句子的关联物。**陈述某些表达式的关联物足矣**；例如在很多情形中，陈述某些简单形式的描述句的关联物足矣，甚至不需要 S_1 的所有未定义符号都出现。依此方式，结合 S_1 的变形规则，整个翻译就单义地确定下来了；或者更准确些，任何两个有共同关联物的翻译在内容上都是一致的。在符号语言的构造中，尤其是符号逻辑的构造中，习惯的做法是通过说明性文本,并因而通过翻译为日常的词语言来给出解释。一般来说,陈述的关联物比所必需的要多得多,这也是习惯做法。这对促进理解肯定是有用的;在介绍语言 I 时我们就是按此方法做的。但是,这种解释性陈述在大多情况下是超定的(overdetermined),意识到这点是很重要的。

例:1. 令描述语言 II 包含一元谓词"P_1",…"P_k"作为唯一未经定义的描述符号。则对语言 II 的完全解释而言,像下面这样的规定是足够的:(1)"0"指起始位置,带有 m 个"'"的 St"$0^{''…'}$"指这种位置系列中的第(m+1)个位置;(2)"P_1"在意义上等值于"红色","P_k"等值于"蓝色";(3)形式为 $pr_1(St_1)$ 的原子描述句的意思是说,St_1 所指的位置具有 pr_1 所指的性质,其中 pr_1 是一未经定义的 pr_0。在由此而确定其翻译的句子中,不出现任何一种被定义的符号,而且不出现变项($p,f,\mathfrak{z},\mathfrak{s}$),因而不出现算子,并最终不出现未经定义的逻辑常项"=""∃""K""~""∨""·""⊃"。尽管这样,II 中所有余下的句子的解释也是由上面的规定确定的;也就是说,对语言 II 的任何其他句子的关联物而言,唯一的选择是在英语的那一子语言的对等句间进行的,语言 II 是可逆转换为这一子语言的。因此,例如"$P_1(0) \vee P_1(0')$"必须翻译为:"第一个位置,或者第二个位置,或者这两个位置都是红色的"(或者翻译成与这一句子对等的一个句子)。再如,"$(x)P_1(x)$"必须翻译成"所有位置都是红色的";因为由语言 II 的变形规则可得,"∨"是一个恰当的选言符号,"(x)"是一个恰当的全称算子。

2. 令 II_l 是 II 的逻辑子语言。II_l 的解释是通过翻译为另一适宜的语言来进行的,这一翻译是关于表达式的;通过这一翻译,给每个 pr 和 fu 一个关联物。[这一要求是为了确保 $\mathfrak{Q}_1$ 是通常含义上的翻译;如果不陈述这一要求,则可能会出现无价值的翻译,其中每个分析句的关联物是"(0=0)",每个矛盾句的关联物是"∼(0=0)"。]我们只给出两个符号的关联物:"0"翻译为"0","'"翻译为"+1"。依这种方式就确立了包含经典数学的整个语言 II_1 的解释。

231 　　从解释的角度看,这是**未经定义的描述符号**的特征,它们的解释即便在有了其他符号的解释后,在一个很广的范围内仍然是任意的(任意,也就是说,当我们仅仅考虑该孤立语言的句法时,该选择能够有更进一步的条件限定)。因此,比如,"P_1"是否解释为"红色的"或"绿色的",或者解释为位置的任何其他性质的名称,这不是由语言 II 的变形规则和其他符号的解释决定的。在大多数的符号语言中,即便那些被它们的作者解释为逻辑的表达式,也属于一般句法中所理解的描述表达式。通常大部分系统都被它们的作者解释为逻辑语言;但因为一般只确立了 d-规则,这些语言大多数是不确定的,因而是描述的。因此,就这些语言的某些表达式而言,即便其他表达式都是依据其作者们的陈述进行解释了,那些表达式的解释也有可能是彼此完全不同的。

　　例:带数字变项 $\mathfrak{z}$ 的全称算子在语言 I 和 II 中是一个恰当的全称算子,但在通常语言中,如在《数学原理》中,是不恰当的(见第 197 页),因为这些语言只包含 d-规则。因此,在通常的语言中存

第四部分 一般句法

在不确定的句子,因而被我们称作描述的,尽管被它们的作者解释为逻辑句。为了留在我们自己的符号论框架内,我们将不考虑先前的系统,而是考察 II$_d$ 语言系统,它是由 II 通过限定到 d-规则得到的(但必须包含先前所陈述的语言 I 的所有定义)。因此,在 II 中是分析却不可解的句子 $\mathfrak{S}$(见§36),在 II$_d$ 中是不确定的。在《数学原理》和 II$_d$ 中的全称算子 ($\mathfrak{z}$) 不是逻辑的,而是描述的。这并不是说反对通常的翻译,在通常的翻译中 $\mathfrak{S}$ 的关联物是一个逻辑句(如 II 中那个相同措辞的句子 $\mathfrak{S}$),且 ($\mathfrak{z}$) 的关联物是一个逻辑表达式(如 II 中恰当的全称算子)。$\mathfrak{S}$ 和 ($\mathfrak{z}$) 是描述的这一事实只意味着除了这一通常的翻译外其他的翻译也是可能的,在有些翻译中 $\mathfrak{S}$ 和 ($\mathfrak{z}$) 的关联物是描述的。我们将通过一个事例来针对全称与存在算子说明这一点。令^1 pr^1 pr$_1$ 和 pr$_2$ 是 II$_d$ 和 II 的唯一未经定义的描述符号,我们将通过到 II 的两个不同的翻译 $\mathfrak{Q}_1$ 和 $\mathfrak{Q}_2$ 来解释 II$_d$。就 $\mathfrak{Q}_1$ 和 $\mathfrak{Q}_2$ 而言我们确定:首先,所有句子联结的关联物将是这些联结自身;其次,所有原子句的关联物将是这些句子自身;因此,所有分子句的关联物也都是这些句子自身。现在我们要证明 $\mathfrak{Q}_1$ 和 $\mathfrak{Q}_2$ 可能仍然是实质上互不相同的,也就是说,它们不必在内容上是一致的。令每个句子的 $\mathfrak{Q}_1$-关联物是那一句子自身;这是通常的解释,在这种通常的解释中 II$_d$ 的不恰当的全称算子 ($\mathfrak{z}$) 借助 II 的一个恰当的全称算子来解释。令 $\mathfrak{S}_1$ 是 ($\mathfrak{z}_1$)(pr$_1$($\mathfrak{z}_1$));$\mathfrak{Q}_2[\mathfrak{S}_1]$ 是 ($\mathfrak{z}_1$)(pr$_1$($\mathfrak{z}_1$)) • pr$_2$(5)。这一句子(在 II 中)在内容上显然比 $\mathfrak{Q}_1[\mathfrak{S}_1]$ 即 $\mathfrak{S}_1$ 自身丰富。令 $\mathfrak{S}_2$ 是 (∃$\mathfrak{z}_1$)(pr$_1$($\mathfrak{z}_1$));$\mathfrak{Q}_2[\mathfrak{S}_2]$ 是 (∃$\mathfrak{z}_1$)(pr$_1$($\mathfrak{z}_1$)) ∨ ∼pr$_2$(5)。这一句子(在 II 中)在内容上显然比 $\mathfrak{Q}_1[\mathfrak{S}_2]$ 即 $\mathfrak{S}_2$ 自身贫乏。很容易证明 $\mathfrak{Q}_2$ 确实是一个翻译

(尽管不是关于 II 的对等的翻译),即 II_d 中的后承关系借助 $\mathfrak{O}_2$ 转换为 II 中的后承关系。例如,令 $\mathfrak{S}_3$ 是 $\mathfrak{pr}_1(\mathfrak{St}_1)$,则 $\mathfrak{S}_3$ 是 $\mathfrak{S}_1$ 的后承,$\mathfrak{S}_2$ 是 $\mathfrak{S}_3$ 的后承。相应地,$\mathfrak{O}_2[\mathfrak{S}_3]$,即 $\mathfrak{S}_3$,是前面所给出的 $\mathfrak{O}_2[\mathfrak{S}_1]$ 的后承;所给出的 $\mathfrak{O}_2[\mathfrak{S}_2]$ 是 $\mathfrak{O}_2[\mathfrak{S}_3]$ 即 $\mathfrak{S}_3$ 的后承。除这日常解释外,本质上不同的解释 $\mathfrak{O}_2$ 也是可能的,它从描述的角度解释全称算子和存在算子。为什么是可能的呢?原因就在于 II_d 的变形规则只决定每个 $\mathfrak{pr}_1(\mathfrak{St})$ 形式的句子都是 $(\mathfrak{z}_1)(\mathfrak{pr}_1(\mathfrak{z}_1))$ 的后承,但不决定这一全称句是对等于(像在通常的解释 $\mathfrak{O}_1$ 中那样)形式为 $\mathfrak{pr}_1(\mathfrak{St})$ 的句子类,还是在内容上比之更丰富(像在解释 $\mathfrak{O}_2$ 中那样)。

被其作者解释为逻辑符号的其他描述符号的例子,被刘易斯和其他作者处理为**内涵句子的联结**。(然而,也有内涵句子的联结是逻辑的。)

令 S 是一描述语言,这一描述语言的一种解释已经以这种通常的方式以说明性的文字给出。在判定这一解释时,我们必须区分(如刚考察的例子所显示的那样)借助描述表达式的解释和借助逻辑表达式的解释。(1)借助描述表达式的解释通常产生某些在该演算的构造中没有给出过的新东西;对确定该演算的解释而言,它们(在某种程度上)是必不可少的。(2)假定该演算的表达式 $\mathfrak{A}_1$ 通过词语言的一个逻辑表达式来进行解释,这里有两种情形要加以区分。(2a)$\mathfrak{A}_1$ 是一般句法中所理解的那种含义上的逻辑表达式,这样那一解释可能已经蕴涵在另外一个解释中,且果真如此的话,它只可以起一个解释的作用,这一解释在理论上不是必要的,但可以促进理解。(2b)$\mathfrak{A}_1$是一般句法中所理解的那种含义上的描述表达式(如 II_d 中的全称算子),这样 $\mathfrak{A}_1$ 借助某个逻辑表达式的解释可以替换为 S 的适宜 c-规则的设立,借它的帮助 $\mathfrak{A}_1$ 可以变成所预期的那种逻辑表达式。[以我们的例子来说:令 II_d 通过不确定的 c-规则扩充到 II,则依据这一预期的解释,$(\mathfrak{z})$ 将成为一个恰当的全称算子。]

一般句法是依据一种形式方法来运行的,也就是说,在研究语言的表达式时,唯一要考虑的是表达式符号的顺序和句法种类。我们已经看到,这种形式方法也可以表述那些有时不被视为形式的、被称作意义概念的概念(或意义的逻辑概念),如后承关系、内容、内容的关系,等等。我们终于确立了这样一个事实:即便是那些依赖语言的解释,因而显得完全不是形式的问题,也是能够在形式句法领域内处理的。相应地,我们必须承认,所有的逻辑问题(这是在一个非常宽泛的意义上使用此语词的,但排除了所有经验的于是也排除了所有心理学的依赖)都属于句法问题。**逻辑一旦以一种精确的方式来表述时,就只是一特定语言或一般语言的句法而已,而不是别的什么。**

(e) 外延性

§63. 准句法句

现在我们要引入若干概念,这些概念对讨论外延问题、模态逻辑以及随后对哲学语句的分析来说是必不可少的。首先,我们以一种非形式的、不那么精准的方式来解释这些概念。令 B 是某些对象构成的一个论域,其性质是在对象语言 S_1 中描述的。假定存在一个关于 B 的对象性质 E_1,且存在一个关于 S_1 的表达式的句法性质 E_2,使得总是而且只是当一个对象具有性质 E_1 时,指称该对象的那一表达式具有性质 E_2,我们将称 E_2 为与 E_1 相关的句法性质。则 E_1 是一伪装成对象性质的性质,但依据其意义它有一种句法特征;我们因此称它为准句法性质(或有时称为伪对象性质)。称把性质 E_1 归于对象 c 的句子为准句法句;这样的句子是可以翻译为(恰当的)句法句的,该句法句把性质 E_2 归于 c 的名称。

例:(1)**非自反性**。令 S_1 是描述的 L-语言(像 I 和 II 那样),其符号体系与 II 类似,但它是名字语言且论及某一日生活在 B 地区的人们间的关系和性质。"$Shav(a,b)$"指:"a shaves b"(a 给 b 刮脸)(在所说的那一日)。我们如下定义"Irr"这一 $^2\mathrm{pr}^1$:"$Irr(F) \equiv (x)(\sim F(x,x))$",或者用文字来说就是:"称关系 P 为非自反的,当没有对象与它自身有这一关系时。"因此,"$Irr(Shav)$"对等于"$(x)(\sim Shav(x,x))$"($\mathfrak{S}_1$)。$\mathfrak{S}_1$ 的意思是说在特定的那一天在 B 地区没有人给自己刮脸;情况是否如此是不能从 S_1 的变形规则推断出来的;$\mathfrak{S}_1$ 是综合的。令 S_1 另外还包含"LIrr"这一 $^2\mathrm{pr}^1$;"$LIrr(P)$",或者用文字说成:"P 是 L-非自反的(或逻辑上非自反的)",指的是 P 依据逻辑必然性是非自反的,即"LIrr"的定义必须使得"$LIrr(P)$"只有当"$(x)(\sim P(x,x))$"是分析的时才是分析的,否则是矛盾的。这样"$LIrr(Shav)$"是矛盾的,因为 $\mathfrak{S}_1$ 不是分析的而是综合的。令"Broth"的定义使得"Broth(a,b)"指"a 是 b 的兄弟"。则"Irr(Broth)"是分析的,"LIrr(Broth)"因此也是分析的。"Irr"和"LIrr"是 S_1 的谓词。令 S_1 的句法语言 S_2 是词语言;我们如下定义 S_2 中的谓词"L-非自反的":当(v_1)($\sim pr_1$(v_1,v_1))是分析的时,就称 S_1 的二元谓词 pr_1 是 L-非自反性。据此,"Shav"不是 L-非自反的,但"Broth"是。在既包含 S_1 也包含 S_2 作为其子语言的语言中,对任一谓词"P"而言,句子"LIrr(P)"总是对等于句法句"'P'是 L-非自反的"。"L-非自反的"是与谓词"LIrr"相关的句法谓词。"LIrr"是 S_1 的一个准句法谓词;而"Irr"不是。"LIrr(Broth)"是 S_1 的一个准句法句;S_2 的相关联的句法句是"'Broth'是 L-非自反的";两个句子都是分析的。同样的情形对"$\sim$LIrr(Shav)"来说也是成立的,且"'Shav'不是 L-非自反的"。另一方面,没有与综合句"Irr(Shav)"和"$\sim$Irr(Shav)"相关联的句法句。所以,这些不是准句法句。(关于"L-非自反的",参见§71.b。)

2. **蕴涵**。在描述的 L-语言 S_1 中,我们写"Imp(A,B)",而不写"A⊃B"。此外,在 S_1 中引入谓词"LImp"(通过定义或通过初始句),使得对任一闭语句"A"和"B"而言,"LImp(A,B)"是分析的,当且仅当"Imp(A,B)"是分析的;否则就是矛盾的。令"A_1"和"B_1"是两个闭语句,使得"B_1"不是"A_1"的后承,则"Imp(A_1,B_1)"不是分析的,因而"LImp(A_1,B_1)"是矛盾的。令"A_2"和"B_2"是两个闭语句,其中"B_2"是"A_2"的后承,则"Imp(A_2,B_2)"是分析的,因而"LImp(A_2,B_2)"也是分析的。令 S_1 的句法语言 S_2 是通常的词语言,则在包含 S_1 和 S_2 作为其子语言的语言中,对任何两个闭语句"A"和"B"而言,"LImp(A,B)"总是对等于"'B'是'A'的后承"这一句法句的。因此,"LImp"是 S_1 的一个准句法谓词,"后承"这一句法谓词与该谓词是相关联的。与此相反,"Imp"不是准句法的。句法句"'B_2'是'A_2'的后承"与准句法句"LImp(A_2, B_2)"是相关联的;同样,句法句"'B_1'不是'A_1'的后承"与准句法句"~LImp(A_1, B_1)"是相关联的。另一方面,没有与综合句"Imp(A_1, B_1)"和"~Imp(A_1, B_1)"相关联的句法句;因而,这些句子不是准句法的。这一例子中的关系完全类似于第一个例子中的那些关系,我们稍后在模态逻辑的讨论中还会回到这一例子。

现在我们从非形式的不精准的解释过渡到对这些概念的句法讨论。令 S_1 是任一语言;S_2 是一逻辑语言。令 $\mathfrak{Q}_1$ 是 S_1 的表达式和 S_2 中类 $\mathfrak{K}_2$ 的表达式间的一对一的句法关联,令 $\mathfrak{K}_2$ 的表达式是相互同源的 $^a\mathfrak{S}\mathrm{tu}$。我们称 S_2 为 S_1 的**句法语言**(相对于 $\mathfrak{Q}_1$);称 $\mathfrak{Q}_1[\mathfrak{A}_1]$ 为 $\mathfrak{A}_1$ 的句法名(相对于 $\mathfrak{Q}_1$)。那些 $\mathfrak{K}_2$ 的表达式适宜作其主目的 S_2 的 $\mathfrak{Sg}$ 或 $\mathfrak{Pr}$,我们称为句法的 $\mathfrak{Sg}$ 或 $\mathfrak{Pr}$(相对于 $\mathfrak{Q}_1$)。如果 $\mathfrak{K}_2$ 的表达式是数字表达式,我们就称 S_2 为**算术化的句法语言**。如果 S_2 是语言 S_3 的子语言,我们就称 S_3 包含 S_1 的句法(相对于 $\mathfrak{Q}_1$)。

当存在满足如下条件的一个 S_2、一个 $\mathfrak{Q}_1$ 和一个逻辑的 $\mathfrak{Sg}^n$—$\mathfrak{Sg}_2$ 时,称 S_1 的一个 $\mathfrak{Sg}^n$—$\mathfrak{Sg}_1$ 为**准句法的** $\mathfrak{Sg}$:S_1 是 S_2 的子语言;S_2 包含相对于 $\mathfrak{Q}_1$ 的 S_1 的句法;如果 $\mathfrak{S}_1$ 是 S_1 中 $\mathfrak{Sg}_1$ 的任一全句子,如 $\mathfrak{Sg}_1(\mathfrak{A}_1, \mathfrak{A}_2, \cdots \mathfrak{A}_n)$,其中主目不是 $\mathfrak{B}$,则 $\mathfrak{S}_1$ 在 S_2 中对等

于 $\mathfrak{Sg}_2(\mathfrak{O}_1[\mathfrak{A}_1], \mathfrak{O}_1[\mathfrak{A}_2], \cdots \mathfrak{O}_1[\mathfrak{A}_n])$；令之为 $\mathfrak{S}_2$。则称 $\mathfrak{S}_1$ 关于 $\mathfrak{A}_1, \cdots \mathfrak{A}_n$ 是准句法的，称 $\mathfrak{S}_2$ 是与 $\mathfrak{S}_1$ 相关联的句法句（相对于 $\mathfrak{O}_1$）；称 $\mathfrak{Sg}_2$ 是与 $\mathfrak{Sg}_1$ 相关联的句法 $\mathfrak{Sg}$（相对于 $\mathfrak{O}_1$）。用 $\mathfrak{Pr}_1$、$\mathfrak{Pr}_2$ 替换这里的 $\mathfrak{Sg}_1$、$\mathfrak{Sg}_2$，这些定义仍然是成立的。

令 $\mathfrak{Sg}_2$ 是与 $\mathfrak{Sg}_1$ 相关联的相对于 $\mathfrak{O}_1$ 一个句法的 $\mathfrak{Sg}$。令 $\mathfrak{S}\mathfrak{fu}_1$ 具有形式 $\mathfrak{Sg}_1(\mathfrak{A}_1, \mathfrak{A}_2, \cdots \mathfrak{A}_n)$，其中至少有一个主目是 $\mathfrak{B}$；如果 $\mathfrak{A}_i$ 不是 $\mathfrak{B}$ 的话，令 $\mathfrak{S}\mathfrak{fu}_2$ 具有形式 $\mathfrak{Sg}_2(\mathfrak{A}'_1, \mathfrak{A}'_2, \cdots \mathfrak{A}'_n)$，其中 $\mathfrak{A}'_i$（$i=1$ 至 n）是 $\mathfrak{O}_1[\mathfrak{A}_i]$；如果 $\mathfrak{A}_i$ 是一 $\mathfrak{B}_i$ 的话，令 $\mathfrak{A}'_i$ 是 S_2 的一个 $\mathfrak{B}$，$\mathfrak{B}_i$ 的代入值的 $\mathfrak{O}_1$-关联物属于 $\mathfrak{B}$ 的**代入值**。那么，我们称 $\mathfrak{S}\mathfrak{fu}_2$ 是与 $\mathfrak{S}\mathfrak{fu}_1$ 相关联的**句法的** $\mathfrak{S}\mathfrak{fu}$（相对于 $\mathfrak{O}_1$）。令 $\mathfrak{S}\mathfrak{fu}_2$ 是与 $\mathfrak{S}\mathfrak{fu}_1$ 相关联的句法的 $\mathfrak{S}\mathfrak{fu}$，令 $\mathfrak{S}_1$ 是由 $\mathfrak{S}\mathfrak{fu}$ 借助算子构建的，类似地，$\mathfrak{S}_2$ 是由 $\mathfrak{S}\mathfrak{fu}_2$ 借助相应算子构建的，我们就说 $\mathfrak{S}_2$ 是与 $\mathfrak{S}_1$ 相关联的一个句法句。称每个包含准句法的 $\mathfrak{Sg}$、$\mathfrak{Pr}$ 或 $\mathfrak{S}\mathfrak{fu}$ 的句子为准句法句。对复合的准句法句来说，其相关联的句法句是以类似这里所描述的简单情形的方式构造的。

例：令 "$P_1(F)$" 和 "$P_2(F, u)$" 是 S_1 中的准句法的 $\mathfrak{S}\mathfrak{fu}$，令相关联的句法 $\mathfrak{S}\mathfrak{fu}$ 分别是 "$Q_1(x)$" 与 "$Q_2(x, y)$"。则句法句 "$(x)[Q_1(x) \supset (\exists y)(Q_2(x, y))]$" 与准句法句 "$(F)[P_1(F) \supset (\exists u)(P_2(F, u))]$" 是相关联的。

准句法句与其他句法句的差异和句法概念与"真的"这一概念间的差异联系在一起。如果一个人把"真的"看作句法术语，那么，每个无论怎样的句子 $\mathfrak{S}_1$，相关的每个部分表达式 $\mathfrak{A}_1$ 无论处于何种关系，都会是准句法的。因为 $\mathfrak{S}_1$ 总是对等于"$\mathfrak{A}_1$ 使得 $\mathfrak{S}_1$ 是真的"这一句子的。如果 S_1 是逻辑语言,则就 S_1 而言,"真的"与"分析的"是一致的(也就是说,这里没有综合句;见定理 52.3)。结果在这种情况下,"准句法的"这一概念变成不足道的了。例如,令 S_1 是 I 的逻辑子语言,令 pr_1 是"Prim",则对每一 $\mathfrak{Z}_1$ 而言,S_1 的句子 $p r_1(\mathfrak{Z}_1)$ 对等于"$\mathfrak{Z}_1$ 使得 $p r_1(\mathfrak{Z}_1)$ 是分析的"这一句法语言的句子;因为这两个句要么都是分析的,要么都是矛盾的。所以,$p r_1(\mathfrak{Z}_1)$ 是关于 $\mathfrak{Z}_1$ 的一个准句法的句子。但是,对描述语言 I 来说,情形并不是这样的。如果 $\mathfrak{fu}_1$ 是一个未经定义的 $\mathfrak{fu}_b$,则 $p r_1(\mathfrak{fu}_1(nu))$ 是综合的,因而不对等于句法句"$\mathfrak{fu}_1(nu)$ 使得 $p r_1(\mathfrak{fu}_1(nu))$ 是分析的",因为后者是矛盾的。以后,当我们确立某些语言中某些句子是准句法的时候,这意味着即便我们扩充该语言使之变成描述的(并且以一种使得所论及位置的描述主目存在的方式),它们仍然是准句法的。〔例如,我们将断定模态逻辑的 $\mathfrak{Pr}$ 是准句法的;我指的也是保持它们仍然是准句法的,即便我们通过承认综合句也作为主目的方式来扩充模态逻辑的演算。就模态逻辑的后承谓词而言(即就严格蕴涵的符号和类似的符号而言),这是通过第 235 页的例子"LImp"显示的。〕

§64. 准句法句的两种解释

令形式为 $\mathfrak{Sg}_1(\mathfrak{A}_1)$ 的句子 $\mathfrak{S}_1$ 是准句法的,令形式为 $\mathfrak{Sg}_2(\mathfrak{A}_2)$ 的句子 $\mathfrak{S}_2$ 是一个相关联的,因而是对等的句法句子。我们将区分这里可能所意指的两种可能解释。(这只是一种实质内容的、非形式的研究,为形式定义做准备。)在这两种解释中,$\mathfrak{A}_2$ 都被解释为表达式$\mathfrak{A}_1$的句法名称,$\mathfrak{S}_{g_2}$被解释为表达式的句法性质的名称。要区分的两种情况如下:(1)$\mathfrak{S}_{g_1}$在意义上等值于$\mathfrak{S}_{g_2}$;(2)$\mathfrak{S}_{g_1}$在意义上不等值于$\mathfrak{S}_{g_2}$。在第一种解释情形中,$\mathfrak{S}_{g_1}$和$\mathfrak{S}_{g_2}$一样,称谓一种句法性质;因为$\mathfrak{S}_1$和$\mathfrak{S}_2$是对等的,主目的意义上的等值是由两个$\mathfrak{S}_g$的意义上的等值得出的。因此,这里$\mathfrak{A}_1$像$\mathfrak{A}_2$一样,被解释为$\mathfrak{A}_1$的句法名称;$\mathfrak{A}_1$称谓它自身,所以是**自名的**。["自名的"这一术语已经在第156页解释过了;它的严格的形式定义将在后面给出。]在第二种解释情形中,$\mathfrak{S}_{g_1}$称谓的不是句法性质,而是对象性质,这一对象性质是句子$\mathfrak{S}_1$中$\mathfrak{A}_1$所称谓的对象(不是$\mathfrak{A}_1$这一表达式)所具有的。任何一个句子,若(像第二种解释中的$\mathfrak{S}_1$一样)被解释为将一种特定性质赋予一个对象,我们一般就将之归为实质的说话模式,若这一特定性质是准句法的,它就使得该句子可以翻译为另一个把相关联的句法性质赋予所论及的对象的名称的句子。与第二种解释的准句法句的实质的说话模式相反,我们有句法句的形式的说话模式。

例:(1)准句法句:(a)自名的说话模式,"五是一个数字词";(b)实质的说话模式,"五是一个数字。"(2)相关联的句法句:"'五'是一个数字词。"(为简便起见,在1a和2中我们视意义上等值的"数字词"这一相同语词为pr。)

现在我们的任务是**从形式上表述**刚才从实质内容上所指出的两种解释间的差异。$\mathfrak{S}_{g_1}$和$\mathfrak{S}_{g_2}$的哪一种形式的句法性质与下面的事实是符合的呢?这一事实即:$\mathfrak{S}_{g_1}$被指望在意义上等值于

$\mathfrak{Sg}_2$,因而是一句法性质的一个名称。$\mathfrak{Sg}_1$ 和 $\mathfrak{Sg}_2$ 不必然是同义的（或 L-同义的）；因为尽管它们在意义上是等值的，我们只打算接受带有自名主目的 $\mathfrak{Sg}_1$，而不接受 $\mathfrak{Sg}_2$，这是完全可以的。在这一情形中，$\mathfrak{Sg}_1(\mathfrak{A}_2)$ 肯定是对等于 $\mathfrak{Sg}_1(\mathfrak{A}_1)$ 的；但 $\mathfrak{Sg}_2(\mathfrak{A}_1)$ 不对等于它，因为 $\mathfrak{Sg}_2(\mathfrak{A}_1)$ 不必是一个句子。但是，如果打算用 $\mathfrak{Sg}_1$ 称谓一句法性质，而且是与 $\mathfrak{Sg}_2$ 同样的句法性质的话，则 $\mathfrak{Sg}_1(\mathfrak{A}_2)$ 对等于 $\mathfrak{Sg}_2(\mathfrak{A}_2)$。在这一初步考虑的基础上，我们给出下面形式的句法定义（为简洁起见，我们针对 $\mathfrak{Sg}^1$ 来做；两个主目或多个主目情况下的定义是类似的，关于 $\mathfrak{Pr}$ 的那些定义也如此）。

令 S_1 的句子 $\mathfrak{S}_1$ 具有形式 $\mathfrak{Sg}_1(\mathfrak{A}_1)$，且相关于 $\mathfrak{A}_1$ 是准句法的；令 $\mathfrak{A}_1$ 不是 $\mathfrak{B}$。令 S_2 既包含 S_1 也包含就 $\mathfrak{Q}_1$ 而言 S_1 的句法。令 $\mathfrak{Sg}_2(\mathfrak{Q}_1[\mathfrak{A}_1])$ 是 S_2 的一个句法句，该句法句就 $\mathfrak{Q}_1$ 而言与 $\mathfrak{S}_1$ 相关联。两种情况是这样来区分的：(1) $\mathfrak{Sg}_1(\mathfrak{Q}_1[\mathfrak{A}_1])$ 是 S_2 的一个句子，且在 S_2 中对等于 $\mathfrak{Sg}_2(\mathfrak{Q}_1[\mathfrak{A}_1])$；同样地，对每个与 $\mathfrak{A}_1$ 同源的 $\mathfrak{A}_2$ 来说，$\mathfrak{Sg}_1(\mathfrak{Q}_1[\mathfrak{A}_2])$ 对等于 $\mathfrak{Sg}_2(\mathfrak{Q}_1[\mathfrak{A}_2])$。在这一情形中我们称 $\mathfrak{A}_1$ 在 $\mathfrak{S}_1$ 中是**自名的**（就 $\mathfrak{Q}_1$ 而言），称 $\mathfrak{S}_1$ 是**自名的说话模式**的一个句子（就 $\mathfrak{Q}_1$ 而言）。(2) 没有满足所给出的条件。在这种情形下，我们说 $\mathfrak{S}_1$ 属于**实质的说话模式**（就 $\mathfrak{Q}_1$ 而言）。令 $\mathfrak{Q}_2$ 是就句子而言从 S_1 到 S_2 的一个翻译；而且，令 S_1 的每个准句法（就 $\mathfrak{Q}_1$ 而言）句子的 $\mathfrak{Q}_2$-关联物是就 $\mathfrak{Q}_1$ 而言与之相关联的一个句法句；令每个其他句子的 $\mathfrak{Q}_2$-关联物是该句子自身。称实质的说话模式的句子到相关联的句法句的 $\mathfrak{Q}_2$-翻译为**从实质的说话模式到形式的说话模式的翻译**。

要注意的是，自名的说话模式和实质的说话模式间的区分涉及解释。这意味着若 S_1 是作为一种不带任何解释的孤立的演算给出的话,相对于语言 S_1 是不能做这种区分的。但这并不意味着它们的差异在形式的即句法的范围之外。因为一种语言的解释是能够从形式上表述的,并因此被并入句法之中。如我们已经看到的,语言 S_1 相对于一种假定的语言 S_2 的解释是能够从形式上表述的,这或者通过 S_1 到 S_2 的翻译,或者通过把作为子语言的 S_1 并入第三种语言 S_3 来进行表述,其中 S_3 是通过扩充语言 S_2 而构建的。如果$\mathfrak{S}_1$ 是 S_1 的一个准句法句,如果 S_1 的解释在形式上是由这样一个事实决定的,即 S_1 是 S_2 的一个子语言,而 S_2 也包含 S_1 的句法,那么,依据刚才所给出的定义,$\mathfrak{S}_1$ 是属于自名的还是实质的说话模式这点是可以决定的。但在实践中,我们经常无法准确地做出这种区分;也就是说,我们面临的是别的作者构建的系统 S_1 的问题,他没有给出 S_1 到另外一种也包含 S_1 的句法的语言的翻译,或者没有将之并入这种语言。如果在这种情况下没有给出任何解释,那么,这种区分就消失了。在迄今为止所构造的大多数演算中,尽管给出过一种解释,但通常并不是通过严格的句法规则(或者将 S_1 并入或翻译成某种从形式上构造的语言 S_2)做到的,而只是通过作有实质内容的解释,也就是说,是通过将 S_1 翻译为词语言中或多或少模糊的句子做到的。如果我们在这种解释的基础上,将 S_1 翻译成一种从形式上建立的语言 S_2,我们至多能够假定作者的意思或多或少地被准确地表达出来了,即我们提供了一个翻译,这个翻译或多或少背离了作者自己所要提供的从 S_1 到 S_2 的翻译,假如作者自己翻译的话。接下来当我们把别的作者的演算中的或词语言中的某些句子归入自名的或实质的说话模式时，必须注意的是：这并不是作为最终的精确的分类给出的；对于其他演算中的句子，这种区分依赖于它们的作者所给出的解释性说明，对于词语言中的句子，这种区分依赖于语言日常用法的考虑。另一方面，某些句子是准句法的（不是通常的句法），做出这一决定的精确度与所论及的语言自身的构造的精确度是一样的；这里我们不需要留意解释，无论是从实质上还是从形式上给出的解释。

§65. 关于部分句的外延性

为外延定义做准备，我们首先考察迄今常见的定义。如果对任一具有同样真值的 $\mathfrak{S}_1$ 和 $\mathfrak{S}_2$ 而言，$\mathfrak{Sfu}_1\left(\begin{smallmatrix}\mathfrak{s}_1\\ \mathfrak{S}_1\end{smallmatrix}\right)$ 和 $\mathfrak{Sfu}_1\left(\begin{smallmatrix}\mathfrak{s}_1\\ \mathfrak{S}_2\end{smallmatrix}\right)$ 都有同样的真值，通常就称带有一个变项 $\mathfrak{s}_1$ 的 $\mathfrak{Sfu}_1^1$ 相关于 $\mathfrak{s}_1$ 是外延的（或称为相关于 $\mathfrak{s}_1$ 的一个真值函项）。例如（在像 II 那样的符号体系中），如果"T(p)"是所论及的那种 $\mathfrak{Sfu}$，那么，如果"($p \equiv q$)$\supset$(T(p)$\equiv$T(p))"是真的，就称"T(p)"是外延的。我们必须对这一定义给出不同的表述，不使用"真的"这一术语，因为它不是真正的句法术语；而且，我们也不做出下面的限定假设：在 S 中存在句子变项、恰当的等值符号和蕴涵符号。因为 $\mathfrak{S}_1$ 必须不仅是真的（不确定地）而且是有效的，我们可以用下面的条件来替换所给的这一条件：就任何闭语句而言，无论它是什么样的，比如"A"和"B"，"T(A)$\equiv$T(B)"($\mathfrak{S}_3$)必须是"A$\equiv$B"($\mathfrak{S}_2$)的后承。蕴涵已经被消去了，现在我们来消去等值。"B"是 $\mathfrak{S}_2$ 和"A"的一个后承，且

"A"是$\mathfrak{S}_2$和"B"的一个后承,这是$\mathfrak{S}_2$所具有的性质。而且,$\mathfrak{S}_2$在具有这一性质的句子中在内容上是最贫乏的,也就是说,如果任何一个$\mathfrak{K}_1$具有所论及的这一性质,那么$\mathfrak{S}_2$就是$\mathfrak{K}_1$的一个后承;因此,如果$\mathfrak{S}_3$是$\mathfrak{S}_2$的一个后承,那它也是$\mathfrak{K}_1$的一个后承。这些使我们得到下面定义的陈述。

两个$\mathfrak{K}$(或两个$\mathfrak{S}$)的对等、两个$\mathfrak{S}g$(或$\mathfrak{S}\mathfrak{fu}$,或$\mathfrak{Pr}$)的同外延、两个$\mathfrak{A}$的同义、两个$\mathfrak{A}g$(或$\mathfrak{A}\mathfrak{fu}$,或$\mathfrak{Fu}$)的值进程的同一,与前面所定义的这些概念——似乎是绝对概念——类似,现在我们定义相应的相关于句子的一个类的表示关系的术语。如果$\mathfrak{S}_2$是$\mathfrak{K}_1$ + $\{\mathfrak{S}_1\}$的一个后承,且$\mathfrak{S}_1$是$\mathfrak{K}_1$ + $\{\mathfrak{S}_2\}$的一个后承,就称$\mathfrak{S}_1$和$\mathfrak{S}_2$相关于$\mathfrak{K}_1$是对等的(或互为对等的)。如果每两个带有相同主目的**全句子相关于**$\mathfrak{K}_1$**是对等的**,就称$\mathfrak{S}g_1$和$\mathfrak{S}g_2$相关于$\mathfrak{K}_1$是彼此同外延的;两个$\mathfrak{S}\mathfrak{fu}$或两个(同源的)$\mathfrak{Pr}$的情况与此类似。如果每个$\mathfrak{S}_1$相关于$\mathfrak{K}_1$是对等于$\mathfrak{S}_1\begin{bmatrix}\mathfrak{A}_1\\\mathfrak{A}_2\end{bmatrix}$和$\mathfrak{S}_1\begin{bmatrix}\mathfrak{A}_2\\\mathfrak{A}_1\end{bmatrix}$的,就称两个同源表达式$\mathfrak{A}_1$和$\mathfrak{A}_2$相关于$\mathfrak{K}_1$是同义的。当带有相同主目的两个全表达式相关于$\mathfrak{K}_1$是同义的时,我们就说$\mathfrak{A}g_1$和$\mathfrak{A}g_2$相关于$\mathfrak{K}_1$有**同一值进程**;两个$\mathfrak{A}\mathfrak{fu}$或两个$\mathfrak{Fu}$的情况是一样的。

定理 65.1. (a)如果两个$\mathfrak{S}$是对等的,那么,相关于每个$\mathfrak{K}$来说它们也是对等的。(b)对同外延来说,情况类似。(c)对同义来说,情况类似。(d)值进程的同一的情况类似。

定理 65.2. (a)如果$\mathfrak{S}_1$和$\mathfrak{S}_2$相关于一个有效的$\mathfrak{K}_1$是对等的,那么,它们是对等的(绝对地)。(b)对同外延来说,情况类似。(c)对同义来说,情况类似。(d)对值进程的同一来说,情况类似。

关于部分句的外延性。如果对任一闭语句 $\mathfrak{S}_3$ 和任一 $\mathfrak{K}_1$ 而言,只要 $\mathfrak{K}_1$ 使得 $\mathfrak{S}_2$ 和 $\mathfrak{S}_3$ 相关于 $\mathfrak{K}_1$ 是对等的就有 $\mathfrak{S}_1$ 和 $\mathfrak{S}_1 \begin{bmatrix} \mathfrak{S}_2 \\ \mathfrak{S}_3 \end{bmatrix}$ 相关于 $\mathfrak{K}_1$ 是对等的,那么就称 $\mathfrak{S}_1$ 相关于部分句 $\mathfrak{S}_2$ 是**外延的**。如果对任一闭语句 $\mathfrak{S}_1$、$\mathfrak{S}_2$ 和任一 $\mathfrak{K}_1$ 而言,只要 $\mathfrak{K}_1$ 使得 $\mathfrak{S}_1$ 和 $\mathfrak{S}_2$ 相关于 $\mathfrak{K}_1$ 是对等的就有 $\mathfrak{Sg}_1(\mathfrak{S}_1)$ 和 $\mathfrak{Sg}_1(\mathfrak{S}_2)$ 相关于 $\mathfrak{K}_1$ 总是对等的,那么就称 $\mathfrak{Sg}_1$ 是**外延的**,这里假设对 $\mathfrak{Sg}_1$ 来说,$\mathfrak{S}$ 是适宜作其主目的。$\mathfrak{S}$ 适宜作其主目的 $\mathfrak{Sfu}$ 或 $\mathfrak{Pr}$ 的情形与此是相应的。如果 S 的每个句子相关于每个闭的部分句都是外延的,我们就称 S **相关于部分句是外延的**。"内涵的"的意思与"不是外延的"是一样的(在各种不同的情境中)。["内涵的"如我们所使用的那样,指的就是这个意思,它尤其没有"与含义有关的"等意思;在许多作者那里这个词有这种意义,或甚至是这两种意义的混合(见§71)。]

定理 65.3. 如果 S 相关于部分句是外延的,那么 S 的所有 $\mathfrak{Sg}$、$\mathfrak{Sfu}$、$\mathfrak{Pr}$ 都是外延的,只要 $\mathfrak{S}$ 是适宜作它们的主目的。

定理 65.4. 令 S 相关于部分句是外延的。(a)如果两个闭 $\mathfrak{S}$ 相对于 $\mathfrak{K}_1$ 是对等的,那么它们相关于 $\mathfrak{K}_1$ 也是同义的。(b)如果两个闭 $\mathfrak{S}$ 是对等的,那它们也是同义的。(c)如果主目是 $\mathfrak{S}$ 的两个闭 $\mathfrak{Pr}$ 相对于 $\mathfrak{K}_1$ 是同外延的,那它们相关于 $\mathfrak{K}_1$ 也是同义的。(d)如果主目是 $\mathfrak{S}$ 的两个闭 $\mathfrak{Pr}$ 是同外延的,那它们也是同义的。(e)如果主目是 $\mathfrak{S}$ 的两个闭 $\mathfrak{Fu}$ 相对于 $\mathfrak{K}_1$ 具有同样的值进程,那么它们相关于 $\mathfrak{K}_1$ 也是同义的。(f)如果主目是 $\mathfrak{S}$ 的两个闭 $\mathfrak{Fu}$ 具有同样的值进程,那么它们也是同义的。

定理 65.5. **句子联结**。如果一个 $\mathfrak{Bf}$ 或一个 $\mathfrak{vf}$ 具有一个特

第四部分 一般句法

征,那它就是外延的;反之亦然。——因此,恰当的否定、恰当的蕴涵等,都是外延的。

定理 65.6. 如果 S 相关于部分句是外延的,那么所有 $\mathfrak{Bf}$ 都是外延的。

定理 65.7. 令 $\mathfrak{Bf}_1$ 是 S 中的**一恰当的等值**,那么下面三点是真的:(a)$\mathfrak{S}_1$ 和 $\mathfrak{S}_2$ 相关于 $\mathfrak{Bf}_1(\mathfrak{S}_1,\mathfrak{S}_2)$ 总是对等的。(b)相关于部分句是外延的,当且仅当对任一闭 $\mathfrak{S}_1$、$\mathfrak{S}_2$ 和 $\mathfrak{S}_3$ 而言,$\mathfrak{B}\mathfrak{f}_1(\mathfrak{S}_3,\mathfrak{S}_3\begin{bmatrix}\mathfrak{S}_1\\\mathfrak{S}_2\end{bmatrix})$ 总是 $\mathfrak{Bf}_1(\mathfrak{S}_1,\mathfrak{S}_2)$ 的一个后承。(c)令 $\mathfrak{Bf}_2$ 是 S 中的一个恰当蕴涵,那么 S 相关于部分句是外延的,当且仅当对任一闭 $\mathfrak{S}_1$、$\mathfrak{S}_2$ 和 $\mathfrak{S}_3$ 而言,$\mathfrak{Bf}_2(\mathfrak{Bf}_1(\mathfrak{S}_1,\mathfrak{S}_2),\mathfrak{B}\mathfrak{f}_1(\mathfrak{S}_3,\mathfrak{S}_3\begin{bmatrix}\mathfrak{S}_1\\\mathfrak{S}_2\end{bmatrix}))$ 是有效的。

定理 65.8. 令"≡"是 S 中一恰当的等值符号。(a)对闭 $\mathfrak{S}_2$ 和 $\mathfrak{S}_3$ 而言,如果 $\mathfrak{S}_2\equiv\mathfrak{S}_3$ 是 $\mathfrak{K}_1$ 的后承,但 $\mathfrak{S}_1\equiv\mathfrak{S}_1\begin{bmatrix}\mathfrak{S}_2\\\mathfrak{S}_3\end{bmatrix}$ 不是 $\mathfrak{K}_1$ 的后承,则 $\mathfrak{S}_1$ 相关于 $\mathfrak{S}_2$ 是内涵的。(b)对两个闭语句 $\mathfrak{S}_2$ 和 $\mathfrak{S}_3$ 而言,如果 $\mathfrak{S}_2\equiv\mathfrak{S}_3$ 是有效的,但 $\mathfrak{S}_1\equiv\mathfrak{S}_1\begin{bmatrix}\mathfrak{S}_2\\\mathfrak{S}_3\end{bmatrix}$ 不是有效的,那么 $\mathfrak{S}_1$ 相关于 $\mathfrak{S}_2$ 是内涵的。

如果任何两个可能的闭主目 $\mathfrak{A}_1$ 和 $\mathfrak{A}_2$ 相关于 $\mathfrak{S}\mathfrak{g}_1(\mathfrak{A}_1,\mathfrak{A}_2)$ 总是同义的,就称 $\mathfrak{Sg}_1^2$ 是一个**同一性的** $\mathfrak{Sg}$(an $\mathfrak{Sg}$ of identity)。如果对任何两个可能的闭主目 $\mathfrak{A}_1$ 和 $\mathfrak{A}_2$ 来说,只要 $\mathfrak{A}_1$ 和 $\mathfrak{A}_2$ 相关于 $\mathfrak{K}_1$ 是同义的,$\mathfrak{Sg}_1(\mathfrak{A}_1,\mathfrak{A}_2)$ 就总是 $\mathfrak{K}_1$ 的一个后承,那么就称 $\mathfrak{Sg}_1$ 这个同一性的 $\mathfrak{Sg}$ 是一个恰当的同一性的 $\mathfrak{Sg}$;否则称之为不恰当的同一性的 $\mathfrak{Sg}$。如果 $\mathfrak{Sg}_1$ 是一个恰当的(或者不恰当的)同一性的 $\mathfrak{Sg}$,

就称$Sg_1(\mathfrak{A}_1,\mathfrak{A}_2)$对$\mathfrak{A}_1$和$\mathfrak{A}_2$来说是一个恰当的(或者不恰当的)同一性的句子(或一个等式)。如果$pr_1(\mathfrak{A}_1,\mathfrak{A}_2)$这一句子对$\mathfrak{A}_1$和$\mathfrak{A}_2$来说,对任一闭$\mathfrak{A}$来说,或者对$\mathfrak{K}_1$的任一闭$\mathfrak{A}$来说,是恰当的(或不恰当)同一性的句子(例如,S可能包含不同的对$\mathfrak{Z}$、$\mathfrak{S}$和$\mathfrak{Pr}$而言的同一性的符号),就称pr_1^2为恰当的或不恰当的同一性的符号(或同一性的谓词,或等式的符号),或者称pr_1^2是对类$\mathfrak{K}_1$的所有表达式来说恰当的或不恰当的同一性的符号。

定理 65.9. 令$\mathfrak{S}_1$是就闭表达式$\mathfrak{A}_1$和$\mathfrak{A}_2$而言的一个同一性的句子。(a)$\mathfrak{A}_1$和$\mathfrak{A}_2$相关于$\mathfrak{S}_1$是同义的。(b)如果$\mathfrak{S}_1$是有效的,那么$\mathfrak{A}_1$和$\mathfrak{A}_2$是同义的(绝对地)。

定理 65.10. 令S相关于部分句是外延的。(a)如果$\mathfrak{Bf}_1$是一个恰当的等值,那么就任何两个闭语句$\mathfrak{S}_1$和$\mathfrak{S}_2$而言,$\mathfrak{Bf}_1(\mathfrak{S}_1,\mathfrak{S}_2)$对$\mathfrak{S}_1$和$\mathfrak{S}_2$来说总是一个恰当的同一性的句子。(b)一个恰当的等值的符号对句子来说是一个恰当的同一性的符号。

§66. 关于部分表达式的外延性

这里我们再次从通常的定义入手(使用 II 的符号体系)。如果"$(x)(F(x)\equiv G(x))\supset(M(F)\equiv M(G))$"是真的,习惯称带有一个变项$p_1$的$\mathfrak{Sfu}_1^1$比如"$M(F)$"相对于"$F$"是外延的。我们可以像前面一样改变这一条件的表述:对任何"P_1"和"P_2"而言,"$M(P_1)\equiv M(P_2)$"必须总是"$(x)(P_1(x)\equiv P_2(x))$"的一个后承。以此为基础,我们给出下面的定义。

关于部分表达式的外延性。令$\mathfrak{Pr}_1$出现在$\mathfrak{S}_1$中;如果对任意

第四部分 一般句法

闭 $\mathfrak{Pr}_2$ 和任何使得 $\mathfrak{Pr}_1$ 和 $\mathfrak{Pr}_2$ 相关于 $\mathfrak{K}_1$ 是同外延的 $\mathfrak{K}_1$ 而言，$\mathfrak{S}_1$ 和 $\mathfrak{S}_1 \begin{bmatrix} \mathfrak{Pr}_1 \\ \mathfrak{Pr}_2 \end{bmatrix}$ 相关于 $\mathfrak{K}_1$ 总是对等的，就称 $\mathfrak{S}_1$ 相关于 $\mathfrak{Pr}_1$ 是外延的。令 $\mathfrak{Fu}_1$ 出现在 $\mathfrak{S}_1$ 中；如果对任意闭 $\mathfrak{Fu}_2$ 和任何使得 $\mathfrak{Fu}_1$ 和 $\mathfrak{Fu}_2$ 相关于 $\mathfrak{K}_1$ 有同样的值进程的 $\mathfrak{K}_1$ 而言，$\mathfrak{S}_1$ 和 $\mathfrak{S}_1 \begin{bmatrix} \mathfrak{Fu}_1 \\ \mathfrak{Fu}_2 \end{bmatrix}$ 相关于 $\mathfrak{K}_1$ 总是对等的，就称 $\mathfrak{S}_1$ 相关于 $\mathfrak{Fu}_1$ 是外延的。如果 $\mathfrak{S}_1$ 相关于出现在 $\mathfrak{S}_1$ 中的所有闭 $\mathfrak{S}$、$\mathfrak{Pr}$ 和 $\mathfrak{Fu}$ 来说都是外延的，就称 $\mathfrak{S}_1$ 是外延的。假设对 $\mathfrak{Sg}_1$ 来说，$\mathfrak{Pr}$、$\mathfrak{Fu}$ 或 $\mathfrak{S}$ 是适宜作其主目的，如果带闭主目的 $\mathfrak{Sg}_1$ 的每个全句子相关于每个主目来说都是外延的，就称 $\mathfrak{Sg}_1$ 是外延的。对 $\mathfrak{Pr}$、$\mathfrak{Fu}$ 或 $\mathfrak{S}$ 适宜作主目的每个 $\mathfrak{S}\mathfrak{fu}_1$ 或 $\mathfrak{Pr}_1$ 来说，情形也是如此。

如果 S 的每个句子相关于每个闭的部分表达式 $\mathfrak{Pr}$（或 $\mathfrak{Fu}$）是外延的，就称 S 相关于 $\mathfrak{Pr}$（或 $\mathfrak{Fu}$）是外延的。如果 S 相关于部分句，相关于 $\mathfrak{Pr}$，且相关于 $\mathfrak{Fu}$，是外延的，就称 S 是**外延的**。

定理 66.1. (a)如果 S 相关于 $\mathfrak{Pr}$ 是外延的，那么，(绝对地，或相关于 $\mathfrak{K}_1$)同外延的两个闭 $\mathfrak{Pr}$ 总是(绝对地，或相关于 $\mathfrak{K}_1$)同义的。(b)如果 S 相关 $\mathfrak{Fu}$ 是外延的，那么，有(绝对地，或相关于 $\mathfrak{K}_1$)同样值进程的两个闭 $\mathfrak{Fu}$ 总是(绝对地，或相关于 $\mathfrak{K}_1$)同义的。

例：罗素和希尔伯特的语言以及我们自己的语言 I 和 II 相关于部分句都是外延的。这点已经通过定理 65.7c（参见希尔伯特的《理论逻辑的基础》，第 61 页）的准则证明了。在这些语言中，等值的符号是恰当的等值的符号，因而依据定理 65.10b，它们对 $\mathfrak{S}$ 而言也是恰当的同一性的符号。如果只使用一个同一性的符号

（像在 I 和 II 中那样，与罗素和希尔伯特正好相反），即对 $\mathfrak{S}$ 来说与对 $\mathfrak{Z}$、$^0\mathfrak{A}$ 等来说用同样的同一性符号，语言的形式将更简单。如果我们从罗素的语言 R 构造出一种新的语言 R′，构造方式是扩充形成规则，接纳以 $\mathfrak{S}$ 为主目的未经定义的 $\mathfrak{pr}_0$，那么 R′ 相关于部分句就不再必然是外延的；为了在这里也保证外延性，例如，我们可以接受 $\mathfrak{S}=\mathfrak{S}$ 为句子，且（类似于 PSII 22，见下面）陈述一个新初始句："$(p\equiv q)\supset(p=q)$"。如果扩充的语言 II′ 是以同样的方式从 II 构造出来的，那么它相关于部分句是外延的。这里不必要有新的初始句，因为我们把同一性的符号用作等值的符号，使得上面的蕴涵句是可证的。

语言 I 和 II 一般来说也是外延性的。在 II 中相关于 $\mathfrak{Pr}$ 和 $\mathfrak{Fu}$ 的外延性是由 PSII22 和 23 来保障的（见第 92 页）。在其他语言的情况下，相关于 $\mathfrak{Pr}$ 和 $\mathfrak{Fu}$ 的外延性问题只有在做出了更进一步的规定后才能解决，尤其是关于接纳什么样的未经定义的 $^n\mathfrak{pr}_0$（n>1）这方面的规定。

刘易斯、贝克尔、奇维斯特克以及海丁的语言，对部分句而言，以及对其他方面而言，都是**内涵的**（见 §67）。

§67. 外延性的论点

维特根斯坦（《逻辑哲学论》，第 102,142,152 页）提出了如下的论点：每个句子是"基本句的一个真值函项"，因而（用我们的术语来说）相关于部分句是外延的。继维特根斯坦之后，罗素（《逻辑哲学论》导言，第 13 页及以下，《数学原理》，第二版，第 I 卷，第 xiv

页和第 659 页及以下)关于部分句和谓词采用了同样的观点;尽管我也一样,但我的角度是完全不同的(《世界的逻辑构造》,第 59 页及以下)。然而,在这样做时,尤其是维特根斯坦频繁地谈及"那种"语言时("the"language),我们全都忽略了存在多样的可能语言这一事实。从一般句法的观点看,这一论点显然是不完全的,且必须通过陈述与之相关的语言来成为完全的。无论如何,它并非对所有语言都成立,如内涵语言那样众所周知的例子所显示的。维特根斯坦、罗素和我自己在所引用的段落里给出的理由,不是为外延语言的必然性,而仅仅是为其可能性作争辩。为此,我们现在以一种更完全同时更弱的方式来表述这一外延性的论点,即**科学的一种普遍语言可以是外延的**;或者更确切地说:对每一给定的内涵语言 S_1 而言,可以构造一种外延语言 S_2,使得 S_1 能翻译为 S_2。接下来我们将讨论内涵句的最重要的例子,并证实将它们翻译成外延句的可能性。

我们列举内涵句的某些最重要的例子。"A"和"B"是如"巴黎现在正在下雨"等句子的缩写(不是名称)。(1)罗素(《数学原理》,第 I 卷,第 73 页及《数理哲学导论》,第 187 页及以下,类似地贝曼:《数学和逻辑》,第 29 页)给出了大致是下面这种类型的例子:"查尔斯说 A","查尔斯相信 A","A 是奇怪的","A 是关于巴黎的"。后来罗素受维特根斯坦观点的影响,否决了这些例子,并断定它们的内涵性只是表面的(《数学原理》,第二版,第 I 卷,附录 C)。我们更愿意说这些句子确实是内涵的,但可以翻译成外延句。(2)涉及被包含在(being-contained-in)和与表达式相关的代入的内涵句:"(表达式)Prim(3)包含(表达式)3";"Prim(3)是用 3 代入 Prim(x)中 x 所得到的结果"。这种(用符号写出的)句子出现在奇维斯特克和海丁的语言中。(3)模态逻辑的内涵句:"A 是可能的";"A 是不可能的";"A 是必然的";"B 是 A 的一个后承";"A 和 B 是不相容的"。这种句子(用符号写出的)出现在刘易斯、贝克尔和其他人所构造的模态逻辑系统中。(4)下面的内涵句与模态逻辑的内涵句是类似的:"因为 A,所以 B";"尽管 A,仍然 B";等等。所给例子的任何一个句子 $\mathfrak{S}_1$ 相对于"A"和"B"是内涵的,这点很容易从定理 65.8a 的规定得出。例如,如果"A"是分析的且"C"是综合的,那么"A≡C"是"C"的一个后承;但"A 是必然的≡C 是必然的"这一假句子不是"C"的后承。接下来将对这些例子进行更详尽的讨论。

上面的例子乍一看好像种类上是非常不同的。但仔细考察后会发现,它们在一特定性质上是一致的,这一性质就是**它们的内涵性的理由:所有这些句子都是准句法句**,尤其是,它们就那些它们相关于其为内涵的有关表达式而言是准句法的。随着这一特征的确立,立马就给出了把它们翻译为一种外延语言的可能性,因为每个准句法句都可以翻译成一个相关联的句法句。任何语言(甚至内涵语言)的句法都可以用一种外延语言来表述,这是显而易见的。因为算术可以在任何所期望的程度上用一种外延语言来进行表述,因而,算术化的句法也可以这样来表述。顺便说一句,这对公理形式的句法同样是真的。

我们所说的这些对目前已知的所有内涵句来说都是成立的。

因为我们不了解是否存在与那些已知的内涵句种类完全不同的内涵句,我们也不了解所叙述的方法是否适用于所有可能的内涵语句的翻译。由于这一原因这一外延性的论点(尽管对我来说似乎是非常有理的论点)这里仅作为推测提出。

§68. 自名说话模式的内涵句

有些已知的内涵句例子属于自名的说话模式。当翻译为外延句时,它们被转换为相关联的句法句。我们先考察其逆过程,即从一个外延的句法句子构造一个带有自名表达式的内涵句子。通过这种方式这些内涵句的性质将变得清晰。

令 S_1 和 S_2 是外延语言;令 S_2 包含 S_1 作为其子语言,并借助 $\mathfrak{Q}_1$ 包含 S_1 的句法。令 $\mathfrak{A}_1$ 是 S_1 的一个 $\mathfrak{S}$、$\mathfrak{Pr}$、或 $\mathfrak{Fu}$,$\mathfrak{S}_2$(在 S_2 中)的形式为 $\mathfrak{Pr}_2(\mathfrak{Q}_1[\mathfrak{A}_1])$。作有实质内容的解释:$\mathfrak{Q}_1[\mathfrak{A}_1]$ 是 $\mathfrak{A}_1$ 的句法名称;$\mathfrak{S}_2$ 把 $\mathfrak{Pr}_2$ 所表达的某种句法性质归给 $\mathfrak{A}_1$。$\mathfrak{Pr}_2(\mathfrak{A}_1)$ 通常不是 S_2 的句子。现在我们跳出 S_2,构造一种扩充语言 S_3(也就是说,S_2 是 S_3 的真子语言)。形成规则扩充如下:在 S_3 中,对每个在 S_1 中与 $\mathfrak{A}_1$ 同源的 $\mathfrak{A}_3$ 来说,$\mathfrak{Pr}_2(\mathfrak{A}_3)$ 是一个句子,因而 $\mathfrak{Pr}_2(\mathfrak{A}_1)$ 也是句子(令这个句子为 $\mathfrak{S}_1$);此外对变形规则进行如下的扩充:在 S_3 中,对每个在 S_1 中与 $\mathfrak{A}_1$ 同源的 $\mathfrak{A}_3$ 来说,$\mathfrak{Pr}_2(\mathfrak{A}_3)$ 对等于 $\mathfrak{Pr}_2(\mathfrak{Q}_1[\mathfrak{A}_3])$,因而 $\mathfrak{S}_1$ 也对等于 $\mathfrak{Pr}_2(\mathfrak{Q}_1[\mathfrak{A}_1])$(这是 $\mathfrak{S}_2$)。那么,依据早先所给出的标准(第238页),$\mathfrak{A}_1$ 在 $\mathfrak{S}_1$ 中是自名的。像 $\mathfrak{S}_1$ 那样表述的一个句子一般来说就 $\mathfrak{A}_1$ 而言是内涵的。

例：令 $\mathfrak{S}_1$ 是 I，我们将词语言视为 S_2 中的句法语言。令 $\mathfrak{O}_1$-关联物（句法名称）由加引号来构造。令 $\mathfrak{A}_1$ 是"'0"＝2'"，相应地 $\mathfrak{A}_2$ 是"0"＝2"。令 $\mathfrak{S}_2$ 是"'0"＝2'是一个等式"，那么，$\mathfrak{S}_1$ 是"0"＝2是一个等式"。对 S_3 而言，我们规定 $\mathfrak{S}_1$ 和 $\mathfrak{S}_2$ 互为后承；相应地，其他带有同样 $\mathfrak{Pr}$ 的句子也是一样的。那么，"0"＝2"在 $\mathfrak{S}_1$ 中是自名的，且依据定理 65.8b，$\mathfrak{S}_1$ 相对于"0"＝2"是内涵的。令 $\mathfrak{A}_3$ 是"Prim(3)"；那么 $\mathfrak{A}_2＝\mathfrak{A}_3$ 是分析的，但"Prim(3)是一个等式"（$\mathfrak{S}_4$）是矛盾的，因为它对等于"'Prim(3)'是一个等式"；因此，$\mathfrak{S}_1≡\mathfrak{S}_4$ 是矛盾的，因为 $\mathfrak{S}_1$ 是分析的。

前面所提到的某些内涵句的实例与用这里所论述的方式构造的内涵句有同样的特征：它们的内涵归于自名表达式的出现。我们将引证某些这样的例子，同时也给出其相关联的句法句。后者可以属于外延语言。[句子 1b 和 2b 属于描述句法，3b、4b 和 5b 属于纯句法。前面所进行的研究及给出的定义都只是关于纯句法的；然而，可以对它们进行相应的扩充，将之运用于描述句法。]将这些句子解释为属于自名的说话模式的句子，对我而言似乎是件很自然的事情，尤其是在 4a 和 5a 的情形中。然而，如果你不喜欢把它们中的一个（如 2a 或 3a）归入自名的说话模式的话（你可以自由地这么做）；那么所论及的这一句子就将属于实质的说话模式。唯一重要的是：(1)这些内涵句是准句法的；(2)它们可以（与同一语言的所有其他句子一起）翻译为外延句，即翻译为相关联的句法句。

第四部分　一般句法

自名说话模式的**内涵句**	句法的**外延句**
令"A"是某个句子的缩写(不是名称)	
1a. 查尔斯说(写、读)A。	1b. 查尔斯说"A"。
2a. 查尔斯想(断定、相信、想象)A。	2b. 查尔斯想"A"。
[下面也是同样的:"……是使人震惊的",也就是说:"许多人对……感到惊奇"。]	
3a. A必须与巴黎有关(has to do with Paris)。	3b. "巴黎"出现在一个句子中,这个句子是从"A"中消去被定义符号所得到的结果。
4a. Prim(3)包含3。	4b. "3"出现在"Prim(3)"中。
5a. Prim(3)是用3代入Prim(x)中x所得到的结果。	5b. "Prim(3)"是用"3"代入"Prim(x)"中"x"所得到的结果。

　　这里我们把前面提到的(第246页)由罗素、奇维斯特克以及海丁所提出的内涵句的实例解释为自名的说话模式的句子。这种解释是依据这些作者自己给出的相关说明联系到的。罗素的句子已经用词语言表示出来了;至于奇维斯特克和海丁的用符号表述的句子,作者自己给出了词语言中对应于4a和5a的释义。

　　奇维斯特克的所谓的语义学体系,总体来说,致力于与我们的句法同样的任务。但奇维斯特克从头到尾用的是自名的说话模式(显然他自己没有意识到这点)。他要么把语义学的一个句子所涉及的一个表达式本身当作该表达式的名称,要么把与该表达式同义的一个符号当作它的名称(因此,这个符号原本不是它的名称,不过是它的缩写而已)。运用自名的说话模式的一个结果就是:奇维斯特克的语义学的许多句子是内涵的。他由此得出结论:语言表达式的每个形式的(奇维斯特克说"唯名论的")理论必须使用内涵语句。这一观点已经被我们的句法这一反例驳倒,我们的句法尽管是严格形式的,却一贯地是外延的(这点在第二部分,在 I 中的 I 的形式化句法中看得最清楚)。奇维斯特克相信他自己是为了他的语义学勉强放弃简单类型规则而回到分支类型规则的(见第 60a),在我看来,这一事实也仅仅是他使用自名的说话模式的结果。

海丁给出了如下的表述作为其语言的某些符号表达式的词翻译的例示:"对 a 中无论出现在哪儿的变项 x 都用符号的组合 p 替换后所得到的那个表达式"(《直觉数学的形式规则》,I,第 4 页)和"g 不包含 x"(《直觉数学的形式规则》,I,第 7 页)。毫无疑问,这样的表述像我们的例子 4a 和 5a 那样属于自名的说话模式。但是海丁系统的句子演算(《直觉逻辑的形式规则》)包含内涵语句;使用没有特征的句子联结(见 203 页)。这样的情形使得下面的假定很自然:不仅整个系统能够被我们翻译成句法语句系统,而且在某种意义上这正是该作者的意图。只是"在某种意义上",是因为哪里都没有明确给出过对象语言和句法语言间的区分;甚至不清楚在这一系统中要表述的是哪种语言的句法。依据"数学的直觉主义基础",第 113 页,一个句子的断定(是通过在这个句子前面放置断定符号来表示的)是"一个经验事实的确立,即这个句子所表达的意图的实现",或对一可能经验的期待的实现。例如,这样的断定可以指这样的历史境况:对所论及的在我面前的这一命题我有一个证明。依据此,海丁系统中的那些断定应当解释为描述的句法的语句。另一方面,哥德尔(《杂集》[Kolloquium 4],第 39 页)给出了海丁系统的一个解释,在其解释中该系统的句子纯粹是关于可证性的句法句；"'A'是可证的"是通过"BA"来表示的，因此用的是自名的说话模式。

§69. 模态逻辑的内涵句

现在我们将给出内涵句子的进一步的实例，连同它们到外延句法句的翻译。这种翻译表明这些内涵句子是准句法的。1a 至 4a 的句子包含通常被称为模态词的术语["可能的"、"不可能的"、"必然的"、"或然的"（在"既不必然也非不可能"这一含义上）]，5a 至 7a 的句子包含的术语在特征上与模态词相似，因而在模态逻辑的较新的系统中（刘易斯、卢卡西维茨、贝克尔以及其他人的），它们是和模态词一起被处理的。在这些系统中，模态句是以与我们的例子 1b 至 7b 近乎一样的方式用符号来表示的。例子 8a 是通常词语言中的内涵句，我们之所以添加它们，是因为如句法翻译所显示的那样，它们类似于模态句。这里"A"和"B"是句子——即词语言的或者一种符号语言的某些句子（比如综合句子）的缩写（非名称）。

模态逻辑的内涵句		句法的外延句
1a. A 是可能的。	1b. P(A)。	1c. "A"不是矛盾的。
2a. A·∼A 是**不可能的**。	2b. I(A·∼A); ∼P(A·∼A)。	2c. "A·∼A"是矛盾的。
3a. A∨∼A 是**必然的**。	3b. N(A∨∼A); ∼P∼(A∨∼A)。	3c. "A∨∼A"是分析的。

续表

模态逻辑的内涵句		句法的外延句
4a. A 是**或然的**。	4b. $\sim N(A) \cdot \sim I(A)$; $P(A) \cdot P(\sim A)$。	4c. "A"是综合的。("A"既不是分析的,也不是矛盾的;既非"A"也非"$\sim$A"是矛盾的。)
5a. A **严格蕴涵** B;B 是 A 的一个后承。	5b. $A < B$	5c. "B"是"A"的一个 L-后承。
6a. A 和 B 是严格等值的。	6b. $A = B$	6c. "A"和"B"是 L-对等的(即互为 L-后承)。
7a. A 和 B 是相容的。	7b. $C(A, B)$; $\sim (A < \sim B)$	7c. "A"和"B"是 L-相容的。("$\sim$B"不是"A"的 L-后承。)
8a. 因为 A,所以 B;A,因此 B。		8c. "A"是分析的,"B"是"A"的 L-后承,"B"是分析的。("A"是有效的,"B"是"A"的后承,"B"是有效的。)
由于模态逻辑中所使用的术语多少有点模糊和歧义,翻译时选择其他的句法术语也是可能的;例如,在 2c 中我们可以不用"矛盾的",而用"反有效的"、"L-可驳倒的"或"可驳倒的"。其他情形也是类似的,我们可以不用 L-c-术语,而用一般的 c-术语、L-d-术语或 d-术语。至于 8c,作为 8a 的翻译大多数情况下一般的 c-术语(或者 P-术语)比 L-术语更自然。在翻译中所谓逻辑模态和所谓实然模态间的差异可以用 L-c-术语和一般的 c-术语(甚或 P-术语)间的差异来表示:		
9a. A 是逻辑不可能的。		9c. "A"是矛盾的。
10a. A 是实际不可能的。		$10c_1$. "A"是反有效的。 $10c_2$. "A"是 P-反有效的。

第四部分 一般句法

10a 的翻译依赖于"实际不可能"的意义。如果这个术语所意指的使得它也适用于逻辑不可能的情形,那就必须选择 $10c_1$ 这一翻译;否则选择 $10c_2$。也可以对另外三种模态——"逻辑(或'实际')可能"、"必然"及"或然"给出类似的翻译。

我们很容易看出,句子 1a 至 10a、1b 至 7b 都是内涵的。[例:令"Q"是未经定义的 $\mathfrak{p}\,\mathfrak{r}_b$,"≡"是恰当的等值符号。令 $\mathfrak{S}_1$ 是:"Prim(3)=Q(2)";$\mathfrak{S}_2$ 是:"Prim(3)是必然的";$\mathfrak{S}_3$ 是:"Q(2)是必然的"。那么,$\mathfrak{S}_2 \equiv \mathfrak{S}_3$ 不能是 $\mathfrak{S}_1$ 的后承(因为 $\mathfrak{S}_1$ 是综合的,$\mathfrak{S}_2$ 是分析的,$\mathfrak{S}_3$ 是矛盾的,因而 $\mathfrak{S}_2 \equiv \mathfrak{S}_3$ 是矛盾的)。所以,(依据定理 65.7b)$\mathfrak{S}_2$ 相关于"Prim(3)"是内涵的。]

因为这里所给的句子是准句法的,我们可以把它们解释为自名的说话模式的或实质模式的句子。至于§68 的句子,作者所给出的文字表述或文字释义暗示的是自名说话模式的解释。而在符号语句 1b 至 7b 的情形中,并不清楚所打算的解释是两种中的哪一种,尽管事实上这些作者给出了释义(与语句 1a 至 7a 同一种类的),有时甚至也给出了详尽的实质内容的解释。就一个特定的例子而言,决定性的问题(如用实质模式表述的那样)如下:"I(A)"和"A 是不可能的"说的是"A"这一句子还是"A"所称谓之物?用形式模式表述就是:"'A'是不可能的"也是一个句子吗?[如果如此,它无疑对等于"A 是不可能的。"]如果答案是肯定的,那么"I(A)"和"A 是不可能的"都属于自名的说话模式;如果是否定的,那它们都属于实质的说话模式。确实,这些作者们说了模态语句是关于命题的,但只有在弄清楚"命题"这一术语指的是何意时,这一断定才会使该问题得以解决。我们将分别讨论两种可能性。

（1）假定作者们用"命题"一词指的是我们用"句子"一词所指的东西，那么"命题"就是一个句法术语，即描述句法中的某个物理对象的名称或纯句法中的某个表达型式的名称。那么，"A 是不可能的"涉及的是句子"A"，因而对等于"'A'是不可能的"，且属于**自名的说话模式**。在这种情形下，模态句的内涵性并不依赖于它们论及的是表达式（在这些例子中，论及的是句子，在其他情况下还论及谓词表达式）这一事实，所依赖的事实是：他们如此做依据的是自名方法而不是句法方法。

（2）假定作者用"命题"一词指的不是句子（在我们的含义上），而是句子所称谓的东西。[例如，在刘易斯的《符号逻辑》中，第 472f 页及以下，"命题"和"句子"间的差异是能以这种方式来理解的。]我们把句子所称谓的东西是什么这一问题搁置一旁（有人说是思想或思想内容，有人说是事实或可能事实）；这是个易于导致哲学伪问题的问题。我们将只是中立地说"句子所称谓之物"。在这一解释中，句子"A 是不可能的"不是把不可能性归给了句子"A"，而是归给了被这个句子所称谓的那个 A。这里不可能性不是句子的性质。"'A'是不可能的"不是一个句子；所以，它不是自名的说话模式的情形，而是实质的说话模式的情形。"A 是不可能的"把一种准句法的性质归给了该句子所称谓的那个 A，而不是把这一关联的句法性质（此处是"矛盾的"）归给了句子"A"。[在这个例子中，第二种解释也许更自然。在"过程（或事件状态、条件）A 是不可能的"这种表述情形中这是唯一的一种可能；见§79，例 33-35。另一方面，我们也许更倾向于把关于后承关系的

第四部分 一般句法

句子或关于可推导性的句子与句子联系起来而不是与它们的指称之物联系起来,相应地选择第一种解释。]我们稍后将看到,一般来说,实质的说话模式的使用尽管不是不允许的,但随之带来的是晦涩和伪问题上的纠结,而这些正是形式模式的使用所要克服的。因此,在这里模态逻辑的系统(整体来说)在形式上也是正确的。但是,如果以第二种方式来解释它们(在伴随的文本中),即以实质的说话模式来解释,那就容易引起伪问题。这也许可以解释在一些关于模态逻辑的论文中,所发现的奇怪的且在某种程度上莫名其妙的问题和讨论。

刘易斯第一个指出,在罗素的语言中(《数学原理》)是无法表达下面的事实的:某个句子必然成立,或者一个特定的句子是另一个句子的后承。尽管如此,罗素要反驳这点的话,可以坚定地主张他的系统对逻辑和数学的构造来说都是足够的,主张在他的语言中必然有效的句子是能够被证明的,且一个句子是由另外一个句子得出的就能够由之推导出来。

尽管刘易斯的论点是正确的,但它并没有陈列出罗素语言内的任何缺陷。一种语言有能力表达必然、可能、后承关系等等,这一要求在它自身内是正当的;例如,在语言Ⅰ和Ⅱ中我们达到了这一要求,不过不是通过给这些语言增补任何东西,而是通过对它们的句法的表述来达到这一要求的。另一方面,刘易斯和罗素——他们在这点上是一致的——都把后承关系和蕴涵视为关于句子间关系的术语,其中后承关系更窄。由于这一理由,刘易斯发觉自己不得不对罗素的语言进行扩充,除罗素的蕴涵符号"⊃"(所谓实质蕴涵,用我们的术语是:恰当蕴涵)外,他引入了一个新的符号"<"来表示所谓的严格蕴涵(用我们的术语就是:一个没有任何特征的不恰当蕴涵的内涵符号)。这是打算用来表达后承关系(或可推导关系)的,也就是说,在刘易斯的语言中,如果"B"是"A"的一个后承,那"A<B"是可证的。刘易斯正确地指出,罗素的蕴涵与这一解释是不相符的,而且根本没有所谓的真值函项(用我们的术语就是:外延的句子函项)能够表达后承关系。因此,他相信自己不得不引入内涵的句子函项,即严格蕴涵和模态词这些内涵的句子函项。他的模态逻辑系统就是以此方式作为罗素语言的内涵扩充出现的。这一系统是刘易斯继麦克科尔后在《符号逻辑概要》(第291页及以下)中建立的,后来贝克尔和其他研究者在[Logic](第122页及以下)中又给出了改良版。"可能的"、"严格等值"作为新的初始符号添加到罗素系统中,借助它们来定义"不可能"、"必然"、"严格蕴涵"、"相容"等。类似的系统已经由刘易斯的学生构造出来了,如帕里([Koll.],第5页)和纳尔逊([Intensional])。贝克尔([Modlitatslogik])从刘易斯的《符号逻辑概要》出发,使用同样的方法进行了一些有趣的研究。在这之前卢卡西维茨已经设计出了句子演算的所谓多值系统(参见他的"命题演算")。在[Mehrwertige]中,他通过将句子翻译成模态句来解释三值演算中的句子;如刘易斯系统中的句子那样,它们是依据准句法方法来表述的。

注意到**蕴涵与后承关系的根本不同性质**是非常重要的。从实质内容上表达就是:后承关系是句子间的关系;**蕴涵不是句子间的**

第四部分 一般句法

关系。[例如,蕴涵是命题之间的关系,这是罗素的观点,他的这一观点错误与否取决于如何理解"命题"。如果我们提及的根本就是"句子所称谓之物",蕴涵就是所称谓之物间的关系;但后承不是。]与"'B'是'A'的后承"($\mathfrak{S}_2$)相反,"A⊃B"($\mathfrak{S}_1$)指的并不是关于句子"A"和"B"的某种东西,而是借助这些句子和联结符号"⊃",指关于"A"和"B"所论及的对象的某种东西。从形式上表达就是:"⊃"是对象语言的一个符号,"后承"是句法语言的一个谓词。当然,句子$\mathfrak{S}_1$和$\mathfrak{S}_2$有着重要的联系(见定理 14.7)。然而,$\mathfrak{S}_2$是不能从$\mathfrak{S}_1$推出来的,只能从句子(同样是句法的)"$\mathfrak{S}_1$是有效的(或分析的)"推出来。大多数的符号语言(如罗素的《数学原理》)是(在对推理规则进行适当扩充后)逻辑语言,所以不包含不确定的句子。因此,在这些系统中,$\mathfrak{S}_2$能从$\mathfrak{S}_1$推出来。这能说明为什么蕴涵句一般被错误地解释为关于后承关系的语句。[这一观点清楚地表明,在逻辑研究中大多数情况下忽视不确定句是多么的不幸。]模态逻辑系统中**蕴涵的内涵符号**间的关系,如严格蕴涵符号与"⊃"和"后承"的关系,借助第 235 页的例子将变得清晰;这一关系完全符合存在于"LImp"、"Imp"和"后承"间的关系。[这里我们可以忽略各种系统中内涵蕴涵间的差异;它们与"后承"这一句法概念的不同定义是一致的。]

罗素选择"蕴涵"来称谓带有 TFTT 这一特性的句子联结,这一选择已被证明是个很不幸的选择。在英语中,"蕴涵"的意思与"包含"或"涉及"是一样的。我不知道这一名称的选择是否是因为混淆了蕴涵和后承关系;但无论如何,这一名称一直是许多人内心混乱的根源,甚至可能要为下面的事实担当罪责:很多人尽管意识到了蕴涵和后承关系的差异,但仍然认为蕴涵符号确实应当表达后承关系,并认为这一符号没有这样做在某种程度上是一种失败。如果在我们的系统中保留"蕴涵"这一术语的话,它当然是在完全脱离它原初意义的含义上的;在句法中它只是充当一种特殊的句子联结的名称。

§70. 模态逻辑中的准句法方法和句法方法

前面提到的所有模态逻辑系统(在现代逻辑范围内,使用符号语言)似乎都运用了准句法方法。这并不是在句法方法和**准句法方法**间进行有意识的选择的问题,而是使用哪种方法更自然的问题。以前的模态逻辑系统的所有内涵语句在任何情况下都是准句法句,与打算给出的或要(借助于恰当地嵌入一个更丰富的语言)付诸实施的是前面讨论的两种解释中的哪一种无关。[顺便提一下,应当注意,对这些系统中的每个系统来说,可以任意选择和实施这两种解释中的任何一种解释,假如不去关注作者关于解释所给出的提示的话。相应地,以一种使得 $\mathfrak{A}_1$ 在 $\mathfrak{S}_1$ 中是自名的方式来解释模态逻辑的每个句子 $\mathfrak{S}_1$,其中 $\mathfrak{S}_1$ 就部分表达式 $\mathfrak{A}_1$ 而言是内涵的,这尤其是可能的。]**模态逻辑的每个内涵系统**(甚至当综合句被接纳为主目时)**可以翻译成一种外延的句法语言**,由此,每个内涵句可以翻译成相关联的句法句,因为它是准句法的。换句话说:**句法已经包含了整个模态逻辑**,并不需要构造一种专门的模态内涵逻辑。

就模态逻辑的构造而言，是选择准句法方法还是句法方法仅仅是个便利的问题。这里我们并不解决此问题，而只是陈述两种方法的性质。准句法方法的使用会导致内涵句，外延语言中也可以实施句法方法。在某种含义上，准句法方法更简单；也可以证明它是适宜于解决某些问题的一种方法。当这一方法得到进一步改善时，才有可能从整体上评判它的功效。迄今为止，如果我没有弄错的话，它基本上只是用于句子演算领域，由于其句子的可解性，句子演算是一种非常简单的演算（见 Parry[Koll.]，第 15 页及以下）。不能说模态逻辑没有必需的句法术语因而就简单些。对每一种演算的构造来说，且因此也对模态逻辑的构造来说，需要一种句法语言，推理规则和初始句的陈述都是在这种语言中表述的（见 §31）；为达到此目的通常只采用词语言。一旦得到句法语言，要用模态句子所表达的一切——通常还有更多的——都能在它之内被定义并被表述出来。这就是为什么我们优先选择句法方法的理由。然而，改善一般的准句法方法，尤其是它在模态逻辑中的使用，探讨它与句法方法相比的可能性，这在任何情况下都是值得投入时间的一项任务。

即使在模态逻辑的构造中，我们希望使用的不是句法方法，而是迄今所使用的那种通常方法，意识到这是一种准句法方法能够帮助我们克服诸多不确定性。例如，这些不确定性在如下事实的多个点上出现了：原本希望从显而易见的公理出发，逻辑学家却发现自己在怀疑某些句子的这种显而易见性；甚至发生了以前被认为是显而易见的句子后来却被证明是不相容的。然而，一旦看见模态概念——即便是以准句法方式表述的——涉及句法性质，就能辨别出它们的相对性了。它们必须总是依赖一特定语言（可以是不同于它们在其中被表述的那一语言的语言）。关于模态概念间的**绝对**关系的明显特性问题就以此种方式消失了。

§71. 内涵逻辑必要吗？

有些逻辑学家认为，通常的逻辑（如罗素的那种逻辑）在某些方面是有缺陷的，所以必须用新的逻辑来补充，这种新的逻辑被称作内涵逻辑或意义逻辑（如刘易斯、奈尔森："内涵关系"，韦斯、约根森："逻辑学的目的和问题"，第 93 页）。这一要求有道理吗？仔细的考察表明这里涉及两个应当区别对待的不同问题：

（1）罗素的语言是一种外延语言。为表达模态概念（"后承"、"必然"等等），需要增补一种内涵语言。前面我们讨论过这一问题，已经看到模态概念也可以在外延语言中被表达，并且它们的表述导致内涵语句，只是因为所使用的是准句法方法。跳出外延语言的框架对涉及任何对象域的对象语言而言不是必须的，对任何对象语言的句法语言而言也不是必须的。

（2）与通常的形式逻辑相反，需要的是一种**内容逻辑**或**意义逻辑**。而且，人们相信这第二个要求将通过内涵模态逻辑的构造而实现；因此，经常发生"内涵逻辑"与"意义逻辑"这两个名称被同义使用的情况。亦即认为模态概念因为不单单依赖于主目的真值，所以也依赖于主目的意义。这点经常和后承关系一起被特别强调（如刘易斯的《符号逻辑概要》，第 328 页："推理依赖于意义、逻辑输入、内涵"）。如果它的意思仅仅是：若给出了两个句子的意义，一个是否是另一个的后承这一问题也就解决了,我不反对这点(尽管我更倾向于从相反的方向来考虑这种联系,即借助后承规则给出句子间的意义的关系;见§62)。但决定性的一点是:要确定一个句子是否是另外一个句子的后承,不需要涉及句子的意义。单有真值的陈述肯定是太少了;但意义的陈述又太多了。给出句子的句法型式足够了。自亚里士多德以来,逻辑学家所有的努力都是要把推理规则表述为形式规则,也就是说,表述为只涉及句子形式的规则(关于逻辑的形式特性的发展,见肖尔茨的《逻辑的历史》)。假定给出了汉语的句法,尽管我们不理解用汉语书写的两个句子的涵义,还是可以确立它们间的逻辑关系的,这在理论上是可能的。(在实践中这只在更简单的人工构造的语言中是可能的。)(1)和(2)这两个要求,通常被合并为一个,但完全是互为独立的。不论我们是希望只论及语言 S_1 的形式,还是要论及 S_1 的句子的涵义(在这个语词的某种意义上),都可以使用内涵语言的;但我们也能够为这两个目的而使用外延语言。**一种语言的内涵性和外延性的差异,与形式处理和实质处理间的差异无关**。关心句子的涵义(无论是用内涵语言给出的还是用外延语言给出的)这是逻辑的事吗?在某种程度上是的,也就是说,涵义及涵义间的关系容许从形式上表示出来,在此限度内是逻辑的事。因此,在此句法中,我们已经借助"内容"这一术语表述了一个句子涵义的形式的一面,借助"后承"、"相容"等术语表述了句子间逻辑关系的形式的一面。在所需要的意义逻辑中所要处理的所有问题都不过是句法的问题;大多数情况下,这点只是因使用实质的说话模式(如第四部分中许多例子所证实的那样)而被遮蔽了。关于在形式上表述不了的事情的问题,如某些句子的概念内容,或某些表达式的知觉内容,根本不属于逻辑,只属于心理学。逻辑领域里的所有问题都能形式地表达出来,并转化为句法的问题。**专门的意义逻辑是多余的;"非形式逻辑"是自相矛盾的。逻辑就是句法。**

有时对内涵逻辑的需求是以第三种方式做出的:即主张迄今的逻辑只处理概念的外延,然而它也应处理概念的内涵。实际上,较新的逻辑系统(弗雷格早在 1893 年,有罗素和希尔伯特追随其后)已经远远地超越了这一含义上纯粹外延逻辑的发展阶段。弗雷格自己就是以一种精确的方式来定义概念的内涵和外延间这一古老区分的第一人(即通过对一个句子函项和它的值进程的区分来定义)。人们可以持相反的主张:现代逻辑,在其最新发展阶段,为赞成内涵而完全压制外延(比照类的消除,§38)。这种误解已经被澄清很多次了(见罗素的《数学原理》,第Ⅰ卷,第72页;卡尔纳普的《世界的逻辑构造》,第58页;肖尔茨的《逻辑的历史》,第63页);然而它总是反复出现在那些并未完全掌握现代逻辑的哲学家中间(以及那些混淆概念的逻辑内容与认知内容的心理学家中间)。

(f) 关系理论及公理

§71a. 关系理论

在**关系理论**中,要研究的是关系的性质,尤其是结构的性质——也就是说在同构转换中被保留下来的那些性质。这种理论不是别的，只是多元谓词的句法。我们已经摈弃了通常的一元谓词和与它们有关的类符号间的区分，并用pr¹（见§37-38）来称谓类和性质。类似地，我们不再把 n 元（n>1）谓词与迄今作为和它们关联在一起的外延的符号的关系符号区分开来。在这一节中，我们只简短地说一下关系理论的最重要的术语何以能并入谓词的一般句法中。

至于关系理论中所使用的术语（如"对称的"、"传递的"、"同构的"等等），区分它们在对象语言中的表述和在句法语言中的表述是很重要的。通过这种区分——这种区分的必要性通常被忽略——某些与超穷基数的多样性和不可数集合的可能性问题有关的悖论，如我们将看到的那样，能被澄清。

当一个句子是由一个 n 元谓词和 n 个主目所构成的，对这些主目的任何置换总可以产生另外一个句子时，我们将称这个 n 元谓词为**同质的**。关系理论的大多数术语涉及同质的二元谓词。

依据罗素引进的通常方法，对称性、自反性等关系性质是通过第二层级的谓词（或者用罗素自己的符号体系，通过第二层级的类符号）被表达的。我们将以下面的形式来书写这些定义（用语言 II 的符号体系，但留下零层级表达式是数字表达式还是对象的名称这一问题不做决定）：

（满足）(fulfilment)[①]：$Erf(F) \equiv (\exists x)(\exists y)(F(x,y))$

(1)

[①] *Erfülltheit*.

$$(\text{空}): \text{Leer}(F) \equiv \sim \text{Erf}(F) \tag{2}$$

$$(\text{对称}): \text{Sym}(F) \equiv [\text{Erf}(F) \cdot (x)(y)(F(x,y) \supset F(y,x))] \tag{3}$$

$$(\text{反对称}): \text{As}(F) \equiv (x)(y)(F(x,y) \supset \sim F(y,x)) \tag{4}$$

$$(\text{自反}): \text{Refl}(F) \equiv [\text{Erf}(F) \cdot (x)(y)((F(x,y) \vee F(y,x)) \supset F(x,x))] \tag{5}$$

$$(\text{总体自反}): \text{Reflex}(F) \equiv [\text{Erf}(F) \cdot (x)(F(x,x))] \tag{6}$$

$$(\text{非自反}): \text{Irr}(F) \equiv (x)(\sim F(x,x)) \tag{7}$$

$$(\text{传递}): \text{Trans}(F) \equiv [(\exists x)(\exists y)(\exists z)(F(x,y) \cdot F(y,z)) \cdot (x)(y)(z)((F(x,y) \cdot F(y,z)) \supset F(x,z))] \tag{8}$$

$$(\text{反传递}): \text{Intr}(F) \equiv (x)(y)(z)[(F(x,y) \cdot F(y,z)) \supset \sim F(x,z)] \tag{9}$$

通过在(3)、(5)、(6)和(8)的定义项中引入一个存在句即"Erf(F)"作为联结项,我们已经改变了这些定义的通常形式(参见罗素的《数学原理》;卡尔纳普的《数理逻辑的基础》)。按照迄今所给出的定义,传递与反传递并不是互斥的;类似地,对称与反对称、自反与非自反也不是互斥的。例如,如果关系没有中间项(也就是说,没有一个项在一对关系中作为第二个项,而在另一对关系中作为第一个项出现),那么它同时既是传递的也是反传递的(因为在(9)的定义项中蕴涵式的前件总是假的);由于同一原因,空关系同时是传递的、反传递的、对称的、反对称的、自反的、非自反的。由此,我们引入对称、自反和传递关系所需的非空性质这一条件,以及传递关系所需的出现中间项的条件(关系的第二个幂非空)。基于我们的定义,这三对中每一对里的两个术语都是互斥的。[如果个体域为空,也就是说,如果在所论及的语言中"$(\exists x)(x=x)$"是可证的,就像通常逻辑语言中那样,那么可以去掉(6)中的"Erf(F)"。]

§71b. 关系理论的句法术语

我们将引入与前面已经定义的对象语言的关系理论的术语相对的关系理论的句法术语。这两种术语间的差异要特别细心对待。我们来看句子"As(P)"——或者用词语言说就是:"关系 P 是一种反对称关系。"我们称这一句子为$\mathfrak{S}_1$,它对等于句子

"$(x,y)[P(x,y) \supset \sim P(y,x)]$"。

与此截然不同的是,当$\mathfrak{S}_1$不单单是真的,还是系统地真,即有效的时,我们就称谓词"P"(不是关系 P)是(系统地反对称的或)S-反对称的;当$\mathfrak{S}_1$(不单是有效的还是)分析的时,称"P"是(逻辑反对称的或)L-反对称的。以实质模式表述就是:对象语句"As(P)"或"P 是反对称的"表达了这样一个事实:关系 P 对于任何一对的两个方向都是并非都成立;另一方面,句法语句"'P'是 S-反对称的"指的是这一事实能够从语言系统 S 的变形规则推出来(因此,假如它们是作为初始句表述的话,能从自然规律推论出来);句法句"'P'是 L-反对称的"指的是这并不是真正的综合事实,而是已经由 S 的 L-规则所决定了的,因而实质上是"P"的定义所给出的。

我们将以一种稍许不同的方式来表述这里所讲述的定义,以

避开全称算子、恰当的否定、蕴涵符号出现在对象语言 S 中这一限定假设。下面是我们的**句法定义**。令 pr_1 是一个同质的二元谓词。[这些定义可以轻易转换为任一同质的 $\mathfrak{Pr}^2$、$\mathfrak{Sfu}^2$、和 $\mathfrak{Sg}^2$。]如果 $pr_1(\mathfrak{A}_1, \mathfrak{A}_2)$ 总是（这里以及接下来，即就任一闭主目 $\mathfrak{A}_1$、$\mathfrak{A}_2$ 而言）反有效的（或矛盾的），就称 pr_1 是 S-**空的**（或 L-**空的**）。当存在一个形式为 $pr_1(\mathfrak{A}_1, \mathfrak{A}_2)$ 的有效的（或分析的）句子时，称 pr_1 是 S-满足的（或 L-满足的）。当 pr_1 不是 S-空的（或 L-空的），且 $pr_1(\mathfrak{A}_2, \mathfrak{A}_1)$ 总是 $pr_1(\mathfrak{A}_1, \mathfrak{A}_2)$ 的一个后承（L-后承）时，称 pr_1 是 S-**对称的**（或 L-**对称的**）。当 $pr_1(\mathfrak{A}_2, \mathfrak{A}_1)$ 和 $pr_1(\mathfrak{A}_1, \mathfrak{A}_2)$ 总是互不相容（或 L-不相容）时，称 pr_1 是 S-**反对称的**（或 L-**反对称的**）。当 pr_1 不是 S-空的（或 L-空的），$pr_1(\mathfrak{A}_1, \mathfrak{A}_1)$ 总是 $pr_1(\mathfrak{A}_1, \mathfrak{A}_2)$ 的一个后承（或 L-后承），且总是 $pr_1(\mathfrak{A}_2, \mathfrak{A}_1)$ 的一个后承（或 L-后承）时，称 pr_1 是 S-**自反的**（或 L-**自反的**）；当 $pr_1(\mathfrak{A}_1, \mathfrak{A}_1)$ 总是有效的（或分析的）时，称 pr_1 是 S-**总体自反的**（或 L-**总体自反的**）；当 $pr_1(\mathfrak{A}_1, \mathfrak{A}_1)$ 总是反有效的（或矛盾的）时，称 pr_1 是 S-非自反的（或 L-非自反的）。当 $pr_1(\mathfrak{A}_1, \mathfrak{A}_2)$ 和 $pr_1(\mathfrak{A}_2, \mathfrak{A}_3)$ 这两个句子并非总是互不相容（或 L-不相容），且 $pr_1(\mathfrak{A}_1, \mathfrak{A}_3)$ 总是这两个句子的一个后承（或 L-后承）时，称 pr_1 是 S-**传递的**（或 L-**传递的**）；当上面提到的三个句子总是彼此互不相容（或 L-不相容）时，称 pr_1 是 S-**反传递的**（或 L-**反传递的**）。

有了这些术语就能够定义相应的 P-**术语**；当 pr_1 是 S-空的而不是 L-空的时，称 pr_1 是 P-**空的**，等等。

我们再通过二者的并置，来澄清对象语言的关系理论的术语与句法语言的关系理论的术语间的差异。

与某些关系相关的**对称性**性质	与某些谓词（即关系的符号）相关的 S-**对称性**性质。（对 L-对称性也是成立的）
这一性质用符号"Sym"或语词"对称的"来表达；这些符号属于**对象语言**。	这一性质用语词"S-对称的"来表达；这一语词属于**句法语言**。

假设给出了一适当语言 S 中谓词的合适的定义,下面的例子是成立的。谓词"兄弟"是 L-非自反的,但它既不是 S-对称的,也不是 S-反对称的。如果由 S 的变形规则可得出：在 B 地区至少一个男人有一个兄弟,但没有男人有姐妹,那么"在 B 地区的兄弟"是 S-对称的,但不是 L-对称的,因而是 P-对称的。"父亲"是 L-非自反的、L-反对称的和 L-非传递的。

定理 71b.1(a) 如果谓词"P"是 L-对称的或 P-对称的,那它也是 S-对称的。(b)如果"P"是 S-对称的,那 P(不是"P")是对称的;逆命题并不总为真。(c)令 S 是 L-语言(也可以是 I 和 II 那样的描述语言),那么,如果"P"在 S 中是 L-对称的,它也是 S-对称的;反之亦然。(d)令 S 是一逻辑语言(因而是 L-语言),那么,如果"P"在 S 中是 S-对称的或 L-对称的,则 P 是对称的;反之亦然。对余下的术语来说相应的定理都为真。就 1b 和 1d 而言,假定语言 S 包含它自身的句法,这里就视 S 为一种词语言,在这种语言中"P 是对称的"写作"Sym(P)"。

通过**对象语言**的第二层级的谓词来表达这里所定义的句法术语同样是可能的,例如：用"SIrr(P)"表达"'P'是 S-非自反的",用"LIrr(P)"表达"'P'是 L-非自反的"。但在"SIrr(P)"和"LIrr

(P)"中,"P"将是**自名的**,在"Irr(P)"中则不是这样的情形(只要描述主目被接纳;见第 237 页)。这些句子是**准句法的**,但"Irr(P)"不是(见第 234 页的例 1)。

§71c. 同构

我们将多定义一些关系理论的术语,为"同构"这一特别重要的术语做准备。如前面一样,我们首先给出一种对象语言(具有像语言 II 中那样的符号体系)的符号的定义。

$$(逆反): \mathrm{cnv}(F)(x,y) \equiv (F(y,x)) \tag{1}$$

$$(一对多): \mathrm{Un}(F) \equiv (x)(y)(z)[(F(x,z) \cdot F(y,z)) \supset (x=y)] \tag{2}$$

$$(一对一): \mathrm{Unun}(F) \equiv (\mathrm{Un}(F) \cdot \mathrm{Un}[\mathrm{cnv}(F)]) \tag{3}$$

$$(关联因子): \mathrm{Korr}(H,F,G) \equiv (\mathrm{Unun}(H) \cdot (u)[(\exists v)(F(u,v) \vee F(v,u)) \equiv (\exists x)(H(u,x))] \cdot (x)[(\exists y)(G(x,y) \vee G(y,x)) \equiv (\exists u)(H(u,x))] \cdot (u)(v)(x)(y)[(H(u,x) \cdot H(u,y)) \supset (F(u,v) \equiv G(x,y))]) \tag{4}$$

$$(同构): \mathrm{Is}(F,G) \equiv (\exists H)(\mathrm{Korr}(H,F,G)) \tag{5}$$

这些定义与通常的定义是相符的(在表述上有一点不同)。这里(4)是对二元谓词的表述,但可以轻易转化为 n>2 的 n 元谓词。如前面我们将对象语言的关系理论的术语(如"Irr")与相应的句法术语(如"S-非自反的"和"L-非自反的")相对照那样,这里我们将(1)至(5)中所定义的对象语言的术语和前面要么被忽略要么与前者弄混的句法术语相对比。令 pr_1 是一个同质的二元谓词(这些定义能够轻易转换为 $\mathfrak{Pr}$、$\mathfrak{Sfu}$ 或 $\mathfrak{Sg}$)。如果 $pr_2(\mathfrak{A}_1,\mathfrak{A}_2)$ 总是(也就是说,在此处以及接下来,就任何闭主目来说)对等于 $pr_2(\mathfrak{A}_2,\mathfrak{A}_1)$,就称 pr_2 为 pr_1 的 S-**逆反**。如果 $\mathfrak{A}_1$ 和 $\mathfrak{A}_2$ 相关于 $\{pr_1(\mathfrak{A}_1,\mathfrak{A}_3),pr_1(\mathfrak{A}_2,\mathfrak{A}_3)\}$ 总是同义的,就称 pr_1 为 S-**一对多**。如果 pr_1 和 pr_1 的 S-逆反是 S-一对多的,就称 pr_1 为 S-**一对一**。令 pr_1 和 pr_2 是同质的 n 元谓词,如果满足了下面的条件就称 pr_3 为 pr_1 和 pr_2 的一个 S-**关联因子**(S-correlator):(1) pr_3 是 S-一对一;(2)如果 $\mathfrak{A}_1$ 对 pr_1 来说是一适宜的主目,那它对 pr_3 来说也是第一个位置上的适宜主目,反之亦然;(3)如果 $\mathfrak{A}_1$ 对 pr_2 来说是一适宜的主目,那对 pr_3 来说它也是第二个位置上的适宜主目,反之亦然;(4) $pr_1(\mathfrak{A}_1,\mathfrak{A}_2,\cdots\mathfrak{A}_n)$ 和 $pr_1(\mathfrak{A}_1',\mathfrak{A}_2',\cdots\mathfrak{A}_n')$ 相对于 $\{pr_3(\mathfrak{A}_1,\mathfrak{A}_1'),pr_3(\mathfrak{A}_2,\mathfrak{A}_2'),\cdots pr_3(\mathfrak{A}_n,\mathfrak{A}_n')\}$ 总是对等的。如果存在 pr_1 和 pr_2 的 S-关联因子,就称两个同质的 n 元谓词 pr_1 和 pr_2 是 S-**同构的**。对这些术语中的每一术语来说,都有一个被定义的类似的 L-术语和 P-术语。

定理 71c.1. 令语言 S 包含它自身的句法。[这里我们采用一种词语言,不写作"$Is(P,Q)$",而写作"P 和 Q(不是'P'和'Q')是同构的"。]那么,(与定理 71a.1b 和 1d 类似)下面的情况为真:如果"P"和"Q"是 S-(或 L-)同构的,则 P 和 Q 是同构的;如果 S 是一种逻辑语言,则逆命题也为真。

pr_1 和 pr_2 的 S-关联因子是对象语言的一个谓词。为了与此区分开来,两个同质的 n 元谓词 pr_1 和 pr_2 的句法关联指的是满足下列条件的一个一对一的句法关联 $\mathfrak{Q}_1$：(1)如果 $\mathfrak{A}_1$ 对 pr_1 来说是适宜的主目，那么，$\mathfrak{Q}_1[\mathfrak{A}_1]$ 对 pr_2 来说是适宜的主目；(2)如果 $\mathfrak{A}_2$ 对 pr_2 来说是适宜的主目，那么，存在一个 $\mathfrak{A}_1$，$\mathfrak{A}_1$ 对 pr_1 来说是适宜的主目，并使得 $\mathfrak{Q}_1[\mathfrak{A}_1]$ 是 $\mathfrak{A}_2$；(3)$\mathrm{pr}_1(\mathfrak{A}_1, \mathfrak{A}_2)$ 总是对等于 $\mathrm{pr}_2(\mathfrak{Q}_1[\mathfrak{A}_1], \mathfrak{Q}_1[\mathfrak{A}_2])$。当两个同质的 n 元谓词 pr_1 和 pr_2 有一个句法关联时（也就是说，当这样一个关联能够在句法语言——假定这种句法语言足够丰富——中被定义时），称它们在**句法上同构**。

我们将借助一个对比表清晰地展现同构概念间的差异；这和前面那个表是类似的，不过这里引入了第三种概念，即句法同构。

同构关系存在于某些（同质的，二元或多元）**关系**之间。 这一关系用符号 "Is" 来表示，或者用语词 "同构的" 表示；这些符号属于**对象语言**。	(1)S-**同构**关系存在于某些（同质的，二元或多元）**谓词**（即关系符号）之间。（L-同构也是同样的。） 这一关系用语词 "S-同构的" 来表达；这个词属于**句法语言**。
	(2)**句法同构**关系也存在于某些谓词之间。用"句法上同构的"这些语词来表达；这些语词属于**句法语言**。

因此，S-同构和句法同构都是涉及对象语言谓词的句法概念。两个概念间的区别在于这样一个事实：在 S-同构中，一对一的关联是通过对象语言的一个谓词产生的，而在句法同构中是通过任意句法术语产生的。因此，有可能发生两个谓词尽管句法上是同构的，却不是 S-同构的，也就是说，当对象语言不包含任何适宜的关联因子时。因为大多数的数学演算（当它们的变形规则如

果必要的话已经适当完备了时)只包含逻辑符号,依据定理(1),在它们的情形下同构("Is")和 S-同构是一致的。[更准确地说,它们属于相对应的两个对:同构属于一对关系,S-同构属于相对应的一对谓词。从形式上表述就是:"Is"在这种情况下是准句法的;"S-同构"是相关联的句法谓词。]但即便是这里,也必须注意 S-同构与句法同构间的差异。

定理 72c.2. 如果两个谓词是 S-(或 L-)同构的,那它们句法上也是同构的。逆命题并不总是成立(即使 S 是一种逻辑语言)。

§71d. 不可数基数

如果充分注意 S-同构和句法同构间的差异,某些与集合论相关的悖论是能够解释清楚的。我们可以以超穷基数的多样性定理为例,这一定理是集合论的主要支撑之一。一元谓词是集合的名称;两个这样的谓词的同构对应于它们的基数的等同(用集合论的术语来说就是"相似"或"等势")。我们对弗兰克尔(《集合论》,§16)所使用的公理系统增补一个句子演算和一个函项演算(用词语言),将之视为对象语言 S。存在不止一个超穷基数,这一定理依赖于如下的定理:集合 M 的子集合的集合 U(M) 的基数比 M 的基数更大;这一定理是建立在被称作康托尔定理的那一定理的基础上的,康托尔定理声称,M 和 U(M) 不可能有同样的基数。268 弗兰克尔(《集合论》)给出过这一定理的一个证明,这一定理在他的系统 S 中是有效的,尽管它包含所谓的限制公理(《集合论》,第 355 页)。然而,另一方面,通过下面的论证我们得到一个相反的结果。限制公理是说在 S 所处理的集合论域中——我们称之为 B——只出现那些其存在是别的公理所要求的集合。所以,在 B 中只有下面的集合是存在的:首先,两个初始集合,即公理 VII 所要求的空集合和可数无穷集合 Z;其次,那些在这两个初始集合的基础上,经过对某些构造步骤的任意有穷次运用,能够构造出来的集合。这些构造步骤只有六种(即构成配对集合、和集合、子集合的集合、**分离**集合(the aggregate of *Aussonderung*)、选择集合、替换集合)。因为只有可数多个集合能够以此方式构造,依据限制公理,在 B 中只存在可数多个集合,因而,最多只存在可数多个 Z 的子集合。因此,U(Z) 的基数不可能大于 Z 的基数。实际上,基于这两个初始集合和这六个构造步骤,给 B 中所有集合一种可数的方法是很容易的,并因而对 Z 的子集合来说也是如此,以这种方式 Z 的子集合能够单义地与 Z 的元素关联起来。因此,U(Z) 与 Z 有同样的基数。

这一结果似乎与康托尔定理是矛盾的;但**一旦基数的等同与基数的句法等同被区分开,这一矛盾就消失了**。[因为 S 是一种逻辑语言,基数的等同与基数的 S-等同是一致的。]依据弗兰克尔的定义(《集合论》,第 314 页),两个(互斥的)集合 M 和 N 有相同的基数,仅当(在 B 中)有一个转换集合(即一个关联因子)Q——也就是互斥配对 $\{m, n\}$ 的一个集合,其中 m 是 M 的元素,n 是 N 的元素,使得这些配对穷尽 M 和 N。如果 M 是可数无穷的,在 M 的元素和 U(M) 的元素间,因而在 M 的元素和 M 的子集合间,能够产生前面提到的那种一对一的关联。然而,这种关联不是 S 中的一个关联因子,而是句法的关联。在 B 中没有一个对 M 和

第四部分 一般句法

U(M)来说能够是一个关联因子的集合 Q;这是弗兰克尔的证明所表明的。但是现在,弗兰克尔的证明和我们自己的发现不再互为矛盾了:M 和 U(M)尽管有着不同的基数,但在句法上具有同样的基数。

在句法中完成任何一种表达式的枚举总是可能的(例如,在算术化句法中,借助的是表达式的序列数)。因此,相对于一种固定的句法语言(系统 S 的构造必须预先假定这样一个句法语言),**弗兰克尔的集合论域 B 的每个集合在句法上都是可数的;两个超穷集合在句法上总是具有同样的基数**。这是直觉主义者们反对不可数集合这一概念时所提出的批判中的真实成分。[庞加莱(《最后的沉思》,第 108 页及以下,第 134 页及以下)把他对不可数无穷的拒斥——后来被布劳威尔("直觉主义和形式主义")和其他人所支持——建立在这一唯名论的观点上,他自己不是非常乐意地称之为唯心论观点。]然而,必须注意,B 的所有超穷集合的句法的等势(从一个固定的句法语言的角度来看)与它们的不等势(在系统 S 内)并不矛盾,所以,**区分一个集合论系统内不同的超穷基数是有道理的**。确实,在弗兰克尔的公理系统中,由于限制公理,其公理系统在广义上是一个构造系统,某些集合间的不等势——例如 Z 与 U(Z)间的不等势——是从该系统的某种贫乏得出的:它不包含在给定的情况下能够充当关联因子的任何集合。在非构造的公理系统中——如在一个不包含限制公理且在更大程度上用存在公理来运转的系统中——不等势,如 M 和 U(M)的不等势,反过来是可被看作是由于该系统的某种丰富性:U(M)包含如此多的元素集合,使得它们不能与 M 的元素产生一一对应的关联。当然,270

这并不意味着该系统内存在如此丰富的集合名称；显然，集合名称的数量在每个系统中都是可数的。丰富性只是通过公理假定的，而不是通过名称（名字或摹状词）可显示的。

还必须注意，自然数的集合、实数的集合、实数的函项的集合等等，它们之间的区分也是可以从句法上表述的，康托尔已经提出了这种区分，并通过归给它们不同的基数来进行表述。这一区分对一系列语言的句法研究是特别有意义的，这些语言中的每一种语言都作为真子语言被包含在下一个语言中。逻辑数字函子的类的这一特性，康托尔称之为实数集合的不可数性，在一逐渐增加的系列语言中是通过下面的事实来表达的：这一系列语言中的每一种语言除了包含可数多像前面语言那样的函子外，能够总是包含新的函子（关于这一点，参见我们前面对对角线方法、理查德悖论和算术的缺陷的评论；比较定理 60c.3 和 60d.1）。

区分可数性（在所考虑的系统里）和句法可数性的一个结果是，与著名的莱文海姆-斯科伦定理（斯科伦的 $Erfullbarkeit$；参见弗兰克尔的《集合论》，第 333 页）相关的那个悖论也消失了。这一定理的意思近似于说：就集合论的不矛盾的公理系统 S 而言，在一个可数的论域中总是已经有一个模型了。然而，这样一个模型并不是通过 S 的术语构造的，而是通过对 S 的讨论构造的，也就是说，是通过句法术语构造的。该论域的可数性——此模型就是由该论域的元素构成的——不是通过 S 中关联因子的生成来论证的，而是通过句法的关联的可构造性的证明来论证的。相应地，被证明的不是一个模型的可数性（在 S 中），只是其句法的可数性。因此，斯科伦定理与康托尔定理（或弗兰克尔的证明）并不矛盾。

§71e. 公理方法

一个公理系统（缩写为"AS"）通常被看作句子的一个系统,这些句子即所谓的公理,从这些句子可以衍推出其他的句子,即衍推出所谓的定理或结论。公理部分是由符号组成的,这些符号的意义被假定为已知的（大部分是逻辑符号）,部分是由 AS 第一次引入的符号组成的,即所谓的 AS 的初始符号。习惯上称后者是没有被预设的意义的,但 AS——作为一种隐含定义——决定它们的意义。要从公理得出结论,显然必须知道相关的形成规则和变形规则。这些规则通常是暗中假设的,但在 AS 的精确表述中这种暗中的假设必须用清晰的陈述取代。而且,初始符号只是在相互关联中在某种程度上由 AS 确定,这是公理方法的特性。因此,有时可能有几种不同的解释初始符号的方式。对初始符号的某一种解释的陈述可以称之为相关定义的确立（见第 78 页）。如果证明某一解释满足了公理,或者至少公理的满足没有被排除,我们就说通过这一解释构造了 AS 的一个模型。

例:在构建几何的 AS 中,通常只陈述专门的几何公理。为了使演绎成为可能,还必须加上句子演算、函项演算以及初等算术。

AS 通常是用词语言来表述的,没有任何对句法规则尤其是推理规则的精准陈述。将这样的 AS 翻译成精确的演算形式有几种全然不同的可能做法。我们将简短地陈述最重要的表示方法。

理想的做法是选择不同的术语来表示这三种不同的方法,这样,哪一种方法是讨论的主题就可以一清二楚了。因此,相对于第一种方法我们提到的是"公理",相对于第二种方法(依据本书的一贯用法)提到的是"初始句子",相对于第三种方法提到的是"前提"。

第一种方法:公理作为句子函项。

为描绘这种 AS,我们将采用一种带有句子和函项演算的语言 S。(在接下来的例子中,我们将使用语言 II 的符号体系。)AS 的 k 个初始符号中的每一个都用一个 $\mathfrak{v}$(或 $\mathfrak{V}$)来表示;我们称这些 $\mathfrak{v}$ 为初始变项。m 条公理中的每一条都表示为一个 $\mathfrak{S}\mathfrak{f}\mathfrak{u}$,尤其是如果该公理包含 i 个不同的初始符号的话,就将其表示为 $\mathfrak{S}\mathfrak{f}\mathfrak{u}^i$。对于结论同样。不过在推演中,没有对自由初始变项的代入。(用实质的说话模式来说就是:初始符号表达的并不是普遍性,而是不确定性。)如果全称蕴涵句

$$(\mathfrak{v}_1)\cdots(\mathfrak{v}_k)[(\mathfrak{S}\mathfrak{f}\mathfrak{u}_1 \cdot \mathfrak{S}\mathfrak{f}\mathfrak{u}_2 \cdot \cdots \mathfrak{S}\mathfrak{f}\mathfrak{u}_m) \supset \mathfrak{S}\mathfrak{f}\mathfrak{u}_n]$$

在 S 中是分析的(或 L-可证的),就称 $\mathfrak{S}\mathfrak{f}\mathfrak{u}_n$ 是 m 个公理 $\mathfrak{S}\mathfrak{f}\mathfrak{u}_1, \cdots \mathfrak{S}\mathfrak{f}\mathfrak{u}_m$ 的一个结论。依照这一方法,AS 的模型可以理解为初始变项的一系列 k 代入值 $\mathfrak{A}_1, \cdots \mathfrak{A}_k$。如果

$$(\mathfrak{S}\mathfrak{f}\mathfrak{u}_1 \cdot \mathfrak{S}\mathfrak{f}\mathfrak{u}_2 \cdot \cdots \mathfrak{S}\mathfrak{f}\mathfrak{u}_m)\begin{pmatrix}\mathfrak{v}_1\\\mathfrak{A}_1\end{pmatrix}\cdots\begin{pmatrix}\mathfrak{v}_k\\\mathfrak{A}_k\end{pmatrix}$$

在 S 中是有效的(或不是反有效的,或不是矛盾的),则称该模型为实际的(或实际可能的,或逻辑可能的)模型。如果至少一个代入值是描述的,就称该模型为描述的;否则,称它为逻辑的(或数学的)。

这种方法的好处在于这样一个事实:通过这一方法,对所有的

第四部分　一般句法

AS 来说都可以使用一种共同的语言，且对通常的 AS 来说都可以使用具有句子演算和函项演算的那种通常的简单语言。相关的初始符号通常是 ^0v 或 p；在一般的 AS 中只有 ^0v、^1p 和 ^2p 出现，且大部分是 ^1p。

例：如果希尔伯特的欧几里得几何的 AS([*Grundl. Geom.*]，第 1 页)按照第一种方法来表述，出现 7 个不同的初始符号："点"、"直线"、"面"将各自用 $^1p^1$ 表示；"位于……之上"用 $^1p^2$ 表示；"在……之间"用 $^1p^3$ 表示；"线段的叠合"和"角的叠合"各自用 $^1p^4$ 表示。

关于第一种方法，参见卡尔纳普([*Eigentliche*]，《数理逻辑的基础》，第 71 页及以下，[*Axiomatik*])。

第二种方法：公理作为初始句。

AS 的公理被表述为语言 S_1 的初始句。在这种情况下，有时一给定的 AS 的公理是 S_1 的仅有的初始句，以致只有推理规则是必须添加的。但有时，不仅推理规则而且 S_1 的 L-初始句都是暗中假定的，使得所给公理必须表述为 S_1 的附加的初始句(大部分是描述的 P-语句)。AS 的结论是 S_1 中有效的(或可证的)句子。AS 的初始符号在这里是 S_1 的初始符号；且它们要么是 S_1 仅有的初始符号，要么是添加给 S_1 的原逻辑初始符号(在 AS 的通常表述中这是暗地假定的)的附加的初始符号(大多是描述的)。初始符号不是 $\mathfrak{B}$。因此，这里模型的构造能用代入完成，可以通过 S_1 到另一种语言 S_2(通常是有实际用途的科学语言)的翻译 $\mathfrak{Q}_1$ 获得。在大多数情况下这是一种表达式的翻译；作为规则，模型的陈述只是由附加的初始符号的$\mathfrak{Q}_1$-关联物的陈述所组成的，逻辑初始符号的翻译假定是已建立且众所周知的。如果 AS 公理的$\mathfrak{Q}_1$-关联物的类在 S_2 中是有效的（或不是反有效的，或不是矛盾的），就说该模型是实际的（或实际可能的，或逻辑可能的）。如果这个类是描述的，就称该模型是描述的；如果它是逻辑的，就称该模型为逻辑的（或数学的）。

例：关于依据第二种方法的几何公理系统，见§25，IIA"公理几何"；算术几何（I）构成一个逻辑模型，物理几何（IIB）构成一个描述模型。

第二种方法在解释上有很大的自由度，因而，在模型的构造上也比第一种方法的自由度要大。在第一种方法中，一初始符号的解释域就是该初始变项的代入值的域。像通常那样，如果这是一个类型系统内初始变项的情况的话，类型的关系必定在模型的符号间成立，如同在相应的初始变项间成立一样。在第二种方法中，代入可以通过更为灵活的翻译活动来进行，譬如这里同源的初始符号可以有不同源的关联物。

例：(1)令 S_1、S_2、S_3 是依据第二种方法表述的欧几里得几何学的 AS。令 S_1 视直线为点的类（见卡尔纳普：《数理逻辑的基础》，§34）；S_2 视直线为点之间的关系（见卡尔纳普：《数理逻辑的基础》，§35）；S_3 视直线和点为个体（如希尔伯特在《几何学的基础》中所做的那样)。依据第一种方法表述的这样三种 AS 不可能有共同的模型。而依据第二种方法,在 S_1、S_2、S_3 都可以翻译成一种逻辑语言的同一子语言这一意义上,则是可能的。在这一子语言中,一个点按通常的方式被解释为一个三实数组,一个面被解释为满足一线性方程的这种三实数组的类等等。因此,依此方法易于从形式上描述这三个 AS 间的关系,这就是它们表示同一几何时的意思。(2)设给定了集合论的一个 AS,它把所有集合视为个体(如同弗兰克尔所做的那样[《集合论》,§16]),但在其中只出现同质的集合(使得 m 和 $\{m\}$ 不可能是同一集合的元素,与弗兰克尔的 AS 相反)。如果这种 AS 是依据第二种方法表述的,就可以解释为类的一种理论,解释为所有层级的类的一种理论,尽管这些集合都是同一层级的。视所有层级的 $^0\mathfrak{a}$ 和某些某个 $\mathfrak{Pr}^1$(例如在语言 II 中)为这种集合表达式的关联物。

第三种方法:公理作为前提。

AS 是用一种假定的语言 S 的(通常不确定的)句子类来刻画的。这里结论是这个类的 L-结论,因而,公理是作为推导(或后承关系)的前提出现的。和在第二种方法中一样,一种解释就由一种翻译构成;且和在第一种方法中一样,可以在同一语言内表述几个 AS。

特殊公理体系和一般公理体系,即某一特定的 AS 的理论或一般的 AS 的理论,都只是 AS 的句法而已。因此,对公理体系的研究——这种研究主要是由数学家从事的——包含了大量的句法讨论和定义,我们已经将许多讨论和定义运用于一般句法的框架中。我们已经依据第二种方法将一些术语定义为语言的性质,且依据第三种方法将一些术语(部分是同样的)定义为句子类的性质。[例如,"可驳倒的"、"L-可驳倒的"、"反有效的"、"矛盾的"这些涉及句子类的术语与"矛盾的"、"L-矛盾的"、"不一致的"、"L-不一致的"这些涉及语言的术语是对应的。]反过来,对公理体系来说,使用一般句法的定义和发现也是可能的。但我们不能在此书中就此主题展开更充分的讨论。

弗兰克尔(《集合论》,§18)给出了截至1928年关于公理体系的这一主题的完整的参考书目。这一主题的新的文献如下:赫兹(*Axiom*),刘易斯、朗福德(《符号逻辑》),塔尔斯基("归纳认识方法论的基础概念"、"ω-一致性和完全性的概念")。

第五部分　哲学与句法

A. 属于科学逻辑的句子形式

§72. 科学逻辑代替哲学

任何理论领域所处理的问题以及相应的句子和论断可以被大致分为对象语句（object-questions）和逻辑语句（logical questions）。（这种区分并不精确，仅仅为接下来非形式的和不精确的讨论做一个预备。）对象问题是关涉所考虑的领域中的对象的问题，比如对它们的性质和关系的探究。另一方面，逻辑问题并不直接指称对象，而是指称那些指称对象的语句、词项、理论等等。（逻辑问题要么考虑语句的意义和内容，要么仅仅考虑它们的形式；稍后我们将会有更多讨论。）在一个特定的意义上，逻辑问题也是对象问题，既然它指称某些对象即词项、语句等，那也就指称逻辑的对象。然而，当我们讨论一种非逻辑的、真正的对象领域，对象问题和逻辑问题之间的区别就相当清楚。例如在动物学领域，对象问题主要考虑动物的性质、动物之间的关系，等等。逻辑问题考虑动物学中的语句，以及这些语句之间的逻辑关系，动物学中的定义的逻辑特征,可能或已经被提出的理论和假设的逻辑特征等等。

根据传统的用法,"哲学"是一个非常不同类型的探究的集合的指示词。对象问题和逻辑问题同样在这种探究中。对象问题涉及一些并不在科学对象领域内的假设的对象(例如物自体、绝对、超验、客观观念、世界最终因、无;还有诸如价值、普遍规范、绝对命令等等),在哲学的一个分支形而上学中尤其如此。另一方面,哲学的对象问题也论及经验科学中也出现的事物(诸如人类、社会、语言、历史、经济、自然、时空、因果性等);这属于哲学的分支自然哲学、历史哲学、语言哲学等。逻辑问题出现在逻辑学中(包括应用逻辑),也在知识论(认识论)中,在那里它们更多与心理学问题联系在一起。各种科学(诸如物理学、生物学、心理学和历史)的哲学基础问题包括对象问题和逻辑问题。

哲学问题的逻辑分析显示它们具有很不同的特征。对于那些其对象不在科学领域中出现的对象问题,批判的分析可以揭示其不过是虚假的问题。形而上学、价值哲学和伦理学(作为规范的学科而不是作为研究社会心理事实的学科)中所设想的语句是虚假语句;它们没有逻辑内容,仅仅表达一种感受,会接着刺激听者的情绪和意志倾向。在其他的哲学门类里,必须首先消除心理学问题;这些问题都属于心理学(一种经验科学),可以用经验方法予以研究。[这不是否决在逻辑研究领域进行心理学问题的讨论;每一个人都可以自由地以他认为更有成效的方式将他的问题组合起来。这仅仅是提请注意逻辑(或认识论)问题和心理学问题之间的区别。常常一个问题的表述没有清楚表明它是一个心理学的问题还是逻辑问题,由此产生了极大的混淆。]剩下的问题,用日常术语来说，即逻辑的问题、知识论（或认识论）的问题、自然哲学的问题、历史哲学的问题等等，有时被那些认为形而上学是非科学的人当作科学化的哲学中的问题。就它们的一般表述而言，这些问题部分是逻辑问题，但部分也是对象问题，指称特殊科学中的对象。然而，根据哲学家的观点，哲学问题应该从一种完全不同的角度，即从纯粹哲学的角度，考察这些也为特殊科学所研究的对象。相反，我们将坚持所有剩余的哲学问题是逻辑问题。甚至所设想的对象问题也是被伪装了的逻辑问题。所谓研究科学对象的独特的哲学视角被证明只是一个幻象，正如前面所说的，所谓适于形而上学研究的对象这个独特的哲学领域，在分析之下消失了。除了具体科学的问题，只有科学的逻辑分析问题，即关于科学中的语句、词项、概念、理论等的逻辑分析，成为了真正的科学问题。我们把这所有的问题称为科学的逻辑。[我们将不使用"科学的理论"这个术语；如果使用的话，我们会在一个更为宽泛的意义上来用它，即除了科学的逻辑它还包括科学活动的经验研究，比如历史、社会学以及心理学探究。]

根据这种观点，一旦哲学中清除了所有非科学的元素，就只剩下科学的逻辑。然而，在大部分哲学探究中，科学和非科学元素之间的清晰区分是相当不可能的。因此我们倾向于说，科学的逻辑代替了被称作哲学的一堆混乱不堪的问题。依这种观点，是否将"哲学"或者"科学的哲学"作为所剩下的东西的代名词，这只是便利性问题，在这里不能决定。必须慎重考虑"哲学"一词已经负载沉重，大部分应用于思辨形而上学的讨论（尤其在德语中）。知识论（theory of knowledge）或认识论（epistemology）似乎更为自然，但这个说法也并非不可反驳,因为它错误地暗示科学逻辑的问题和传统认识论问题是相似的。后者充斥着假概念和假问题,以至于不可能去除它们的混乱。

只要赋予科学的要求,哲学中所剩余的就是科学的逻辑,这种观点不能现在在此被确立,也不在随后的讨论中作为假定。在本书的这一部分,我们检查科学逻辑的句子的特征,证明它们都是句法句子。对于那些和我们分享反形而上学立场的人来说,这将证明所有有意义的哲学问题都属于句法。然而,下面涉及作为句法的科学逻辑的研究并不依赖于坚持这种观点。不赞同这种观点的人可以这样来表述我们的结果:哲学问题中既非形而上学也不涉及价值和规范的那部分,只是句法的。

过去尤其是休谟和实证主义者提出了反形而上学的观点。维特根斯坦和维也纳学派提出了更为精确的观点:哲学就是对科学概念和语句的逻辑分析(也就是科学的逻辑)。他们对此做了详细的论证并探讨了其各方面的后果。见石里克的《形而上学》、《哲学的转变》、《实证主义与实在论》;弗朗克的《因果律及其界限》;哈恩的《数学、物理科学世界观的意义》;纽拉特的《科学世界观,维也纳学派》、《科学世界观的方法论》;卡尔纳普的《形而上学》;更多参考书目见纽拉特《科学世界观,维也纳学派》和《认识》,I,第 315 页及其以下。纽拉特反对使用"哲学"、"科学的哲学"、"自然的哲学"、"知识论"等。

我们将对"科学的逻辑"这个词项做非常宽泛的理解,将之当作指称所有这些领域的词项:纯粹逻辑和应用逻辑、对特殊科学或作为一个整体的科学进行的逻辑分析、认识论、基础问题等等(只要这些问题远离形而上学,远离规范、价值和超验等)。作为一个具体说明,我们将下述研究都归于科学的逻辑:罗素、希尔伯特、布劳威尔及其学生的著作,华沙派逻辑学家、哈佛逻辑学家、莱辛巴赫学圈、以石里克为中心的维也纳学派的著作,本书所引的参考文献中的大部分作品(以及相同作者的其他作品),《认识》与《科学哲学》杂志上的文章,石里克和弗兰克编辑出版的《科学世界观丛书》系列丛书,纽拉特编辑的《统一科学丛书》系列丛书,以及在如下参考文献中提到的著作:《认识》,I, 315ff. ,335ff. (波兰逻辑学家); II, 151 ff. (数学基础),189 ff. (因果性和概率); v, 185 ff. (一般), 195 ff. (美国作者),199ff. (波兰作者),409ff. (一般)。

§73. 科学逻辑就是科学语言的句法

接下来我们讨论宽泛意义上的科学逻辑问题的本性,这包括已经提示的关于具体科学的基础的哲学问题,我们将会表明这些问题其实就是句法问题。为此,首先需要表明那些发生在科学逻辑之中的对象问题(例如关于数、事物、时间、心物关系等等)其实是伪对象问题。这些问题源自错误的表述,看起来指称对象,实际上指称句子、词项、理论等等,因此也就是逻辑问题。再次需要表明,所有的逻辑问题都能够形式化重述,因此也就形成了句法问题。按照通常的观点,所有逻辑研究包含两个部分:一种是形式的探究,只关注语言表达的次序和句法种类;一种是实质特征的探究,不仅仅关注形式,而且关注语言表达式的意义。因此通常的观点认为形式问题至多组成了逻辑问题的一个小的部分。与此相反,我们关于一般性句法的讨论已经显示形式化方法如果得到足够的实行,就会包括所有的逻辑问题,甚至包括关于内容或者意义的问题(只要它们在本性上不是心理学问题而是真正的逻辑问题)。因此,当我们说科学的逻辑不过是科学语言的句法,我们并不是意味只有到目前为止被叫作科学逻辑的问题(例如前面提到的一些著作)中的某一些应该被当作科学逻辑的真正问题。我们意图推出的观点相当于说当前科学逻辑的所有问题,一旦被精确地表述,都能被看出是句法问题。

维特根斯坦第一个指出了科学的逻辑(他叫作"哲学")和句法之间的关系。尤其是,他清楚地说明了逻辑的形式化本性,并且强调了句法的规则和证明与符号的意义无关这一事实(《逻辑哲学论》,第52,56,及164页)。他进一步指出所谓形而上学和伦理学上的语句都是假语句。在他看来,哲学就是"语言的批判"(同上,第62页),哲学的任务是对科学(自然科学)的语句和概念的"观念的逻辑澄清"(第76页),用我们的话来说就是科学的逻辑。维也纳学派重述、深化了维特根斯坦的观点,本部分得益于维特根斯坦之处甚多。如果我所说的是对的话,本部分的观点与他是一致的,但在一些重要的方面有所超越。接下来我将我的观点和他的相对照,但这只是为了更精确。我们在重要的基本问题上的一致不容忽视。

我与维特根斯坦有两点不同,主要体现在他的否定论题上。第一点(同上,第78页):"命题不能表达逻辑形式:命题只能在命题中显示,逻辑形式只能在语言中显示自身,我们不能用语言来表达逻辑形式……如果两个命题彼此矛盾,这为它们的结构所显示;相似地,如果可以从一个命题中推导出另外一个命题,也是同样的。能被显示的不能被表达……认为一个命题具有形式化的特性或者缺乏形式化的特性都是没有意义的。"换言之:没有关于语句形式的语句;没有可以表达的句法。与此相反,我们对句法的建构表明逻辑形式可以正确地表述,存在句法语句。构造关于语言表达乃至语句的形式的语句都是可能的,就如同构造关于几何结构的几何形式的语句是可能的一样。首先,存在纯粹句法的分析语句,这可以被应用到语言表达式的形式和形式的关系中(类似于算术几何学的分析语句,它们可以被应用到抽象几何结构的形式的关系上去)。其次,存在描述句法的综合物理语句,它们是关于作为物理结构的语言表达式的形式的(类似于物理几何学的综合经验语句,§25)。**句法可被精确地表述,就像几何学可被精确地表述那样。**

维特根斯坦第二个否定性论题是:科学的逻辑("哲学")不能被表述。(对他来说,这个论题与第一个并不重合,因为他并不认为科学的逻辑和句法是等同的;详后。)"哲学不是一种理论,而是一种活动。哲学工作本质上就是澄清。哲学的结果不是一些'哲学命题',而是让命题变得清晰"(第76页)。维特根斯坦也将这个观点一致地用到自己的著作,在结尾他写道:"我的命题用以下方式来进行阐明:理解我的人,当他用这些命题作为梯子,并爬越它们的时候,最后会认识到它们是无意义。(可以说他在登上高处之后,就必须把梯子丢掉。)他必须超越这些命题,然后才能正确地看待世界。对于不可说的必须保持沉默"(第188页)。据此科学逻辑的研究不包含句子,而只包含或多或少含糊的解释,读者必须认识到这些解释只不过是假语句,并要避免之。对科学逻辑的如此解释当然是不令人满意的。[拉姆塞首先反驳维特根斯坦这种将哲学视为无意义的胡言乱语但同时是重要的胡言乱语的观念(拉姆塞:《数学基础即其他逻辑论文》,第263页),纽拉特明确拒斥了这一观念(纽拉特:《物理主义中的社会学》,第395页及其以下和《统一科学与心理学》,第29页)。]接下来,我将要说明,科学的逻辑就是句法。同时我能够表明,科学的逻辑能够以并非无意义的方式来表述,而且不是用不可缺少的假语句,而是用完全正确的语句。这里的观点区别并不仅仅是理论上的;它对哲学研究的实践形式有着重要的影响。维特根斯坦认为思辨形而上学的句子和科学逻辑涉及的语句之间的唯一区别就在于:科学逻辑的语句不管在理论上如何缺少意义,在实践中都对哲学研究者产生了重要的心理影响,而形而上学语句不会,或者不会以同样的方式产生影响。这里只有程度的差异,而且差别是非常模糊的。维特根斯坦不相信科学逻辑语句能够精确地表述,因此他并不要求自己表述的科学精确性,他也没有在形而上学表述和科学逻辑表述之间做出明确区分。接下来的讨论我们将看到能够被翻译为形式的说话模式或翻译为句法语句即将科学逻辑语句与其他哲学语句(形而上学语句)区分开的标准。在某些表述中,维特根斯坦明显地越过了这个界限;他持这两个否定论题,其后果在心理上不难理解的。

不论观念的差异,我和维特根斯坦一样认为没有特殊的科学逻辑语句。科学逻辑的语句被表述为关于科学语言的句法语句,但并没有新的对象域附加到科学语句的对象域上。句法语句部分是算术语句,部分是物理学语句,它们被叫作句法的仅仅是因为它们关注语言构造,更具体地说,关注语句的形式结构。句法不管是纯粹的还是描述的,无外乎是语言的数学和物理学。

维特根斯坦认为对逻辑句法规则的表述必须不借助于任何意义。对于我们来说,科学逻辑也是同样的。但是维特根斯坦认为这些语句(所谓的哲学阐明)超出了形式,指向了语句和词项的意义。石里克(《哲学的转变》,第 8 页)如此阐释维特根斯坦:哲学是"一种建立和发现命题意义的活动";它的问题是"命题实际上**意味着**什么。并认为科学的内容、灵魂以及精神自然在于其句子最终**意味着**什么;产生意义的哲学活动就是所有科学知识精髓。"

§74. 伪对象语句

我们已经以一种并不严格的方式区分了对象语句和逻辑语句。接下来,我们将转而对比(在一开始这种对比也是不严格的)**对象语句**和**句法语句**的界域,这里,我们只考虑那些涉及形式的逻辑语句,并将其归于句法语句的界域。在两个界域之间有一个中间地带。我们将为这一中间地带指派一些语句,虽然它们被表达得像是(或部分地,或专门地)适用于对象,但实际上,它们涉及的是句法形式,特别是,它们与其要处理的对象的指示词的形式有关。因此,依其内容它们是句法语句——尽管它们伪装成了对象语句。所以,我们将称其为伪对象语句。一旦我们试着用形式化的方式表示这里以非形式化的、不精确的方式所给出的区分,我们将看到,这些伪对象语句不过是采用了**实质的说话模式的似句法**

语句（形式化定义见§64）。

这一中间地带存在着许多问题以及与所谓哲学基础之探究相关的语句。对此，我们将举一个简单的例子。设想在关于"数"这个概念的哲学讨论中，我们指出，在数和（物理）事物之间有一个本质的差别，并且我们对那些涉及数的位置、重量等的伪问题提出了警告。该警告很可能以这样一种语句出现："五不是东西而是数"（$\mathfrak{S}_1$）。显然，这个句子表达了五的某种性质，类似于"五不是偶数而是奇数"（$\mathfrak{S}_2$）这个句子。但实际上，$\mathfrak{S}_1$ 并不涉及五，而是同"五"这个词有关；这一点可由一个与 $\mathfrak{S}_1$ 对等的句子 $\mathfrak{S}_3$ 表明："'五'不是物事词，而是数目词。"$\mathfrak{S}_2$ 是一个恰当的对象语句，$\mathfrak{S}_1$ 是一个伪对象语句；$\mathfrak{S}_1$ 是一个似句法语句（实质的说话模式），而 $\mathfrak{S}_3$ 是与之相关的句法语句（形式的说话模式）。

这里，我们不考虑那些断言了语句或任何界域的语言表达式之意义、内容、涵义的逻辑语句。这些语句也都是伪对象语句。我们来考虑句子 $\mathfrak{S}_1$："昨天的讲座讲的是巴比伦。"$\mathfrak{S}_1$ 似乎断言了有关巴比伦的东西，因为"巴比伦"这个名称出现于其中。但实际上，$\mathfrak{S}_1$ 对巴比伦这个城市并无所言说，它仅仅涉及昨天的讲座和"巴比伦"这个词。这一点可由以下这种非形式考量简单地揭示出来：我们有关巴比伦城性质的知识对于 $\mathfrak{S}_1$ 是真是假并不重要。而且，我们可以清楚地看到 $\mathfrak{S}_1$ 仅仅是一个伪对象语句，因为它能被译为如下（描述性的）句法语句："昨天的讲座中出现了'巴比伦'一词或与之同义的表达式"（$\mathfrak{S}_2$）。

相应地，我们区分了三种语句：

1. 对象语句	2. 伪对象语句 ＝似句法语句 实质的说话模式	3. 句法语句 形式的说话模式
例如："5 是素数"；"巴比伦是一个大城市"；"狮子是哺乳动物"。	例如："五不是事物，而是数"；"昨天的讲座谈到了巴比伦"（"五是数目词"这句属于自名的说话模式）	例如："'五'不是物事词，而是数目词"；"'巴比伦'一词出现在昨天的讲座中"；"'A 并且～A'是矛盾句"。

对于伪对象语句的中间地带，到目前为止我们只是实质地、不精确地表明了其边界，但它们同样也能被精确地、更为形式化地区分。伪对象语句是实质的说话模式下的似句法语句。〔我们在这里暂且不考虑自名的说话模式，因为属于这一说话模式的句子几乎不会被错认为对象语句。〕让我们考虑某个对象语言 S_1，它内含一个充当其句法语言的子语言 S_2，此时，实质说话模式的准则便可采用一个更为简单的形式。例如，假定 S_1 是英语，我们用它来表示整个科学语言；那么，句法语言 S_2（S_1 的句法于其中得到明确表达）就是 S_1 的子语言。该例表明了这样一个事实，即，我们不将句法视为某个特殊的、外在于科学其余部分的界域，而是将它看作科学整体——一个有着单一语言 S_1 的单一系统（纽拉特：《统一科学》）——的子域。**一个语言可以包含它自己的句法，而不含矛盾**，这一点我们已指出。即便句法语言 S_2 是 S_1 的子语言，我们自然也有可能、有必要区分出 S_1 的一个语句 $\mathfrak{S}_1$（它也可以属于 S_2）和

一个与 S_1 有关涉的句法语句 S_2（它属于 S_2，因此也属于 S_1）。为了简单起见，我们将只表述最简单形式的语句属于实质的说话模式的准则(此外，出于简洁明了的考虑，我们将针对符号语句来表述)（见§64）。设 $\mathfrak{S}_1$ 为"P(a)"；如果存在一个句法谓词"Q"使"P(a)"对等于"Q('a')"($\mathfrak{S}_2$)，"P(b)"等价于"Q('b')"，相应地每一个与"a"同源的表达式都可做此处理，那么，我们就称 $\mathfrak{S}_1$ 为相关于"a"的似句法。"P"可能是一个句法谓词，在意义上等价于"Q"(这一点可由如下事实表明："P('a')"也将是一个句子并且是与"Q('a')"对等的句子，另外，"P('b')"将对等于"Q('b')"。相应地，上述对等关系对于任何"a"同源的表达式也都成立)；如不然，我们便称 $\mathfrak{S}_1$ 为**实质的说话模式**的语句，"Q"为关联于似句法谓词"P"的句法谓词，$\mathfrak{S}_2$ 为关联于似句法语句 $\mathfrak{S}_1$ 的句法语句。在**从实质的说话模式翻译到形式的说话模式的过程中**，$\mathfrak{S}_1$ **被译成了**$\mathfrak{S}_2$。

为了使该准则能够更为清楚有效地用于接下来的例子，我们将再次用不那么精确的非形式化方式(例句将于随后给出。它们特别是一些有关科学之逻辑的语句，几乎全部属于词语言，因此，它们本身无法被足够精确地表达出来使得精确概念可以用于它们)表明这一准则(依然以具有最简单形式的语句为例)。如果 $\mathfrak{S}_1$ 断言了某一对象的某种性质，而这一对象有对应的另一个句法性质，那么，我们便称 $\mathfrak{S}_1$ 为实质说话模式的语句；这就是说，存在一个属于某对象之指示词的句法性质，当且仅当那个原始性质属于该对象。

不难看出，对于先前那个关于"巴比伦"的例子，语句 $\mathfrak{S}_1$ 完全满足这一准则：语句 $\mathfrak{S}_2$ 所断言的"巴比伦"一词的句法性质(在描述性句法的情形中)对应于语句$\mathfrak{S}_1$所断言的巴比伦城的性质。因为,当且仅当昨天的讲座谈及某个确定的对象,该对象的指示词才能出现于讲座中。关于"五"的语句$\mathfrak{S}_1$同样满足实质说话模式的准则;因为,当且仅当$\mathfrak{S}_1$所表述的性质——那个存在之物不是东西而是数——属于某个对象(例如,属于五这个数),$\mathfrak{S}_2$所表述的性质——那个存在之物不是物事词而是数目词——才属于这一对象的指示词(在该例中它属于"五"这个词)。

§75. 有关意义的语句

在这一节,我们将考察各种各样采用实质说法方式的语句,特别是那种频见于哲学讨论中的语句。以这些研究为基础,我们将能够更好地对接下来的例子中的实质的说话模式进行分析。而且,可以期望哲学问题的整个特征将通过这种方法变得更加清楚。这一特征所具有的模糊性可以简要地归于实质说话模式的应用所带来的迷幻和自我欺骗。实质说话模式的伪饰掩盖了这样一个事实,即所谓的哲学基础问题不过是关于科学语言的语句和语句联系的科学逻辑问题,它还掩盖了,科学逻辑的问题是形式问题,也就是说,是句法问题。真实情形可以通过将采用实质说话模式的语句(它们实际上是似句法语句)译为相应的句法语句揭示出来,并由此转入形式的说话模式。我们这么做并不意味着实质的说话模式应该被彻底取消。因为我们通常采用这种说话模式,而且它便于理解,所以对它可以予以保留。但是,意识到我们是在采用这种说话模式是一件好事,这可以让我们避免各种模糊和由之产生的伪问题。

对于采用实质说话模式的语句S_1,如果S_1在某种程度上属于句法语言S_2,但同时含有属于S_1而不属于S_2的元素,那么它是一个真实的对象语句这一幻象,就能非常容易地予以消除。[不是所有这种语句都采用了实质的说话模式。例如,"弗莱堡大学的校训是'真理使你自由'"这句就不是似句法语句,而是一个简单的描述性句法语句。]这里尤其重要的是那些表达了某种指示关系的语句,也就是说,是那些含有"论及"、"谈到"、"意味着"、"表示"、"名为"、"是……的名字"、"指称"等等诸如此类表达式的语句。我们将给出一系列这种有关**意义**的语句以及与之相应的句法语句。先前我们已经讨论了第一个例子。[当然,这些例句是否为真并不重要。]

实质的说话模式 (似句法语句)	**形式的说话模式** (相应的句法语句)
1a. 昨天的讲座**谈到了**巴比伦。	1b. 昨天的讲座中出现了"巴比伦"(或与之同义的指示词)。
2a. "辰星"一词**指称**(或**意味着**;或**是用来命名**)太阳。	2b. "辰星"与"太阳"是同义词。
3a. S_1 的意思是(或**断言**;或其内容是;或有这样的意思),月亮是球状的。	3b. S_1 对等于"月亮是球状的"。

4a. "luna"一词在拉丁语中**指称** moon。

5a. "……"这个中文句子的**意思是**,月亮是球状的。

4b. 英文"moon"对应的等价拉丁语表达式是"luna"。

5b. 英文"The moon is spherical"对应的等价中文翻译为"……"。

接下来的两个例子 6 和 7 显示出**一个表达式的含义和它所指称的对象**之间的区别如何能够被形式地表示出。[现象学家强调了这一区别,但他们只是在心理意义上给予了解释,而没有赋予其逻辑意义上的解释。]

6a. 表达式 "merle" 和 "blackbird"有同样的**含义**(或意思一样;或有相同的**内涵对象**)。

7a. "晨星"和"暮星"的含义不同,但它们**指称**同一个对象。

6b. "merle"和"blackbird"是 L 同义的。

7b. "暮星"与"晨星"不是 L 同义的,而是 P 同义的。

[就一个符号(P-)语言而言,上述联系也可明确地表述如下:(6b)"$\mathfrak{A}_1 = \mathfrak{A}_2$"是分析的。(7b)"$\mathfrak{A}_1 = \mathfrak{A}_2$"不是分析的,而是 P 有效的。]

上述句子中**所指事实和含义之间的差别在形式上的表现**是类似的。[通常的表述,比如"意思一样"或"有同样的内容"是模糊不清的;在一些情形中我们意在表达 8b 这样的意思,在另外一些情形中却想表达 9b 那种意思,而在其他大量的情形中则意向不明。]

8a. $\mathfrak{S}_1$ 和 $\mathfrak{S}_2$ 有同样的意思。

8b. $\mathfrak{S}_1$ 和 $\mathfrak{S}_2$ 是 L 对等的。

9a. $\mathfrak{S}_1$ 和 $\mathfrak{S}_2$ 有不同的**含义**,但它们**表示了**(或描述了)同样的事实。

9b. $\mathfrak{S}_1$ 和 $\mathfrak{S}_2$ 不是 L 对等的,而是 P 对等的。

[对于一个符号语言而言:(8b)"$\mathfrak{S}_1 \equiv \mathfrak{S}_2$"是分析的。(9b)"$\mathfrak{S}_1 \equiv \mathfrak{S}_2$"不是分析的,而是 P 有效的。]

10a. 算术语句**陈述了**(或**表达了**)数的某些性质以及数之间的某些关系。

10b. 算术语句由数值表达式以及以如此这般方式组合的一元或多元数值谓词构成。

11a. 一个特定的物理学语句**陈述了**一个空间点在给定时间的状况。

11b. 一个特定的物理学语句由一个描述性的谓词以及充当谓词主目的时空坐标构成。

接下来的例子 12a,13a 以及 14a 乍一看似乎和 1a,4a 的类型是一样。但实际上,它们无比清楚地显示出采用实质说话模式所带来的错误危险。

12a. 这封信**有关**米勒先生的儿子。

12b. 这封信里头出现了一句话 $\mathfrak{Pr}(\mathfrak{A}_1)$,其中 $\mathfrak{A}_1$ 是"米勒先生的儿子"这个描述。

13a. 表达式"le cheval de M"指称(或意为)M 的马。

13b. 该表达式有一个对等的中文翻译,其中"M 的马"对应"le cheval de M"。

14a. 表达式"un éléphant bleu"**意为**蓝色的大象。

14b.（同 13b.）

设想米勒先生没有儿子，即便在这种情况下，12a 也依旧为真；这封信只不过是在扯谎。现在，根据平常用于推理的逻辑规则，从真语句 12a 就可推出一个假语句。为了更精确地表明其来源，我们将用符号系统替换掉这里的词语言。我们将把"这封信"记为"b"；对于"b 是有关 a"，我们将写作"H(b, a)"；同时，我们也将把"a 的儿子"记作"Son′a"（即罗素符号系统中的描述语，见§38c）。因此，12a 将被转写为："H(b, Son′Miller)"（$\mathfrak{S}_1$）。根据众所周知的逻辑定理（见拙作《数理逻辑的基础》，§7c；L 7.2），从语句 $\mathfrak{Pr}(\mathfrak{Arg})$（其中，某个描述语充当该句的主目）便可推出一个句子，而这个句子断言了存在着某个具该描述语所述性质的东西。相应地，从 $\mathfrak{S}_1$ 可推出"(∃x)(Son(x, Miller))"（$\mathfrak{S}_2$）；或者也可换个说法，"米勒先生的儿子存在"。不过，这是一个假语句。类似地，我们也可从 13a 推出一个可能的假语句"存在着 M 的马"，从 14a 推出假语句"存在着蓝色的大象"。另一方面，根据通常的规则我们无法从采用形式说话模式的 12b、13b 以及 14b 当中推出假语句。这些例子表明，如果我们轻率地将一些对某些语句来说是正确的推理方法用于这些采用实质说话模式的语句，那么其使用就导向了矛盾。〔我们不能认为 12a、13a 以及 14a 是不正确的，或实质说话模式的使用必然导向矛盾；毕竟，词语言并不受逻辑规则的制约。因此，如果有人想接受实质的说话模式，那么他必须对其使用一个规则系统，该系统不但要比逻辑系统复杂，而且要比那种支配文字语言的其他语句的系统更复杂。〕

一些语句含有意义关系，而这种关系在某种程度上是隐含的。这种语句初看起来不是明显地属于实质的说话模式。这类语句最重要的例子是那些采用所谓**间接**或从属（oblique）说话模式的语句（这就是说，这类语句言及某个口头的、内心的或写下来的句子，但是它们并未用初始语词加以表达，而是代之以"that"、"whether"或其他"w…"引导的句子，或没有任何连接词的从句，又或"to"的不定式）。对于接下来的 15a 和 16a 两例，采用形式化表达的 15b 和 16b 表明，出现间接说话模式的语句和先前我们讨论过的那些例子是同一种类型，因此它们也都属于实质的说话模式。

I. 实质的说话模式		II. 形式的说话模式
1. 间接引语中的语句	2. 有关意义的语句	
15a. Charles said (wrote, thought) Peter was coming tomorrow (or: that Peter was coming tomorrow)	15b. Charles said a sentence which means that Peter is coming tomorrow.	15c. Charles said the sentence "Peter is coming tomorrow"(or: a sentence of which this is a consequence).
16a. Charles said *where* Peter is.	16b. Charles said a sentence which states where Peter is.	16c. Charles said a sentence of the form "Peter is —"in which a spatial designation takes the place of the dash.

无可否认，采用间接说话模式是一种简便的做法；但它和其他那些实质方式的语句有相同的危险。例如，与 15c 相比，15a 会给人一种虚假印象：它似乎涉及彼得。但实际上，它所涉及的只是查

尔斯和"彼得"这个词。若采用直接说话模式,这一问题便不再产生。比如,"查尔斯说'彼得明天来'"就不再属于实质的说话模式:它是一个描述性句法语句。直接说话模式是形式句法模式在文字语言中的普通形式。(关于借助于引号来构造表达式的句法指示词,可参见§41。)

到目前为止,我们所给出的这些例子已足以表明,实质说话模式当中的某些表达会带来含混或矛盾的危险。诚然,对于上述这些较为简单的情形,我们并不难规避这种危险。但是,对于那些本质上与它们相同但却不那么明显的情形而言,特别是在哲学当中,实质说话模式的应用一次又一次地导致了不一致和混乱。

§76. 通用词

假如一个谓词使得由它构成的每一个完整语句都是分析句,就称它为**通用谓词**(universal predicate),又或,如果它是词语言中的一词,就称它为通用词(universal word)。[对于任何一个谓词属类(genus),通用谓词都不难定义。例如,如果 pr_1 是任何属类的pr^1,我们就对同一属类的通用谓词 pr_2 做如下定义:$pr_2(v_1) \equiv (pr_1(v_1) \lor \sim pr_1(v_1))$。]通用词之研究对于哲学语句的分析尤为重要。它们经常出现于形而上学和科学逻辑的语句当中,主要是实质说话模式中。为了更好地配合"通用词"标准的实际应用,我们还是继续采用非形式的方式予以表述。一词之为通用词,它所表达的某种性质(或关系)就要分析地属于某一属类的所有对象,而任何两个对象之被归为同一个属类,仅当它们的指示词属于同一个句法属类。由于我们无法严格地建立起词语言的句法规则，又因为语词的属类之分在语言上的用法颇为多样，所以，我们例举的通用词只能是对某一特定用法有效的通用词。

例1："物"(thing)是通用词(假定所有物的指示词构成一个属类)。就语词序列"狗"、"动物"、"生物"、"物"而言，每一项均是比它前项更为宽泛的谓词，但只有最后一个词是通用词。相应地，对于这一系列句子，"卡拉是条狗"、"卡拉是只动物"、"卡拉是个生物"、"卡拉是物"来说，它们的内容在相继缩减。但是，最后一个句子与其他句子有着根本不同，因为其 L 内容为空，而且它是分析的。对于"卡拉是物"这个句子，如果我们用其他物的指示词换掉"卡拉"，结果是我们又会到得一个分析语句；但若我们用一个并非是物之指示词的表达式换掉"卡拉"，那结果就根本不是个句子。

例2："数"是通用词(假定数目表达式构成一个属类，其示例出现于语言 I、II 而非罗素的语言，在后者那里它们构成了二阶的类的表达式的一部分)。对于"形如 2^n+1 的数"、"奇数"、"数"这一系列谓词，只有最后一项是通用词。对于"7 是形如 2^n+1 的数"、"7 是奇数"、"7 是数"这一系列句子，第二项已经是分析的了，但只有第三项才有如下这样的性质，即当我们用其他某个 $\mathfrak{Z}$ 换掉其中的 7 时，结果依然会得到一个分析语句。如果用某个不是 $\mathfrak{Z}$ 的表达式换掉"7"，那我们就得不到任何句子(依据我们一开始的假设)。

通用词示例："物"、"对象"、"性质"、"关系"、"事实"、"条件"、

"过程"、"事件"、"行为"、"空间点"、"空间关系"、"空间"(由空间关系联系在一起的空间点的系统)、"时间点"、"时间关系"、"时间"(由时间关系联系在一起的时间点的系统);"数"、"整数"(对于 I 和 II)、"实数"(对于某些系统)、"函数"、"集合";"表达式"(对于一个纯句法语言),等等。

我们所有人都用这种通用词写作,它们出现于几乎每一个句子当中,特别出现于科学的逻辑语句中。我们无可避免地用到这类词,但这只是出于文字语言的缺陷,也就是说,出于其句法结构上的不足。我们对每一种语言都可加以转换,使得通用词不再出现于其中,而且这么做并不失简洁与表达性。

接下来,我们将区分通用词的两类用法(这里仍不拟给出严格的、形式化的区分)。第二类用法涉及实质的说话模式,对此我们将稍后予以处理。第一类用法涉及真实的对象语句。此处,通用词用于指出另一个表达式的句法属类。在某些情形下,其他表达式的句法属类已经由其形式单独地予以确定;由附加的通用词来特别地指出只是为了使其更加明显,便于读者理解。而对于另外一些情形,这种附加的通用词是必须的,否则其他表达式就是含混的。可以说,第一类用法中的通用词是**非独立的**;它是附加于另一个表达式之上的**辅助性语法符号**,某种类似下标或附注的东西。

例 1:"通过结晶过程……"由于结晶毫无疑义地属于过程这一属类,所以有人就会简单地说:"通过结晶……"。这里,通用词"过程"只是用于指出"结晶"一词之所属。类似地,例 2:"疲劳条件……";例 3:"数目五……"。

在接下来的句子中,通用词对于单义性是必须的。使用后缀("7"和"7r")或代之以各种显性表达式后它就变得多余了。4a. "整数7……";4b. "实数7……";5a. "友谊的条件……";5b. "友谊关系……"。

在词语言中,我们尤需通用词来充当变元的辅助性符号,也就是说,对于全称语句或存在语句的表达来说,它们意在表明这些代入值取自哪个属类。文字语言使用的变元词("一个"、"一些"、"每一个"、"全部"、"任何一个"等等)不以任何特定的属类作为它们的值域。如果不同类型的变元被用于代入值的不同属类(这在符号语言中很常见),那么加入一个通用词就变得多余。由此,这里的通用词在某种程度上充当了变元的下标或附注,用于指示其代入值的属类。

例:我们来对比词语言的表达和逻辑的符号语言的表达。6a. "如果任何数……,那么……"6b. "(x)(…⊃…)"(这里"x"是 $\mathfrak{z}$)。7a. "存在一个数……"7b. "(∃x)(…)"(这里"x"是 $\mathfrak{z}$)。8a. "I know a thing which…"8b. "(∃x)(…)"(这里"x"是物变元)。9a. "每一个数值性质……"9b. "(F)(…)"(这里"F"是值为 $\mathfrak{z}\,\mathrm{pr}^1$ 的 p)。10a. "存在一种关系……"10b. "(∃F)(…)"(这里"F"为 p^2)。

维特根斯坦在《逻辑哲学论》第 84 页说:"因此,变元名称'x'是伪概念对象的记号。在'对象'('物'、'实体'等等)一词得到了正确使用的地方,它通过变元名称在逻辑符号系统中得到了表达……而在其他地方,即,在其用作正当的概念词的地方,就会出现缺乏意义的伪命题。……这一点对'复合'、'事实'、'函式','数'等词也同样成立。它们全都表示形式概念,并通过变元而非函式或类(弗雷格以及罗素的思想)呈现于逻辑符号系统当中。诸如'1是数'、'只存在唯一的一个数零'这类表达式都是缺乏意义的。"对这一段正确的看法应是,通用词指称形式(用我们的术语:句法)概念(或更为准确地说:不是句法谓词,而是准句法谓词),而且通过翻译,它们被译成了各种变元(或更准确地说:它们确定了"一个"、"每一个"等词被翻译成的变元类型;这里所确定的只是变元的类型,而非它们的形式;在上述例子中,我们可以用"y"或"z"换掉"x")。另一方面,我并不认同维特根斯坦如下这种看法:通用词的这类用法是仅有的可以接受的用法。稍后我们会看到,恰恰是在最重要的情形中(即另一类用法),通用词得到了独立使用("用作正当的概念词")。那里是采用实质说话模式的语句要被译成句法语句的问题。这种带有通用词的语句被维特根斯坦认作是无意义的,因为他并不认为我们有可能给出句法语句正确的形式化表达。

通用词的与 w 型疑问词("what"、"who"、"where"、"which"等等)有关的用法,类似于它们在全称语句和存在语句中的用法。这里,通用词同样也在翻译为一个符号语言的过程中确定了变元的类型。非否的问题要求对一个特定语句 $\mathfrak{S}_1$ 做出肯定或否定回答,也就是说,回答要么断言了 $\mathfrak{S}_1$,要么断言了 $\sim \mathfrak{S}_1$。[例:"这张桌子是圆的吗?"这一问题要求我们的回答要么断言"这张桌子是圆的"，要么断言"这张桌子不是圆的"。]与之对比，一个 w 型问题则需要针对某个适当的语句函项来断言它的一个封闭的完整语句（或语句框架）。对于一个用符号语言陈述的问题，所要求的主目的属类由主目的变元类型所确定。而在词语言中，该属类由 w 型特指疑问词（例如"who"、"where"、"when"）或带有辅助性通用词的 w 型非特指疑问词（例如"what"、"which"）所指示。因此，在这里我们同样可以认为，通用词是变元的附注。

例1：设我想要某人做出形如"Charles was —— in Berlin"的断言，这里省掉了一个时间确定词，而我想知道代替破折号的是什么。这一问题必须以某种方式表明缺失的表达式是一个时间确定词。如果使用符号，这可以以如下方式这样得到：给出一个语句函项，其主目为时间变元的变元"t"。[为了将该问题符号化，其主目阙如之变元必须通过一个问题算子，即"(? t)(Charles was t in Berlin)"加以约束。]在词语言中，所求主目要么通过特指疑问词"when"（"When was Charles in Berlin?"），要么通过附于非特指疑问词的通用词"时间"或"时间点"（"At what time was Charles in Berlin?"）来获得。

例2：我想要某人做出形如"Charles is —— of Peter"的断言，这里可替代破折号的词需是关系词（比如，"父亲"、"朋友"或"老师"）。这一问题的符号化表达为："(? R)(R(Charles, Peter))"，此式中的"R"为关系变元。它在词语言中的表达可通过将通用词"关系"附加于一个非特指疑问词来实现："What relation is there between Charles and Peter?"

§77. 实质说话模式中的通用词

到目前为止，我们所讨论的是通用词的第一类用法，它表现为一种辅助性的符号，用以确定另外一个表达式的属类；我们的讨论表明，如果在另外那个表达式的位置上引入了一个指示出其属类的符号，那么，我们就不必用通用词。与此不同，**通用词的第二类用法表现为一个独立的表达式**，其最简单的形式是，该表达式占据了语句谓词的位置。这类语句属于**实质的说话模式**；因为此处的通用词是准句法谓词；相关的句法谓词是指称相关表达式的属类的谓词。［例如："数"是一个通用词，因为它分析地属于某一对象属类（即数的属类）下的所有对象；相关的句法谓词为"数值表达式"（或"数目词"），因为它可用于所有指称某个数的表达式。"五是一个数"是采用实质说话模式的准句法语句；其相关的句法语句为"'五'是一个数目词"。］

带有通用词的语句	句法语句
（实质的说话模式）	（形式的说话模式）
17a. **月亮是一个物**；五不是物而是**数**。	17b. "月亮"是一个物事词（物之名）；"五"不是物事词，而是数目词。

对于 17a，与"那个物月亮……"、"那个数五……"相比较，可以看出通用词"物"和"数"是独立的。

| 18a. 性质不是**物**。 | 18b. 形容词(性质词)不是物事词。 |

18a 易受到以下考量的反驳,即,它违反了一般的类型规则。如当我们试图符号化地对其加以表述时,例如,"$(F)(\text{Porp}(F) \supset \sim \text{Thing}(F))$"或"$(x)(\text{Porp}(x) \supset \sim \text{Thing}(x))$",这一点就显得格外清楚;第一种情况中的"$\text{Thing}(F)$"以及第二种情况中的"$\text{Prop}(x)$"不符合类型规则。因此,如果 18a 被认为是一个句子(其真假并不重要),那么,根据通常的逻辑句法就可推出罗素悖论。而要避免这一问题,我们就有必要引入特殊的、复杂的句法规则。

| 19a. 友谊是一种**关系**。 | 19b."友谊"是关系词。 |
| 20a. 友谊不是一种**性质**。 | 20a."友谊"不是性质词。 |

19a 相当于罗素所采用的语句形式"$\cdots \in \text{Rel}$";但与之类似的符号化表达方式 20a 就违背了类型规则。另一方面,形式说话模式的相应语句 19b 和 20b 即便不做任何调整,它们也是同一种类型而且同样正确。对照伪对象语句 19a,我们可以看出,形如"Friendship ensues if…"的句子是真正的对象语句,因此也就不是实质说话模式的语句。

太多次听到这样的说法:类型规则(即便是简单的类型规则)带来的限制给语言的表现力造成了不便,而且人们常常试图使用不被这种规则所允许的表达方式。然而,这类表达方式通常(比如我们给出的几个例子)只是带有通用词的伪对象语句。对于这种情况,若采用相应的句法词项将对象词项取而代之,那么,类型规则的限制就会消失。

独立通用词似乎经常出现在哲学语句、科学的逻辑以及传统哲学当中。稍后给出的大多数哲学语句都属于实质的说话模式，因为这些例句用到了独立通用词。

§78. 实质说话模式引发的哲学困惑

事实上，哲学写作中——即使是那些与形而上学无关的哲学写作中——含混频仍，而且人们常常在哲学讨论中也发现彼此是鸡同鸭讲，这一切在很大程度上是因为我们用实质的说话模式取代了形式的说话模式。首先，采用实质说话模式的表达习惯使我们误解了我们所研究的对象：伪对象语句让我们误认为我们是在处理语言之外的对象，比如数、物、性质、经验、事态、空间、时间等等；而事实是，我们的研究只是关乎语言对象及其被实质说话模式所伪饰的联系（比如，数值表达式、物的指示词、空间坐标等等）。299 这一事实只有通过将这些语句译为采用形式说话模式的语句，或有关语言和语言表达式的句法语句才变得清楚。

此外，由于实质说话模式用绝对概念替代了相对于语言的句法概念，所以它导致了含混。对于句法语句以及每一个希望被解释为句法语句的哲学语句来说，我们必须指定语言或某种类似语言的东西。如若没有给出参照语言，那么语句就是不完整的、模糊的。通常，我们想让句法语句适用于以下情况：

1. 所有语言；
2. 某类特定类型的所有语言；

3. 科学的当前语言(或科学的子域,比如物理学、生物学等的当前语言);

4. 事先声明了句法规则的某种特定语言;

5. 至少某种特定类型语言中的一种;

6. 至少一种语言;

7. (没有事先指定的)某种语言,我们建议它充当科学的语言(或科学某子域的语言);

8. (没有事先指定的)某种语言,我们给出了其表达方式以及系统化的研究方式(它是否会充当科学的语言先撇开不谈);

如果采用形式化的句法的说话模式,那么我们就是在讨论语言表达式。这就使我们所讨论的语言必须被指明这一点显得相当清楚。尽管如此,在大多数情况下,即便语言并没有被特意地命名,它也将通过阐释(比方说,那些正好被给出的阐释)的语境得到理解。另一方面,采用**实质的说话模式**使我们**忽视了哲学语句之语言的相对性;它对哲学语句之为绝对这一**秕谬负有责任。特别需要注意的是,某个哲学论点的陈述有时(如阐释 7 或阐释 8)并非表现为一项**断言**而是表现为一项**建议**。任何有关这种论题之真假的争论实则秕谬不然,它们仅仅是有关语词的无妄之争。我们最多只能探讨那种建议的效用,或研究其影响。但是,就算对于那些表现为一项断言的哲学论题而言,含混以及毫无价值的悖论也易于通过若干可能的阐释(比如,1-6)浮现出来。有几个例子可以让这一点清楚起来。(为了简单起见,我们将用一种较为初阶的方式来表述这些论题,而不是如实际的讨论中所做的。)

哲学语句 （实质的说话模式）	**句法语句** （形式的说话模式）
21a. **数**是物的集合的集合。	21b. 数值表达式是二阶集合表达式。
22a. **数**是特殊的初始对象。	22b. 数值表达式是零阶表达式。

设想某位逻辑主义者坚持 21a，而另一位形式主义者坚持 22a。那么，这两位孰对孰错以及关于数究竟何为的争论注定是无休无止、没有价值的。而一旦采用形式的说话模式，这种没有定论的状态就不复存在。首先，21a 和 22a 应被译做 21b 和 22b。但是，这两个句子还不是完整的，因为有关所指语言之陈述依旧付之阙如。各式各样的阐释——比如先前提到的那些——仍然是有可能的。阐释 3 显然不是我们想要的。而对于阐释 1，这两位就都是错误的。但要基于最低限度的阐释 6 的话，那这两位又都是对的，而且争论也烟消云散；因为我们有可能构造出一种算术语言，使得 21b 为真或 22b 为真。无论如何，争执双方也许会同意，他们想让他们所坚持的论点在阐释 7 的意义上（比方说）作为建议出现。就此而论，我们无法讨论真假问题，而只能讨论这种或那种语言形式为着特定目的是否更加妥当。

23a. 某些**关系**属于初始材料。	23b. 某些两项（或更多项）谓词属于未经定义的描述性初始符号。

24a. **关系**绝不是初始材料,它们取决于其成员的性质。

24b. 所有两项或多项谓词是基于单项谓词定义的。

对于 23a 和 24a 这两个论点,讨论再次变得毫无价值、带有欺骗性,除非争执双方诉诸形式的说话模式,并认同对 23b 和 24b 这两个句子是做阐释 1-8 中的哪一个。

25a. 物是感觉资料的复合体。

25b. 出现物的指示词的语句对等于这样一种语句的集合:其中没有物的指示词只有感觉材料的指示词。

26a. 物是原子的复合体。

26b. 出现物的指示词的语句对等于这样一种语句:其中包含时空坐标以及特定的描述性算符(或物理学算符)。

设想某位实证主义者坚持 25a,而另一位实在论者坚持 26a。于是,一场关于物究竟是什么的无休止的聚讼便开始了。但若我们转向形式的说法方式,这两造便有可能得到调和——即便在阐释 3 的解释下它们是有关科学语言之整体的断言。因为,将一个物的语句转译为与其对等的语句有着各种各样的可能性,它们彼此之间显然并非不相容。**实证主义和实在论之间的龃龉是一场关于伪论点的无端争执,其来源全部可归于实质说话模式的使用。**

这里我们想再一次着重指出,根据我们已给出的例句并不能说所有采用实质说话模式的语句必然不正确。但它们通常是不完整的。即使这样也并不妨碍它们得到正确的使用,因为在每个领域中,不完整的、缩略的模式也常常可以得到有益的使用。但是,这些例子表明,在采用实质说话模式的时候,特别是在哲学讨论中采用这一方式时,避免内禀于其中的危险,充分意识到它的特点是何等的重要。只要在讨论中出现了含混和不确定性,我们就建议至少得将那些身处争议的重要论点转译为形式的说话模式,并更为精确地指明它是断言还是建议以及它所参照的语言。如果某一论点的提出者拒绝对该论点做出这些陈述,那么此论点就是不完整的,因此也就没有被讨论的资格。

§79. 采用实质说话模式的哲学语句与采用形式说话模式的哲学语句

接下来,我们将进一步给出一些采用实质说话模式的例句及其相应的形式化语句。这些句子一般出现在哲学讨论中,有时也出现于已经是明确地面向科学的逻辑研究中。[为简单起见,我们将用简单化了方式来表述这些句子。]这些例句(以及§78中的那些例句)并不具有前文中提出的那些实质说话模式之标准的简单形式。但是,它们的一般特征确实是实质说话模式的特征;它们言说某种对象,而我们有可能构造出采用形式说话模式的相应语句,使其对它们所言及对象的指示词做出相应断言。在大多数情形中,由于初始语句不能得到唯一的理解,因此转译为形式说话模式的语句也就不是唯一的;我们甚至不能确定地指明所讨论语句是一个伪对象语句,因此也不能确定地指出它是一个采用实质说话模式的语句。因此这里给出的翻译只不过是个建议,不是必然的。任何坚持那个哲学论点的人的任务是通过将该论点翻译为精确语句从而对其加以解释。后者有时是真正的对象语句(这就是说,它并不是准句法语句);而且对于这种情况,不会出现任何的实质说话模式。否则就一定可以通过句法语句的翻译而给出阐释。接下来给出的句法语句——和先前给出的例句一样——必定进一步通过指明它们所参照的语言使其完整;根据这一陈述,我们可以发现那个语句是断言还是建议,也就是说,一项新的规则。在下文中的例句中我们略掉了这些陈述,因其一般我们不可能根据实质说话模式的哲学语句唯一地获得它们。[正如在前文中的那些例句一样,这里的这些例句是否为真对于我们的研究并不重要。]

哲学语句 (实质的说话模式)	句法语句 (形式的说话模式)
A. 一般性(有关物、性质、事实等)。同样适用于例 7,9,17-20。	
27a. 物性质的性质本身并不是物性质。	27b. ^{2}pr 不是 ^{1}pr。
28a. 一个性质不能具有另外一个性质(对比 27a)。	28b. 不存在比一阶 pr 更高阶的 pr(对比 27b)。
29a. 世界是事实的总体,而非物的总体。	29b. 科学是一个语句体系,而非名称体系。
30a. 事实是对象(实体、物)之组合。	30b. 语句是符号之序列。
31a. 如果我知道一个对象,那我也知道它存在于事实中的所有可能性。	31b. 如果给定某一符号的属类,那么它存在于语句中的所有可能性也被给定了。
32a. 同一性并不是对象间的一种关系。	32b. 同一性符号并非一个描述性符号。

29a-32a 出自维特根斯坦。类似地,他的其他许多初看起来含混的语句在转译为形式说话模式的语句之后变得清楚了。

33a. 这一状况(或事实、过程、条件)逻辑上是必然的;……逻辑上是不可能的(或不可设想的);……逻辑上是可能的(或可设想的)。

33b. 这一语句是分析的;……矛盾的;……不是矛盾的。

34a. 这一状况(或事实、过程、条件)实际上(或在物理上,根据自然定律)是必然的;……实际上是不可能的;……实际上是可能的。

34b. 这一语句是有效的;……反有效的;……不是反有效的。

35a. 状况(或事实、过程、条件)C_1 在逻辑上(或实际上)是状况 C_2 的必然条件。

35b. $\mathfrak{S}_1$ 是 $\mathfrak{S}_2$ 的 L 后承(或 P 后承)。

33a-35a 是模态语句;见 §69。

36a. 对象 c 的某一性质之被称作 c 的**本质**(或**内在**)性质,仅当我们无法设想 c 不能具有该性质(或只要 c 必然地具有该性质);否则,它就是一个**非本质**(或**外在**)性质。(相应地,这对关系也成立。)

36b. $\mathrm{p\,r}_1$ 之被称作一个同某一对象指示词 $\mathfrak{A}_1$ 有关的分析(或本质的,或内在的)谓词,仅当 $\mathrm{p\,r}_1(\mathfrak{A}_1)$ 是分析的。(相应地,这对两项或多项谓词也成立。)

36a 这种表述方式具有不确定性,因为它导向了含混和矛盾。假设对象 c 是查尔斯的父亲。根据 36a 的定义,与查尔斯的这种关系就是 c 的一个本质性质,因为我们无法设想查尔斯的父亲同查尔斯没有关系。但是,地主身份并不是查尔斯之父的本质性质,因为,即便他是地主,我们也可以设想他或许不是地主。另一方面,地主身份是某一片土地之所有者的一个本质性质,因为,我们无法设想这片土地的所有者不是地主。然而,查尔斯的父亲碰巧是这片土地的所有者。基于 36a 的定义,既可以说地主身份是此人的本质性质,又可以说它不是此人的本质性质。因此,36a 导向矛盾;但 36b 就不是这样,因为"地主身份"是有关"这片土地的所有者"这一对象指示词的分析谓词,而它不是"查尔斯的父亲"这一对象指示词的分析谓词。所以说,36a 所给定义的缺陷在于它指称一个**对象**,而不是**对象指示词**,即便对于同一个对象,这里也会出现**差别**。

该例表明(下文将通过更为准确的研究来确认这一点),许多有关**内在性质(关系)、外在性质(关系)**的讨论或争议是毫无根据的——只要它们是基于一个所示形式的定义(或某种与之类似的东西),或更准确地说,是基于采用实质说话模式的定义。[这类研究尤见于盎格鲁-撒克逊哲学家的著作,这里头就有维特根斯坦,尽管我们籍由他洞悉到许多伪问题,但他本人也误入歧途。]但若换掉这种常见的定义而给出一种采用形式说话模式的定义,那么通常充满争议的那些情形就不再含混不清,而且是如此简单以至于人们不会再试图提出与其有关的任何哲学问题。

B. 所谓数的哲学;算术的逻辑分析。同样也适用于例 10,

17,21 以及 22。

37a. 上帝创造了自然数（整数），分数以及实数则是人的成果（克罗内克）。

37b. 自然数符号是初始符号；分数表达式以及实数表达式由定义引入。

38a. 自然数并不是给定的；给定的只是计数过程中的初始项，以及从某一项到其后继项的操作；通过这种操作其他诸项就被逐步创建出来。

38b. 自然数表达式不是初始符号（对比 37b）；只有"0"和"1"是初始符号；$\mathfrak{S}t$ 有着 nu 或 $\mathfrak{S}t'$ 的形式。（语言 I, II）

39a. 数学**连续统**是具有某种结构之序列；该序列的诸项是**实数**。

39b. 在公理体系中，某些结构性性质（密度、连续性等等）被归诸pr_1^2，它是初始符号。那些适用于pr_1的主目——它们是零阶表达式——被称作实数表达式。

40a. 数学连续统并非由原子式的元素构成，它是一个整体而始终可以被分解为可继续分解的子区间。实数是区间套之序列。

40b. 在公理体系中，某些结构性性质（即某种特定类型的部分-整体关系的性质）被归诸pr_1，它是初始符号。主目为自然数表达式，同时，值表达式适宜做pr_1主目的$\mathfrak{F}u^1$被称作实数表达式。[于是，所谓创造性选择序列由某个$\mathfrak{F}u$。示出；见 148 页。]

39a 和 40a 以简单的表达方式呈现出了一种对立：其一基于集合论，是关于实数连续统通常的数学观念；另一则是由布劳威尔、外尔提出的有关连续统的直觉主义观念，它拒斥前者原子主义式的看法。39b 和 40b 可被认为是建议了两种相异的演算体系。

C. 关于既予材料或初始材料（知识论、现象学）的问题；记录语句的逻辑分析。同样适用于例 23、24。

41a. 唯有的**初始**资料是经验间的关系。

41b. 只有两项或多项谓词（其主目属于经验表达式之属类）才能作为描述性的初始符号出现。

42a. 视域的时间序列作为初始材料被给定；每一视域都是一个二维的位置系统，其中的位置被颜色所占据。（对比 41a.）

42b. 一个描述性的原子语句由一个时间坐标，两个空间坐标以及一个颜色表达式所构成。

43a. 感受质，例如颜色、气味等等，属于初始材料。

43b. 感受质的符号，比如颜色符号、气味符号等等，属于描述性的初始符号。

44a. 根据相似性（所谓色锥）排布的颜色系统是三维的，该事实是先天可知的（或：可经本质直观而被意识到；或：是那种排布的一种内在性质）。

44b. 一个颜色表达式由三个坐标构成；每个坐标的坐标值根据句法规则形成了一系列编序；基于这三条句法规则，该颜色表达式构成了一个三维编序。

45a. 颜色一开始并不是作为某一编序的成员被给定的,而是作为个体被给定的;然而,经验的相似性关系存在于种种颜色之间,以此为基础颜色能被经验地排布于一个三维编序当中。

45b. 颜色表达式并不是复合的;它们是初始符号;此外,一个自反、对称但非传递的pr_u^2(颜色表达式可充当其主目)是作为初始符号出现的;由这个 pr 确定的编序的三维性定理是 P 有效的。

对于色锥之三维性的知识是先天的还是经验的这一聚讼颇多的哲学问题,由于采用了实质的说话模式,因此是不完整的。其答案依赖于我们所用语言之形式。

46a. 每一颜色都有三个组分:色调、饱和度以及强度(或色调、白度以及黑度)。

46b. 每个颜色表达式都由三个子表达式构成(或与以此种方式构成的表达式同义):一个色调表达式、一个饱和度表达式以及一个强度表达式。

47a. 每一颜色均处于一个位置。

47b. 一个颜色表达式总是伴有一个关于位置指示词的语句。

48a. 每一音调都有其特定的音高。

48b. 每一音调表达式都包含一个音高的表达式。

D. 所谓的自然哲学;自然科学的逻辑分析。同样适用于例 11,25 以及 26。

49a. 时间是连续的。

49b. 实数表达式被用作时间坐标。

关于这一点见维特根斯坦(《逻辑哲学论》,第172页):"所有命题,例如因果律、自然的连续律,……都是有关科学命题之可能形式的**先天**直觉。"(对于"有关……的先天直觉",我们更愿意说:"与约定有关"。)

50a. **时间**是一维的;**空间**是三维的。

50b. 时间表达式由一个坐标构成;空间表达式由三个坐标构成。

51a. 时间在向前向后的两个方向上都是无限的。

51b. 每个正实数或负实数表达式都能用作时间坐标。

经典物理的决定论与量子物理的概率决定之间的对峙关乎自然定律体系的句法差异,即物理语言(已表达出的或有待发现的)的P规则;以下两例表明了这一点。

52a. 每一过程都由其原因唯一地决定。

52b. 对于一个特定的物理语句 $\mathfrak{S}_1$,以及任何比 $\mathfrak{S}_1$ 中出现的时间坐标都要小的时间坐标 $\mathfrak{A}_1$ 而言,均存在一组特定的、带有时间坐标 A_1 的语句 $\mathfrak{R}_1$,使得 $\mathfrak{S}_1$ 是 $\mathfrak{R}_1$ 的一个P后承。

53a. 某一粒子的位置与速度并不是唯一的,而是由之前的粒子群概率地决定。

53b. 如果 $\mathfrak{S}_1$ 是一个关于粒子的特定语句,而 $\mathfrak{A}_1$ 比 $\mathfrak{S}_1$ 中的时间坐标要小,那么,$\mathfrak{S}_1$ 就不是所有带有时间坐标 A_1 的语句的P-后承,不论这些语句涵盖范围多广,它是此类语句的概率后承,而且该概率小于1。

§80. 实质说话模式的危险

若让我们通过一个一般的术语来刻画实质的说话模式，我们会说，它是一种特殊的、变调的说话模式。为了断言有关对象 a 的某种东西，我们用这种变了调的说话模式断言与对象 a 处于特定关系的对象 b 的某种东西（这并不是一项严格的定义）。例如，任何一例隐喻都采用了变调的说话模式；而且，其他的类型也频现于我们的日常语言——其出现次数之多或许远多于我们一开始所认为的那样。变调说话模式的使用极易导致含混不清，但只要系统化地将其表达出来，它就不再是矛盾的了。

不同类型的变调的说话模式：

例1. 虚设的例子。通过以下规则我们引入了"marge"一词（类似于"large"）：如果一个地方 a 有超过 10000 名居民，那我们就说，在地名词典中排于 a 之前的 b 地是 marge。这一规则可以毫无矛盾的生效，比方说，根据该规则，Berlichingen 是 marge，因为，在地名词典中，"Berlin"紧接于其后。这一定义看上去相当荒谬，因为某地之性质（按"性质"一词通常的意义）对于该地是否 marge 毫不重要。一般的实质说话模式也存在着同样的问题（见下文中的例5），甚至（当然，人们可以从中找出与通常所持看法相反的看法）对于例2,3 以及例4 也是如此。

例2. 根据日常的语言用法，一个人之被称作**著名的**，仅当其他人对他做出了某种断言。

例3. 根据日常的语言用法,某人的某种行为 a 之被称作**犯罪**,仅当此人所在城市的刑法将行为 a 所属的那类行为之描述置于犯罪的条目下。

例4. 根据日常的语言用法,某人的某种行为 a 之被称作**不道德**(moral crime),仅当在其他大多数人的心目中,一些人干出这种行为(不是他们本人)的想法引起了道德愤慨。

例5. 根据日常的语言用法,说某次讲座讲的是某座城市(比方说,巴比伦;见§74的例子)(实质的说话模式),仅当此城之指示词出现于讲座当中。就所论城市的质(按"质"的通常意义)而言,"昨天的讲座讲的是这座城市"这一性质是否为该城所有一点儿也不重要。因此,该性质是一种变调性质。

实质说话模式是一种变了调的说话模式。就其使用来看,为了言说与某词(或某个句子)有关的某种东西,我们代之以言说与该词所指对象(或相应地,该句所描述的事实)类似的某种东西。变调模式的来源有时可以通过以下事实得到心理上的解释:代用对象 b 的观念不知何故要比原来的对象 a 的观念更为生动、更加引人注目,在感觉上也强烈得多。这也正是实质说话模式的状况。语词(比方说"房子")的意象往往没有该词所指对象(本例中的那栋房子)来得生动、鲜活。另外,以下我提到的事实也许是方才提及的心理事实所产生的影响,即句法分析的方法与进路到目前为止还没有得到人们足够的重视,而且,大多数必不可少的句法词项并不是日常语言的一部分,这些因素可能也促成我们对实质说话

第五部分　哲学与句法

模式的应用。由于这个原因,我们不说"'a 有三本书,b 有两本书,a 和 b 一共有七本书'这句话是矛盾的",而代之以"a 有三本书,b 有两本书,a 和 b 一共有七本书是不可能的(或不可设想的)";或(与对象语句更为相似的句子):"如果 a 有三本书,b 有两本,那么,a 和 b 一共不可能有七本书。"人们不习惯将他们的注意力从事实转移到语句上来,显然,这么做非常困难。此外,日常语言当中还有这么一个情况,即我们并没有一个与"矛盾的"意味相同的句法表达式,有的只是准句法表达式"不可能的"。

即使对于科学家来说,采用句法视角——将注意力放在语句上,而不是事实上——也是非常之困难,以下事实格外清楚地表明了这一点:人们在讨论逻辑问题时往往会陷入典型的误解,甚至科学家、哲学家也是如此。例如,当我们维也纳学派根据反形而上学的观点来批评某些形而上学语句(例如:"神存在")或形而上的知识论(例如:"外部世界是真实的")时,大多数反对者将我们说成是在否认那些对象语句,而在肯定另外一些对象语句(例如:"神不存在"或"外部世界不是真实的"等等)。尽管我们对此做了多次的解释(例如,卡尔纳普[《哲学中的伪问题》],石里克[《实证主义与实在论》],卡尔纳普[《通过语言的逻辑分析清楚形而上学》]),并且经常指出,我们不是在谈论那些(臆想的)事实而是在谈论那些(臆想的)语句,但这些误解还总是一再发生。本书的表现方式为:我们所坚持的论点不是对象语句,而是句法语句。

我们给出的建议仅仅意在将变调说话模式,特别是实质说话模式的心理解释问题弄清楚，而不是要做出回答。虽然这一问题很值得做进一步细致的探究，但我们必须把它留给心理学家。这里我们必须加以考虑的是这样一个事实，即实质的说话模式是日常语言用法的一部分，而且，它还将会得到频繁的使用，甚至对于我们也是如此。因此，我们理应对与其使用相关联的种种危险加以特殊的关注。

大部分采用实质说话模式的日常表达依赖通用词的使用。而通用词极易导致伪问题；它们貌似指称某种对象，因此很自然地，我们就会问出与这类对象之本性相关联的问题。例如，古往今来的哲学家就曾把通用词"数"与某些导致极尽荒谬的研究和争议的伪问题联系在了一起。比方说，他们曾问道，数是真实对象还是想象中的对象；它们是外在于心智的还是仅仅存在于心智当中；它们是思想的造物还是独立于思想；它们是潜在的还是实存的，是真实的还是虚构的。有关数之起源的问题被提了出来，而且还被认为起因于自体的分割，更有甚者将该问题上升为有关一中之二的原始直觉问题。类似地，对时空之本性也提出了无数问题，不但玄想派的形而上学家们（直至近世）如此，而且许多明显地致力于使知识论论题与经验科学相一致的哲学家（例如康德）也是如此。与此不同的是，一项免受形而上学影响并专注于科学之逻辑的研究只会将其研究对象确立为科学语言有关时空表达式的句法，从形式上看，也就是物理学时空系统的公理体系之句法（例如，莱辛巴赫：《相对论时空理论的公理体系》）。此外，我们不应忘记那些有关物理(the physical)和心理(the psychical)之本性的大量伪问题。再说一次，有关性质与关系连同涉及共相的全部争议也都是些伪问题，它们出于通用词的误用。只要我们用形式的说话模式换掉实质的说话模式，也就是说，只要我们在问题的表达方式中用相应的句法词（"数值表达式"、"空间坐标"、"谓词"等等）换掉通用词（例如"数"、"空间"、"普遍者"），那么，所有的这种伪问题便不复存在。

我们用了大量的示例来表明使用实质的说话模式会导致矛盾。而出现这类矛盾的危险在可互译的语言，以及从属某种科学语言的两个分有特定等价关系（并不必然是 L 等价的）语句的子语言那里尤为严重。例如，心理学语言与物理学语言。如果将实质的说话模式用于心理语言（例如，通过使用一些诸如"心理"、"精神"、"精神过程"、"心智过程"、"行为"、"经验"、"经验内容"、"意向对象"等等通用词），而且在同一个研究中，又将这种说话模式用于物理语言（日常语言或科学语言），那么将无可避免地频现混乱。

在其他一些地方，我们曾详细地描述过这里所说的危险（[$Phys. Sprache$] 第 453 页及以下，[$Unity$]）。同样也可对照 [$Psychol$] 第 186 页，在那里，我们的注意力聚焦在心理学家们用实质说话模式给出的语句所带来的诸多含混；另外，对于由于采用实质说话模式而引起的伪问题，可参见 [$Psychol$] 第 181 页。第 314 页 I 之下所给出的例子在某种程度上也适用于此处。至于心-物问题，可参见第 324 页。①

从之前那些易于拓展的例子中我们可以清楚地看到，使用实

---

① 指英文版 314 页。

质的说话模式经常引起明显的含混与模糊,比如,我们事实上有可能将其翻译为几种有着本质性差异的形式的说话模式。对于另一些更为极端的情形,矛盾也会出现。然而,这些矛盾常常不那么明显,因为其后果并非来自形式规则,而是出于实质性的考量,但在这里,我们就有可能避免陷入到由这种可疑的表达方式造成的陷阱中去。即便在没有引起矛盾或含混的地方,使用实质的说话模式也有其缺陷,它极易产生自欺:人们相信他是在研究某些对象和事实,但实际上,他是在研究它们的指示物,即语词和语句。

§81. 实质说话模式的可接受性

我们刚才谈到了实质说话模式所带来的危险,但并没有论及其错误之处。实质说话模式就其本身而论并不是错误的,它只是易于被错误地使用。如果为其制定合适的定义与规则,并系统化地运用这些定义与规则,那么,就不再会出现含混或矛盾。然而,由于词语言太不规则而且太过复杂,很难将其收入一个规则系统,所以,人们必须留意实质说话模式的语句所特有的特点,并警惕在词语言中貌似平淡无奇地使用它们所带来的危险。当我们基于那些采用实质说话模式的语句给出一些重要的结论或哲学问题时,通过将这些语句转译为形式模式的语句从而确保它们不再含混尤其是一种明智的做法。

无论如何,我们并没有建议实质的说法方式应该被彻底取消掉。因为它建立在一般使用的基础之上,因此更易于理解,而且通常要比形式方式更为简短,也更加明显,所以,其使用常常是一种

权宜之计。就是在本书,特别是在这一部分,我们也经常用到实质的说话模式;下边就是一些例子:

实质的说话模式	形式的说话模式
54a. 哲学问题有时关心的是那些不在经验科学的对象域中的对象。例如:物自体、超越物等等(第278页)。	54b. 出现在哲学问题中的表达式有时并不出现于科学语言;例如,"物自体"、"超越物"这类表达式。
55a. 一个对象问题,比方说,关乎动物的性质;而一个逻辑问题则关乎动物学的语句(第278页)。	55b. 在对象问题中,将出现动物学(各种各样动物的指示词)语言的谓词;而在一个逻辑问题中,将出现动物学语言的语句的指示词。
56a. 我们很容易构造出有关语言表达式之结构的语句,正如我们很容易构造出有关几何结构之几何形式的语句那样(第282页及以下)。	56b. 我们很容易构造出这样的语句,其中,句法谓词作为谓词出现,而表达式的句法指示词作为主目出现,正如我们也很容易构造出这样的语句:其中(纯粹)几何语言的谓词作为谓词出现,而几何语言的对象指示词作为主目出现。

对于某个给定的采用实质说话模式的语句,或更一般地说,对于不是真对象语句的语句,并不总是需要将其译为形式的说话模式,但这种翻译必定总是可能的。形式说话模式的可翻译性是所

有哲学语句的试金石,或更一般地说,是所有那些不属于任何经验科学之语言的语句的检验标准。在可翻译性的研究中,语言的日常用法以及由作者本人已经给出的种种定义必须被纳入考量。为了找出一项翻译,我们可以试着在出现通用词(例如"数"、"性质")的地方换用相应的句法表达式(比如"数值表达式"、"性质词")。那些无法做单义翻译(至少在某种程度上无法唯一地确定其翻译)的语句由此就被表明是含混、不明确的。那些无法被给出翻译(甚至不能极其微弱地暗示其翻译)的语句被排除在科学语言之外,而且因此也就没有被讨论的资格——无论它们给人的感觉有多么高深。让我们给出一些具有警示意义的例子,这些例句出现在我们维也纳学派中人以及那些与我们有着亲缘关系的作者的著作当中。我想,大多数读者几乎不会成功地找出与这些句子相应的形式说话模式的语句,使之令人满意地呈现作者的意图。即便作者本人可以给出这种翻译——在一些情形中这是很可疑的——他的读者也毫无疑问会半信半疑,陷入困惑。我们将会看到,那类有着"难以表达"一词或某种类似语词的句子格外危险。在 I 所举的例子中,我们可以看到一种难以表达之物的神话;在 II 所举的例子中,存在着一种关于更高者的神话,而在例句(13)中这两者兼有之。

I.(1)确实存在着难以表达之物。(2)作为意识流内容出现的质既不能被断言、描述、表达,也不能被交流,而只能在经验中显现。(3)可被显示者不能被言说。(4)既予之经验具有一种可言说的结构,但同时它也有着不可言说的内容,尽管如此我们确实知道这些内容。(5)人类必须通过不可言说的经验来确认心理语句,尽管如此,他们确实知道这种经验;他们必须检视所讨论的语句,即符号之组合,是否是同构于(在结构或形式上类似)他们不可言说的经验来。(6)不可言说的蓝色、苦味等等经验。(7)个体性之本质无法在文字中体现出来,它是不可描述的,因此对于科学来说是没有意义的。(8)哲学通过清楚地显示可言说者来意味不可言说者。(9)[形式的,或]内在性质及关系之维系[存续]无法通过命题[语句]加以断言。

II. (10)世界的意义必在世界之外。(11)世界是怎么样的同更高者完全没有关系。(12)若善恶可以改变世界,其仅可以改变世界的界限,而不是事实;(13)命题[语句]无法表达更高的东西。

让我们试着给出一些翻译吧,不过,这些翻译可能并不合作者本人之意。对于例句1,我们有必要区分两种阐释:(1A)"存在着不可言说的对象",也就是说,"存在着这样一些对象,它们没有对象指示词";翻译:"存在着一些不是对象指示词的对象指示词。"(1B)"存在着不可言说的事实",也就是说,"存在着这样一些事实,它们不能由任何语句所描述";翻译:"存在着一些不是语句的语句。"对于例句(6),换句话说就是,"由'蓝色'一词所指示的经验无法由任何语词来指示";翻译:"经验指示词'蓝色'不是经验指示词。"例句(9)意为:"关联于某一对象的某种性质无法通过语句加以断言";翻译:"含有某一类型性质词的语句不是语句。"例句(13)意为:"更高的事实无法通过语句表达";翻译:"更高的语句不是语句。"

让我们再次记取：形式/实质说话模式之分并不适用于真对象语句，因此也不适用于经验科学的语句以及出现于科学逻辑（或哲学）讨论中的此类语句（见第 286 页上的三列）。这是一个关乎科学之应有逻辑的语句的问题。根据语言的日常用法，我们习惯上有时采用逻辑语句的形式来表达这些语句，而有时则采纳对象语句的形式。我们的研究表明，科学逻辑中的那些臆想的对象语句是伪对象语句，或是一些貌似谈论对象的语句，它们好像是真实的对象语句，但实际上，它们是在谈论对象的指示词，也就是说，它们是一些关于语言或语言表达式的语句。我们的研究进一步表明，所有这些语句都可被另加表述，使之不再谈论意义或含义，而是在谈论语句和其他表达式的句法形式——它们可被译为采用形式说话模式的语句，换句话说，也就是句法语句。科学的逻辑是科学语言的句法。

B. 科学的逻辑之为句法

§82. 物理语言

对物理学所做的逻辑分析——作为科学的逻辑的一部分——即为物理语言的句法。所有关于物理学的知识论问题（只要它不是形而上的伪问题）部分是经验问题——其大部分属于心理学，部分是逻辑问题——这属于句法。对物理学的逻辑分析（作为物理语言的句法）更为严格的阐述必须留待具体研究。我们在这里只提供少许建议。

首先，物理学的逻辑分析必须为语句及物理语言的其他类型的表达式设立一套组成规则（见§40）。最重要的表达式是作为主目出现的，它们是点表达式（时空点的指示词，由四个实数表达式构成，即三个空间坐标和一个时间坐标）和域表达式（某个有限时空域的指示词）。状态的物理系数由描述性算符表示。描述性算符和谓词可以分为以点表达式为主目的以及以域表达式为主目的。

物理语句可以根据它们的一般性程度加以分类。我们在这里只讨论两类极端的语句，而且为了简单起见，我们只讨论那些所有内主目为点表达式或域表达式的语句；即不含任意变元的具体语句；以及，不含常量主目的定律。

我们可以仅将 L 规则，或将 L 规则连同 P 规则规定为物理语言的转换规则（transformation rules）。如果需要 P 规则，则它们一般被陈述为 P 初始语句的形式。首先，一些最一般的定律将被表述为 P 初始语句；我们称之为初始定律。此外，另一种形式的描述性综合语句——即便是具体语句——也可被规定为 P 初始语句。对于大多数情形，初始定律具有一种涵蕴的全称语句或等价句。初始定律和其他有效定律要么是决定论的，要么是一些概率定律；后者可借助（比方说）某种概率涵蕴得到表达。由于概率概念对于物理学（特别是根据新近发展出的观点）非常重要，所以，物理学的逻辑分析必定要研究概率语句的句法；而我们也有可能在一般句法中建立起一种和值域概念有关的联系。

我们无法在这里对概率概念做深入的探讨。读者可参见布拉格大会上的讲座和相关讨论（*Erkenntnis* I, 1930）；《认识》II (189f., 1931)还给出了更多的参考书目；此外，有一些相关未发表的研究，比如莱辛巴赫、亨普尔以及波普尔的著述可供读者参考。* 至于概率涵蕴，读者可参见莱辛巴赫的[*Wahrscheinlishkeitslogik*]。

我们必须设定那些规定记录语句（观察结果由这类语句所表示）的形式的句法规则。[但是，句法研究的任务并不是要去确定到底哪类有着记录形式的语句可被我们规定为记录语句，因为"真""假"并非句法词项；有关记录语句的陈述是那些进行观察、做相应记录的物理学家的事务。]

一个物理学语句，无论它是 P 初始语句，或是某个其他有效语句，还是一项尚不确定的假设（即一项前提，其后承正在被研究中），它都会经基于语言转换规则的推导结果所检验，直到最终得到一个有着记录语句形式的句子。接着，这类语句将同那些已被陈述的记录语句相比较，通过比较或被接受或被拒斥。如果一个作为 P 初始语句之 L 后承的语句和一个已被陈述为记录语句的语句发生冲突，那么，系统就必须做出某些调整。例如，我们可以改变 P 规则，从而使那些特定的初始语句不再有效；或者那个记录语句可以被认为是非有效的，或者，我们也可改变用于推导过程的 L 规则。对于我们必须做出的这种改变而言并没有现成的规则。

而且，我们不可能制定出一套规则使新的初始定律可以基于

---

* （注释，1935）这些著作几乎同一时间出现；见参考书目。

实际已被规定的记录语句得到确立。就此人们有时候会提到所谓的归纳法。这一说法可以予以保留,只要我们清楚地看到它不是一个合格的方法,而仅仅是一种实操性的程序,该程序可以在方便性和丰富性两方面得到独立的研究。同样,并不存在归纳规则,这一点可由如下事实表明:一项定律的 L 内容,由于其不受限制的普遍性,经常超出了记录语句之有限集合的 L 内容。但另一方面,我们可以制定演绎的严格规则,即物理语言的 L 规则。因此,对于记录语句而言定律具有假说的特征;具有记录语句形式的语句可以是定律的 L 后承,但是,定律不能是记录语句之有限综合集合的 L 后承。定律并非推导自记录语句,我们是根据已存在的记录语句选择并设置定律,而且它们总是可以借助新出现的记录语句得到检验。然而,不仅定律,具体语句也可被表述为假说,也就是 P 初始语句——比如关于未被观察到的过程的语句,借助于它某些已观察到的过程可以得到解释。严格来讲,假说并不能被拒斥(证伪),因为,即便它被证明同某些记录语句是 L-不相容的,但也总是会有这种可能,即,我们可以保留该假说而放弃那些记录语句。更不存在在严格意义上的对一项假说的完整确证(证实)。如果假说的一系列不断增多的 L 后承与已被承认的记录语句是相符合的,那么,该假说就会得到越来越多的证实。由此,只有一种逐步的、不断增强的证实,而从来不会有那种最终的证实。此外,一般说来,我们不可能对单个的假说语句进行检验。就这类单个语句而论,它一般不会有合适的、具有记录语句形式的 L-后承,所以,对于那些具有记录语句形式的语句的推导而言,我们必须采纳其余的假说。因此,**检验基本上不用于单个假说,而是用于作为**

假说系统的物理学体系整体(迪昂、庞加莱)。

任何一项物理语言的规则都不是不可更改的；所有规则在制定时都有所保留，只要它们适于改变，我们就可以改变它们。这一点不仅适用于 P 规则，同样也适用于 L 规则(包括数学中的 L 规则)。就此而论，规则只有程度上的差别；某些规则只是比其他规则更难摒弃而已。[然而，如果我们假定每一个出现在某语言当中的新的记录语句是综合语句，那么在 L-有效语句和分析语句 $\mathfrak{S}_1$ 和 P-有效语句 $\mathfrak{S}_2$ 之间就存在着这一差别，也就是说，这种新的记录语句——无论它是否被认为是有效的——最多只会同 $\mathfrak{S}_2$ 不相容，而绝不会同 $\mathfrak{S}_1$ 不相容。尽管如此，在新记录语句的影响下，很可能会出现如下这种状况：我们改变了语言使得 $\mathfrak{S}_1$ 不再是分析语句。]

如果我们声明了一个新的 P-初始语句 $\mathfrak{S}_1$，而没有给出充足的变换规则(根据这些变换规则，我们可以从其余 P-初始语句以及 $\mathfrak{S}_1$ 中推导出具有记录语句形式的语句)，那么，原则上，我们就无法对 $\mathfrak{S}_1$ 进行检验，而且从科学的观点看，$\mathfrak{S}_1$ 也是无用的。然而，如果具有记录语句形式的语句可以从其余 P-初始语句以及 $\mathfrak{S}_1$ 中推导出来，而且还可以单独地从其余 P-初始语句中推导出来，那么，作为初始语句，$\mathfrak{S}_1$ 便是无效的，而且在科学上是多余的。

一个**即将引入的新的描述性符号**无需通过定义链还原为记录语句中的符号。这类符号也可以作为初始符号通过新的 P-初始语句而被引入。如果这些初始语句是可测试的，即，如果具有记录语句形式的语句可以从它们那里推导出来，那么，初始符号就可被还原为记录语句的符号。

正例：设记录语句是通常形式的观察语句。经典物理学中的电场向量无法通过这类记录语句中的符号加以定义；它是作为初始符号通过麦克斯韦方程组（这些方程组被表述为 P 初始语句）引入的。并不存在与此类方程等效的、仅含有记录语句的符号的语句，虽然具有记录语句形式的语句自然可以从麦克斯韦方程组以及经典物理学中的其他初始语句中推导出来；麦克斯韦理论正是以这种方式在经验上得到测试的。

反例：我们必须对新活力论者的"隐德莱希"这一伪概念加以拒斥。然而，我们给不出任何该概念的定义，使之可以还原为观察语句的词汇，这一点并不是拒斥它的充足理由；这一点对于大量抽象的物理概念也成立。相反，关键点是，对这个概念没有给出任何经验上可被检验的定律。

对单个已知物理过程的解释、从某个已知过程到过去的或当前的未知过程的推导，以及对未来事件的预测都是具有同样逻辑特征的操作。这三项操作事关推导，即从有效定律和其他一些具体语句中推导出描述某一过程的具体语句。解释一项定律（即实质的说话模式下的普遍事实）意味着从更为一般的定律中推导出该定律。

物理系统的构造不是依固有规则来完成，而是借助于约定。然而，这些约定，即组成规则、L 规则以及 P 规则（假说），并不是任意的。首先，它们受限于某些现实方法论上的考虑（例如，在某些任务中，它们是否定得简单、方便和有效）。所有约定，包括（比方说）定义，都是如此。此外，假说能够并必须接受经验（也就是记录语句)的检验,这里的记录语句包括那些已被声明的记录语句和被不断添加进来的新的记录语句。每一项假说必须同那些已被认识到的记录语句所属的假说系统整体相容。尽管假说所从属的经验受记录语句控制,但无论如何,它们有着约定性的一面,原因在于,假说系统绝不会由经验材料唯一地确定,不论经验材料有多丰富。

我们将稍微提一下我们所坚持的两个论题,然而,上文关于物理语言的观点并不依赖于这两个论题。物理主义坚持认为,物理语言是科学的普遍语言——也就是说,任何一个科学子域的语句都可被等价地翻译为物理语言。根据这一点可以推断,科学是一个统一的整体,其中并不存在有着根本性差异的对象域,因此,也就不存在任何鸿沟,例如,自然科学与心理科学之间的所谓鸿沟。这便是统一科学的观点。我们不拟在这里对这些论题做更细致的检视。不难发现,这两个论题属于科学语言的句法。

关于物理语言、物理主义以及统一科学的论题,读者可参见纽拉特 [*Physicalism*]、[*Physikalismus*]、[*Soziol.Phys.*]、[*Protokollsätze*]、[*Psychol.*];卡尔纳普[*Phys.Sprache*]、[*Psychol.*]、[*Protokollsätze*]。在维也纳学派的诸多讨论中,纽拉特因其首创性的见解以及对这些新论题所采纳的极端立场而格外显眼。正是因为这一原因,尽管他的许多表述并不是没有异议,但他激发了对这些新论题的研究,并产生了非常有益的影响,例如,他呼吁,统一语言不仅应该包括科学的种种界域,也应该包括记录语句以及有关语句的语句;他着重指出以下事实,即物理语言的所有规则依赖于约定性的决策,而且,它的语句——甚至包括那些记录语句——都不是不可更改的;最后,他还反对所谓的前语言说明以及维特根斯坦的形而上学。正是纽拉特提出了"物理主义"和"统一科学"——物理学逻辑分析中最重要的问题涉及记录语句的形式以及检验操作(确证问题);关于这一点也可见波普尔。

此处论述科学语句之界域的观点并不限于维也纳学派早前持有的观点。起初,学派坚持认为,一个语句要有意义,它必须是完全可证实的(维特根斯坦;魏斯曼[*Wahrscheinlichkeit*]第229页;石里克[*Kausalität*]第150页);因此,一个语句必须是由具体语句(即所谓原子语句)组成的分子语句(维特根斯坦:《逻辑哲学论》,第102,118页;卡尔纳普:《世界的逻辑构造》)。按此观点,语言的语句中将没有自然定律的位置。这些定律要么被剥夺了不受限制的普遍性,仅仅被解释为报告语句,要么我们保留其不受限制的普遍性,但不再将之视为对象语言的恰当语句,而仅仅把它们看作构造语句的一些说明(拉姆塞:《数学基础即其他逻辑论文》,第237页及以下;石里克[*Kausalität*],第150页及以下,沿引维特根斯坦),因此也就认为它们是某种句法规则。根据宽容原则,我们不会说与这一较早的观点相符合的某种物理语言的结构是不可接受的;然而,我们同样有可能构造出这样一种语言,使得那些不受限制的普遍定律成为恰当的语句。这种形式的语言不仅没有掩盖定律和具体语句之间的重大差别,而且在很大程度上保留了这一差别。鉴于我们事实上已经研究过为这两种语句所制定的定义以及它们各种各样的句法性质,所以,我们应该根据这两种语言形式是否方便合宜在它们当中做出选择。第二种语言形式,即定律在其中被同样当作对象语言的恰当语句的语言形式,似乎要比第一种语言形式更加简单,也更适于实际科学中语言的日常使用。波普尔对定律不是语句这一观点做了细致的批评。

322　　这里所给出的观点允许我们在为物理学语言或科学语言引入新的初始概念和初始语句时有较大的自由;同时它还保留了区分伪概念、伪语句和真正的科学概念、科学语句的可能性,并因此排除了前者。[然而,这种排除并不像根据维也纳学派早前认为(它本质上与维特根斯坦的看法并无差别)的那么简单。根据该看法,这是一个绝对意义上的"那个语言"(the language)的问题;人们认为,如果概念和语句不适于那个语言,我们就可以拒绝它们。]要是没有给出充足的组成规则使一个新近得到声明的 P 初始语句可被当作语句,或没有充足的变换规则使其可以接受经验检验,那么,它就是伪语句。我们无需明确地给定规则;规则也可以被隐含地设定,只要它们在语言的使用中显示出来就行。一个新近得到声明的描述性词汇可能是伪概念,只要它既不能通过一项定义还原为先前的词汇,也不能由可被检验的 P 初始语句引入语言(见第 319 页正反两例)。

　　和我们先前讨论过的科学逻辑中的单个语句一样,这里所呈现的科学逻辑观仅仅是一个示例。我们不拟在此处讨论其真理性。这个示例只不过为了清楚地表明,对物理学所做的逻辑分析即为物理语言的句法,而且,它有利于激发句法领域的那些有关科学逻辑的观点、问题以及研究的明确表达(或用通常的说法:知识论)并使该主题更加严格、更富成效。

§83. 科学的基础

最近,人们非常多地谈到了某一具体科学的哲学或逻辑基础的问题,它被认为是(用我们的说法)与科学种种领域相关的科学的逻辑问题。借助一些最为重要的例子,我们表明,这些难题是与科学语言有关的句法问题。

在上一节以及例 49-53(见第 307 页),我们谈到了**物理学基础的一些主要问题**。我们看到:时空结构的问题是与时空坐标有关的句法;因果问题是与定律有关的句法形式;特别是,与决定论有关的争议涉及物理定律系统的完备性属性。经验基础的问题(证实问题)是这样一项研究,它涉及记录语句之形式以及物理语句(特别是定律)和记录语句之间的后承关系。而物理测量的逻辑基础是这样一个问题,它关乎量化物理语句(包括算符)的句法形式,以及这些语句同非量化语句(包括谓词;比如,有关指针位置的语句)之间的推导关系。此外,宏观尺度与微观尺度(或宏观定律与微观定律)这两者之间的关系也被表述为句法问题;对源同性(genidentity)[①]这一概念的阐释同样属于句法。

生物学的基础问题主要指向生物学和无机的物理学之间的联系,或更为准确地说,它关乎将生物学语言 S_1 翻译为物理语言(其中含有描述无机过程的必要词汇,以及解释这些过程的必要定律)

---

① Kurt Lewin 引入的一个概念,见其"*Der Begriff der Genese in Physik, Biologie und Entwicklungsgeschichte*"1922。——中译者

的子语言 S_2 的可能性,换句话说,它关乎 S_1 和 S_2 之间的、基于它们两者所属之总体语言 S_3 的联系。最重要的是,我们必须区分两个问题:(1)生物学的种种概念能否被还原为无机的物理学的概念?用句法形式来说就是:在 S_3 中,S_1 的每一个描述性的初始符号是不是同义于一个在 S_2 中可定义的符号?如果确实有这种同义关系,那么,对于 S_3 就存在着将 S_1 的 L 子语言转译为 S_2 的 L 子语言的等价翻译。(2)生物学的种种定律能否被还原为无机的物理学的定律?按句法形式:S_1 的每一个初始定律是不是在 S_3 中等价于 S_2 中的有效定律?如果等价,那么对于 S_3,就存在着一个从 S_1(作为 P 语言)到 S_2 的等价翻译。这一问题从科学上说是活力论问题的核心,但它常常与一些科学以外的伪问题互相纠缠。

心理学的基础问题和上文提到的生物学的基础问题类似。(1)心理学概念能否被还原为较窄意义上的物理学概念?(2)心理学的种种定律能否被还原为较窄意义上的物理学定律?(物理主义会对第一个问题予以肯定回答,但对后者不置可否。)所谓的心-物问题通常被表述为两个对象界域之间关系的问题:心理过程所属领域和发生于中央神经系统的、与之平行的物理过程所属领域。但是,这一采用实质说话模式的表述引起了大量的伪问题(比方说:"这两个平行的过程仅仅是功能性地关联在一起,还是它们具有某种因果关系?又或,它们是不是同一过程的两个侧面?")。借助形式的说话模式如下这一点就变得清楚起来:我们在这里关心的只是两种子语言,即心理语言和物理语言之间的关系。问题是,这两类平行语句是不是总是(或仅仅在某些情形中)彼此等价,如若等价,它们是不是 L 等价或 P 等价。只有当该问题作为一个句法问题得到正确地表述，我们才能彻底解决这一重要的问题。对于与行为主义有关的争论，我们也要区分两类不同的问题。那些由行为主义研究者根据他们的观察而给出回答的经验问题不在我们的讨论之列；它们只是具体科学的对象问题。但另一方面，行为主义的基础问题有时会作为方法论或知识论问题提出来，它是一个关乎科学逻辑的问题。人们经常会用实质的说话模式将其表述为一个伪对象问题（例如，"心智过程存在吗？"，"心理学是不是仅仅关乎物理行为？"诸如此类）。然而，如果代之以形式的说话模式，我们就会再次看到，该问题只不过是一个心理概念的可还原性问题；因此，行为主义的基础论题与物理主义的基础论题极为类似。

社会学（在最宽泛的意义上也包括历史科学）**的基础问题**在很大程度上类似于生物学、心理学的基础问题。

§84. 数学基础的问题

数学的逻辑基础应该实现什么呢？ 对这一问题有不同种看法；以下两种学说格外清楚地体现了它们之间的根本对立：由弗雷格（1884）奠基的逻辑主义；以及弗雷格的反对者提出的形式主义。（"逻辑主义"和"形式主义"这两个标签出现得较晚。）弗雷格的反对者坚持认为，数学的逻辑基础是由构造一个形式系统、演算、公理系统（它使我们可以对经典数学中的公式加以证明）来完成；因此，我们不应该考虑符号的意义，也就是说，有关演算的初始语句隐含地定义了符号；我们必须对数究竟是什么这一问题——它超出了演算的领域——加以拒斥。今天的形式主义在观点上与其原始版本并无本质性的差别，但其中（特别是由希尔伯特）加入了若干重要的见解。根据该观点，数学和逻辑是由共同的演算构造起来的；远离矛盾是其研究的核心；他们拿出了比之前更为严格的形式化方案（即所谓的元数学）。与形式主义者相反，弗雷格坚持认为，数学的逻辑基础是这样一项任务，它不仅要建立起一个演算，而且要旗帜鲜明地对数学符号、语句的意义给出解释。他本人则试图根据定义将数学符号还原为逻辑符号，并借助推理的逻辑规则来证明数学语句（《算术的基本规律》），由此实现这一任务。此后，支持逻辑主义观点的罗素和怀特海基于逻辑给出了一个改进版的数学构造（《数学原理》）。我们不打算去处理此类构造所要面临的难题（见卡尔纳普［Logizismus］），因为我们在这里并没有过多地去关注这类问题，比如，数学是否能够推导自逻辑或其是否必须连同逻辑同步地构造出来、数学结构是否应为一个纯粹形式的构造，以及是否必须确定符号的意义，等等。然而，我们可以克服这两路观点表面上的对峙。形式主义观点正确地认为，系统的构造可以纯形式地——也就是在不涉及符号的意义的情况下——完成；我们只要制定出变换规则，使其可以导出某些语句的有效性以及某些语句间的后承关系，以及，我们没有必要探寻或回答任何超出形式结构的物质本性的问题。但如此勾画这一任务，就使得它无法单独地通过构造某种逻辑-数学演算而完成。因为这种演算并不包含所有含有数学符号以及同科学相关的语句——也就是那些涉及数学应用，即带数学符号的综合描述性语句。例如，"这间屋子里现在有两个人"这个句子无法凭借逻辑-数学演算，像形式主义者通常构造的那样，单独地从"查尔斯和彼得现在在这间屋子，而且屋子里没有其他人"这个句子中推导出来；但是，它可以借助逻辑主义系统，即基于弗雷格对"2"所做的定义，从后者中推导出来。只有当一个容许这类推导的系统被建立起来时，我们方能给出一个数学的逻辑基础。该系统必须含有涉及存在于描述性综合语句中的数学符号的组成规则，以及这类语句的后承规则。只有这样，数学应用，即对经验对象的数量以及经验量的测量所做的计算，才是可能的并因此是系统化的。这种结构同时满足形式主义和逻辑主义的要求。因为，首先，它的步骤是纯形式的；其次，我们确立了数学符号的意义，并因此使数学在实际科学中的应用成为可能，也就是说，我们将数学演算纳入了总体语言。逻辑主义者的要求只是在表面上同形式主义者扞格不入；这种表面上的对峙实出于实质说话模式的日常表达，即"为了使数学可以用于现实，我们必须对它做出解释"。通过采用形式的说话模式，这一关系就被倒转了过来：只有通过应用规则，对数学所做的解释才生效。于是，逻辑主义的要求可做如下表述：**数学的逻辑基础的任务无法单靠某种元数学（即数学的句法）实现，而只能通过总体语言——其中既包含逻辑-数学语句，又包含综合语句——的句法来完成。**

在这里所描述的构造系统中，无论是不是只有狭义上的逻辑符号被纳入初始符号（如弗雷格和罗素做法）或数学符号也被纳入（如希尔伯特的做法），也无论是不是唯有狭义上的逻辑初始语句被当作 L 初始语句或数学语句也被当作 L 初始语句，它们都不是具有哲学意义的问题，而仅仅是技术上的权宜之计。在构造语言 I、II 的过程中，我们追随希尔伯特采用了第二种方法。顺便说一句,该问题甚至没有得到精确的表述;我们在一般句法里已经就逻辑符号和描述性符号给出了一个形式上的区分,但是,我们至今尚未看到有人就我们所说的逻辑符号给出一个狭义上的逻辑符号和数学符号之间的精确的分类。

几何学的逻辑分析表明,我们有必要在数学几何和物理几何之间做清晰的区分。属于这两个领域的语句(尽管就语言的日常用法来看,它们常常有着同样的文字表达)有着非常不同的逻辑特征。**数学几何**是纯数学的一部分——无论它被构造为某种公理体系,还是某种具有解析几何形式的几何。因此,相应地,数学几何的基础问题实为几何学公理体系的句法问题,或坐标系统的句法问题。而物理几何则是物理学的一部分;它由于所谓的关联[①]定义而产生自某种数学几何系统(见§25)。对于物理几何的基础而言,它是几何系统的句法问题,而几何系统则是物理语言的子语言。例如,经验主义者有关几何的最重要观点:"数学几何的定理是分析的"、"物理几何的定理是综合的而且是 p 有效的"毫无疑问是一些句法语句。

§85. 具体科学文献中的句法语句

在所有科学讨论中,对象问题和科学的逻辑问题,即句法问题,彼此缠结在一起。甚至在那些不涉及知识论问题或基础问题的专题论文那里(它们只关心具体的科学问题)也存在着大量的句法语

[①] 可能指将数学几何概念与物理时空概念联系起来的定义。

句。例如,它们谈及某些定义、领域中目前已被接受的某些语句、论敌的陈述或推导过程,以及不同假设间的相容性或不相容性,等等。

不难发现,一个数学专题论文主要是元数学的,也就是说,除了那些正当的数学语句(例如:"任意一个偶数都是两个素数的和")之外,它还含有一些句法语句(比如这类形式的语句:"根据……由此得出结论……"、"通过替换我们得到……"、"我们将这一表达式变形为……"诸如此类)。经验科学的相关专题论文也同样如此。我们将用物理学当中的一些例子来表明这一点。下表中的第一列是爱因斯坦《论动体的电动力学》(*Zur Elektrodynamik bewegter Körper* 1905)一文中的句子(有删减)。为了能清楚地表明这些语句的特性,我们在第二列对这些语句做了改写。第三列是这些单个语句或描述语的特性,同时,它表明这里的大多数语句是句法语句。

原来的语句	释义	语句类型 (p. s. 为纯句法的; d. s. 为描述性的、句法的)
麦克斯韦的电动力学……	对于那些是麦克斯韦方程组之结果的定律	p. s. 对语句的描述
将它们用于动体时会导致不对称	表明了某些不对称	p. s. 有关定律的语句
似乎并不涉及这一现象	并不出现在那些相关联的记录语句中	有关于记录语句

非常著名	当代物理学家都知道……	有关历史的 d. s. 语句
例如，如果有人认为……互为因果	例：交互性的因果语句……	p. s. 语句的描述
这里，可观察的现象仅取决于导体和磁体之间的相对运动，	记录语句仅取决于该系统的如此这般的语句。	p. s. 语句
而根据通常的看法，一个物体在运动和除它之外的物体在运动这两种情形判然有别。	对于该系统通常的形式而言，"……"，"……"这两个句子并非等价。	p. s. 语句（带着对这两个句子的描述）。
也就是说，如果磁体移动，那么便会产生电场……，	如果磁体移动……，那么便产生电场……。	对象语句（物理定律）。
因此，产生电流	如果出现电场……，那么电流便随之产生。	同上
但若磁体不动……，那就不产生任何场，	（类似）	同上

不过,导体上会出现电动势……	(类似)	同上
然而,……电动势会产生电流。	(类似)	同上
类似的例子,	A_1. 与先前语句类似的语句。	（宽泛意义上） p. s. 语句的描述。
比如,人们为了证明地球相对于"光介质"运动所做的种种不成功的尝试,	A_2. 物理学历史上出现过如此这般的记录语句。而根据这些记录语句,如此这般的假说被放弃了。	有关历史的 d. s. 语句的描述 p. s. 语句
导致这样一种猜想	语句 A 显示了一个待定的、语句 B 在其中为真的物理系统 S(也就是说,S 是一个假说系统,它由语句 A 确认)。	p. s. 语句
……在电动力学中,可观察现象的任何一个性质……都不符合绝对静止这一概念,	B_1. (系统 S 的)相关记录语句中没有任何一词对应于电动力学语句中的"绝对静止"一词。	p. s. 语句

330

毋宁说……同一个电动力学定律对所有坐标系均成立……	B_2.（系统 S 的）定律对于所有坐标系有着同样的形式。	p. s. 语句（有关某些变换）
我们将采纳这一猜想（其内容或可叫作"相对性原理"）	B_2 应被称之为"相对性原理"。	p. s. 定义
并视为一项假说。	B_2 被规定为一个假说性的 P 规则。	p. s. 约定（"在 S 中 P 有效"的定义）

§86. 科学的逻辑即为句法

通过对物理学的逻辑分析以及不同领域的基础问题（同样属于科学的逻辑问题）的简短考察，我们已然表明了，这些问题说到底都是句法问题——尽管对这些问题的日常表述经常会掩盖它们的特性。形而上的哲学试图超越某一科学领域中的经验科学问题而对该领域的对象的本性做出回答。而我们认为，这些问题是伪问题。非形而上的科学的逻辑采纳了一种来自经验科学但与之不同的观点，然而，这并不是因为它预设了任何形而上的超越性，而是因为在这一项崭新的研究中它将语言形式本身视为对象。根据这一观点，在科学的任何领域中，我们都完全有可能**谈论**该领域中的语句或**使用**它们来言说，并因此只能陈述那些对象语句和句法语句。

事实上,我们区分两类语句并不意味着这两种研究必定总是不相干的。相反,在实际的科学研究中,这两种视角以及这两类语句经常联系在一起。通过物理学专题论文这个例子我们看到,具体科学领域中的研究包含着许多句法语句。反过来,有关科学逻辑的研究也总是会包含大量对象语句;这些语句中有一部分是逻辑分析应用于其上的领域中的对象语句,而另一部分则关乎那一领域的工作的心理学、社会学以及历史学的周边情况。因此,尽管我们可以将概念分为逻辑概念与描述性概念,将较为简单的语句分为科学逻辑的语句(也就是句法语句)与对象语句,但另一方面,研究本身并没有严格的分类,关于这些研究的专题论文也一样。例如,生物学领域的专题论文中的语句部分是生物语句,部分是句法语句;这两类问题的比重只是程度上的不同;基于此,现实中有人可能会区分具体的生物学专题论文和有关科学逻辑的专题论文。因此,如果他希望研究某些科学逻辑的问题,那他必须放弃那种高居具体科学之上的傲慢的哲学主张,他也必须能意识到,他目前所从事的工作与从事科学的专门人士毫无差别,多少有点不同的只是他更多地关注逻辑的、形式的、句法的联系。我们认为科学的逻辑即为句法这一观点,不能被误解为科学逻辑的任务可以独立于经验科学并无视其结果而开展。对某个已被给定的系统所做的句法研究确实是一项纯数学研究。但科学的语言并未以一种已确立起句法的形式呈现给我们;任何想要研究它的人必须对我们实践中、具体科学中所使用的语言加以考虑,并仅仅基于此来制定规则。毫无疑问,原则上,我们提出的任何科学语言的特定论点的新句法表达都是一项约定，也就是说它的选择是任意的。但是，只有这种约定关乎科学研究中的有效经验发现，那它在实践中才会是有用的、富有生产性的。[例如，物理学中决定型定律和概率型定律之间或几何学中欧氏几何和非欧几何之间的选择尽管并不由经验材料唯一确定，但它们也是参考经验材料做出的。]如果有关科学逻辑的工作、哲学工作没有同具体科学发生密切的合作，那它们注定都是没有生产性的。

也许，我们可以说，非形而上的哲学研究，特别是最近这几十年来有关科学逻辑的哲学研究，说到底都是些句法研究——尽管它可能并没有被人们意识到。现在，我们必须在理论上认识到此类研究的本质特性，并在实践中系统地遵守这一特性。唯有此我们才有可能用一种严格的科学学科，即作为科学语言之句法的科学的逻辑，取代传统哲学。我们必须采取措施走出主观主义哲学问题的泥淖，来到精确句法问题的坚实地面上来。唯有此我们才能以能够被清晰把握的精确的词汇和论题作为我们的研究对象。也只有这样，我们才可能看到由工作在同样问题上的不同研究者之合作的丰硕成果——这种合作对于科学逻辑中的个别问题、处在探索阶段的科学领域以及科学整体都富有成效。在这本书里头，我们只是用句法词汇的形式打造了第一件趁手的工具。使用它来处理当代不计其数、紧迫的科学逻辑的问题，以及对其使用产生的日后打磨都需要众多心智的共同努力。

参考文献和人名索引

(人名索引页码为原书页码,即本书边码)

作者名之后紧跟着的数字是本书提及作者的页码,重要提及之处用黑体标示。

前面带星号的著作出版于本书的德语之后,因此在本书中没有被提及。这些著作中最重要的有:希尔伯特和伯奈斯的 Grundel,1934 年;奎因的 System,参见作者在 Erkenntnis,5,1935 年,第 285 页的评论;塔尔斯基的 Wahrh。

Ackermann, W.
  Zum Hilbertschen Aufbau der reellen Zahlen. Math. Ann. **99**, 1928.
  Über die Erfüllbarkeit gewisser Zählausdrücke. Math. Ann. **100**, 1928.
  See also Hilbert.
Ajdukiewicz, K., **167, 176**, 227.
  [Sprache] Sprache und Sinn. Erk. **4**, 1934.
  Das Weltbild und die Begriffsapparatur. Erk. **4**, 1934.
  *Die syntaktische Konnexität. Studia Philos. **1**, 1935.
Ayer, A. J.
  *Language, Truth and Logic. London, 1936.
Bachmann, F., see Carnap.
Becker, O., 46, 245, 246, **250, 254**.
  Mathematische Existenz. Jahrb. Phänom. 1927; also published separately.
  [Modalitäten] Zur Logik der Modalitäten. Jahrb. Phänom. **11**, 1930.
Behmann, H., 49 f., **139**, 197, **246**.
  Beiträge zur Algebra der Logik, insbesondere zum Entscheidungsproblem. Math. Ann. **86**, 1922.
  [Logik] Mathematik und Logik, Leipzig, 1927.
  Entscheidungsproblem und Logik der Beziehungen. Jber. Math. Ver. **36**, 1928.
  Zu den Widersprüchen der Logik.... Jber. Math. Ver. **40**, 1931.

Sind die mathematischen Urteile analytisch oder synthetisch?
Erk. **4**, 1934.

Bernays, P., 96, 97, 173.
[*Aussagenkalkül*] Axiomatische Untersuchungen des Aussagenkalküls der Principia Mathematica. *Math. ZS.* **25**, 1926.
With Schönfinkel: Zum Entscheidungsproblem der mathematischen Logik. *Math. Ann.* **99**, 1928.
[*Philosophie*] Die Philosophie der Mathematik und die Hilbertsche Beweistheorie. *Bl. f. dt. Philos.* **4**, 1930.
See also Hilbert.

Black, M.
The Nature of Mathematics. London, 1933.

Blumberg, A. E. and Feigl, H.
Logical Positivism. *Journ. of Philos.* **28**, 1931.

Borel, E.
Leçons sur la Théorie des Fonctions. 3rd ed. Paris, 1928. (Appendix: Discussion between R. Wavre and P. Lévy on intuitionist logic, reprinted from *Revue Métaphys.* **33**, 1926.)

Bréal, M., 9.

Bridgman, P. W.
The Logic of Modern Physics. New York, 1927.
*A Physicist's Second Reaction to Mengenlehre. *Scripta Math.* **2**, 1934 (cf. Fraenkel [*Diagonalverfahren*]).

Brouwer, L. E. J., **46** ff., 148, 161, 222, 269, 281, **305**. (See also *Intuitionism*.)
[*Intuitionism*] Intuitionism and Formalism. *Bull. Amer. Math. Soc.* **20**, 1913.
Intuitionistische Mengenlehre. *Jber. Math. Ver.* **28**, 1920.
Intuitionistische Zerlegung mathematischer Grundbegriffe. *Jber. Math. Ver.* **33**, 1925.
Über die Bedeutung des Satzes vom ausgeschlossenen Dritten....
Journ. Math. **154**, 1925.
Intuitionistische Betrachtungen über den Formalismus. *Ber. Akad. Berlin, Phys.-math. Kl.*, 1928.
[*Sprache*] Mathematik, Wissenschaft und Sprache. *Monatsh. Math. Phys.* **36**, 1929.

Bühler, K., 9.

Cantor, G., 137 f., **267** f., **270**.

Carnap, R.
[*Aufbau*] *Der logische Aufbau der Welt.* Berlin (now Meiner, Leipzig), 1928.

[*Scheinprobleme*] Scheinprobleme in der Philosophie. *Das Fremdpsychische und der Realismusstreit.* Berlin (now Leipzig), 1928.
[*Logistik*] Abriss der Logistik. (Schr. z. wiss. Weltauff.) Vienna, 1929.
Die alte und die neue Logik. *Erk.* **1**, 1930. (French transl.: *L'Ancienne et la Nouvelle Logique.* Paris, 1933.)

Carnap, R.
[*Axiomatik*] Bericht über Untersuchungen zur allgemeinen Axiomatik. *Erk.* **1**, 1930.
Die Mathematik als Zweig der Logik. *Bl. f. dt. Philos.* **4**, 1930.
[*Logizismus*] Die logizistische Grundlegung der Mathematik. *Erk.* **2**, 1931.
[*Metaphysik*] Überwindung der Metaphysik durch logische Analyse der Sprache. *Erk.* **2**, 1932. (French transl.: *La Science et la Métaphysique.* Paris, 1934.)
[*Phys. Sprache*] Die physikalische Sprache als Universalsprache der Wissenschaft. *Erk.* **2**, 1932. (English transl.: *The Unity of Science.* (Psyche Min.) London, 1934.)
[*Psychol.*] Psychologie in physikalischer Sprache. Mit Erwiderungen. *Erk.* **3**, 1932.
[*Protokollsätze*] Über Protokollsätze. *Erk.* **3**, 1932.
On the Character of Philosophic Problems. *Philos. of Science*, **1**, 1934.
Logische Syntax der Sprache. (Schr. z. wiss. Weltauff.) Vienna, 1934. (The original of this book.)
Die Aufgabe der Wissenschaftslogik. (Einheitswiss.) Vienna, 1934. (French transl.: *Le Problème de la Logique de Science.* Paris, 1935.)
[*Antinomien*] Die Antinomien und die Unvollständigkeit der Mathematik. *Monatsh. Math. Phys.* **41**, 1934.
[*Gültigkeitskriterium*] Ein Gültigkeitskriterium für die Sätze der klassischen Mathematik. *Monatsh. Math. Phys.* **42**, 1935.
*Philosophy and Logical Syntax. (Psyche Min.) London, 1935.
*Formalwissenschaft und Realwissenschaft. *Erk.* **5**, 1935.
*Les Concepts Psychologiques.... *Rev. Synthèse*, **10**, 1935.
With Bachmann, F., *Über Extremalaxiome. Appearing in: *Erk.* **6**, 1936.
*Testability and Meaning. Appearing in: *Philos. of Science*, **3**, 1936.

Church, A., 160.
A Set of Postulates for the Foundation of Logic. *Ann. of Math.* **33**, 1932; **34**, 1933.
*The Richard Paradox. *Amer. Math. Monthly*, **41**, 1934.
*An Unsolvable Problem of Elementary Number Theory. *Amer. Journ. Math.* **58**, 1936.

Chwistek, L., 9, **213**, 245, 246, **249**.
Über die Antinomien der Prinzipien der Mathematik. *Math. ZS.*
14, 1922.
Sur les Fondements de la Logique Moderne. *Atti V. Congr.
Intern. Filos.* (1924), 1925.
Neue Grundlagen der Logik und Mathematik. I, *Math. ZS.* **30**,
1929; II, **34**, 1932.
[*Nom. Grundl.*] Die nominalistische Grundlegung der Mathematik. *Erk.* **3**, 1933.

Chwistek, L.
With W. Hetper and J. Herzberg: Fondements de la Métamathématique rationelle. *Bull. Acad. Pol., Sér. A: Math.*, 1933.
As above: Remarques sur la...Métamathématique rationelle.
Loc. cit.

Curry, H. B.
An Analysis of Logical Substitution. *Amer. Journ. Math.* **51**, 1929.
Grundlagen der kombinatorischen Logik. *Amer. Journ. Math.*
52, 1930.
Apparent Variables from the Standpoint of Combinatory Logic.
Ann. of Math. **34**, 1933.
*Functionality in Combinatory Logic. *Proc. Nat. Acad. Sci.* **20**,
1934.

Dedekind, R., 137.
Was sind und was sollen die Zahlen? Brunswick, 1888.

Dubislav, W., 44.
[*Analyt.*] *Über die sog. analytischen und synthetischen Urteile.*
Berlin, 1926.
Zur kalkülmässigen Charakterisierung der Definitionen. *Ann.
Philos.* **7**, 1928.
Elementarer Nachweis der Widerspruchslosigkeit des Logikkalküls. *Journ. Math.* **161**, 1929.
Die Definition. Leipzig, 3rd ed., 1931.
Die Philosophie der Mathematik in der Gegenwart. Berlin, 1932.
Naturphilosophie. Berlin, 1933.

Duhem, P., 318.

Dürr, E.
[*Leibniz*] *Neue Beleuchtung einer Theorie von Leibniz.* Darmstadt,
1930.

Einstein, A., 178, **328**.

Feigl, H.
 *The Logical Character of the Principle of Induction. *Philos. of Sci.* **1**, 1934.
 *Logical Analysis of the Psycho-Physical Problem. *Philos. of Sci.* **1**, 1934.
 See also Blumberg.

Fraenkel, A., 97 f., 162, 213, **267** ff., 270, 274, 275, 335.
 [*Untersuchungen*] Untersuchungen über die Grundlagen der Mengenlehre. *Math. ZS.* **22**, 1925.
 Zehn Vorlesungen über die Grundlegung der Mengenlehre. Leipzig, 1927.
 [*Mengenlehre*] *Einleitung in die Mengenlehre.* Berlin, 3rd ed., 1928.
 Das Problem des Unendlichen in der neueren Mathematik. *Bl. f. dt. Philos.* **4**, 1930.

Fraenkel, A.
 Die heutigen Gegensätze in der Grundlegung der Mathematik. *Erk.* **1**, 1930.
 *Sur la Notion d'Existence dans les Mathématiques. *Enseign. Math.* **34**, 1935.
 *Sur l'Axiome du Choix. *Loc. cit.*
 *[*Diagonalverfahren*] Zum Diagonalverfahren Cantors. *Fund. Math.* **25**, 1935.

Frank, Ph., 280 f.
 Was bedeuten die gegenwärtigen physikalischen Theorien für die allgemeine Erkenntnislehre? *Naturwiss.* **17**, 1929; also in: *Erk.* **1**, 1930.
 [*Kausalgesetz*] *Das Kausalgesetz und seine Grenzen.* (Schr. z. wiss. Weltauff.) Vienna, 1932.

Frege, G., 44, 49, 99, 134, **136** ff., 143, 144, 158, 197, 203, 259, 295, **325** ff.
 Begriffsschrift. Halle, 1879.
 [*Grundlagen*] *Die Grundlagen der Arithmetik.* Breslau, 1884. (New ed. 1934.)
 [*Grundgesetze*] *Grundgesetze der Arithmetik.* Jena, I, 1893; II, 1903.
 [*Zahlen*] *Über die Zahlen des Herrn H. Schubert.* Jena, 1899.

Gätschenberger, R.
 Symbola. Anfangsgründe einer Erkenntnistheorie. Karlsruhe, 1920.
 Zeichen, die Fundamente des Wissens. Eine Absage an die Philosophie. Stuttgart, 1932.

Gentzen, G.
*Die Widerspruchsfreiheit der reinen Zahlentheorie. *Math. Ann.* **112**, 1936.
*Die Widerspruchsfreiheit der Stufenlogik. *Math. ZS.* **41**, 1936.

Glivenko, V., 227.

Gödel, K., 28, 55, **96** f., 99, **100**, **106** f., 129, **130**, **131** ff., 134, 139, 160, 173, 189, 197, 209, 211, **219**, 227, 250.
Die Vollständigkeit der Axiome des logischen Funktionenkalküls. *Monatsh. Math. Phys.* **37**, 1930.
[*Unentscheidbare*] Über formal unentscheidbare Sätze der Principia Mathematica und verwandter Systeme. I. *Monatsh. Math. Phys.* **38**, 1931.
[*Kolloquium*] Various notes in: *Ergebn. e. math. Kolloquiums* (K. Menger). Vols. 1-4, 1931-33.

Grelling, K. and Nelson, L., 211 ff.
Bemerkungen zu den Paradoxien von Russell und Burali-Forti. *Abh. d. Friesschen Schule*, N.F. **2**, 1908.

Hahn, H., 280.
[*Wiss. Weltauff.*] Die Bedeutung der wissenschaftlichen Weltauffassung, insbes. für Mathematik und Physik. *Erk.* **1**, 1930.
Logik, Mathematik und Naturerkennen. (Einheitswiss.) Vienna, 1933.

Helmer, O.
*Axiomatischer Aufbau der Geometrie in formalisierter Darstellung. Diss., Berlin, 1935.

Hempel, C. G., 317.
*Beiträge zur logischen Analyse des Wahrscheinlichkeitsbegriffes. Diss., Berlin, 1934.
*Analyse Logique de la Psychologie. *Rev. Synthèse*, **10**, 1935.
*Über den Gehalt von Wahrscheinlichkeitsaussagen. *Erk.* **5**, 1935.
With P. Oppenheim. *Der Typusbegriff im Lichte der neuen Logik.* Leyden, 1936.

Herbrand, J., 53, 134, 173.
Recherches sur la Théorie de la Démonstration. Thèse Fac. Sciences Paris (Nr. 2121, série A, 1252), 1930. Also in: *Travaux Soc. Sciences Varsovie*, Cl. III, Nr. 33, 1930.
[*Non-Contrad.*] Sur la Non-Contradiction de l'Arithmétique. *Journ. Math.* **166**, 1931.
Sur le Problème fondamental de la Logique mathématique. *C.R. Soc. Sciences Varsovie*, **24**, Cl. III, 1931.

Hertz, P., 275.
[*Axiom.*] Über Axiomensysteme für beliebige Satzsysteme. *Math. Ann.* **101**, 1929.
Vom Wesen des Logischen.... *Erk.* **2**, 1932.

Herzberg, J. See Chwistek.

Hetper, W.
*Semantische Arithmetik. *C.R. Soc. Sciences Varsovie*, **27**, Cl. III. 1934,
See also Chwistek.

Heyting, A., 46 ff., 166, **203**, 222, **227**, 245, 246, 249 f.
[*Logik*] Die formalen Regeln der intuitionistischen Logik. *Ber. Akad. Berlin*, 1930.
[*Math.*] Die formalen Regeln der intuitionistischen Mathematik. I, II. *Loc. cit.*
[*Grundlegung*] Die intuitionistische Grundlegung der Mathematik. *Erk.* **2**, 1931.
Anwendung der intuitionistischen Logik auf die Definition der Vollständigkeit eines Kalküls. *Intern. Math.-Kongr.* Zürich, 1932.
**Mathematische Grundlagenforschung, Intuitionismus, Beweistheorie.* (Erg. d. Math., III, 4.) Berlin, 1934.

Hilbert, D., 9, 12, 19, 35, 36, 44 f., 48, 49, 79, **97**, 99, 104, **128** f., 140, 147, 158, 160, **173**, 189, 197, 203, **244**, 259, 272, 274, 281, 325, 327.
[*Grundl. Geom.*] *Grundlagen der Geometrie.* Leipzig, 1899. 7th ed. 1930.
Axiomatisches Denken. *Math. Ann.* **78**, 1918.
Neubegründung der Mathematik. *Abh. Math. Sem. Hamburg*, **1**, 1922.
[*Grundl.* 1923] Die logischen Grundlagen der Mathematik. *Math. Ann.* **88**, 1923.
[*Unendliche*] Über das Unendliche. *Math. Ann.* **95**, 1926.
Die Grundlagen der Mathematik. Mit Bemerkungen von Weyl und Bernays. *Abh. Math. Sem. Hamburg*, **6**, 1928.
With Ackermann: [*Logik*] *Grundzüge der theoretischen Logik.* Berlin, 1928.
Probleme der Grundlegung der Mathematik. *Math. Ann.* **102**, 1930.
[*Grundl.* 1931] Grundlegung der elementaren Zahlenlehre. *Math. Ann.* **104**, 1931.
[*Tertium*] Beweis des Tertium non datur. *Nachr. Ges. Wiss. Göttingen, math.-phys. Kl.*, 1931.

With Bernays: *[Grundl. 1934] Grundlagen der Mathematik. I. Berlin, 1934.

Hume, D., 280.

Huntington, E. V.
Sets of Independent Postulates for the Algebra of Logic. Trans. Amer. Math. Soc. **5**, 1904.
A New Set of Postulates for Betweenness, with Proof of Complete Independence. Trans. Amer. Math. Soc. **26**, 1924.
A New Set of Independent Postulates for the Algebra of Logic, with Special Reference to Whitehead and Russell's Principia Mathematica. Proc. Nat. Acad. Sci. **18**, 1932.

Husserl, E., 49.

Jaskowski, St.
*On the Rules of Suppositions in Formal Logic. (Studia Logica, Nr. 1.) Warsaw, 1934.

Jörgensen, J., **258**, 335.
[Treatise] A Treatise of Formal Logic. Its Evolution and Main Branches with its Relation to Mathematics and Philosophy. 3 vols. Copenhagen, 1931.
[Ziele] Über die Ziele und Probleme der Logistik. Erk. **3**, 1932.

Kaufmann, Felix, 46, **51** f., 139, 161, 165.
[Unendliche] Das Unendliche in der Mathematik und seine Ausschaltung. Vienna, 1930.
[Bemerkungen] Bemerkungen zum Grundlagenstreit in Logik und Mathematik. Erk. **2**, 1931.

Kleene, S. C.
*A Theory of Positive Integers in Formal Logic. Amer. Journ. Math. **57**, 1935.
With Rosser, J. B. *The Inconsistency of Certain Formal Logics. Ann. of Math. **36**, 1935.

Kokoszynska, M.
*[Wahrheit] Über den absoluten Wahrheitsbegriff und einige andere semantische Begriffe. Erk. **6**, 1936.

Kronecker, L., 305.

Kuratowski, C. See Tarski.

Langford, C. H. See Lewis.

Leibniz, 49.

Leśniewski, St, 24, **160**.
[Neues System] Grundzüge eines neuen Systems der Grundlagen der Mathematik. Fund. Math. **14**, 1929.

[*Ontologie*] Über die Grundlagen der Ontologie. *C.R. Soc. Sciences Varsovie*, **23**, Cl. III, 1930.
[*Definitionen*] Über Definitionen in der sog. Theorie der Deduktion. *Ibid.* **24**, Cl. III, 1931.

Lévy, P. See Borel.

Lewis, C. I., 12, **203**, 223 f., 232, 245, 246, **250**, **252**, **253** f., **257** f., 275, 281, 335.
[*Survey*] *A Survey of Symbolic Logic.* Berkeley, 1918.
Alternative Systems of Logic. *Monist*, **42**, 1932.
With Langford, C. H.: [*Logic*] *Symbolic Logic.* New York and London, 1932.
*Experience and Meaning. *Philos. Review*, **43**, 1934.

Löwenheim, 270.

Lukasiewicz, J., 9, 96, 160, **250**, **254**.
With Tarski: [*Aussagenkalkül*] Untersuchungen über den Aussagenkalkül. *C.R. Soc. Sciences Varsovie*, **23**, Cl. III, 1930.
[*Mehrwertige*] Philosophische Bemerkungen zu mehrwertigen Systemen des Aussagenkalküls. *Loc. cit.*

MacColl, 254.

MacLane, S.
**Abgekürzte Beweise zum Logikkalkül.* Diss. Göttingen, 1934.

Mannoury, G.
*Die signifischen Grundlagen der Mathematik. *Erk.* **4**, 1934.

Menger, K., **52**.
Bemerkungen zu Grundlagenfragen (especially II: Die mengentheoretischen Paradoxien). *Jber. Math. Ver.* **37**, 1928.
[*Intuitionismus*] Der Intuitionismus. *Bl. f. dt. Philos.* **4**, 1930.
Die neue Logik. In: *Krise und Neuaufbau in den exakten Wissenschaften.* Vienna, 1933.

Mises, R. v., 149.
Wahrscheinlichkeit, Statistik und Wahrheit. (Schr. z. wiss. Weltauff.) Vienna, 1928.
Über das naturwissenschaftliche Weltbild der Gegenwart. *Naturwiss.* **19**, 1931.

Morris, C. W.
The Relation of Formal to Instrumental Logic. In: *Essays in Philosophy*, 1929.
*The Concept of Meaning in Pragmatism and Logical Positivism. *Proc. 8th Intern. Congr. Philos.* (1934). Prague, 1936.

Nagel, E.
　*Impressions and Appraisals of Analytic Philosophy in Europe. *Journ. of Philos.* **33**, 1936.

Nelson, E. J., 254, **257**.
　[*Intensional*] Intensional Relations. *Mind*, **39**, 1930.
　Deductive Systems and the Absoluteness of Logic. *Mind*, **42**, 1933.
　On Three Logical Principles in Intension. *Monist*, **43**, 1933.

Neumann, J. v., **96**, **98**, 139, 147, **166**, 173.
　[*Beweisth.*] Zur Hilbertschen Beweistheorie. *Math. ZS.* **26**, 1927.
　Die formalistische Grundlegung der Mathematik. *Erk.* **2**, 1931.

Neurath, O., **280**, 281, 283, 286, **320** f.
　With others: [*Wiss. Weltauff.*] *Wissenschaftliche Weltauffassung. Der Wiener Kreis.* (Veröff. d. Vereins Ernst Mach.) Vienna, 1929.
　[*Wege*] Wege der wissenschaftlichen Weltauffassung. *Erk.* **1**, 1930.
　Empirische Soziologie. Der wissenschaftliche Gehalt der Geschichte und Nationalökonomie. (Schr. z. wiss. Weltauff.) Vienna, 1931.
　[*Physicalism*] Physicalism. The Philosophy of the Viennese Circle. *Monist*, **41**, 1931.
　[*Physikalismus*] Physikalismus. *Scientia*, **50**, 1931.
　[*Soziol. Phys.*] Soziologie im Physikalismus. *Erk.* **2**, 1931.
　[*Protokollsätze*] Protokollsätze. *Erk.* **3**, 1932.
　[*Psychol.*] *Einheitswissenschaft und Psychologie.* (Einheitswiss.) Vienna, 1933.
　*Radikaler Physikalismus und "wirkliche Welt". *Erk.* **4**, 1935.
　Le Développement du Cercle de Vienne et l'Avenir de l'Empiricisme logique. Paris, 1935.

Nicod, J.
　A Reduction in the Number of the Primitive Propositions of Logic. *Proc. Cambr. Phil. Soc.* **19**, 1917.

Ogden, C. K. and Richards, I. A.
　The Meaning of Meaning. A Study of the Influence of Language upon Thought and of the Science of Symbolism. London, 1930.

Oppenheim, P. See Hempel.

Parry, W. T., 254, 257.
　[*Koll.*] Notes in: *Erg. e. math. Kolloquiums* (ed. by Menger). Heft **4**, 1933.

Peano, G., 31 f., 44, **97**, 99, 144, 158, 166, 212.
　Notations de Logique mathématique. Turin, 1894.
　[*Formulaire*] *Formulaire de Mathématiques.* Turin (1895), 1908.

Peirce, Ch. S.
Collected Papers. Ed. by Ch. Hartshorne and P. Weiss. 5 vols. Cambridge, Mass. 1931 ff. (Especially Vols. 2-4.)

Penttilä, A. and Saarnio, U.
*Einige grundlegende Tatsachen der Worttheorie.... Erk. **4,** 1934.

Poincaré, H., 46, 161, 269, 318.
Wissenschaft und Hypothese. Leipzig (1904), 1914.
Wissenschaft und Methode. Leipzig, 1914.
[Gedanken] Letzte Gedanken. Leipzig, 1913.

Popper, K., 317, **321.**
*Logik der Forschung. Zur Erkenntnistheorie der modernen Naturwissenschaft. (Schr. z. wiss. Weltauff.) Vienna, 1935.

Post, E. L., 208.
[Introduction] Introduction to a General Theory of Elementary Propositions. *Amer. Journ. Math.* **43,** 1921.

Presburger, M.
Über die Vollständigkeit eines gewissen Systems der Arithmetik.... *Congr. Math. Warschau* (1929), 1930.

Quine, W. V., **190.**
*[System] A System of Logistic. Cambridge, Mass., 1934.
Ontological Remarks on the Propositional Calculus. Mind, **43,** 1934.
Towards a Calculus of Concepts. Journ. Symbol. Logic, **1,** 1936.
Truth by Convention. In: Philosophical Essays for A. N. Whitehead, edited by O. H. Lee, 1936.
A Theory of Classes Presupposing No Canons of Type. Proc. Nat. Acad. Sci. **22,** 1936.
Definition of Substitution. Bull. Amer. Math. Soc. **42,** 1936.
Set-Theoretic Foundations for Logic. Journ. Symbol. Logic, **1,** 1936.

Ramsey, F. P., 50, 86, 114, **211** f., 213, 283, **321.**
[Foundations] The Foundations of Mathematics, and Other Logical Essays. London, 1931.

Reichenbach, H., 78, 281, 311, **317.**
[Axiomatik] Axiomatik der relativistischen Raum-Zeit-Lehre. Brunswick, 1924.
[Philosophie] Philosophie der Raum-Zeit-Lehre. Berlin, 1928.

Reichenbach, H.
[Wahrscheinlichkeitslogik] Wahrscheinlichkeitslogik. *Ber. Akad. Berlin,* **29,** 1932.

*Wahrscheinlichkeitslehre. Eine Untersuchung über die logischen und mathematischen Grundlagen der Wahrscheinlichkeitsrechnung. Leyden, 1935.

Richard, J., **213, 219,** 222, 270.

Richards, I. A. See Ogden.

Rosser, J. B.
*A Mathematical Logic without Variables. I. *Ann. of Math.* **36**, 1935. II. *Duke Math. Journ.* **1**, 1935.
See also Kleene.

Rüstow, A., 213.
Der Lügner. Theorie, Geschichte und Auflösung. Diss. Erlangen, 1910.

Russell, B., 19, 22, 35, 44 f., 47 ff., **49** ff., 86, **96** f., 99, 134, **136** ff., 140, 143, **144** f., 158, 160, **162**, 164 f., 173, **189**, 192, 195, 197, 203, **211** f., **231, 244, 245** f., **249, 253-255**, 257 f., 259 f., 261, 281, 291, 293, 295, **325** f., 327.
[*Principles*] *The Principles of Mathematics.* Cambridge, 1903.
The Theory of Implication. *Amer. Journ. Math.* **28**, 1906.
With Whitehead: [*Princ. Math.*] *Principia Mathematica*, I (1910), 1925; II (1912), 1927; III (1913), 1927.
Our Knowledge of the External World. New York, 1914.
[*Math. Phil.*] *Introduction to Mathematical Philosophy.* 1919.
[*Introd. Wittg.*] 1922. See Wittgenstein.

Schlick, M., 51, 101, 280 f., **284**, 310, **321**.
Allgemeine Erkenntnislehre. Berlin (1918), 2nd ed. 1925.
[*Metaphysik*] Erleben, Erkennen, Metaphysik. *Kantstud.* **31**, 1926.
[*Wende*] Die Wende der Philosophie. *Erk.* **1**, 1930.
[*Kausalität*] Die Kausalität in der gegenwärtigen Physik. *Naturwiss.* **19**, 1931.
[*Positivismus*] Positivismus und Realismus. *Erk.* **3**, 1932.
*[*Fundament*] Über das Fundament der Erkenntnis. *Erk.* **4**, 1934.
*Meaning and Verification. *Philos. Review*, **45**, 1936.

Scholz, H., 258, 260.
[*Geschichte*] *Geschichte der Logik.* Berlin, 1931.
With Schweitzer, H.: *Die sog. Definitionen durch Abstraktion. (Forsch. z. Logistik, No. 3.) Leipzig, 1935.

Schönfinkel, M.
Über die Bausteine der mathematischen Logik. *Math. Ann.* **92**, 1924.

See also Bernays.

Schröder, E., 44, 158.
Vorlesungen über die Algebra der Logik (exakte Logik). 3 vols. Leipzig, 1890–1905.

Sheffer, H. M.
A Set of Five Independent Postulates for Boolean Algebras. Trans. Amer. Math. Soc. 14, 1913.
Mutually Prime Postulates. Bull. Amer. Math. Soc. 22, 1916.

Skolem, Th., 270.
[Erfüllbarkeit] Logisch-kombinatorische Untersuchungen über die Erfüllbarkeit oder Beweisbarkeit mathematischer Sätze. Vidensk. Skr. Kristiania, 1920, No. 4.
Begründung der elementaren Arithmetik durch die rekurrierende Denkweise.... Vidensk. Skr. Kristiania, 1923, No. 6.
Über einige Grundlagenfragen der Mathematik. Skr. Norske Vid.-Akad. Oslo. I. Mat. Nat. Kl. 1929, No. 4.

Tarski, A., 32, 70, 89, **96** f., 160, 167, 172, **173**, 197, 200, **204**, 208, 209, 275.
Sur le Terme Primitive de la Logistique. Fund. Math. 4, 1923.
Sur les Truth-Functions au Sens de MM. Whitehead and Russell. Fund. Math. 5, 1924.
Über einige fundamentale Begriffe der Metamathematik. C.R. Soc. Sciences Varsovie, 23, Cl. III, 1930.
[Methodologie] Fundamentale Begriffe der Methodologie der deduktiven Wissenschaften. I. Monatsh. Math. Phys. 37, 1930.
Sur les Ensembles définissables de Nombres réels. I. Fund. Math. 17, 1931.
With Kuratowski, C.: Les Opérations logiques et les Ensembles projectifs. Fund. Math. 17, 1931.
[Wahrheitsbegriff] Der Wahrheitsbegriff in den Sprachen der deduktiven Disziplinen. Anzeiger Akad. Wien, 1932, No. 2. (Note on a Polish treatise; German translation: [Wahrh.])
[Widerspruchsfr.] Einige Betrachtungen über die Begriffe der ω-Widerspruchsfreiheit und der ω-Vollständigkeit. Monatsh. Math. Phys. 40, 1933.
*Einige methodologische Untersuchungen über die Definierbarkeit der Begriffe. Erk. 5, 1935.
*Grundzüge des Systemenkalküls. I. Fund. Math. 25, 1935.
*[Wahrh.] Der Wahrheitsbegriff in den formalisierten Sprachen. Stud. Philos. 1, 1936.
See also Lukasiewicz.

Vienna Circle, 7, 44, **280**, **282**, 309, **321** f. See also Carnap, Feigl, Frank, Gödel, Hahn, Neurath, Schlick, Waismann.

Waismann, F., **321**.
  Die Natur des Reduzibilitätsaxioms. *Monatsh. Math. Phys.* **35**, 1928.

Waismann, F.
  [*Wahrscheinlichkeit*] Logische Analyse des Wahrscheinlichkeitsbegriffes. *Erk.* **1**, 1930.
  *Über den Begriff der Identität. *Erk.* **6**, 1936.

Wajsberg, M.
  Über Axiomensysteme des Aussagenkalküls. *Monatsh. Math. Phys.* **39**, 1932.
  Ein erweiterter Klassenkalkül. *Monatsh. Math. Phys.* **40**, 1933.
  Untersuchungen über den Funktionenkalkül für endliche Individuenbereiche. *Math. Ann.* **108**, 1933.
  Beitrag zur Metamathematik. *Math. Ann.* **109**, 1933.
  *Beiträge zum Metaaussagenkalkül. *Monatsh. Math. Phys.* **41**, 1934.

Warsaw logicians, 9, 160, 281. See also Leśniewski, Lukasiewicz, Tarski.

Wavre, R. See Borel.

Weiss, P., **258**.
  The Nature of Systems. (Reprinted from *Monist.*) 1928.
  Two-Valued Logic, another Approach. *Erk.* **2**, 1931.

Weyl, H., 46, 99, 148, **186**, **305**.
  [*Kontinuum*] *Das Kontinuum.* Leipzig, 1918.
  Über die neuere Grundlagenkrise der Mathematik. *Math. ZS.* **10**, 1921.
  Die heutige Erkenntnislage in der Mathematik. *Sympos.* **1**, 1925. (Also published separately.)
  Philosophie der Mathematik und Naturwissenschaft. Part I. In: *Handb. d. Philos.*, ed. by Bäumler and Schröter, Munich, 1926. (Also published separately.)

Whitehead, A. N., 44, 99, 158.
  Metaphysics and Logic of Classes. *Monist*, **42**, 1932.
  See also Russell.

Wittgenstein, L., 44, 46, **49** ff., 51 f., **53**, **101**, 139, 140, 161, **186**, 199, **245** f., **280**, **282** ff., **295** f., **303**, 304, 307, **321** f.
  [*Tractatus*] *Tractatus Logico-Philosophicus.* With introd. by B. Russell. London, 1922.

Zermelo, E., 93, **97**.
 Untersuchungen über die Grundlagen der Mengenlehre. *Math. Ann.* **65**, 1908.

索引

(本索引页码为原书页码,即本书边码。最重要的段落用黑体标示)
(缩写: Ⅰ= Syntax of Language Ⅰ, Ⅱ= Syntax of Language Ⅱ, G = General Syntax)

A

𝔄,见表达式
a,见符号
Abbreviation 缩写,157f.
Accent, Accented expression 重读,重读表达式,Ⅰ:13, 26; Ⅱ:132
𝔄fu,见表达函项
𝔄g,见表达框架
Aggregate 集合,见类
Aggregates, Theory of 集合论,Ⅱ: 83, 86, **97**f., 138; G:221, 267
Analytic 分析的,Ⅰ:28, 39f., 43; Ⅱ: **100**f., **111**f., 124, 132f.; G:**182**ff.
Antinomy 悖论,3, **137**f., **211**ff., **217**ff., 221
𝔄rg, Argument, Argument-expression 主目,主目表达式,Ⅰ:**26**; Ⅱ:81, 87f.; G:**187**ff.
Argument, Suitable 适宜的主目,G: 188
Arithmetic 算术,Ⅰ:30f., 59; Ⅱ: 97, 134; G: 169, **205**ff., **220**ff., 304f., **325**ff.
Arithmetization 算术化,**54**ff., 57, 79
Atomic sentence 原子句,Ⅱ:88
Autonymous 自名的,17, 153, 156f., 160, 237, 238, 247 f.
Autonymous mode of speech 言说的自名模式,见模式
Axiom 公理,见初始句,原则
Axiom-system 公理系统,G:274 f.
Axiomatic method, system 公理方法,系统,76, 78ff., **271**ff.
Axiomatics 公理体系,274f.

B

Based 基于,**63**, 68, 72
Behaviourism 行为主义,324
bound(v) 约束(v),Ⅰ:21, 66; Ⅱ: 87; G:**192**

bracket 括弧, 15, 19

C

C-, Ⅱ: **100**f.; G: 171, **172**ff., 175, 182, 183, 185
Calculable 可演算的, 148 f.
Calculs 演算, **4**ff., 167, 228f.
Characteristic 特征, G: 202
Class 类, 37, 97, 134ff., **136**ff.
Class of expressions 表达式的类, Ⅰ: 37; G: 169
Closed 闭, Ⅰ: **21**, 66; G: 194
Coextensive 同外延性, 137; G: **187**f., 241
Compatible 相容的, Ⅰ: **40**; Ⅱ: 117; G: 174
Complete 完全的, 1. 完全的 ⊆, 完全的 ℵ, G: 175, 199; 2. 完全的语言, G: 209
Conjunction 合取, Ⅰ: 18f.; Ⅱ: 89, **103**; G: **202**
Conjunctive standard form 合取范式, 103
Consequence 后承, 27; Ⅰ: 37, **38**f.; Ⅱ: **117**ff.; G: 168, **172**, 254
Consequence, Rules of 后承规则, Ⅰ: 37ff., Ⅱ: **98**ff.; G: 171
Consequence-class 后承类, Ⅰ: **38**; G: 172
Consequence-series 后承序列, Ⅰ: 38f.; G: 172
Consistent 一致的, G: 207, 275

Constant 常项, Ⅰ: 16; Ⅱ: 84; G: **194**
Content 内容, Ⅰ: **42**; Ⅱ: 120; G: 175f.
Continuum 连续统, **305**
Contra-class, -stentence 反类, 反句, G: 200, 203
Contradiction 矛盾, 137, 291, 297, 304; 也见悖论, 矛盾律
Contradictory 矛盾的, Ⅰ: 28, **39**ff., 44; Ⅱ: 111f., 128; G: **182**, 207, 275
Contravalid 反有效的, G: 174, 275
Convaluable 可赋值的, Ⅱ: 108
Converse 逆反, 264
Co-ordinate 坐标, 12
Co-ordinate, Language of 坐标语言, 12, 45
Correlate 关联物, 222
Correlated syntactical sentence 相关联的句法句, 234, **236**
Correlation, Syntactical 句法关联, 222
Correlative definition 关联定义, 7, 78, 79
Correlator 关联因子, G: 265

D

𝔳, 见描述的
d-, Ⅱ: **99**, 101; G: **170** ff., 174 f., 182, 183, 185
Definable 可定义的, **114**
Defined 已被定义的, G: 172

Definiendum, definiens 被定义项,定义项,23

Definite 确定的,11;Ⅰ: **45** f.;Ⅱ: 98,**160** ff.,**165** ff.,172;G:**198**

Definition 定义,Ⅰ:**23** f.,37,**66** ff., 72,78;Ⅱ:**88**f.;G:**172**,194

Definition, Explicit 直陈定义,23, 24;Ⅱ:**88** f.

Definition, Regressive 递归定义, **23**,68;Ⅱ:88,89

Definition-chain 定义-链,**24**,71

Definition *in usu* 通常定义,24

Definition-schema 定义-图式,68

Definition-sentence 定义句,Ⅱ: 71,72

Demonstrable 可证的,Ⅰ:**28**f., 75f.;Ⅱ:94,124;G:171

Denumerable 可数的,213,220, **268** ff.

Dependent 依存,G:174

Derivable 可推导的,Ⅰ:**27** f.,39, 75;Ⅱ:94;G:**171**

Derivation 推导,1:27f.,33ff.,39, .75;Ⅱ:94f.;G:171

Description, descriptional 摹状词, 摹状的,Ⅰ:22 f.,**144** ff.,154 ff.; G:193,195,291

Descriptive 描述的,1.d.𝔄 描述的 𝔄,Ⅰ:13,14,25,38;Ⅱ:72;G: **177**ff.,230,231f.
 2. d. Language 描述语言,G: 178,210

3.d.Syntax 描述句法,7,53,**56** ff.,79f.,131,154

Design (Gestalt)型式,**15**f.,91,155

Designation and designated 名称和 被称谓的,18,**153**—**160**

Designation, Syntactical 句法名 称,154f,160

Determinate 确定的,1.d.𝔖,𝔎 确 定的 𝔖,𝔎,Ⅱ:101,115;G:**174**
 2. d. Language 确定的语言, G:209

Diagonal method 对角线方法,221

Direct consequence 直接后承,Ⅰ: **38**;G:168 ff.,**170** f.

Directly derivable 可直接推导的, **27**;Ⅰ:32,74;Ⅱ:94;G:171

Disjunction 析取,Ⅰ:19f.;Ⅱ:89, 103;G:202f.

Double negation 双重否定,Ⅰ:34; Ⅱ:125

E

Elementary sentence 基本句,166; G:195

Elimination 消去,Ⅰ:**24**f.,31;Ⅱ: **89**f.;G:**172**

"Elucidation" "阐明",**283**,321

Empty 空的,G:261

Equality 等值,见 Identity

Equation 等式,Ⅰ:19,36;G:243

Equipollent 对等的,Ⅰ:42;Ⅱ: 120;G:**176**,184,**241**

Equipollent translation 对等的翻译,G:226
Equivalence 等值,Ⅰ:**19**;G:**202**
Equivalence, Symbol of 等值符号,Ⅰ:16,19,49;Ⅱ:84;G:**243**
Evaluation 估值,Ⅱ:108,110
Excluded Middle 排中律,见Principle of
Exclusive content 不相容的内容,G:176
Existence 存在,**140f.**
Existential operator 存在算子,Ⅰ:21;G:93,196f.
Existential sentence, Unlimited 非受限存在句,47,163
Expression 表达式,**4**;Ⅰ:16;G:167f.
Expression, Principal 主要表达式,G:177
Expressional framework 表达框架,G:187
Expressional function 表达函项,G:191
Extensional 存在的,93,**240ff.**
Extensionality, Primitive sentence, Axiom, of 外延性,初始句,公理,见Principle
Extensionality, Thesis of 外延性论题,139,**245ff.**

F

f,见Funcotor-variable

False 假,**214**,**217**
Form 形式,16,155
Formal 形式的,**1**,258f.,281f.
Formal mode of speech 言说的形式模式,见Mode
Formalism 形式主义,300,**325 ff.**
Formation rules 形成规则,2,4;Ⅰ:26,62ff.;Ⅱ:**87ff.**;G:167ff.
Free(v)自由(v),Ⅰ:21,66;Ⅱ:87;G:**192**
𝔉u,见Functor-expression
fu,见Functor
Full expression, Full sentence 全表达式,全句子,G:**187**
Function 函项,见Exprssional function, Sentential function
Function calculus 函项演算,Ⅰ:**35**;Ⅱ:**96,104**
Functor 函子,**13**;Ⅰ:**16**,54f.,72;G:**188**
Functor-expression 函子表达式,Ⅱ:84,87;G:**188**
Functor-variable 函子变项,Ⅱ:84;G:**195**

G

𝔊,**130f.**
General syntax 一般句法,**153,167**
Genus 属,G:170,293
Geometry 几何,7,78ff.,178,229,**327**
Gothic symbols 哥特式符号,见Sym-

bols

H

Heterological 异系的, 211, 218
"Higher, The" "更高的", 314f.
Homogeneous 同质的, 260
Hypothesis 假设, 48, **318**ff.

I

Identity, Sentence of 句子的同一, 见 equation
Identity, Symbol of 符号的同一, Ⅰ: **15**, 19, 31, **49**ff.; Ⅱ:**84**; G:**243**ff.
Implication 蕴涵, Ⅰ: **19**f., *32*; Ⅱ: **158**; G: **202**f., 235, **253** ff.
Implication, Strict 严格蕴涵, 见 "Strict"
"impredicable" "不可谓述的", **138**, **211**
Impredicative 非直谓的, **162**ff.
In-, when not listed see the unprefixed word 非-, 未列出来时见不加前缀的术语
Incompatible 不相容的, Ⅰ: 40; Ⅱ: 117
Incompleteness of arithmetic 算术的不完全性, 173, **221**f.
Indefinable 不可定义的, **106**, 114, 134, **218**f., **221**
Indefinite 不确定的, 11; Ⅰ: 45f.; Ⅱ: 99, 113, **160**ff., 165ff., 172; G: **198**

Indenpendent 独立, Ⅱ:117; G:174
Indices 上标, Ⅰ:17 f.; Ⅱ:86
Indirect mode of speech 间接的说话模式, 见 mode
Individual 个体, G:188, 195
Induction, Complete 完全归纳, Ⅰ:**32**f., 38; Ⅱ:**92**f., 121
Induction, Incomplete 不完全归纳, 317
"Inexpressible" "不可表达的", 282 f., **314**
Infinite sentential class 句子的无穷类, Ⅰ:37, 39; Ⅱ:100
Intensional 内涵的, 188, **242**, **245** ff.
"Internal" "内在的", 304
Interpretation 解释, 131, 132, **233**, 239, 327
Intuitionism 直觉主义, 46ff., 305
Inverted commas 引号, 18, **155**, 158f.
Irreflexive 非自反的, 234f.
Irresoluble 不可解的, Ⅰ:**28**; Ⅱ: **94**, **133**f.; G:171, 221f.
Isogenous 同源的, G:**169**, 188, 274
Isolated 孤立的, G:170
Isomorphic 同构, G:224, **265**

J

Junction 函项, 见 Sentential junction
Junction symbols 函项符号, Ⅰ:17,

索　　引

18 f.；Ⅱ：93；G：201

K

ℜ, 见 Class of exprssions

𝔨, 见 Constant

'K', K-operator, K-description　K-算子, K-摹状词　Ⅰ:16, **22**f., 30; Ⅱ: 92, 146

L

𝔩, 见 Logical

L-, G:**180**f., 182ff., **262**ff., 265ff.

Language　语言, 1, 4; G:167

Language, Symbolic　符号语言, 3

Language-region　语言域, Ⅱ:88

Language, Science of　语言科学, 9

Law of nature　自然规律, 48, **52**, 81, 148, 180, 185, 307, **316** ff., **321**

Level, Level-number　层级, 层级数, Ⅱ: 85f.; G: 186f., 261

Liar, Antinomy of the　说话者悖论, 213, 214f., **217** f.

Limit, Limited operator　限制, 受限算子, Ⅰ：21; G：191

"Logic"　"逻辑", **1**, 233, 257ff., 278ff.

Logic, Intensional　内涵逻辑, 256, 282

Logic of Modalities　模态逻辑, 见 Modalities

Logical　逻辑的, 1.1. 𝔄 逻辑 𝔄, Ⅰ:13, 14, **25**, 38, 73; G:**177**f.

2.1. languge　逻辑语言, G: **178**, 209f.

3.1. rules　逻辑规则, G:180f.

4.1. analysis　逻辑分析, 7

Logicism　逻辑主义, 300, 325ff.

Logic of science　科学逻辑, 见 Science

M

Material mode of speech　实质的说话模式, 见 Mode

Mathematices　数学, 见 Arithmetic, Number

Mathematics, Classical　经典数学, 83, 98, 128, 148, 230, 325

Meaning　意义, 189, **288**ff.

"meaningless"　"无意义", 47, (82), 138, **162**, 163, 283, 319, 321, 322

Metalogic　元逻辑, 9

Metamathematics　元数学, 9, 325ff.

Metaphysics　形而上学, 7f., **278**f., 282－284, 309, 320

Modalities, Logic of　模态逻辑, G:237, 246, 250－258, 303

Mode of speech, Autonymous　自名的说话模式, 238, 247ff.

Formal　形式的说话模式, 239, 386f., 288ff., 299ff., 302ff.

Indirect　间接的说话模式, 291f

Material　实质的说话模式, 237f.,

239, 286, 287ff., 297ff., 302ff., 308ff.
Model 模型, G:272f.
Molecular sentence 分子句, Ⅱ: 88, 321

N

$\mathfrak{N}$, Ⅱ:84
Name 名字, 12f., 26, 189f.
Name-language 名字-语言, 12, 189
Natural law 自然规律, 见 Law
Negation 否定, Ⅰ:**19**, 20; G:**202**f.
Negation, Double 双重否定, Ⅰ:34; G:202
Non-contradictoriness 不矛盾的, Ⅱ:124, 128; G: **207**ff., 211
Non-contradictoriness, Proof of, 不矛盾的证明, 128, **134**, **219**
Non-denumerable 不可数的, 221, 267ff.
nu, 见零符号
Null 空, Ⅱ: 134f.; G:262f.
Null-content 空-内容, 176
"Number" "数", 285, 293f, 295, **300**, **304**f., 311
Number, Cardinal 数, 基数, 139, 142 ff., 326
　Real 实数, Ⅱ: 147ff.; G: 207, 220, 305
Numerical expression 数字表达式, Ⅰ:14, **26**, 72; Ⅱ: **87**; G:**205**
　Functor 数字函子, G:205
　Predicate 数字谓词, G: 205
　Symbol (Numeral) 数字符号, Ⅰ: **14**, 17, 24, 26, 59, 73; G:205
　Variable 数字变项, Ⅰ:17; Ⅱ:84; G:205

O

Object-language 对象语言, **4**, 160
Object-sentence 对象句, 277f., 284
Open 开的, Ⅰ: 21, 66; G:**194**
Operable 可运算的, G:**192**
Operand 运算域, Ⅰ:21; G:192
Operator 算子, Ⅰ: 21, 23; Ⅱ: 83f.; G:**191**, 193
Operator, Descriptional 摹状算子, 22; G:193
　Limited 受限算子, Ⅰ: 21; G:191
　Sentntial 句子算子, Ⅰ: 30; Ⅱ:92
　Universal 全称算子, Ⅰ: 21; Ⅱ:93; G:**193**, **196**f., 231
Ostension, Ostensive definition 明示, 事例定义, 80, 155

P

P, 见谓词变项
P-, G:**180**ff., **184**f., 316
Perfect 完善的, G: 176

Phenomenology 现象学, 289, 305
"Philosophy" "哲学", 8, 52, **277—281**, 332
Physicalism 物理主义, 151, **320**, 325
Physical language 物理语言, **149**f., 178, 307, **315**ff., 322, 328ff.
  rules 物理规则, 178, **180**f.
  syntax 物理句法, 57, **79**ff.
Position, Positional symbols 位置, 位置符号, 12, 45
Postulate 公设, 见 Axiomatic Method, Primitive Sentence, Principle 理方法, 初始句, 原则
pr, Predicate 谓词, 13; I:16, 73; G:188
𝔓r, Predicate-expression 谓词表达式, II:83, 87, 134ff.; G:**188**, 191
Predicate-variable 谓词变项, II:84; G:195
Premiss 前提, 27
Premiss-class 前提-类, G:199
Principal expression, P-symbol 主要表达式, P-符号, G:177
Principle of: Aussonderung 原则, 分离原则, 98, 268
  Complete Induction 完全归纳原则, I:**32**f., 38; II:92f., 121
  Comprehension 概括原则, 98, 142
  Contradiction 矛盾原则, II: 125; G:203
  Double Negation 双重否定原则, I:34; II:125
  Excluded Middle 排中律原则, I:34, **48**; II:125
  Extensionality 外延性原则, II:92, 98
  Infinity 无穷原则, II:81, 97, 140f.
  Limitation 限制原则, 268 ff.
  Reducibility 可归约原则, 86, 98, 142, 212
  Selection 选择原则, II:92f., 97, 121
  Substitution with arguments 主目代入原则, II:92f., 125
Probability 概率, 149, 307, **316**
Proof 证明, I:29, 33f., 75; II:94f., G:**171**
Protocol sentence 记录语句, 见句子
Pseudo-object-sentence 伪对象语句, 见句子
Pseudo-problem 伪问题句, 253, **278**f., 283 f., 289 ff., 304, **309**ff., **313**ff., 319, **322**, 324, 331
Psychologism 心理主义, 26, 42, 260, 278, 289
Psychology, psychological language 心理学, 心理学语言, 151, 315, **324**

Q

Q, 见关联

Qualitative definition, 定性的定义, 80

Quasi-syntactical, 准句法的, G: 234, **236**ff., 256f., 285ff.

Question, 问题, 296

R

Range, 值域, G:199f.

Realism, 实在论, **301**, 309

Real number, 实数, 见数

Reduction 归约, Ⅱ:**102** ff.

Reductum ('$\Re_\mathfrak{S}$'), 归约 ('$\Re_\mathfrak{S}$'), Ⅱ:105

Reflexive, 自反的, 261, 263

Refutable, 可驳倒的, Ⅰ:28; Ⅱ:94; G:171, 275

Regressive definition, 递归定义, **23**, 68; Ⅱ:88, 89

Regular sequence, 有规律的序列, 148f.

Related, 相关的, G:169f.

Relation, 关系, 260, 262

Relativistic nature of language, 语言的相对性, 186, 245, 257, **299**, 322

Replacement, 置换, Ⅰ:36f.; G:169

Resoluble, 可解的, 1. 可解的 $\mathfrak{S}$, 可解的 $\mathfrak{R}$, 46, 47; Ⅱ:**94**, 113; G:**171**

2. 可解的语言, G:209

Resolution, Method of, 解决方法, 46, 47, 161

Rules of Inference, 推理规则, 27, 29; Ⅰ:32; Ⅱ:94

S

$\mathfrak{S}$, 见句子

$\mathfrak{s}$, 见句子变项

S-, **262**ff.

$\mathfrak{s}a$, 见句子符号

Schema, 图式, 1. 初始句的图式, Ⅰ:29f.; Ⅱ:91, 96

2. 证明图式和推导图式, Ⅰ:33f.; Ⅱ:95f.

Science, Logic of, 科学逻辑, 7, **279**–**284**, 331ff.

Semantics, 语义学, 9, 249

Semasiology, sematology, 意义理论 (Semasiology), 符号学 (sematology), 9

"Sense" "涵义" ("Meaning" "意义"), 42, 184, 258f., **285**, 290

Sentence, 句子, Ⅰ:14, **25**f., 72; Ⅱ; **88**; G:**169** f., 252f.

Sentence, Correlated syntactical, 句子, 相关联的句法句, 234, **236**

Elementary, 基本句, 166; G: 195

Of identity, 同一句, 见等式

Primitive, 初始句, **29**; Ⅰ:**30**, 74; Ⅱ:**91**ff.; G:171. 见原则

Protocol, 记录语句, 305,317ff., 329f.

  Pseudo-object-, 伪对象语句, 234, **285**f.

  Syntactical, 句法语句, 33f., 284, 286f.

  Unlimited existential, 非受限存在句, 163

Sentential calculus, 句子演算, Ⅰ:30, 34; Ⅱ:91f., **96**

  Class, Infinite, 无穷句子类, 见无穷

  Framework, 句子框架, G:**187**, 191

  Function, 句子函项, 21, 137; G:**191**

  Junction, 句子联结, G:200f.

  Operator, 句子算子, 见算子符号, Ⅰ:84; G:169

  Variable, 句子变项, Ⅱ:84, 158; G:**195**

Sequence of numbers, 数字序列, 148f., 305

Series-number, 序列-数, **56**f., 60

𝔖fu, 见句子函项

𝔖g, 见句子框架

Speech, 说话, 见模式

𝔖t, 见重读表达式

"Strict" implication, "严格"蕴涵, 203, 232, 237, **251**, 254 ff.

𝔖tu, 见层级系统

Sub-language, 子语言, **179**, 225

Substitution, 代入, Ⅰ:**22**, 32, 36f., 73; Ⅱ:90 ff., 96; G:189, **191**f., 193f.

  with arguments, 主目代入, 92f., 125

Substitution-position, (-place), 代入位置, Ⅰ:22; G:192

Substitution-value, 代入值, G:191, 193

Symbol, 符号, **4**; Ⅰ:**16**; G:168

Symbolic language, 符号语言, 3

Symbols, Equal, 符号, 等值符号, 15

  Gothic, 哥特符号, Ⅰ:**17**f.; Ⅱ:83; G:169

  Incomplete, 不完全的符号, 138

  Numerical, 数字符号, 见数字

  Primitive, 初始符号, Ⅰ:**23**, 71, 77; Ⅱ:89; G:171, 231

  Principal, 主要符号, G:177

  Sentential, 句子符号, 见句子的

  Subsidiary, 辅助符号, G:177

Symmetrical, 对称的, G:261, 263

Synonymous, 同义的, 1.同义的 𝔄, Ⅰ:**42**; Ⅱ:120; G:**176**, 184, 241

  2. 同义的语言, G:226

Syntactical correlation, 句法关联, 222

  Designation, 句法名称, 154f., 160

Syntax, 句法, 1, 8
Syntax, Axiomatic, 句法, 公理句法, 79
  Descriptive, 描述句法, 见描述的
  General, 一般句法, 153, **167**
  Physical, 物理句法, 见物理的
  Pure, 纯句法, 6, 15, 56f., 78
Syntax-language, 句法语言, **4**, **53**, 153, 160; G:235
Synthetic, 综合的, Ⅰ:28, **40**f., 101, **115**

T

Tautology, 重言式, **44**, 176; 见分析的
Term-number, 词项数, 55, 60, 62, **68**
Test (verification), 测试, **317**ff., 323
Tolerance, Principle of, 宽容原则, **51**f., 164, 321
Total content, 总内容, 176
Transformance, 转换, G:223ff.
Transformation rules, 变形规则, 2, 4; Ⅰ:**27**ff., 73; Ⅱ:90ff.; G:168ff.
Transitive, 传递的, G:261, 263
Translation 翻译, G:**224**ff.; 228
Transposed, 变调的, 见说话模式
"True" "真", **214**, 236, 240
Truth-function, 真值函项, 240
Truth-value tables, 真值表, **20**, 201

Types, 类型, Ⅱ:**84**ff., 98, **137**f.; G:164f., 249, 298
Types, Rule of, 类型规则, 212

U

Un-, 见无前缀的术语
Undefined, 未定义的, 见初始符号; 参见不可定义的
Unity of science, language, 统一科学, 语言, **286**f., **320**f.
Universal, 全称的, 见算子, 变项
Universality, 全称, 21, **47**ff., 163f., 198, **321**
Universal word, 通用词, **292**, 310
Unordered sequence, 无序序列, 148f.

V

𝔙, 见变项-表达式
𝔳, 见变项
Valid, 有效, G:173f.
Valuation, 赋值, Ⅱ:107, 108
Value-expression, 值表达式, Ⅰ:83
Values, Course of, 值进程, G:187f., 241
  Range of, 值域, Ⅱ:90; G:191
Variable, 变项, Ⅰ:16, 21; Ⅱ:84, 189ff.; G:**194**, 295
Variable, Numerical, 变项, 数字变项, 见数字变项

索 引

Sentential,句子变项,见句子变项
Universal,全称变项,165
Variable-expression,变项表达式,G:191
Variability-number,可变性-数,198
Variant,变体,G:193
Verification,验证,见测试
𝔳𝔢𝔯𝔣𝔫,见联结-符号,Ⅰ,Ⅱ
Vitalism,活力主义(Vitalism),319,324
𝔙𝔣,见句子联结
𝔳𝔣,见联结-符号,G

W

Wahlfolge,选择(Wahlfolge),**148**,**305**

Word-language,词语言,2,8,227f.

Z

ʒ,见数字表达式
ʒ,见数字变项
'zei',55f.,77
Zero-symbol,零符号,Ⅰ:**13f.**,17;G:205
ʒfu,见数字函子
ʒpr,见数字谓词
ʒʒ,见数字符号

Syntactical symbols 句法符号(与哥特符号连在一起使用):
{..},34;+,34;()(..),84;(∷)见代入(Substitution);[∷],见置换(Replacement).

译 后 记

本书的翻译出版颇费周折,2011年,我和陈德中先生联系,他建议我翻译一本比较优秀的分析哲学著作。我申报了四个选题,希望商务能够从四部著作中挑选出一部适合商务风格的著作,这四部著作是罗素的《数学原理》、卡尔纳普的《语言的逻辑句法》、《意义与必然性》以及一部《实验哲学》文集(加西华·洛布和肖恩·尼科尔斯编辑)。在选题会上,商务同仁选中了卡尔纳普的《语言的逻辑句法》,这也印证了中译本前言的看法,《语言的逻辑句法》是一部相当重要的分析哲学著作。我在接到正式翻译任务之后,翻译了前言和导论部分,因为个人原因搁置了一段时间。在这期间有幸邀请到首都师范大学哲学系逻辑学专业夏年喜教授合作翻译。此书翻译有两大难点:专业技术性强;逻辑符号复杂,尤其是卡尔纳普书中所用的哥特体符号,很难处理。但夏老师细致耐心一一攻克了难关,亦多次自己校对了相关译文。译稿竣工之时,有幸得到同系逻辑学专业叶峰教授的慷慨加盟,叶老师主动提出来校对全书,这个把关,使得译文更加忠实可靠。我也邀请叶峰老师撰写了中译本前言,相信读者会从这个前言中认识到此书的重要价值。统稿之时,获悉由牛津大学出版社负责的《卡尔纳普全集》(14卷)将从明年开始逐一出版。此书中译本的出版,希望能有助于国内学界对卡尔纳普、逻辑经验主义以及形式化语言哲学的深入研究。翻译是一个吃力不讨好的工作,校对更是一个极其辛苦,似乎没有学术价值的工作,在此感谢夏、叶二位老师!

本书一至四部分由夏年喜翻译,景晓鑫初校了其中的一至二部分;英文版序言、前言、导论和第五部分由梅剑华、徐韬翻译;叶峰通校了所有文字,梅剑华负责了整体统稿并撰写了补记。

梅剑华

2016 年 5 月 17 日